기초 이론에서부터 실기완성까지

정통 수영

현대레저연구회 편

太乙出版社

머 리 말

수영(水泳)이라는 말을 정의한다면 '인간이나 동물이 물 위에 떠서 스스로 팔다리를 놀려 전진하거나 물에 빠지지 않고 머무는 행위'라는 말로 표현할 수 있을 것이다.

여기서 가장 중요한 것은 '물에 빠지지 않는 것'이다.

육상(陸上)과는 다른 상황(물)에서의 존재 가치는 '물에 빠지지 않는'데 있다. 이것이 바로 '수영'의 첫번째 목적이다.

일단 물에 빠지지 않아야 전진(스피드 헤엄)도 할 수 있고 물 위에서 머물 수도 있다. 따라서 수영을 배우는 첫 단계도 바로 '물에 빠지지 않고 뜨는 요령'이다. 이것을 익히면 다음 단계(전진과 유영)로의 진입이 가능해진다.

이것은 인간이 맨 처음 수영을 시작하게 된 동기일 수도 있다.

처음에 인간은 '살기 위해서' 수영을 생각했을 것이다. '물에 빠져 죽지 않기 위해서', 그리고 '물 속의 고기를 잡아 연명하기 위해서'였을 것으로 추측된다.

그렇다면 인류가 수영을 시작하게 된 것은 언제쯤부터 였을까?

인류의 역사 속에서 '수영의 기원(起源)'을 찾기란 그리 쉽지 않다. 역사 이전에 이미 인간은 수영을 하고 있었을 것으로 추측된다.

처음에는 바닷가나 강가에 살고 있던 인류가 생업(生業)의 하나로 수영을 시작했을 것이고, 나아가 홍수(洪水) 등의 물난리를 만나 수영의 필요성을 절감한 육상(陸上)의 인류가 늘어나기 시작했을 것으로 생각된다.

아무튼 수영이 '스포츠'로서 역사에 기록된 것은 고대 그리스 시대 부터이다. 고대 그리스인은 고도의 문명을 이룩한 유럽 최초의 민족이다. 그들은 남자들에게 수영을 가르쳤다. 말하자면 생존불사(生存不死)를 목표로 하는 군사 교육의 하나로서 수영을 채택하였던 것이다. 말하자면 오늘날 해군(海軍)이나 수병(水兵)의 원조(元祖)였을지도 모른다.

이제 수영은 온 인류의 건강 운동으로서 뿐만 아니라 건전한 레포츠로서도 각광을 받고 있는 최고의 스포츠 종목으로서 군립하고 있다. 선택의 여지가 없이 온 인류가 익히지 않으면 곤란에 직면할 수 밖에 없는 '습득 필수 과목'이 되고 만 것이다.

고대(古代)와 같이 생업(生業)을 목표로 하거나 물 난리에 대비해서가 아니라 우리 삶의 한 가운데에서 '수영'은 반드시 '배워 두어야 할' 필수 레포츠가 된 것이다.

이 책은 이러한 수영의 중요성을 감안하여 기획된 필수 수영의 교과서라고 할 수 있다.

수영에 대한 보편적인 상식으로부터 출발하여 기초 기술→고급 기술로 이어지는 체계적인 내용 구성은 물론 '물 사고'에 대한 안전 대책에 이르기까지 '가장 완벽한 수영 지침서'로서 알차게 꾸며진 전문 서적임을 감히 확신한다.

아울러 이 한 권의 책이 독자 여러분의 삶에 작은 도움이라도 될 수 있기를 간절히 바란다.

편자 씀.

차 례 ✱

제1부 정통 수영 입문 편

[제1장] 수영의 기초 상식

✽ 차 례

[제2장]　수영의 기술 입문

차 례 ✽

✻ 차 례

차 례 ✽

✹ 차 례

다이빙(diving) ·· 155

경영(競泳) ··· 164

차 례 ✳

[제 3 장] 바다의 수영과 구조법

✱ 차 례

차 례 ✱

제2부 고급 수영 기술 편

[제1장] 수영 기술의 원리

차 례 ✻

[제2장] 대상에 따른 수영 이론과 기술

✽차 례

차 례 ✽

[제3장]   수영 기술 향상을 위한 체력 단련법

✳ 차 례

[제4장] 나의 수영 실력은 얼마나 되나

차 례 ✽

[제5장] 수영 중의 사고를 막으려면

✱ 차 례

수영 중의 사고와 구조 방법 ················490

[부록1] 수영 선수가 알아두어야 할 수영 경기 규칙

스타트 ················520

차 례 *

[부록2] 수영을 익히는데 도움이 되는 수영 용어 해설

■제 1 부■

정통 수영 입문편

제 1 장

수영의 기초 상식

수영(水泳)은 생명(生命)의 안전을 기키기 위해서 모든 사람이 필수적으로 알아두지 않으면 안 되는 기술(技術)이다. 또 체육과 레크레이션의 내용으로는 더할 나위없이 좋은 운동이다. 그러나 수영이 언제나 생명의 위험을 동반하는 것임을 잊어서는 안 된다.

수영(水泳)의 역사

◪ 수영의 역사는 오래되었다

수영을 언제부터 했었는지 정확하게 알만한 자료는 없다. 단지 기원 전 9000년 경에 헤엄을 치고 있는 모습이 그려진 그림이 있다고 하며, 혹은 5000년 전, 이집트에서 병사가 강을 헤엄치고 있는 그림이 있다고 전해지기도 한다.

한편, 고대 그리이스에는 수영이 대단히 보급되어 있었고 아무 곳에도 쓸모없는 청년을 비난할 때 '저 녀석은 문자도 읽지 못하고, 수영도 할 줄 모른다'라고 했다는 것이 전해진다.

1538년 독일의 언어학(言語學) 교수인 니콜라스 와인만(Nico laus Wynman)은 최초로 수영(水泳)에 대한 책을 썼다.

지도된 수영법으로 가장 오래된 평영(平泳)이 행해지고부터 점점 빠르게 수영하는 수영법(水泳法)이 늘었다. '일곱 개의 바다를 제패했다'라 불리는 영국 사람들은 세계 각지에서 여러 가지 수영을 도입했다.

암부라스타는 수영법의 진화(進化)에 대해 다음과 같이 기술하고 있다.

① 개 헤엄

② 평영(平泳;처음으로 지도된 수영법)

③ 횡영(橫泳)

④ 편발 수횡법(片拔手橫法)

⑤ 트라젠 수영법

영국인 트라젠(John Trudgen)은 1860년, 남미에서 그 수영을 발견했다. 횡영은 양 손이 물 속에 있으나, 편발수횡영(片拔手橫泳)은 한 손을 물 속에서 돌리므로 저항이 적게 되어 횡영보다도 빠르다.

트라젠 수영법(Trudgen ; 水泳法)은 양 손 모두 물 위에서 돌리므로 편발수횡영(片拔手橫泳)보다도 빠르다. 다리는 횡영과 마찬가지로 부채 다리를 사용한다.

⑥ 오스트리안 크롤(Crawl)

⑦ 아메리칸 크롤(6타 크롤)

⑧ 똑바로 누운 평영(배영)

⑨ 백 크롤(1910년)

⑩ 버터플라이 평영(1933년)

⑪ 버터플라이(돌핀 킥)

⑥∼⑪ 까지는 뒤(수영의 발달)에서 설명하기로 한다.

◢ 수영 경기(水泳競技)의 발달

수영은 인류가 그 존재상의 필요로 인해 실용적인 의미를 갖고 발달한 것이다. 그리고 근대가 되고부터는 학교 체육의 교재 내용으로서, 혹은 일반 시민의 레크레이션으로 행해지도록 되었다.

수영 경기는 영국을 중심으로 발달하였다.

1871년 수영 협회(水泳協會)가 조직되고, 많은 수영 그룹이 탄생되었다.

올림픽 대회에서는 제1회 아테네 대회(1896년) 때부터 행해졌으나, 그때는 바다에서 1200m, 기타 경영(競泳)을 한 것 뿐이다.

제2회 올림픽(1900년)에서는 경영에 각종 수영법(水泳法)의 종목이 추가되고, 그후 다이빙 및 수구(水球)도 더해져서 오늘날에 이르렀다.

크롤은 1900년에 시작되었는데 오스트리아의 카벨(Richard Cavell)이 처음으로 수영했다. 1902년 런던에 소개되고, 이어서 미국에 소개되었으며 미국에서 연구되고 발전하였다.

크롤이 경영(競泳)에 사용되도록 되었고 자유형(自由型)의 기록은 급속히 신장되었다.

한편 배영(背泳)도 소위 '백 크롤'의 수영 방식으로 변했다. 그때까지는 '똑바로 누운 평영(平泳)'이었을 뿐이었다.

버터플라이 수영법은 평영(平泳)에서 발달해 한때는 '버터플라이 평영'이라 불러, 평영 속에 포함되었다. 그리고 멜버른 올림픽 대회(1956년) 때에 독립된 종목으로 채용되었다.

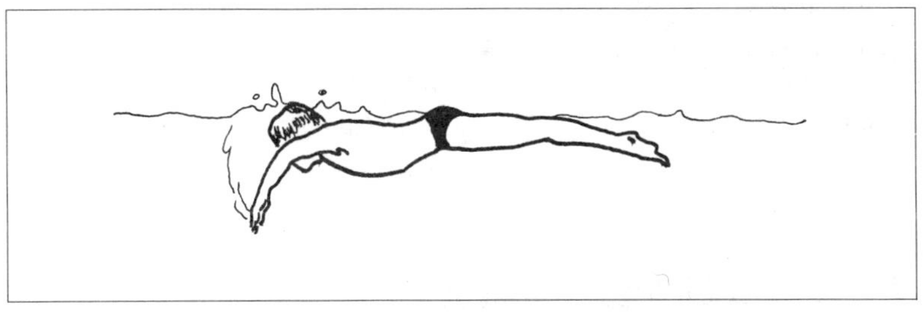

수영(水泳)의 의의

◢ 수영(水泳)의 실용적인 면

고대의 인류가 어떤 목적으로 수영을 시작한 것인지 알 수는 없다. 아마도 고기나 해초 등 음식물을 구하기 위한 필요에서 물에 들어가게 되었고, 언제인지 모르게 수면을 헤엄쳐 들어가서 수중에 잠수하는 기술을 몸에 익혔을 것이다.

현재에도 해녀(海女)와 같이 생계 수단을 위해 수영하지 않으면 안 되는 사람들은 적지 않다.

◢ 수영(水泳)의 체육적인 효과

운동으로서 보면 수영(水泳)은 전신(全身)을 움직이는 운동으로 체육적 효과가 크다. 그 때문에 학교에서도 일찍이 체육의 교재 내용으로서 수영을 채택하고 있다.

◢ 생명의 보전(保全)과 수영(水泳)

체육적인 효과도 그렇지만 훨씬 중요한 것은 수중(水中)에서 자신의 생명을 안전하게 지키기 위해서 수영 기술을 몸에 익혀두지 않으면 안 된다는 것이다.

개나 고양이를 위시하여 대부분의 동물들은 태어나면서부터 헤엄치는 능력을 몸에 지니고 있어 굳이 연습하지 않아도 수영이 가능하다.

그러나 인간은 연습하지 않으면 수영할 수 없도록 되어 있다. 수영을 못하는 사람은 키보다 깊은 물에 들어갔을 때 빠질 위험이 있다.

자주, 또 다량의 비가 내리는 여름에는 때때로 태풍이 몰아치고 여기저기에 홍수가 난다. 돌연히 홍수가 나서 집이 떠내려가는 일도 있다. 수영 중, 물놀이 중, 혹은 물 가까이 갔을 때 실수로 물에 빠져 매년 수 천의 사람이 물 속에서 생명을 잃게 된다. 그 대부분은 어린아이나 소년이다.

이와 같은 형편이므로 모든 국민이 수영을 터득하지 않으면 안 된다.

수영 연습을 할 때에 물의 성질에 대해서도 잘 알고 어떤 사고에 부딪혔을 때 자타(自他)의 안전을 지키기 위한 방법을 알아 둘 필요가 있다.

◪ 국민 모두가 수영에 관심을 가져야 한다

수영은 여름 운동으로서 많은 사람들에게 사랑받고 있으며 특히 발육이 왕성한 소년에게 좋은 운동이다.

언젠가 국민학생과 중학생들에게 '왜 수영을 하는가?'를 물은 일이 있다.

국민학교 6학년의 답은 다음과 같다.

① 몸을 튼튼히 하기 위해……110명(38.46%)

② 즐거움……55명(19.23%)

③ 여름을 시원하게 보내기 위해……35명(12.24%)

④ 무슨 일이 일어날 때의 안전을 위해……30명(10.49%)

⑤ 수영을 잘하기 위해……26명(9.09%)

⑥ 선수가 된다……11명(3.85%)

⑦ 빠지는 사람을 구할 수 있기 위해……10명(3.50%)

⑧ 어른이 되었을 때의 준비……9명(3.14%)

'즐거움', '시원한 여름을 보내기 위해'를 합하면 30%를 넘으며, 이것은 수영의 목적을 레크레이션으로 이용하고 있다는 얘기이다.

바다가 오염되었다. 그런데 현재에도 7월에서 8월에 걸쳐서 해수욕을 나가는 사람들의 수는 실제로 많다.

수영은 이제 국민생활 중에 뿌리를 내리고 있는 레크레이션이다.

이와 같이 국민학교 아동에게도 수영의 의의는 크다고 할 수 있다.

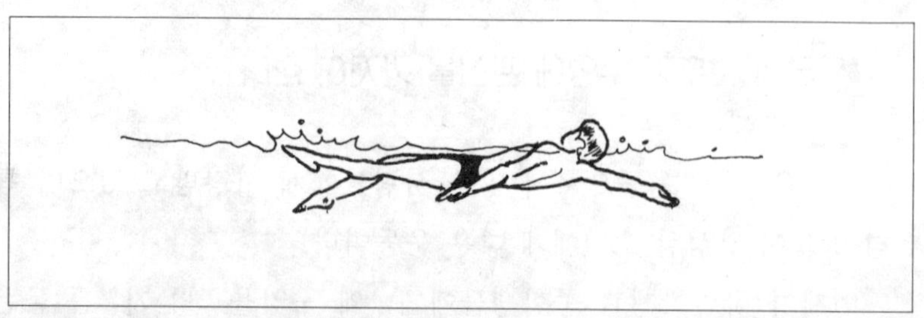

수영(水泳)의 과학(科學)

수영을 정의할 때, '스스로의 힘으로 수중(水中)에서 떠서 수면, 혹은 수중을 나아가는 운동이다'라고 할 수 있다. 그렇게 되면 수영의 기본이 되는 자연적 법칙을 알기 위해 물의 성질, 뜨는 것, 수영해서 나아가는 것의 원리를 알지 않으면 안 된다.

◢ 물의 압력의 성질

① 물에 접하고 있는 면에 대한 물의 압력은 그 면에 수직(垂直) 작용한다. 만약 팔을 손 끝까지 곧장 뻗어 크롤의 손을 저으려고 한다면 각기의 위치에서 손에 대한 물의 압력은 다음의 그림에 나타나는 화살표의 방향이다.

② 물의 압력이 증가하면 물은 각 방면에서 한결같이 이 압력을 전한다(파스칼의 원리).

③ 수중에 있는 물체는 그것이 배제되어 있는 물의 무게와 똑같은 힘으로 위쪽에 밀어올린다(아르키메데스의 원리).

때문에 모든 물체는 수중에서는 가볍게 된다. 사람이 수중에 들

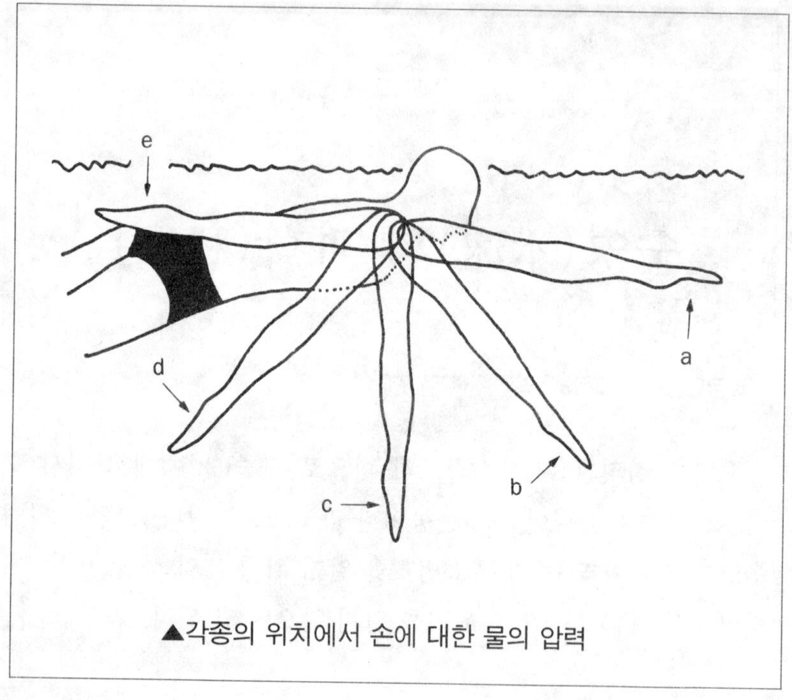

▲각종의 위치에서 손에 대한 물의 압력

어가면 그 체용적(體容的)과 동량(同量)의 물 무게에 같은 힘으로 밀어올려져 대부분의 사람은 수면에 떠오른다. 공기를 가슴 가득히 들이마시면 용적이 크기 때문에 그것만으로 밀어올려지는 힘도 크게 된다.

A군의 경우 체중이 70kg인데, 숨을 들이마시고 물 속에 들어가면 약 73ℓ의 물을 배제한다.

따라서 물 속에서는 73kg의 힘으로 밀어 올린다. 이 때문에 신체의 일부(선 위치의 경우에는 입에서 윗부분)를 수면 위로 떠오르게 한다.

◤ 비중(比重)에 대하여

4℃의 물의 무게에 대한 물질의 비가 비중(比重)이다.

인간의 신체를 구성하고 있는 물질 중에서 비중이 가장 큰 것은 이(齒 ; 2.24)이고, 가장 작은 것은 지방(0.94)이다.

인체의 비중은 숨을 들이쉬는 경우 물보다 조금 가벼운 것이 보통이다. 숨을 내쉬는 경우는 비중이 무겁게 된다.

따라서 대부분의 사람은 숨을 들이쉰 경우 물에 뜨고 내쉬는 경우 가라앉는다.

❖ 인체의 구성분 비중

이	2.240	다리 동맥	1.071
두골	1.944	근육	1.058
머리카락	1.290	폐	1.054
손톱·발톱	1.197	간장	1.053
발의 피부	1.190	뇌	1.040
아킬레스건	1.080	배의 지방	0.942

흉부(胸部)는 공기가 충만하여 비중이 가볍고 발쪽은 무겁다. 이 때문에 많은 사람은 엎드려서 뜨면 발쪽이 잠긴다.

비중이 0.98보다도 가벼운 사람은 양 손을 머리 위에 뻗치고 상향이 되어 손끝부터 발끝까지 신체를 곧게 펴면 몸이 뜨는 자세로 편하게 뜰 수 있다.

이와 같이 사람은 수영의 터득이 없어도 몸이 뜰 수 있다.

스콧트(Scott)는 수영의 초보자인 여대생에게 몇 가지의 기술을 지도한 결과, 비중이 가벼운 사람이 좋은 업적을 나타냈다는 보고이다. 또 어떤 교수는 대학생의 수영(크롤·평영·배영·횡영)을 테스트하고, 비중이 가벼운 쪽이 무거운 쪽 보다도 기능(技能)이 좋았다고 보고하고 있다.

◤ 물의 저항에 대하여

사람의 몸이 물 속에서 앞으로 나아갈 때는 그 진행을 저지하려는 힘이 작용한다. 이것은 일반적인 물의 성질, 신체의 크기와 형태, 진행의 속도 등에 의해 차이가 있다.

대체로 저항은 진행 방향(進行方向)과 역방향(逆方向)으로 움직이기 때문에 그 크기는 진행의 속도와 관계가 있다.

속도가 늦을 때에는 저항은 속도에 비례하고, 상당한 속도일 때에는 대체로의 속도의 2배에 비례하여 증대한다.

신체를 수평으로 유지하고 있을 때에는 저항이 적고 얼굴은 수면상에 올린 상체를 세우면 저항이 크게 된다.

실측(實側)에 의한 예를 나타내면 다음의 표와 같다.

1) 점성(粘性)

신체가 물 속을 진행할 때, 신체의 표면에 접하는 부분의 물의 엷은 층은 신체에 점착하여 신체와 함께 움직이고 먼 부분의 물은 움직이지 않는다. 그래서 속도가 다른 서로 접하는 층의 사이에 속도의 구배(句配)가 생겨 점성에 의한 저항력이 나타난다.

2) 물의 반작용(反作用)

신체는 물 속을 전진할 때 물을 전방으로 미는 것이 되고 그 반작용(反作用)으로써 물의 저항을 받는다. 수면(水面)에 물결을 만들어 진행되는 것에 의해 받는 반작용은 조파저항(造派抵抗)이라 부른다.

3) 소용돌이

신체가 물 속을 진행할 때, 그 배후에 저항부를 만들어 소용돌이가 생긴다. 그 저항은 극히 복잡하지만 신체를 후방으로 끌도록 움직이는 힘을 갖는다.

◪ 뜨는 것

손과 발을 움직여서 물 밑으로 밀면, 물의 반작용으로 손과 발은 밑에서 위로 밀어 올려진다. 물에 뜨기 위해서는 이와 같은 동작이 필요하다.

평영일 때 손은 손바닥을 밑으로 향해서 전방으로 내어서 젓는다. 평영 수영법(平泳水泳法)의 경우는 특히 양 손으로 물을 밑으로 밀면서 둥근 것을 쓰다듬듯이 하여 물을 헤친다. 이렇게 손으로 튜브를 가지고 수영한다.

크롤의 물장구 치는 발은 좌우의 발이 서로 교차하여 물을 하방(下方)과 후방(後方)으로 미는 것이 중요한 동작이다.

이 동작에 의해 발을 뜨게 해서 신체를 수중에서 수평을 유지하게 한다.

뜨기 쉬운 자세

작은 판조각을 얇은 접시와 같은 형으로 깎아 4곳에 실을 달아 그 4곳의 실의 끝을 하나로 묶어 적당한 추를 단다. 그리고 추를

포함해서 전체의 비중(比重)이 1.0이 되도록 한다. 얇은 접시같은
판이 상향일 때 전체는 물에 가라앉는다. 접시형이 하향일 때 판
자는 떠오른다.

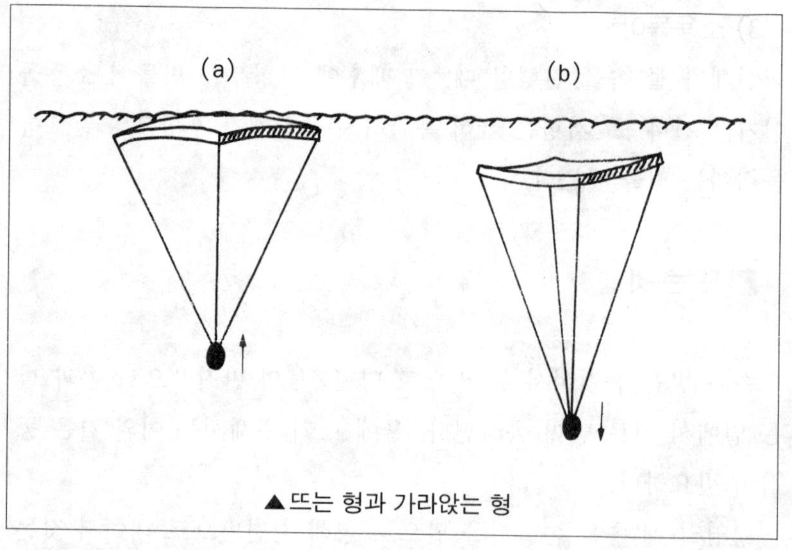

▲ 뜨는 형과 가라앉는 형

인간의 비중은 숨을 들이마실 때 약간 물보다 가벼운 정도로,
대체로 물과 같은 정도이다

여기에서 자세에 따라서 물에 뜨기 쉽게 되거나 가라앉기 쉽게
되기도 한다.

하향의 자세로 떴을 때(엎드려 뜬다) 초보자는 머리를 일으켜
그 결과 등이 그림(b)의 형이 되기 쉽다.

양 어깨는 귀를 집듯이 해서 팔을 머리 위에 뻗고 손끝에서 발
끝까지를 일직선으로 유지하면 뜨기 쉽다. 더욱이 등을 둥글린 자
세로 양 팔을 수면에 대하여 어깨보다도 낮게 유지하고 앞으로 뻗
치면 가장 뜨기 쉽다.

정면에서 보면 양쪽의 어깨를 앞으로 내밀고 (따라서 어깨의 앞면이 수면에 대해 가슴보다도 낮다) 있는 자세이다. 자유형(crawl)과 평영(平泳)을 하는 선수들은 항상 이 자세를 유지하여 흐트러뜨리지 않는다.

▲얼굴을 올린 몸뜨기(浮身)

사람에 따라서는 양 어깨를 앞으로 내밀어 양 팔을 몸에 붙이고 얼굴을 수면 위에 올려 떠서 엎드리는 것을 할 수 있다.

이 자세로 떠 있어 양 어깨를 뒤로 당기면 곧 발쪽에서 가라앉는다. 그대로 유지하고 있으면 신체는 직립(直立)의 위치가 되고, 이어 발이 떴다가 가라앉고 이윽고 몸은 똑바로 누워 평평하게 뜬다.

◪ 나아가는 것

수영은 수중(水中)에서의 이동 운동(移動運動)이다. 이동 운동은 역학적으로 보면, 지면과 물에 대하여 진행 방법과 반대 방향에 힘을 움직여, 지면과 물의 반작용에 의해 몸이 진행 방법으로 움직이는 운동이다.

수중에서 빠르게 나아가기 위해서는 가능한 한 큰 저항면(抵抗面)을 만들고, 이것을 가능한 한 직선적으로 길게 헤쳐서 빨리 후방으로 움직이는 것이 필요하다.

'큰 저항면(抵抗面)'이라 해도 손과 발의 크기는 변하지 않는다. 단, 그 저항면을 지탱의 선에 수직하는 것에 의해 '큰 저항면'이 된다.

일반적으로 어떤 수영이라도 팔과 손으로 이와 같은 저항면을 만들 수 있다.

그러나 물장구를 치는 발과 돌핀 킥으로 이와 같은 저항면을 만드는 것은 어렵다. 따라서 팔만으로 수영하는 쪽이 다리만으로 수영할 때보다 빠르다.

크롤은 평영과 버터플라이(접영 : butterfly) 등과는 달라서 수영 방법에 규칙이 없다.

따라서 사람에 따라 여러 가지 수영하는 방법을 사용할 수 있다. 초기의 오스트렐리안 크롤은 양 손을 한 번 헤치는 사이에(1 사이클) 발을 2 번 차는 수영이었다. 그것이 미국에서 연구된 양 손을 1번 저을 때에 발을 6번 차는 수영이 되고, 이것을 '표준적(標準的)' 크롤이라 하고 있다. 그러나 어느 시대에도 4번 차는 수영을 하는 유명한 선수는 꽤 있다. 극히 드물지만 2번 차는 선수도 있다. 최근 2번 차는 크롤로 우수한 성적을 내는 선수가 계속해서 나오고, 주목을 받고 있다.

◤ 유선형(流線型)과 수영의 속도

수중에서 나아가기에는 손이나 발로 물을 후방으로 밀치고, 밀쳐진 물의 반작용(反作用)으로 신체가 앞으로 나아가게 된다. 그런데 이번에는 앞으로 진행한 신체가 물을 전방으로 밀고 그 반작용으로써 전방 물의 저항을 받는다. 이것을 전혀 없게 할 수 없으나, 최소한으로 저지하는 것이 수영의 기술로서 중요한 부분을 차지한다. '유선형(流線型)'은 이 때문에 생각된 것이다.

먼저 신체를 가능한 한 수평으로 유지한다.

다음은 양 발을 크게 벌리지 않는 것이다.

크롤의 물장구치는 발로는 5kg 정도의 추진력 뿐이 아니나 양 발을 너무 벌리지 않으므로 전방에서의 저항이 적게 되고 꽤 빨리 나아가게 된다.

평영의 개구리발은 한 번 찰 때마다 30kg 정도의 힘이 나오지만 다리를 오므릴 때 양 넓적다리를 허리에서 앞으로 구부리고 동시에 양 무릎을 벌리기 때문에 저항을 받아 차는 강도에 비해서는 빨리 나아가지 않는다. 수중에서 손과 발을 앞으로 돌릴 때에는 가능한 한 저항이 적은 상태로 행하지 않으면 안 된다.

◤ 신체적인 모든 조건

신체적인 모든 조건이 수영에 유리한 경우와 불리한 경우가 있다. 선수가 되려는 사람은 신체적인 모든 조건을 구비하는 것이 필요하다. 일반적인 사람은 가령 불리한 신체적인 조건이라도 자신에게 맞는 수영을 선택하는 것이 현명하다.

여기에서는 신체적인 모든 조건 중에서 근력(筋力)과 유연성(柔軟性)에 대하여 기술하고자 한다.

1) 근력(筋力)

빠른 속도로 수영하기 위해서는 강한 힘으로 물을 후방으로 밀어제치는 것이 중요하다. 이것을 위해서는 강한 근력(筋力)이 필요한데, 일반적으로 근력이 강한 사람은 빠르게 수영할 수 있다.

다음 표는 종합 근력(완근력(腕筋力), 각근력(脚筋力), 배근력(背筋力) 및 악력(握力)의 합계)과 수영의 스피드와의 관계를 나타내는 것이다.

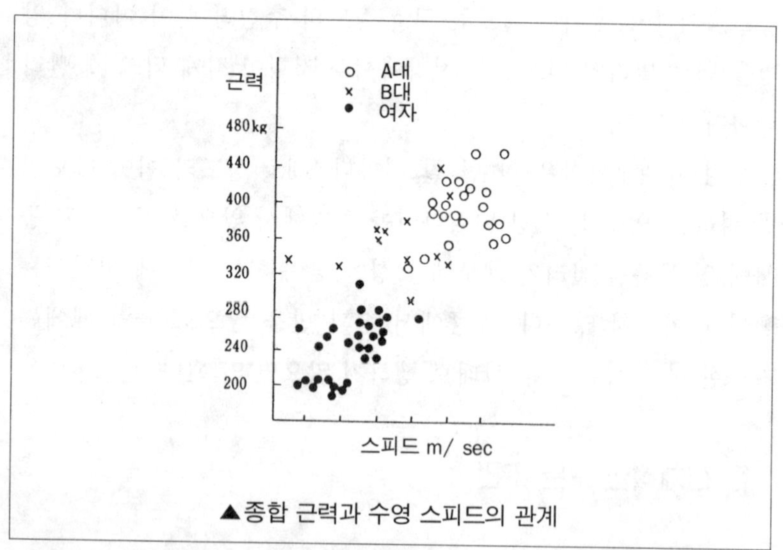

▲종합 근력과 수영 스피드의 관계

근력이 적으면 빠르게 수영할 수 없다는 것은 표와 같다. 한편 전신의 근력이 일정한 조화를 갖고 있으면, 수영의 기능 습득에 곤란을 느끼는 일이 있다. 조사 결과에 의하면 복근력(服筋力)이 배근력(背筋力)에 대하여 지나치게 약한 사람은 평영의 습득이 곤란하다.

2) 유연성(柔軟性)

크롤을 헤엄칠 때 발목이 잘 구부려지지 않는 사람은 효과적인

[발목의 신전도(伸展度)]

구분 신전도　　수	비 선 수		선	수		
	실수	%	%	실수	자유형	배영	평영
10°(0°~12°)	13	16.5	1.2	1	0	0	1
15°(13°~17°)	4	5.1	3.7	3	2	0	1
20°(18°~22°)	16	20.3	7.4	6	3	0	3
25°	21	26.5	9.9	8	5	0	3
30°	12	15.2	18.5	15	8	4	3
35°	11	13.9	29.6	24	11	7	6
40°	2	2.3	9.9	8	4	2	2
45°	0	0	13.6	11	4	5	2
50° 이상	0	0	6.2	5	2	1	2
계	79	100	100	81	39	19	23

물장구를 칠 수 없다. 반대로 평영에는 잘 굽히는 사람이 좋다.

수영 선수는 일반적인 사람에 비해서 발목의 관절 가동(可動)

범위가 크다. 표는 수영 선수에 대한 조사 결과이다.

발목의 신전도(伸展度;발바닥 쪽으로 굴곡)는 배영(背泳) 선수가 훨씬 크고, 평영 선수가 가장 작다. 여기에 대하여 발목의 굴곡도(屈曲度;발등 쪽으로 굴곡)는 평영 선수가 가장 크고 자유형 선수가 가장 작다.

[발목의 굴곡도(屈曲度)]

굴곡도 　　　구분	평영 선수	그 외의 선수	계
40° 이상	21	33	54
40° 이하	2	25	27
	23	58	81

일반적인 여자 중에는 전신의 근력이 대단히 약하고 어떤 수영법(水泳法)도 습득하는데 곤란한 사람이 있다.

이와 같은 경우 횡영(橫泳)을 시키면 의외로 쉽게 소화해 내는 예가 많다. 옆으로 누우면 근력이 약해도 체격의 관계로 비교적 신체를 곧게 유지하기 때문이라고 생각할 수 있다.

발목이 많이 굳어서 평영의 개구리발의 습득이 거의 불가능에 가까운 사람도 드물게 있다.

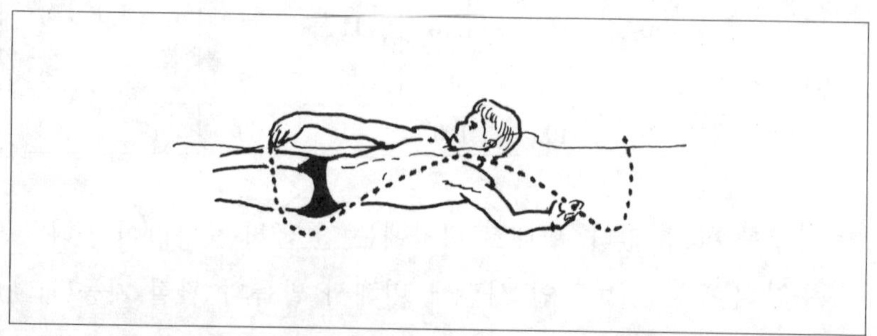

수영(水泳)의 마음 가짐

수영을 습득하는 첫번째 목적은, 물 속에서 자신의 생명의 안전을 지키기 위한 지식·기술을 몸에 익히기 위해서이다. 이것을 달리 말하면, 물은 위험한 것이고 그 위험은 수영할 수 없는 사람에 있어서는 물론이고 수영할 수 있는 사람도 항상 잠재되어 있다고 할 수 있다.

◪ 수영의 마음 가짐

국민학교 때부터 가르치치 않으면 안 되는 '수영의 마음 가짐'은, 물의 위험성을 제시하고 수영할 때의 마음 가짐을 가르치는 것이다.

첫째로 수영을 하기 전에는 건강 진단을 받아 둘 필요가 있다.

건강에 자신이 있어도 평소에는 자각하지 못한 병을 갖고 있어, 이것이 수영장에서 큰 사고를 일으키는 원인이기도 한다.

심장에 이상이 있다, 고막에 구멍이 나 있다, 간질이 발작한다, 긴 병을 앓고 난 후 등등이 해당될 수 있다.

다음으로 안전한 수영장을 선택하지 않으면 안 된다.

많은 사람이 이용하는 해수욕장, 기타 수영장은 대개 안전한 장소라고 생각해도 좋다.

그러나 그러한 곳이라도 부분적으로 위험한 장소, 예를 들면 바위나 파도가 있는 해변 구역, 하구(河口) 등은 반드시 안심할 수는 없다.

또 풀장은 비교적 안전하다고 볼 수 있지만 수영하는 사람의 연령과 수영 능력에 따라서는 위험한 조건을 구비한 경우가 있다.

예를 들면 깊은 풀장에서는 어린아이가 물에 빠질 위험이 있고, 어른이 너무 얕은 풀장에서 수영할 경우에는 스타트의 다이빙에 주의하지 않으면 상처를 입을 위험이 있다.

다음으로 물에 들어가기 전에는 반드시 준비 운동을 하는 것이 중요하다. 여기에 대해서는 몸 뿐만이 아니라 정신적인 준비도 필요하다.

또 준비 운동을 하고 있는 그때 당시에 자신의 컨디션을 알 수 있는데, 만일 '컨디션이 나쁘다'라고 느껴지면 수영하지 않는 쪽이 안전하다.

컨디션이 나쁜 것을 알면서도 친구가 즐겁게 수영하는 것을 보고 자신도 물에 들어가서 사고를 일으키는 예가 꽤 많다.

수영 중이라도 조금 이상하다고 느껴지면 즉시 밖으로 나와서 휴식을 취하거나 하여 수영을 중지해야 한다.

또 수영 중 발가락에 경련이 일어날 경우 등도 '쉬라는 신호'로 알고 밖으로 나오는 것이 좋다.

그렇지 않고 무리하게 계속해서 수영한다면 돌이킬 수 없는 사고를 부를 수도 있다.

이와 같은 경우도 생각해서, '혼자서는 수영하러 가지 않는다, 혼자 수영하지 않는다'를 어려서부터 주입시켜야 한다.

▲수영할 때는 항상 안전을 염두에 둔다.

바다에서도 수영장에서도 반드시 '수영의 마음 가짐'과 '주의 사항'이 게시되어 있다. 각기 수영장에서 특히 주의하지 않으면 안 되는 사항이 있으므로 잘 읽고 그대로 지키는 것이 중요하다.

수영이 끝났을 때에는 몸을 잘 씻고, 눈을 씻고, 마른 타월로 잘 닦을 필요가 있다.

너무 온도가 높은 물에서 수영하는 경우에도 몸이 차고 동시에 내장이 시달려 있다. 따라서 수영한 후에는 차가운 음료를 너무 마시거나 소화되기 힘든 음식을 먹는 것은 좋지 않다.

◪ 수영의 지도와 관리

‘수영의 마음 가짐’은 수영하는 사람 개개인이 마음에 새겨 두어야만 하는 것이다. 단체로 수영을 할 경우에는 지도·관리상 행하지 않으면 안 되는 것이 많다.

1) 건강 진단

단체로 수영할 경우 반드시 사전에 건강 진단을 받지 않으면 안 된다. 그리고 그 결과에 따라 수영을 금지해야 하는 사람, 조건부로 수영을 시켜야 하는 사람 등을 체크해야 한다.

그리고 조건을 붙여 수영해야 할 사람은 한눈으로 식별할 수 있도록, 예를 들면 빨강 모자를 쓰게 하든가, 어떤 방법을 취하도록 한다.

장소에 따라서는 요주의자(要注意者)를 합쳐서 한 반으로 만드는 것도 좋다.

2) 현지 조사

해수욕 등의 경우 해안의 상황은 항상 일정하지 않고 시나 숙박소의 사정도 해마다 변한다. 따라서 사전에 현지에 가서 충분히 조사해 둘 필요가 있다.

3) 계획

먼저 처음에 목표를 설정하고 그 목표를 달성하기 위해서 어떤 것을 할지 그 내용을 결정해야 한다. 그러나 어떤 목표를 세우고 어떤 내용을 선택해도 항상 안전을 기본으로 한다는 점을 잊어서는 안 된다.

목표와 실시 내용이 결정되면 그것을 운영하고 지도할 지도자의 조직을 결정해 두어야 한다.

해수욕의 경우 한 사람의 지도자가 실기 지도를 담당할 수 있는 적당한 학생 수는 10명이다. 그 계산을 근거로 하여 지도자의 수를 확보하고 담당자를 결정해야 한다. 지도, 감시, 보건 위생 등의 담당자는 어느 경우에나 반드시 필요하다. 기타의 담당자는 각기 단체에 따라서 정하면 좋다.

학생은 몇 개의 반으로 나누어 한 반의 인원수가 10명 정도를 기준으로 한다. 그 정도가 기술 지도의 능률을 올리는 데에도 좋고, 또 감독하는 데에도 좋다. 10명 정도면 한 눈으로 볼 수 있다. 그러나 그보다 숫자가 많으면 하나 하나 수를 헤아릴 수 없다. 한 반의 학생은 대체로 같은 수준인 사람이 좋다.

4) 지도 내용

지도 내용을 정한 경우, 제일 먼저 '안전(安全)'을 위해 어떤 것을 가르치고 어떤 것을 몸에 익히게 할 것인가를 생각한다. 이것은 학습 지도 요령에도 있듯이 먼저 지적 이해(知的理解)로서 수영의 마음 가짐, 다음으로 실기(實技)로서 수영, 다이빙, 구조법이 있다.

한편 수영은 수영하는 장소(바다인가 풀장인가 등)에 따라 제한을 받는다.

풀장은 각종 수영법(水泳法)과 경영을 연습하는 데 좋고, 바다는 원영(遠泳)을 하는 데에 좋다.

원영을 하는 데는 매일 연습도 평영에 중점을 두고 장거리를 헤엄치는 연습을 중시해야만 한다. 이를 위해서는 관리적인 업무가 부수적으로 일어난다.

5) 수영자(스위머)의 장악(掌握)

단체로 수영을 실시하는 경우에는 항상 수영하는 사람을 확실하게 장악하고 있어야만 한다. 제1은 인원 점호(點呼)이다.

육상에서의 운동과는 다르므로 정확하게 호명(呼名) 점호한다.

인원수 만으로는 실수를 일으키는 일이 있다.

물 속에 들어가고 나올 때는 물론이고 물 속에서도 인원수를 확실히 하는 것이 중요하다.

바다나 강의 경우, 한 사람이 수영을 지도하고 있는 사이에도 항상 담당하는 반원(班貝) 전체의 동작이 자신의 시야에 들어올 수 있는 위치에 있는 것이 필요하다.

잠수나 다이빙을 하는 경우, 헤엄친 사람이 떠오른 것을 확인한 후에 다음 사람을 연습시킨다.

원영(遠泳)의 실시 계획에 대해서는 뒤에서 다시 자세히 설명하도록 하겠다.

▲지도자는 항상 수영자의 위치를 파악하도록 한다.

제 2 장

수영의 기술 입문

초보자의 수영(水泳)

■ 수영의 초보자란

초보자란 미숙자(未熟者)로, 아직 수영을 잘할 수 없는 사람을 말한다. 전혀 수영을 못하는 사람은 말할 것도 없이 초보자이다. 그러나 어느 정도 수영할 수 있는 사람도 아직 초보자의 영역을 벗어나지 못한 경우가 많다. 따라서 '수영을 할 수 있다'라든가 '수영을 할 수 없다'라는 표현은 극히 애매하다.

세계 스포츠의 발달사에 크게 공헌한 바 있는 K씨는 수영의 보급에도 앞장선 사람이다. 어떤 사람이 그에게 물었다.

"당신 자신의 수영 실력은 어떤가?"

여기에 대하여 그의 대답은 다음과 같았다.

"수영할 수 있는가라고 물었다면 수영할 수 없다라고 답하고, 수영할 수 없는가라고 묻는다면 수영할 수 있다라 대답할 정도."

수영할 수 있다라든가 수영할 수 없다라는 것은 그 자체가 이 정도로 애매함을 지니고 있음을 보여주는 대화의 한 예이다.

옛날에 수영 관계자(水泳關係者) 사이에서 크롤로 300m를 쉬지 않고 계속 헤엄칠 수 있으면 '크롤은 헤엄칠 수 있다'라 말해도 좋다라고 했다.

어느 국민학교에서 수영에 대하여 '졸업까지는 평영 300m 수영할 수 있도록 하는 것이 학교 체육의 학습 목표'로 하려고 수영 전문가를 불러 상담한 일이 있었다.

수영은 기능이라는 입장에서 결국 300m를 수영할 수 있게 되기까지는 초보자라고 생각해야 한다.

300m를 수영하려면 지구력(持久力)이 필요하고, 전력(全力)을 다해 무턱대고 열심히 해도 계속할 수는 없다.

뜨는 요령을 외워서 한 번 헤치고 한 번 헤치는 동작에도 점점 여유가 생겨 불필요한 힘을 사용하지 않을 정도로 된다.

이 때에야 비로소 지도자의 입장에서는 우선 눈을 떼어도 안심인 수영 실력이다.

그러나 국민학교에서는 아직 별도이다.

이것은 주로 관리상에서 온다. 만일 25m×12m의 풀장에서 수영 지도를 하고 있을 때, 10m를 확실히 수영할 수 있는 사람은 그 풀장의 어느 쪽에서라도 풀 사이드까지 수영할 수 있고, 우선은 안전한 수영자이고 '빨강 모자'는 아니다. 그 이하의 능력자는 조금도 눈을 떼어서는 안 되는 초보자이다.

이 국민학교가 해수욕을 갔을 때, 25m 정도의 능력자는 아마 '빨강 모자'를 씌우고 초보자반에 넣을 수 있을 것이다.

이와 같이 초보자를 한정짓는 것은 매우 어렵다.

◤ 초보자의 수영 지도

초보자의 수영 지도에 대해서는 지금까지 여러 가지 체계가 있었다. 전통적 수영법은 발의 동작으로 추진하고 손으로 뜨는 것을 하였다. 그 관계에서 먼저 발의 동작을 가르치는 지도법이었다. 예를 들면 A그룹은 오로지 '개구리발'을, B그룹은 오로지 '부채발'을 가르쳤다.

학교에서는 크롤, 평영, 배영 및 횡영 등을 지도하지만 지도의 체계, 혹은 순서는 교사에 따라 각기 다르다.

여기에서는 초보자의 수영을 지도함에 있어서 다음과 같은 사실을 근거로 한 체계, 혹은 순서·방법을 생각해 보았다.

'쇠망치'(맥주병)도 수영을 알고 있을 것

수영을 할 수 없는 사람은 수영을 알지 못한다고 생각하기 쉬운 경향이 있다.

그러나 실제는 그 반대로 자신은 수영을 못하지만 남이 수영하는 것을 보고, 수영에 대한 책을 읽고, 수영의 사진과 필름을 보거나 하여 지식으로나마 수영이라는 운동의 패턴을 머리 속에 넣어 둔다.

따라서 최근엔 수영의 동작에 대하여 설명하지 않아도 '물장구'라고 말하면 누구나 물장구를 친다. 단, 크롤의 호흡과 같이 물 위에서는 보이지 않는다. 혹은 보는 것이 곤란한 동작에 대해서는 생각하지 않으면 안 된다.

또 평영할 때 손의 동작은 거의 대부분의 초보자가 실제와 달리 잘못된 패턴을 알고 있으므로 처음에 그 잘못을 고치도록 지도할 필요가 있다.

개인차가 큰 것

수영의 초보자를 지도할 때에는 특히 개인차를 고려하지 않으면 안 된다. 해부학적인 제약에서 개인에 따라 '개구리발의 평영은 거의 습득 불가능'이라는 예가 있기도 하다. 이것에 신경쓰지 않고 그와 같은 초보자를 처음부터 '개구리발'만 시키려 해도 성공하는 것은 대단히 곤란하다. 같은 사람이 다른 수영법이 있으면 곧 수영을 할 수 있는 것이다.

육상에서 영법의 모양을 너무 가르치지 말 것

수영은 인체와 물의 상관관계이다. 수영의 동작은 형(공간 관계)와 함께 타이밍(시간 관계)과 힘의 컨트롤이 중요하고, 물(물의 성질)을 무시할 수 없다.

수중에서의 동작은 물의 압력과 저항에 의해 타이밍과 힘을 넣는 상태가 공중의 동작과는 다르다.

육상에서 모양만을 너무 연습하면 수중에서 타이밍과 힘이 들어가는 상태가 잘 되지 않고, '수중에서 체조'를 하고 있는 듯한 동작이 될 위험이 있다.

'수영 연습은 물 속에서'를 꼭 제일의 원칙으로 삼아야 한다.

이상과 같은 것을 기초로 하여 실시하면 효과가 있는 초보자의 지도, 특히 그 처음은 대체로 다음과 같다.

1) 뜨기까지

어린 아이의 경우 뜨는 연습에 들어가기 전에 '물놀이'의 기간이 있다. 놀이하는 사이에 물을 안다, 혹은 물에 익숙해져 있다고 할 수 있다.

'물에 익숙해진다'라는 것은 물에 적응되는 것이다.

주로 물의 부력(浮力), 저항(抵抗), 압력(壓力) 등을 몸으로 받아들이고 거기에 대응하여 몸의 동작을 바르게 되도록 하는 것이다.

사람의 인체는 자동 제어(自動制御)의 조직이 잘된 정밀 기계임을 알 수 있다. 따라서 지식으로 이해하지 않아도, 혹은 감각기를 통하여 지각하지 않을 정도의 자극에도 신체는 적당한 반응을 보이는 것이다.

대부분의 사람의 인체는 숨을 들이마실 때 물보다 가볍다. 그래서 물에 뜨는 것이다.

그런데 물보다 '조금' 가벼우므로 머리나 얼굴을 수면 위로 올려 뜰 정도로 가볍지는 않다.

여기에서 뜨기 위해서는 얼굴을 수면에 둘(엎드린 자세로 뜰 때) 필요가 있다.

얼굴을 수면에 붙일 때에는 그 전에 호흡법을 연습해 두지 않으면 안 된다.

수영 중에는 숨을 들이마실 때 반드시 입으로 들이마셔야 한다. 코로 숨을 들이마시다 실수하여 물을 들이마셨을 경우 코에는 그것을 방지할만한 작용이 없기 때문에 대단히 아프고 고통스럽다.

그러나 입으로 숨을 쉬게 되면 물이 들어가도 공기가 아니면 입 속에 머물게 하는 작용이 있다. 따라서 실수로 들이마셔도 별로 고통이 따르지 않는다.

입을 크게 벌려서 호흡하고 약간 멈추어 다시 토해내는 연습을 해 둔다.

다음에는 먼저 입까지 물에 붙이고 숨을 토해내는 연습을 한다.

이것을 코까지, 눈까지로 진행해서 연습하고, 그리고 머리 전체를 수중에 넣도록 연습한다.

다음으로 양 손을 수면에서 앞으로 뻗어서 얼굴을 엎드려 머리 전체를 수중에 붙인다. 물의 깊이가 가슴에 닿으면, 그때 상체가 앞으로 비슷하게 수평에 가깝게 되고 머리를 물에 붙이면 동시에 발쪽부터 떠온다.

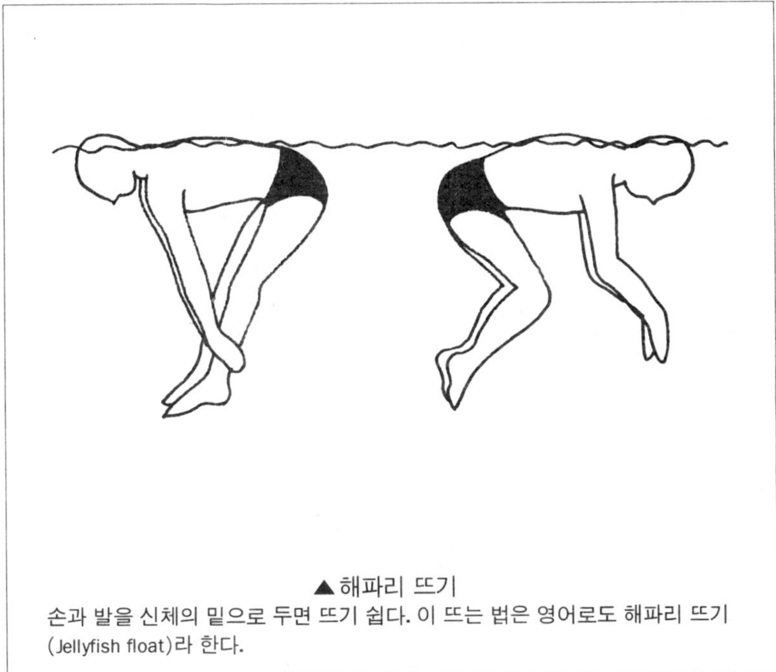

▲ 해파리 뜨기

손과 발을 신체의 밑으로 두면 뜨기 쉽다. 이 뜨는 법은 영어로도 해파리 뜨기 (Jellyfish float)라 한다.

아이라면 '뜬다, 뜬다'라고 크게 소리를 지를 것이다. 즐거운 순간이다. '사람의 신체는 물보다 가볍다'라는 사실을 지식으로서가 아니라 몸으로써 익혀 마음으로부터 납득하는 때이다.

모든 사람이 이와 같이 곧 뜨는 것은 아니다. 발은 공기가 들어간 폐와 비교해서 비중이 크기 때문에 뜨기 어렵다. 발이 무거운 사람이라도 이것을 폐 밑에 두도록 양 팔로 양 무릎을 안는 듯한 자세로 뜨면 반드시 뜬다.

2) 떠서 나아간다

가슴 깊이로 서서 위에 기술한 것같이 양 손을 수면의 전방으로 뻗고, 얼굴을 물에 붙이고 몸을 앞으로 숙이고, 다리를 뻗고 물 밑을 밀면, 발이 물 밑을 열어뜨려 자신이 수평에 떠서 앞으로 나간다.

신체를 양 손 끝에서 발끝까지 곧게 유지하면 꽤 거리를 떠서 진행한다.

그런데 사람에게는 '머리를 든다'라는 반사적인 동작이 있다. 머리를 들면 곧 발쪽이 가라앉는다.

여기에서 뜨는 연습을 할 때에는 이 머리를 드는 반사 운동을 억제하는 것이 중요하다.

엎드린 자세로 뜰 때에는 머리의 위치는 가장 밑을 본다고 생각하는 것이 좋다. 똑바로 누워서 뜰 때에는 '양쪽의 귀가 물에 붙는다'가 되도록 하는 머리의 위치가 가장 좋다.

몸을 곧게 펴서 진행하는 연습은 많이 하면 된다.

수영할 때, 손과 발의 동작으로 물을 후방으로 밀고, 물의 반작용에 의해 몸이 진행한다.

전진하는 몸은 앞쪽의 물을 밀면서부터 물의 저항을 받는다. 이 저항을 가능한 한 적게 받기 위하여 몸을 가능한 한 곧게 하여 수평을 유지할 필요가 있다.

초보자는 손발을 움직일 때, 신체를 곧게 유지하는 것이 곤란하여 물의 저항을 크게 받기 쉽다. 따라서 신체를 곧게 유지하는 연습을 많이 할 필요가 있다.

3) 물장구로 나아간다

물 밑을 차서 뜨는 자세로 진행하게 된다면 다음은 물장구를 쳐서 진행하는 연습을 한다.

이때 곧게 뻗은 발을 조용히 상하로 움직이면 된다. 이 단계에서는 간단히 '발을 움직여서'라든가, '물장구로'라고 말하면 충분하다.

풀장의 벽쪽에 등을 대고 서서 한 발로 벽을 차고 스타트하면 물 밑을 차기 시작하는 것보다도 훨씬 스피드가 있고 물장구 치기 쉽다.

다음은 손을 사용하여 크롤을 하게 된다. 이때에도 손 동작 설명을 하지 않아도 좋다. 설명하면 그것을 너무 의식하여 오히려 동작이 어색하게 된다.

4) 평영(平泳)의 손

'물장구로 나아간다'의 연습에서 '크롤'까지 연습했다면 평영으로 옮긴다.

크롤에서, 지도하는 그룹의 대부분이 10m 이상 수영하게끔 되는 것은 중학교 이상의 학생에게는 물에 들어가서 약 10분 후이다.

평영의 손동작에 대해서는 이미 기술한 것과 마찬가지로 처음에 설명할 필요가 있다.

크롤은 물장구에서 시작하고, 평영은 손끝에서 연습시키는 것은 다음과 같은 이유 때문이다.

① 평영은 손에서 끝에 지도한 쪽이 발에서 끝에 지도하는 것보다도 빠르게 습득한 것을 경험하여 알 수 있다.

② 운동 기술의 습득에는 '반사' 운동을 이용하는 것이 좋다. 그런데, 발이 교차하여 운동하는 것이 반사적이고, 팔은 좌우 대칭(左右對稱)으로 움직이는 것이 반사적이다. 여기에서 평영은 손의 동작이 발의 동작보다도 습득하기 쉽다.

③ 발은 일상적으로 변화가 있는 동작을 할 기회가 적고 사용하지 않기 쉽다. 반대로 손은 각종 다양한 동작을 하기 위해 많이 움직인다.

④ 평영의 발(개구리발)은 꽤 습득하기가 곤란한 동작이다. 얼굴을 수면 위로 올리고 양 팔로 신체를 뜨게 하는 연습을 하지 않고 개구리발을 하는 것은 한층 더 곤란하다.

⑤ 손동작을 생각하여 행하면 발은 자연히 손에 동조하여 움직이게 된다. 이렇게 시작한 개구리발의 동작은 자연히 손과 발의 타이밍도 좋다.

평영의 손에 대해서는 먼저 양 팔을 앞으로 뻗어 양 손으로 지름이 40cm 정도의 원을 그리듯이 움직일 것, 손은 항상 얼굴 앞에 있을 것의 두 가지로 설명하고 그대로 보여준다. 그리고 물 밑을 걸으면서 설명한 모양으로 양 손을 가볍게 연습시킨다.

그 동안에 모두 평영인 것 같은 수영을 시작한다.

빠른 사람은 이 단계에서도 이미 평영이 가능하고 올바른 개구리발을 사용한다.

이 연습도 겨우 15분 정도 중지하고 배영(背泳)으로 이동한다.

크롤과 평영일 때는 앞을 향하기 때문에 스스로의 힘으로 물 밑 혹은 벽쪽을 차서 꽤 스피드 있게 움직일 수 있다.

그러나 배영일 때에는 뒤로 향해 있기 때문에 처음으로 시작한 사람에게는 움직이기 시작하는 것이 곤란하다.

여기에서 처음에는 보조해서 똑바로 누워서 뜨게 하여 양 손을 수영자의 뒷 머리 부위(손끝을 턱에 걸치고)에 대고 힘껏 끌어당긴다.

이 때 수영자(스위머)에게는 양 귀가 수면에 붙기까지 머리를 물에 넣을 것과 허리를 잘 뻗도록 지시해 둔다.

배영에는 머리를 들든가, 허리를 구부리든가 하면 신체가 발에서부터 빠져 수영할 수 없게 된다.

수영자의 신체가 잘 뻗고 있다고 본다면 '발을 움직여라'고 지시한다. 발의 동작이 적당하면 끌어 당기는 것이 더욱 즐겁게 된다.

그렇게 된다면 '손을 움직여서' 물을 당긴다. 아이나 여자의 경우 이 방법으로 동시에 배영이 가능한 사람도 있다.

◤ 초보자 지도의 순서

위에 설명한 것은 이 책의 처음에 기술한 근거에서, 현재 실시되는 초보자의 제1시간의 실제이다. '쇠망치'를 물에 넣으면 다음에 육지에 오를 때까지 '수영할 수 있는 사람이 되어' 있기를 바라는 생각이다.

수영을 연습하는 것은 먼저 '수영할 수 있도록 된다'인 것이고, 처음부터 '크롤'이라든가 '평영'을 할 수 있게 되는 것은 아니다.

어떤 수영이라도 괜찮으니까 자기에게 적당한 방법으로 먼저 수영할 수 있는 사람이 되는 것이 바람직한 것이다.

초보자를 지도하는 경우, 앞에 기술한 것 같이 여러 가지 체계와 순서로 생각할 수 있다.

사람에 따라서는 처음에 개헤엄을 하고 그 뒤에 각종 영법으로 옮기는 경우가 있다. 그러나 개헤엄은 완성된 수영법이라고는 말할 수 없는 수준의 수영이다.

이것을 지도 순서 중에 정식으로 넣는 것보다는 특정한 개인에 대한 임시 방편으로써 권유하는 정도라고 생각했으면 한다.

현재 많은 지도자는 크롤부터 시작하고 있다.

보통 풀장은 옆으로 수영하는 것은 호흡법을 쓰지 않아도 가능하다. 크롤에는 다른 영법과 같은 규칙이 없고 가장 뜨기 쉬운 체계로, 초보자가 가까운 거리를 수영할 수 있을 정도까지 연습하기에는 편리한 수영법이다.

미국의 킥버스는 배영에서 시작하는 초보자 지도의 방법을 취하고 있다.

이것은 풀장에서 아이나 여자의 초보자를 지도할 때에도 좋이 방법이다.

그러나 바다에서 행할 때에는 '뒤로 향함'이므로 수영하는 사람 자신이 어디를 향하고 수영하고 있는가를 알 수 없고, 지도자에게는 관리상으로 곤란한 일이다.

현재 전국의 도시에 있는 수영 클럽 혹은 수영 교실에는 거의 동시에 크롤, 평영, 배영 및 접영(버터플라이)의 수영법을 가르쳐 매회 4종목을 연습시키고 있다.

이 4종목은 수영 경기의 경영(競泳) 종목이며, 최근 지향하는 바로는 처음부터 단일 종목을 수영시키기 보다는 각 종목을 연습시키면서 가장 잘하는 수영법을 추진하는 것이 보통이다. 또 한 사람이 4종목의 수영법을 연속한 혼계영이 있으므로 이 연습 형식이 많다.

이 4종목 외에 횡영(橫泳)이 있다.

이것은 경영 종목은 아니다. 근력이 대단히 약하고 평영을 수영하면 상체가 젖혀져 뜨는 것이 곤란하고, 배영에는 허리가 구부려져 수영할 수 없는 수영자 — 여자에게 자주 있다 — 에게는 횡영을 시험삼아 시키는 것은 좋다.

근력의 관계 뿐만 아니라 여자에게는 횡영이 가장 쉽다고 하는 경우가 의외로 많다.

수영의 체형으로서는 신체를 평평하게 한 평체 영법(平體泳法), 신체를 옆으로 한 횡체 영법(橫體泳法) 및 신체를 수직으로 한 입체 영법(立體泳法)이 있다. 배영은 이 분류에 의하면 평체로 똑바로 누운 체형의 수영이다.

◪ 물에 대한 불안

초보자는 그 대부분이 처음에 물에 대한 불안감을 갖고 있다.

어른의 경우 키가 닿는 깊이에 서 있으면, 심한 불안과 공포를 나타내는 일이 드물게 있다. 작은 아이에게는 물을 무서워하는 심리가 있다.

인간은 원래 육상 동물이고 두 발로 땅을 밟고 서서 안정을 얻는다. 수영할 때는 발이 물 밑의 바닥과 떨어져 있기 때문에 불안을 느낀다. 또 깜깜한 곳을 걸을 때, 눈이 보이지 않으므로 불안하여 발을 정상적으로 움직일 수 없다. 그러나 손으로 무엇인가 잡고 있으면 안심하여 걷는다. 그런데 물 속에는 손에 닿는 것이 물이기 때문에 불안하게 된다.

양 손이 닿는 깊이의 수면에 엎드려 얼굴을 세우고 양 손을 물 밑에 붙이고 있으면 발이 물 밑바닥에서 떨어져도 그렇게 불안하지는 않다. 다음으로 얼굴을 물에 붙이는 연습을 시킨다.

마지막으로 몸을 뻗으면 얼굴을 물에 붙이고 양 손을 물 밑에서 떨어뜨려 수면에서 앞으로 뻗어 뜨는 연습을 한다.

이와 같이 하여 불안의 원인이 되는 요인을 하나씩 제거해 가도록 하면 좋다. 그러나 불안이나 공포는 이론이 아니고 감정상의 문제이므로 시간을 들여서 서둘지 말고 연습하지 않으면 안 된다.

어른의 경우 키가 닿는 곳에 있으면 '만일 빠져도 반드시 발쪽이 끝에 잠기고 발이 물 밑에 닿기 때문에 거기에서 서 있으면 된다'라고 말하면 지적으로 이해하고 조금도 표면으로는 불안과 공포를 나타내지 않는다.

그런데 불안은 항상 잠재해 있고, 이것이 수영에서 나타난다.

이와 같은 때 잠수를 시켜본다.

잠수하려고 생각하지만 쉽게 잠수할 수 없는 것을 알 수 있다.

이것을 몸으로 느끼면 점점 물에 대한 불안이 사라져 수영도 잘하게 된다.

단적으로 불안이라는 정도를 넘어 물에 대해 강한 공포심을 갖고 있는 사람이 있다. 원인을 분명히 알 수 있는 것도 있고, 전혀 알 수 없는 것도 있다.

어느 것이나 불안과 공포는 급히 해소되지 않는 것이 보통이다.

◨ 비트 판(板)

수영을 연습할 때 자주 사용되는 용구의 하나인 비트 판(kick board)이 있다. 초보자의 경우에는 그 사용법에 대해 주의시키지 않으면 안 된다.

손끝에서 발끝까지 곧게 펴고 얼굴을 물에 붙이고 엎드려 뜬 경우를 생각해 보자.

여유있는 힘이 작용하지 않으므로 손끝도 발도 수면에 있어 신체는 평평하게 떠 있다. 그런데 비트 판에 양 손을 걸치면 발쪽이 조금 가라앉는다.

비트 판은 소형이라도 약 3kg의 부력을 갖고 있다. 여기에서 비트 판에 양 손을 걸치면 손은 판의 부력으로 밑 쪽에서 밀어 올려진다.

그러면 가슴을 축으로 하여 반대쪽에 있는 발은 같은 힘으로 위에서 밑으로 밀어내려지는 것이다.

손을 비트 판에서 떼면 발은 떠오른다. 비트 판을 갖고 있기 때문에 가라앉고 발을 뜨게 하기 위해서는 발로 물을 밑으로 누르는 동작을 가하지 않으면 안 된다.

초보자 중에는 이 동작이 쉽게 되지 않는 사람이 많다.

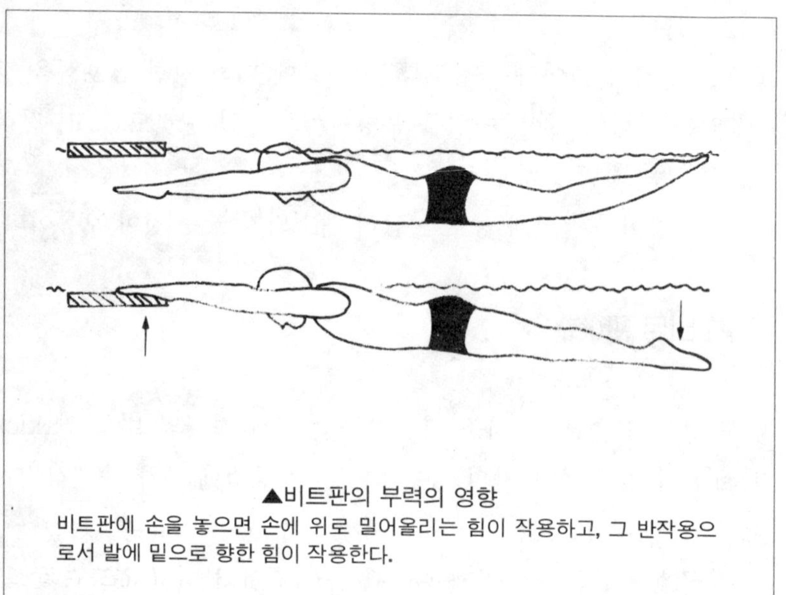

▲비트판의 부력의 영향

비트판에 손을 놓으면 손에 위로 밀어올리는 힘이 작용하고, 그 반작용으로서 발에 밑으로 향한 힘이 작용한다.

또 처음부디 뜨는 것을 연습시키려고 먼저 비트 판을 갖게 하거나 풀장의 가장자리에 손을 대도록 하거나 하는 지도를 볼 수 있다.

처음에 이와 같이 하면 신체는 비트 판을 갖거나 풀장의 테두리를 잡은 때에 손에 동작하는 상향의 힘에 대응하는 전신의 근력의 활동을 익힌다.

이 때문에 아무것도 잡지 않고 엎드려서 뜨려고 해도 쉽게 뜰 수 없게 되는 일이 있다.

따라서 처음에 뜨는 것을 연습할 때에는 비트 판을 사용하거나 풀장의 테두리를 잡거나 하지 않는 쪽이 좋다.

앞에서 설명한 것 같이 비트 판을 갖게 되면 밑에서 밀어올리는 힘이 손에 작용하고 그 반작용으로써 하향의 힘이 발에 작용한다.

비트 판을 사용하는 것은 주로 발을 강하게 하기 위한 것임을 잊어서는 안 된다.

발을 강하게 하기 위해서는 부력이 큰 비트 판을 사용하면 좋다.

풀장의 가장자리에 손을 대고 거기다 양 팔꿈치까지 대면 발을 강하게 움직이지 않을 수 없음은 누구나 알고 있는 사실이다.

풀장의 테두리에 손을 대거나 양 팔꿈치를 대거나 하면 더 한층 큰 힘이 손과 팔꿈치를 밀어올려 그 반작용이 발에 작용하여 발을 밑으로 누르기 때문이다.

또 크롤은 수영할 때 발의 동작과 비트 판을 사용해서 진행할 때의 물장구와는 같은 것이라고 알아두지 않으면 안 된다.

비트 판을 바르게 갖고 물장구를 칠 때 발이 가라앉는 듯한 초보자에게는 비트 판의 앞쪽 끝을 잡게 해도 좋다.

이와 같이 하면 비트 판의 부력이 작아지게 되고 발이 뜨기 쉽게 된다. 그래도 발이 뜨지 않는 사람에게는 비트 판을 주지 않고 머리를 물에 붙이고 발을 움직이게 한다.

이렇게 하여 처음은 발을 뜨게 할 수 있도록 하는 자세로 연습시키고, 발이 강하게 되고 혹은 발로 물을 밑으로 누르는 동작을 능숙하게 되는 것에 따라서 정상적으로 비트 판을 사용하게 한다.

크롤(crawl)

◪ 크롤(자유형)이란

몸은 평체, 발은 물장구를 치고, 손은 좌우 상호 교대로 어깨의 앞쪽에서 물에 넣어 뒤로 밀어젖힌다.

크롤(Crawl stroke)은 1900년, 오스트리아의 R. 카웰이 시작하여 경영(競泳)에 사용되기에 이르렀다. 1904년 미국에 소개되고 여기에 개선되어 현저하게 발달했다.

초기는 한 손이 한 번 젖힐 때 한 발을 한 번 차고, 즉 양 손이 물을 헤치는(1사이클) 사이에 발을 두 번 차는 영법이었다. 그것이 4번 차거나 혹은 6번 차는 것으로 변하는 6타 수영법(六打水泳法)이 가장 일반적으로 사용되었다.

이것을 '표준적 크롤'이라고 부르게 되었다. 6타의 아메리칸 크롤은 와이즈밀러(Johnny Weissmuller ; 1924, 1928년 올림픽 100m 자유형 우승자)의 출현에 의해 완성되었다고 말하고 있다. 그러나 이 사이에도 가장 좋은가에 대해서는 항상 의견이 일치한 것은 아니다.

크롤의 어깨 동작을 보트의 노의 움직임과 같이 하면 발의 동작은 배의 '노'의 움직임에 이를 수 있다. 스피드를 내는 데에는 노 쪽이 배의 노보다도 유리하다. 실제로 어깨만으로 수영하는 쪽이 발만으로 수영하는 것보다도 빠르다. 여기에서 크롤의 수영 선수들은 긴 시간에 걸쳐서 어깨를 강하게 하는 데에 힘쓰고 있다.

그 결과 어깨를 보다 많이 사용하는 선수 중에는 4타 혹은 2타 수영 선수가 점점 늘고 있다.

한편 버터플라이(배영) 수영법의 발달에 의해 상체를 사용하고 발의 킥을 보다 효과적으로 사용하여, 어깨·몸·다리의 협력에 의한 크롤을 헤엄치도록 되었다.

이렇게 하여 마찬가지로 '2타'라도 1900년에 생긴 것과 전혀 성질이 다른 2타 크롤이 생기게 되었다. 새로운 크롤이다.

◤ 크롤의 기본 자세

엎드려 떠서 양 손 끝에서 발끝까지 몸 전체를 곧게 편 자세가 크롤의 기본 자세이다.

크롤은 빨리 수영하는 것을 목적으로 하는 수영법으로 수영 방법에 규칙상의 제약이 없다. 그러므로 자연적인 법칙에 따라서 빨리 수영하도록 하는 기술이 연구되었다.

기본이 되는 자세는 뜨는 상태가 좋고 나아갈 때 앞쪽에서 물의 저항을 가장 적게 받는 자세이다. 그림에서 알 수 있듯이 속도가 증가하는 것과 물의 저항은 보통 속도의 2배에 비례하여 크게 되고, 또 어느 속도의 경우에도 얼굴을 물 위로 내놓는 자세 쪽이, 얼굴을 수중에 붙이는 자세보다도 저항이 크다.

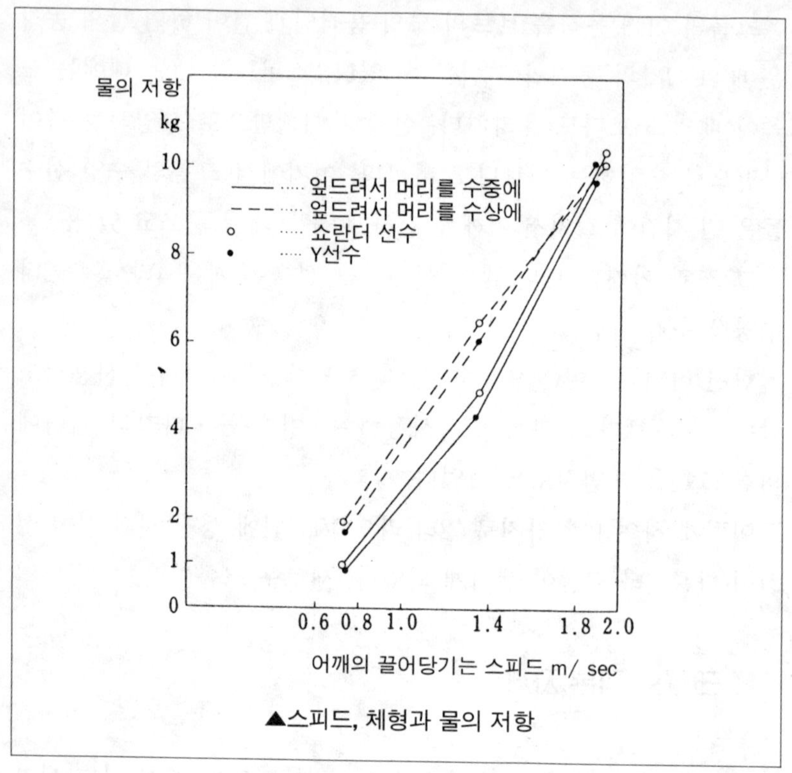

▲스피드, 체형과 물의 저항

그러나 속도가 증가하여 초속 2.0m에 가까와지면 머리의 위치에 의한 물의 저항의 차는 대단히 작게 된다. 초속 2.0m은 세계 일류 선수인 스프린트의 평균 속도이다. 50m를 35초에 수영하는 사람의 평균 초속은 1.4m이고, 그림에서 알 수 있는 바와 같이 머리의 위치에 의한 물의 저항이 크게 다른 속도이다.

이 정도의 속도인 사람은 기본 자세인 머리의 위치를 바르게 유지하고 수영하는 것이 중요하다는 사실을 알고 있다.

다른 견해에서 말하면 쇼란더는 항상 초속 1.9m로 수영하고 있으므로 같은 속도일 때 머리의 위치에 관계치 않고 저항을 적게 받는 체형을 만든다.

◤ 머리 끝에서 손을 물에 넣는다

머리의 끝, 어깨의 앞쪽에서 손을 물에 넣고 뒤쪽으로 밀어 젖히는 것은 이 동작에 의해 가능한 한 길게 물을 뒤쪽으로 밀기 때문이다(작업의 양은 힘과 힘이 작용하는 거리의 곱과 같다[W=F×S]).

손목을 조금 구부리고 네 손가락을 가볍게 모아 펴고 손끝부터 물에 넣는다. 물에 넣을 때에는 팔꿈치가 손보다도 높은 위치에 있고 손은 일정한 각도로 물에 넣고 앞쪽 밑으로 뻗는다. 엄지손가락은 검지손가락에 붙이든가 하는데, 사람에 따라서는 떼고 있다.

◤ 캐치(catch : 수영에서 손으로 물을 끌어 당김)

철봉에 뛰어 오를 때에는 먼저 양 손을 철봉에 가져가고 손바닥이 밑으로 향하게 되도록 손목을 구부려서 철봉을 위부터 쥔다. 마찬가지로 손은 먼저 물을 끌어당기지(catch) 않으면 안 된다.

손 끝부터 물에 넣기 전에 밑으로 뻗으면 손 끝이 수면 20~30cm 내릴 때, 손이 수면에 대하여 45°보다도 큰 각도가 되고, 물을 '캐치'한다.

결국 손에 대한 물의 압력 방향이 위로 향하는 것보다도 앞쪽으로 되는 것이다.

달리 말하면 손바닥으로 물을 잡아 몸을 앞쪽으로 끌도록 하는

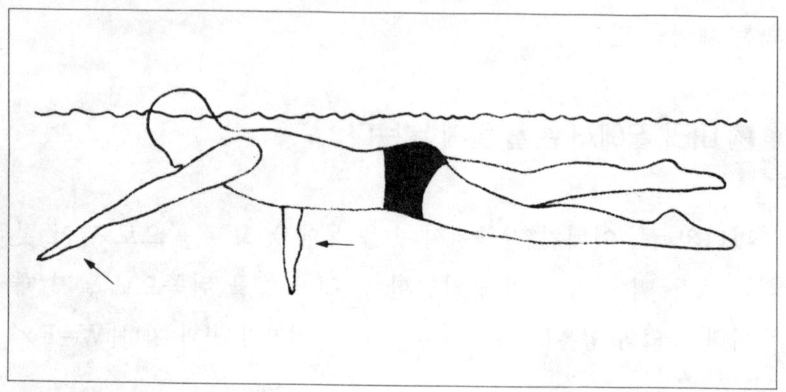

위치를 말한다.

캐치가 가능하면 손으로 완전하게 물을 잡고 있기 때문에 충분히 물을 뒤쪽으로 밀 수가 있다.

◪ 끌기와 밀기

캐치하면 손은 '끌기'의 동작으로 옮긴다.

이 때 팔꿈치의 위치를 그대로 하여 팔을 구부린다.

손은 어깨의 앞쪽의 위치에서 몸 중심의 밑으로 옮기고 뒤쪽으로 끌어 당긴다. 팔은 어깨를 축으로하여 반원을 그리지만 이 반원의 호는 캐치부터 끌어 옮기면 직선에 가깝게 된다.

손은 어깨의 밑을 지나면 '밀기'로 바뀌고, 팔을 헤치는 속도를 증가시켜 팔꿈치가 뻗을 때까지 물을 밀기 시작한다. 그리고 몸의 중심에서 몸쪽으로 그 방향을 바꾼다.

'끌기'에는 굴근(屈筋)이 많이 움직이고, '밀기'에는 신근(伸筋)이 많이 움직인다. 따라서 굴근이 강한 사람은 끌기가 강하고,

신근이 강한 사람은 밀기가 강하게 된다.

▲끌기와 밀기의 수중 동작

◤ 원상태로 돌린다

젖기가 끝난 팔은 곧 힘을 빼고 팔꿈치로 손을 잡아 올리는 기분으로 물에서 내민다. 동시에 어깨를 밖으로 돌리면 손을 원래의 위치에 되돌리는 동작을 편하게 할 수 있다. 팔꿈치가 어깨 근처에 오면 손 끝부터 팔을 편안하게 앞으로 움직인다.

어깨의 유연도의 차이 등에 의해 팔을 원상태로 돌리는 동작과 형태에는 크게 개인차가 있다.

◢ 호흡(呼吸)

크롤은 엎드려서 뜨는 자세로 얼굴을 물에 붙이고 수영하기 때문에 호흡에 특별한 방법이 필요하다. 호흡은 얼굴을 옆으로 돌리고 입을 물 위로 내서 숨을 들이마시고 얼굴을 정면으로 되돌려서 수중에서 숨을 내쉬는 방법을 사용한다.

어느 쪽인가 한 손이 물을 헤쳐서 끝날 때 얼굴을 그 방향으로 향하게 하여 숨을 들이마시는 것이 보통이다.

따라서 왼쪽을 향하는 사람은 언제나 왼쪽으로 향하여 숨을 들이마시게 된다.

그 때문에 많은 수영 선수들은 얼굴을 정면까지 되돌리지 않고 언제나 한쪽 방향을 향하여 수영을 한다고 하는 결점이 있다.

어느 쪽으로 숨을 들이마시는 것이 좋은지에 대한 정설은 없다. 그러나 오히려 미국에서 실험한 결과로는 강한 어깨(반드시 솜씨가 뛰어난 쪽은 아니다)의 방향으로 얼굴을 향하여 숨을 들이마시는 것이 좋다고 한다.

숨을 들이마시기 때문에 상체(上體)가 회전하므로 양 어깨는 항상 수평하게 되어 있는 것은 아니다. 카운셀 맨은 호흡하는 쪽에 45° 경사로, 반대쪽에 35°, 결국 양 어깨는 합계 80°회전하는 것이라 할 수 있다.

숨을 들이마시기 위해 돌리는 쪽은 그렇게 크게 안 해도 좋다. 그런 것은 진행 중에 얼굴에 물이 부딪치거나, 여기에 물결이 생겨 입 주위에 골짜기가 생기기 때문이다.

골짜기에 해당하는 곳에 입을 대면 얼굴을 그다지 크게 옆으로 돌리지 않아도 호흡할 수 있다.

▲ 어깨의 기울기

이 때 머리는 몸의 중심선을 축으로 하여 옆으로 돌리는 것이 중요하고, 머리를 높게 일으키거나 옆으로 돌리거나 하지 않도록 한다.

초보자는 머리를 너무 높게 일으키고 기본 자세를 무너뜨리는 일이 많다.

◢ 기본 자세의 수정

처음에 크롤의 기본 자세에 대하여 '손끝에서 발끝까지 곧게 펴서 엎드려서 뜬다'라고 기술했다.

모든 사람은 각기 다른 성격을 갖고 비중도 동일하지 않다. 또 수영하는 기술이 발전하면 그것만으로도 스피드가 증가한다.

이와 같은 것이 수영하고 있는 때에 따라 기본 자세도 조금씩 변화가 있다. 사람에 따라서 달라지고 같은 사람이라도 수영의 기술과 함께 다소 변화할 수 있다.

뜨는 것만을 생각하면 머리를 가볍게 앞으로 쓰러뜨리고 얼굴을 물에 붙이고 있으면 뜨기 쉽다. 그러나 물장구를 쳐서 진행할 때가 되면 너무 머리를 낮추지 말아야 한다. 그러면 아니 오히려 좋지 않게 된다. 물장구는 물을 뒤쪽과 밑으로 쳐서 물의 반력에 의해 몸이 앞쪽과 위쪽으로 밀려지는 것을 주된 목적으로 하고 있다.

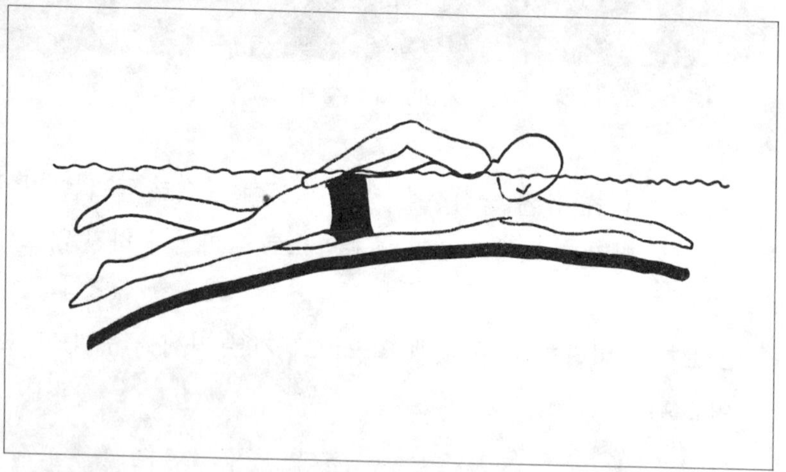

머리가 너무 낮으면 발로 물을 찰 때 발이 너무 떠서 좋지 않다.

초보자는 머리를 낮게 하여 발의 동작을 편하게 할 필요가 있다. 그러나 훨씬 나아 제 발이 강하게 되면 머리를 조금 올리는 쪽이 좋은 경우가 많다.

4타의 크롤을 수영하는 사람 중에는 신체를 옆으로 비틀어 좌우의 발을 크게 벌리고 횡영의 부채발에 가까운 동작을 한다.

이 형(型)의 수영에서는 발로 물을 밑으로 누르는 힘이 작으므로 머리를 낮게 유지하는 경우가 많다.

다음에 '뜨는 것'에서 기술한 것과 같이 앞으로 내민 팔은 어깨보다도 팔꿈치, 팔꿈치 보다도 손이 낮은 위치에 있는 쪽이 신체를 뜨게 하는 상태가 좋다. 아래 그림은 한 손을 물 위로 올릴 때, 즉 뜨는 힘이 가장 필요할 때 어깨가 앞쪽으로 상술한 바와 같은 위치에 있는 것을 나타내고 있다.

또 비중이 가벼운 사람은 뜨기 쉬우므로 전체의 위치가 높고 머리도 조금 높다. 이와 같이 기본 자세는 기능에 의해 약간 수정하여 그 때 그 사람의 가장 적당한 자세를 취하는 것이 필요하다.

◣ 발의 동작(물장구)

크롤의 발 동작은 '물장구'라고 불리고 있다.

초보자에게 처음으로 물장구 치는 것을 가르칠 때 자세히 설명하지 않는 쪽이 오히려 좋다고 이미 설명했다.

기본 자세를 취하고 전신을 곧게 펴는 것을 연습하도록 하면 '발을 뻗은 채로 상하로 움직인다'와 같이 가르쳐 준다.

먼저 무릎을 펴는 것부터 연습시키는 것이다. 그렇지 않으면 무릎을 구부린 채로 발을 움직이는 사람이 많다.

이 연습을 할 때 밑으로 칠 때에도, 위로 되돌릴 때에도, 같은 속도로 천천히 움직여서 발을 뜨게 하지 못하는 사람이 있다.

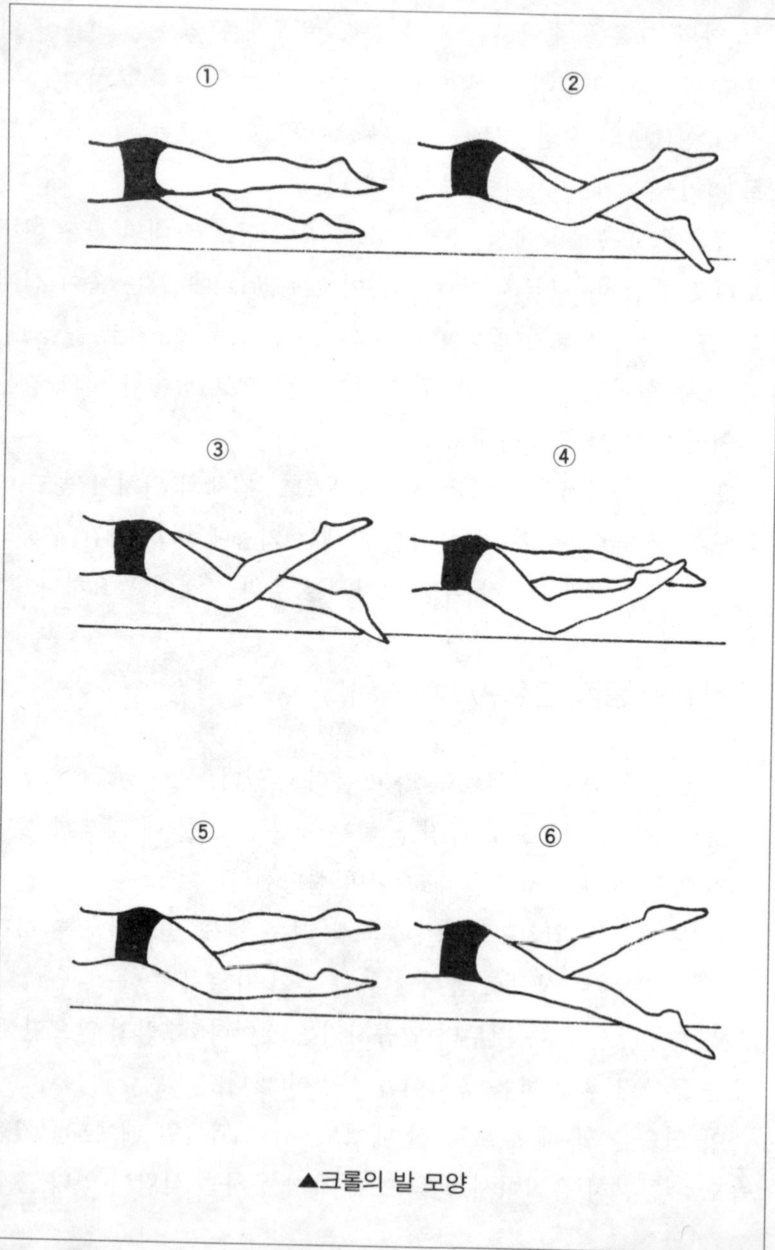

▲크롤의 발 모양

이와 같은 때에는 무릎을 구부려 발로 수면을 두드리듯이 하여 밑으로 향해서 칠 때 빠르게 움직이는 근육의 감각을 느끼도록 지도하는 것이다. 그러나 이것은 오히려 예외로, 일반적으로는 뻗은 채로 치게 한다.

그런데 정말 물장구는 위의 그림에서도 알 수 있듯이 무릎을 뻗은 채로 치는 것은 아니고 먼저 다리와 무릎을 굽히는 것부터 동작이 시작된다. 그림을 주목해 보자.

①은, 쳐내리는 것을 끝낸 왼쪽 발이 보통 수평선까지 올라올 무렵 다리는 곧게 한다.

②는, 왼쪽 무릎이 내리기 시작하는 것과 동시에 발끝을 올리기 시작할 무렵(오른쪽 발은 내린다).

③은, 왼쪽 무릎이 내려가 무릎을 크게 굽히게 되고 발끝이 보통 같은 높이(수면 직하)로 거의 앞으로 움직일 것.

④는, 왼쪽 허리가 조금 내려져 무릎의 내림을 증가하나 무릎은 거의 뻗기 시작한다(오른쪽 다리를 올린다).

⑤는, 허리와 무릎을 조금 올리고 발끝은 내려 붙인다.

⑥은, 내려치는 최후의 부분으로 허리와 무릎을 꽤 올리고 발끝을 내려 허리에서 발끝까지 곧게 편다(오른쪽은 쳐서 내리기 시작한다).

이 발은 곧게 편 채로 처음의 ①의 위치까지로 쳐올리고 다음에 쳐내리는 동작을 시작한다.

위 그림에서 허리가 같은 위치에 정지하고(상하로는 움직인다), 앞으로 이동하지 않는 것으로써, 무릎·발목 및 발끝의 동작을 보면 아래 그림과 같이 된다. 그래서 가장 강하게 물을 미는 발등의 움직임의 궤적(軌跡)은 점선(……→)의 화살표와 같이 추정된다.

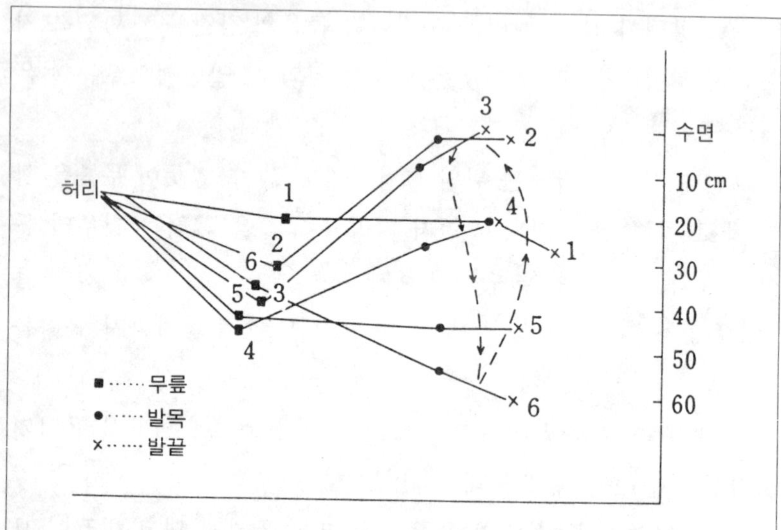

▲물장구에 있어서 무릎과 발의 움직임
허리는 말할 것도 없이 왼쪽 허리이다. 오른쪽 허리는 이 반대로 상하로 움직인다. 실제로 수영하고 있을 때 점선의 궤적은 전후의 지름이 계속해서 훨씬 크게 된다.

차서 내릴 때 무릎이 완전히 뻗고 그 뻗은 자세로 위로 되돌아 차는 것을 알 수 있다. 이것은 초보자라도 조금 연습을 하면 주의해야 한다.

구부리기 쉬운 무릎으로 물장구를 치기에는 허벅다리에 걸리는 앞쪽에서부터 저항이 크고 물장구도 유효하지 않기 때문에 스피드가 나지 않는다.

그림의 설명에도 있듯이 무릎을 내릴 때에는 먼저 발을 올리고 이윽고 무릎을 구부리는 것에 의해 발을 내린다.

발을 계속 내릴 때 이번에는 먼저 무릎·허리를 올리고, 내린 발을 끌어올리도록 한다. 이와 같은 동작의 관계는 배영의 발 동작에서도, 버터플라이의 돌핀 킥에서도 나타나므로 잘 이해해 두는 것이 중요하다.

실제로 이 동작이 가능하도록 되기까지는 발을 차서 내릴 때 종아리에서 발끝 전면, 특히 발등이 뒤쪽으로 접해 있는 것이 필요하다. 발목이 유연하여 잘 뻗는 사람은 이것이 가능하다.

▲ ① 양쪽 발꿈치를 꼭 붙인다. 발등이 바닥에 닿지 않게 한다.

▲ ② 양쪽 발뒤꿈치를 떼면 발등이 바닥에 붙는다.

보통 사람은 다음과 같은 연구를 한다. 즉, 기본 자세를 취했을 때 좌우 발의 엄지발가락을 거의 접하도록 하고 양 발뒷꿈치를 뗀다. 그렇게 하면 발등이 뒤에서 접하게 된다.

그러나 이것도 발등이 딱딱한 성인에게는 더 곤란한 것이다. 이러한 사람은 결국 물장구로 상당한 스피드를 내는 것은 기대할 수 없다.

더욱이 밑에서 위로 올리는 발도 물을 뒷쪽으로 밀어 추진하는 역할이 있으나 이것이 잘 되는 사람은 적다.

물장구가 유효하여 많은 속력을 내기 위해서는 발끝을 상당히 빠르게 움직이는 것이 중요하다.

물장구를 어린 아이일 때 연습하면 충분히 가능하다. 그러나 성인이 되고 나서 물장구를 시작한 사람은 3~5년 연습해도 어릴 때부터 연습한 사람과 같은 빠르기로 운동할 수는 없다.

물장구 칠 때 발은 수직적으로 상하로는 움직일 수 없는 것이 보통이다. 발등은 안쪽에서 높고 바깥쪽에서 낮게 경사지게 하여 물의 저항에 의한 다소의 호를 그리듯이 상하로 움직인다.

또 크롤을 수영할 때에는 팔의 동작, 호흡 등과 관계하여 신체가 좌우로 기울리기 때문에 바르게 상하로는 움직일 수 없다고 해도 좋다. 더욱이 전신의 균형을 유지하기 위하여 훨씬 변칙적인 동작을 하는 것도 드물지 않다.

▨ 머리의 위치

처음에는 '바로 밑을 본다'와 같이 수영하게 한다. 그러면 먼저 기본 자세가 전혀 되지 않는 예외인 사람을 제외하고 어느 정도의 거리를 수영할 수 있다(풀장을 옆으로 수영할 정도이지만).

계속 수영할 수 없어서 중지하는 것은 거의 모두 머리의 위치가 너무 높은 사람이다.

조금 익숙해지면 풀장의 벽을 차고 뻗으면서 떠 나아갈 때의 적정한 얼굴의 위치를 익히게 하여 그 머리의 높이를 유지하여 수영하도록 지도한다.

호흡을 할 수 있도록 되면 머리를 움직이므로 문제가 훨씬 어렵게 된다. 어느 의미로, 머리는 '쓸데 없는 것'이다.

미국 크롤은 와이즈 뮬러의 출현에 의해 완성되었다고 전해진다. 그 와이즈 뮬러가 '나는 신장이 190cm이고, 조건이 좋은 것으로 머리가 작다'(사진으로 측정해 보면 이등신이다)라고 그 저서 중에 기술하고 있다.

크롤을 수영할 때 신체는 전체가 수중에 있고 머리의 일부만이 물 위에 나와 있다.

수중에 있는 부분은 소위 무게가 없게 되므로 수상에 있어 무게가 있는 머리의 움직임에 영향을 크게 받는다.

그 의미로 머리의 위치가 중요하고 머리가 상하 혹은 좌우로 흔들려 움직이는 것은 금물이다.

머리가 높게 되면 곧 허리와 발쪽이 가라앉고 체형 자체가 무너진다.

머리가 너무 낮으면 발의 동작이 유효하지 못하고 물장구가 헛돌게 되어 아주 효과가 없는 것이다.

머리를 왼쪽으로 흔들면 발의 방향은 오른쪽으로 흔들린다.

이와 같이 머리의 위치가 정해져 있지 않으면 쓸데없는 힘이 신체의 다른 부분에 작용하여 체형이 각각 변화하고 물의 저항이 크게 된다.

호흡을 위해 머리를 옆으로 돌릴 때에는 중심선을 축으로 하여 돌리고 머리가 흔들리지 않도록 신경쓰지 않으면 안 된다.

그래서 수영의 전문가는 '숨을 들이마실 때 한 쪽 눈이 수중에 있도록'이라고 지도한다. 눈과 귀를 기준으로 하면 수영을 배우는 사람에게 이해하기 쉽다.

◪ 어깨·팔·손

맨 처음에 '손을 사용하여 크롤을'이라는 것만으로 수영하게 한다.

누구나 알고 있기 때문에 큰 손을 움직여서 크롤을 수영한다.

이 때에 나타나는 결점의 하나는 팔꿈치를 굽혀, 팔꿈치부터 끌어당기는 사람이 있는 것이다.

육상에서 물건을 끌어 올릴 때에는 팔꿈치를 굽혀 당긴다.

이 순간 수중에서 나오는 것이다.

팔꿈치를 굽혀서 당기면 손과 윗팔로 물을 어루만지는 것만으로 후방으로 밀 수 없다.

물을 가장 효과있게 뒤로 미는 것은 손과 윗 팔이 수면에 직각인 각도로 뒤쪽으로 움직이고 있을 때이다.

이것을 이해시키기 위하여 배에서 가슴 깊이의 위치에 서서 손과 팔 위를 몸의 앞쪽으로 수면에 직선으로 넣어 물을 뒤로 미는 연습을 시킨다. 걸으면서 시켜도 좋다. 또 육상에서 다음과 같이 연습을 시킨다.

먼저 양 팔을, 팔꿈치를 가볍게 굽히고 손바닥을 밑으로 하고 어깨의 높이까지 올리게 한다. 다음으로 팔꿈치를 조금 올리고 동시에 손을 내리도록 움직이게 한다.

그러면 대흉근(大胸筋)과 상완이두근(上腕二頭筋) 등의 대부분의 근육이 긴장하여 어깨가 조금 올라가고 동시에 앞으로 나오는 것을 알 수 있다.

그리고 팔은 그 장축을 중심으로 하여 안쪽으로 비틀린다.

이 때의 어깨의 구조는 크롤과 평영 등의 평체의 수영에 중요한 것이고, 팔을 안쪽으로 비튼 형은 이미 경영 종목의 팔 동작에 중요한 기본으로 구성되어 있다.

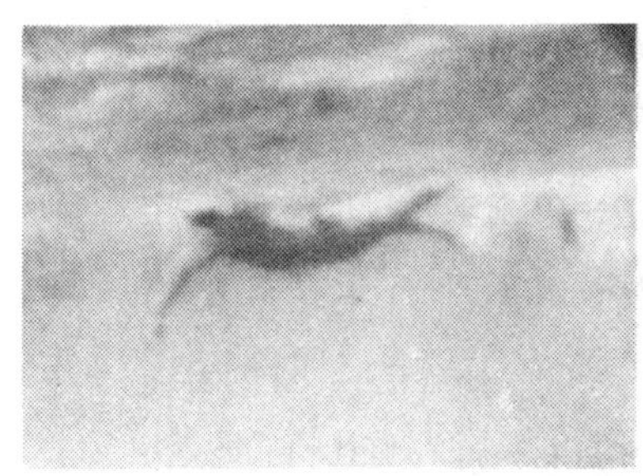

▲ 평체영법(平體泳法)에 공통되는 팔의 모양

장년 경영 수영법(長年競泳水泳法)을 연습한 사람에게는 극히 단순하게 할 수 있는 구조이나 성인의 초보자에게 시켜보면 쉽게 되지 않는 경우가 많다. 그래도 이 연습을 되풀이하여 시키면 팔꿈치부터 당기는 사람은 점점 없게 된다.

또 다른 하나의 결점은 팔을 헤치는 것이 되지 않는 사람이 있는 것이다.

이것은 팔꿈치에서 당기는 것에도 원인이 있지만 대부분은 끝까지 물을 헤치지 않기 때문이다.

'엄지손가락이 대퇴부에 닿을 때까지 물을 헤친다'와 같이 지도

한다. 대퇴부에 닿을 때까지 헤치면 손은 실제로 이미 수면까지 왔기 때문에 곧 수상으로 올라갈 수 있다.

초보자에게 있어서 손끝부터 물에 넣는 것은 대단히 어려운 것이다. 또 어깨를 상하로 움직이는 것을 알지 못하므로 양 어깨를 수평으로 유지하고, 따라서 양 어깨가 수중에 있다.

양 어깨가 수중에 있기 때문에 팔을 앞으로 뻗어도 팔꿈치가 어깨보다 높고 손끝이 팔꿈치보다 높은 경우가 많다.

그리고 뜨는 것이 아직 편안하지 않기 때문에 허둥지둥 손을 헤치기 시작한다. 당연히 손의 힘은 밑으로 향하여 움직이고 반작용으로 손이 밀어올려져 이것이 발을 밑으로 내리는 힘을 만들고 발이 가라앉아서 계속 수영하는 것이 괴롭게 된다.

이 무렵에 어깨의 동작을 지도한다. 실제로는 지도자의 동작을 보이므로 설명은 그다지 어렵지 않다. 그러나 문자로 쓰려고 하면 어렵다.

'어깨는 전하(前下)로 뻗고, 손에 당겨져 그 쪽으로 조금 내리고, 동시에 (반대쪽의) 당기는 손쪽의 어깨는 수면상에 보이도록 편안한 기분으로 어깨를 움직여서 수영한다……'와 같이 지시하면 꽤 쉽게 더구나 유연하게 수영하는 것을 아는 사람이 나온다.

물을 끝까지 헤친 손을 뒤에 돌리고 나서 물에 넣는 위치, 물에 넣고서 팔의 동작 등, 캐치까지의 동작에 대해서는 오랫동안 정설이 없었다.

1930년 와이즈 뮬러는 팔을 앞쪽으로 옮길 때 '팔이 충분히 앞으로 뻗을 때까지 물이 닿지 않는다……'라고 했다. 대개 이 무렵까지의 사고를 대표하고 있다 라고 생각해도 좋을 것이다.

1964년 미국의 선수 대부분은 머리를 낮게 유지하고 팔을 평평하게 뻗고 수영하고 있었으나 쇼란더가 멋진 손동작을 보였다. 최근 이것이 미국 선수의 일반적인 모습이다.

팔은 팔꿈치를 조금 구부려서 손끝부터 물에 넣고 보통 그 각도로 팔을 전하(前下)로 뻗는다. 전하로 뻗으면서 손과 팔로 물을 누른다.

팔을 수평으로 뻗는 것에는 물을 밑으로 누르는 것만이 된다. 그러나 손 끝쪽이 낮아지면 손과 팔로 물을 아래쪽과 뒤쪽으로 밀고 있는 것이 되고, 몸을 뜨게 하는 것과 함께 전진시키는 것에도 영향을 미친다. 손끝이 내려져 있으면 그것만으로 캐치가 빨리 되고, 효과가 있는 물의 헤침이 빠르게 되기 시작한다.

카운셀 맨은 '손은 팔의 어느 부분보다도 끝(손톱)으로 물에 넣는다' 또는 '손바닥은 물에 들어갈 때 비스듬히 아래쪽을 향하여 있다'라고 기술하고 있다.

그리고 물 위에서 팔을 뻗고 나서 물에 넣는 방법에도 머리 바로 앞에서 손을 깊게 집어넣는 방법에도 원래 결점이 있는 것을 지적하고 팔꿈치를 조금 구부려서 손끝부터 물에 넣는 것을 '정상(正常)'으로 하고 있다.

더욱이 양 어깨는 팔의 동작과 함께 움직이나 손을 물에 넣을 때에는 '어깨는 손에 당겨져'도 물에 넣고, 손을 저을 때에는 '어깨를 수면에 내고서' 당긴다. 이렇게 하면 앞으로 뻗은 팔과 손에 물의 압력을 느껴 이것만으로 몸의 상체가 뜨게 된다.

호흡할 때, 그 쪽의 어깨는 당연히 높아지고 반대쪽의 팔을 저을 때 그 쪽의 어깨가 올라간다. 많은 수영 선수들은 호흡하는 쪽의 어깨를 높이로 수영한다고 하는 결점을 범하는 경향이 있다.

숨을 들이마셔 머리를 되돌릴 때에 정면을 넘어서 조금 반대쪽으로 향하는 정도가 좋다. 그러면 양쪽의 어깨가 꽤 편하게 움직이고 그것만으로 팔의 동작이 편하게 된다.

◤ 손의 동작

손이 먼저 물에 들어가는 동시에 손바닥이 비스듬하게 아래로 향하는 것은 이미 기술했다.

손이 물에 들어갈 때, 팔꿈치가 손보다도 높기 때문에 손바닥은 엄지손가락 쪽이 새끼손가락 보다도 조금 낮다.

이 모양으로 물에 넣으면 물의 압력을 받는 것이 평평하게 넣을 때 보다도 적다.

따라서 전하의 방향으로 가볍게 넣는다. 팔꿈치가 조금씩 뻗으므로 손바닥의 좌우의 경사는 자연스럽게 된다. 이것으로 캐치점에 달한다.

손은(옆에서 볼 때) 수면과 $45°$를 조금 넘긴 정도의 각도. 손바닥의 좌우의 움직임은 계속되고 이때 팔꿈치를 굽쳐 움직이기 시작한다.

앞에 육상의 연습에서 한 것과 같이 팔꿈치를 올려 (수영하는 지세로는 앞으로 내서) 손을 내린다(수영하는 자세로는 뒤로 당긴다)와 같은 기분으로 팔꿈치를 구부린다. 그러면 손끝은 몸의 중심선 밑에 해당하고 팔꿈치는 어깨선보다도 밖에 있다. 서서 이 모양을 하는 것으로써 이것을 머리 위에서 본 것으로 가정하면 아래 그림과 같다.

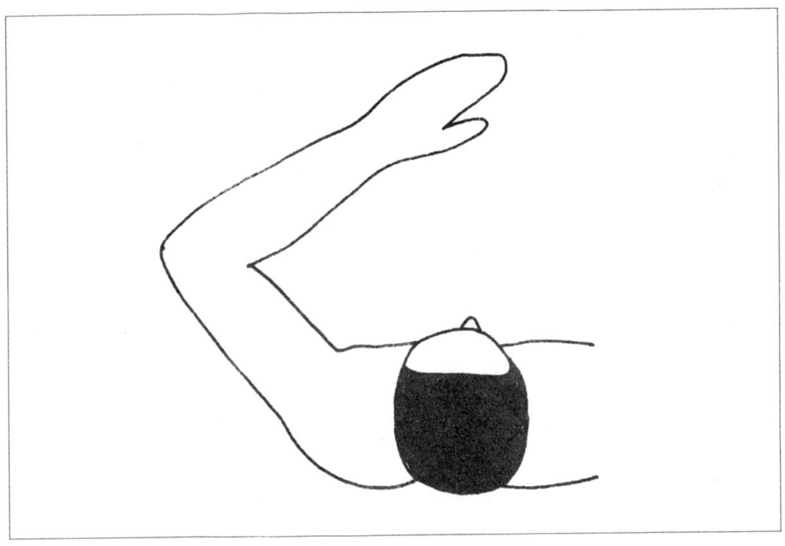

　또 손 동작을 앞에서(수영하고 있는 자세로는 밑에서) 보면 아래 그림과 같다. 손바닥은 점선에 대하여 직각을 유지하도록 조금씩 움직인다. 젓기를 끝난 쪽에서는 손바닥이 '외향'이 되어 있다.

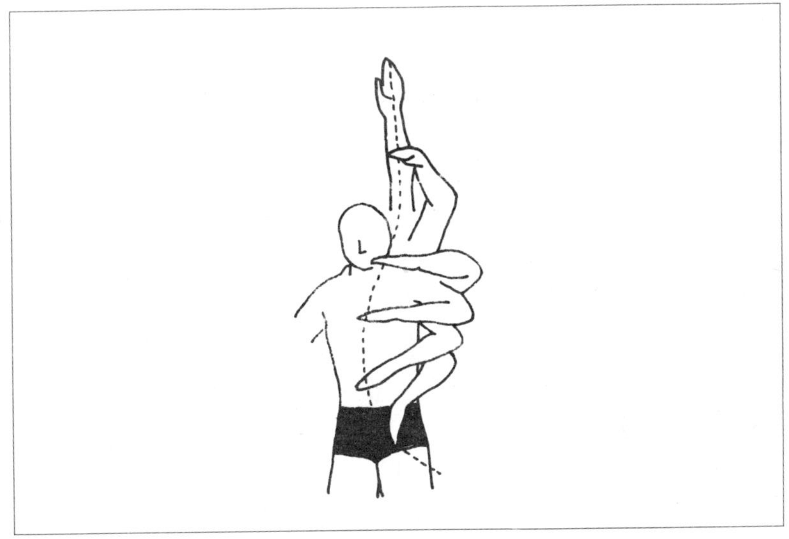

　손으로 물을 저어갈 때 팔을 구부리는 것은 옛날부터 전해져 오고, 와이즈 뮬러도 그의 저서에 사진으로 나타내고 있다.

　손끝의 궤적은 얕은 S자상이 되지만 실제로 수영할 때에는 어깨가 상하로 움직여 상체가 좌우로 기울이기도 하고 전진하고 있는 것으로 그림과 같지는 않다. 그 의미로 곧장 앞쪽의 물을 밀다라고 말해도 좋을 정도이다.

　이것이 있기 때문에 a의 지도자는 '어깨 앞을 통해서'라고 말하고, b는 '몸의 증심 앞을 통해서'라고 표현하는 것이 빠르기 때문이다.

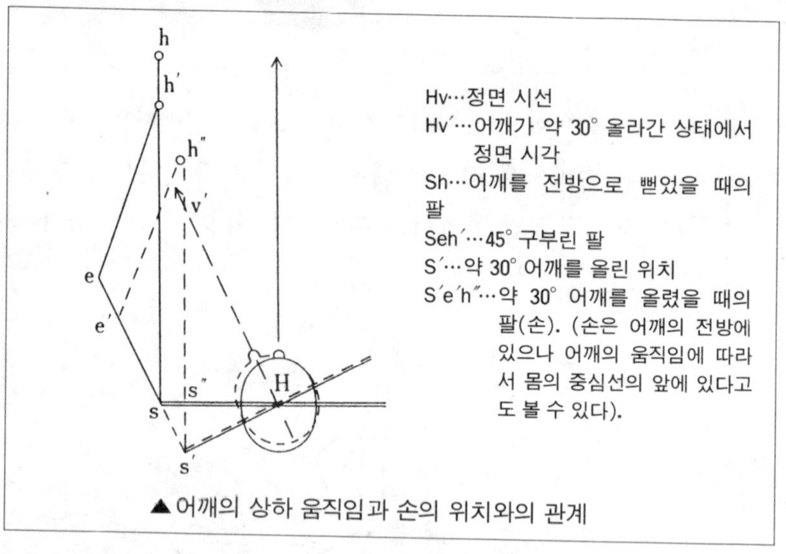

▲ 어깨의 상하 움직임과 손의 위치와의 관계

　어깨가 올라가면 수평면에 투영하는 머리에서 어깨까지의 길이는 (HS에서 HS˝로) 짧게 된다. 따라서 팔 전체도 거의 중심부에 가깝게 된다(Sh에서 S´h˝로). 그러나 손은 어깨의 앞쪽에 있다.

　한편 수영자(스위머)의 입장에서 생각하면 물을 헤친 손쪽의 어깨가 높아지고 반대쪽의 어깨가 내려가는 것에 의해 '손을 반대쪽의 겨드랑이 밑에 넣고, 배 앞을 통하여 허리 바깥쪽으로 젓는다'라는 기분이다.

또 머리도 어깨의 움직임에 대하여 옆으로 향하였으므로 그림과 같이 손이 몸의 중심선의 앞에 있다 라고 생각한다. b는 이 견해로 하고 있는 것이다.

이 완만한 S자상의 행동과정을 통할 때, 손바닥면이 행동 과정의 선에 대하여 수직인 것에 주의하고 싶다.

또 '싱크로 나이즈드 스위밍'을 하는 사람들이 똑바로 누운 상태로 떠서 다리를 수상으로 올릴 때 손의 움직임을 보아도 좋다.

평평하게 구조된 손바닥의 큰 중심선을 축으로 하여 손바닥이 좌우를 대단히 빠르게 상호 상하로 움직인다. 극히 좁은 저항면으로 움직이는 거리도 짧지만 빠른 동작으로 꽤 강한 힘이 물에 작용한다. 이와같은 움직임이 젓는 사이에 능숙하게 가하는 것을 생각해 볼 필요가 있다.

S자상으로 저어가는 것과 손바닥 좌우를 상하로 움직이는 것(스캘링) 등은 꽤 고도의 기술이지만 선수나 고급반의 사람들에게는 연구해 볼 만한 기술이다.

손을 젓기 시작하는 부분에는 팔꿈치부터 끌어 당겨서는 안된다. 손이 어깨의 위치보다도 뒤로 진행하면 팔꿈치가 뒤로 당겨져서 윗팔이 점점 수평에 접근하고 앞팔과 손만이 수면의 수직이고 나중에는 앞팔도 수평에 가깝게 되어 손바닥만으로 물을 뒤로 미는 것이 된다.

손은 배꼽의 위치에 가깝게 오기까지 몸의 중앙 정중면(正中面) 안에 있으나 마지막에는 몸쪽을 통하여 수상(水上)으로 나오기 때문에 행동 과정을 그 방향으로 바꾸는 것이 된다.

■ 양 손의 관계, 손·발의 관계

6타 크롤을 수영하는 수영 선수의 수영을 필름에 의해 분석한 바로는 손이 수중에 있는 시간이 $\frac{3}{4}$, 수상에 있는 시간이 $\frac{1}{4}$이었다. 그리고 양 손이 모두 수중에 있는 시간과 한 손은 수중에, 다른 한 손은 수상에 있는 시간이 서로 교차하고 있다.

손은 서로 교차하여 젓지만 한쪽 손이 물을 젓고 있는 사이에 다른 손이 수상에 있는 뜻은 아니다. 한쪽 손이 수중에 있는 시간과 수상에 있는 시간의 비는 3 : 1이다.

6타의 사람에게는 양 손이 1회씩 젓는 사이에 발을 6번 찬다. 양 손이 모두 수중에 있는 시간은 있으나 양 손이 모두 수상에 있는 시간은 없다. 양 손이 모두 수중에 있는 시간과 어느 쪽인가 한 쪽이 수중(다른 손은 수상)에 있는 시간이 서로 교차하여 온다.

손이 수중에 있는 시간은 이 선수들의 경우 캐치까지 $\frac{1}{3}$, 어깨 가까이 오기까지 $\frac{1}{3}$, 그리고 피니시까지 $\frac{1}{3}$이었다.

한 손은 다른 쪽보다 2타 늦게 동작하고 있다.

결국 앞에 말한 손이 어깨 위치쯤 올 무렵 다른 손이 물에 들어간다. 이것은 개인차가 크고 글라이드 스트로크인 사람은 한쪽 손이 물에 들어가서부터 다른 손이 젓기 시작한다. 사람에 따라서는 한 손이 물에 들어간 때 다른 손은 젓기를 끝내어 가는 사람도 있다.

4타의 사람 중에는 1회 비트를 크게 치고 그 사이에 6타의 사람이 4타에 해당하는 시간을 취하고 있는 사람, 혹은 2타분을 발을 쉬게 하는 사람 등이 있다.

◢ 새로운 크롤

여기에서 사진 '새로운 크롤'을 한 번 더 잘 관찰해 보자. ①의 캐치에서 ④(끌기)까지는 상체가 발쪽보다도 낮고 분명히 상체는 수면에 대하여 어떤 각도로 '떨어져 들어간다'이다. 이것만으로도 스피드를 증가시키는 원인이 된다.

특히 ③의 위치에서는 상체가 강하게 비틀어져 동시에 오른쪽이 크게 굽어져 있다. 팔의 모양에서 보면 물을 뒤쪽으로 밀면 동시에 밑으로도 밀려져서 몸의 상체를 위로 밀어올리고 있다.

그 밀어올려진 부분에 쌍대동작(雙對動作)으로서 몸통·허리가 밀려 내려지는 몸의 밸런스가 유지되고 동시에 왼발의 킥을 대단히 강하게 하는 원인이 되고 있다.

③의 신체가 그리는 곡선은 버터플라이로 신체가 수중에 있고, 팔의 젓기가 시작된 시각과 아주 똑같이 되어도 좋을 정도로 아주 닮았다.

오른팔이 양 어깨선을 넘으면 팔은 오직 물을 뒤쪽으로 밀고 신체를 띄우는 동작은 하지 않는다.

그때 신체는 수평으로 엎드려 오른팔이 비교적 수평으로 앞으로 뻗어 신체를 띄운다. 그리고 허리를 조금 높게 하고 다음의 왼팔이 달려들어 '뛰어들어 간다'의 준비를 시작한다.

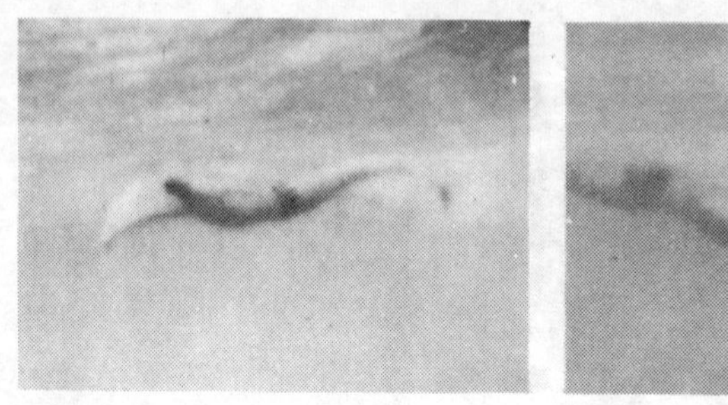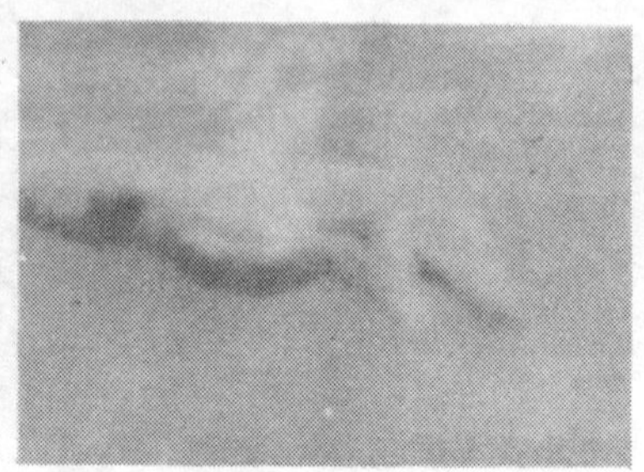

▲같은 신체의 선(왼쪽 : 크롤, 오른쪽 : 버터플라이)

팔·몸·다리가 전부 하나가 되어 볼만한 협동 동작을 하고, 극히 다이나믹한 수영을 한다.

이와같이 상체를 크게 사용하여 전신으로 수영하기 위해서는 킥의 수를 적게 하지 않으면 안된다.

이렇게 하여 새로운 형태의 2타 크롤이 생겨나게 되었다고 생각된다.

이것은 아마 버터플라이(접영)를 수영할 수 있도록 된 결과, 상체를 다리의 동작에 동조하여 파동되는 것에 능숙하게 한 결과이다.

한 수영 선수는 수년 전 버터플라이(접영)로 양 발을 물에 넣고서부터 몸이 '뛰어들어 간다'일 때 스피드가 커지는 사실에서 힌트를 얻어 그것을 크롤에 응용한 일이 있다고 한다.

호흡하는 쪽의 팔을 깊이 전하(前下)로 돌진시키고 머리를 수중에 넣는다. 그러면 순간적으로 허리가 떠서 신체가 가볍게 되고, 편안한 것 뿐만 아니라 같은 거리를 보다 적게 저어 수영할 수 있다.

이것은 장거리에 사용하는 영법이라고 생각된다. 뒤에 멕시코 올림픽 100m, 200m 자유형에 우승한 웬딘이 수영하는 1장의 사진을 보았을 때 '무엇인가 같은 것을 이 선수도 하고 있을지도 모른다'라는 의문이 제기되었다. 그리고 지금 이 사진을 보고 과연 이라 생각된다.

이미 A선수의 수영은 전혀 다른 크롤이다. A선수가 수영할 무렵 버터플라이는 아직 '평영'이었다. 돌핀 킥은 행하여지지 않았다. 돌핀 킥을 행하도록 되고부터 '신체로' 킥하는 것을 몸에 붙인 것이다. 그렇기 때문에 손을 돌진시켜 허리를 띄우는 것이 아니고, 손을 돌진시켜 몸의 상체를 띄우고 허리를 가라앉혀 킥을 강하게 한다.

'가라앉아 간다'는 것은 글라이더가 엔진없이 활공(滑空)하는 것과 같은 원리이다.

글라이더는 중심이 전체의 중점보다도 앞쪽에 있고 따라서 끝이 낙하하도록 된다.

이때 밑에서의 공기압을 날개로 받는다. 그 힘은 위쪽과 앞쪽을 향하여 힘이 나누어지게 되고 글라이더는 공중을 날게 된다. 이것과 같은 것을 수영에서도 볼 수 있다.

여기에서 아래 그림과 같은 것을 만들어 중심을 중앙보다도 조금 앞쪽에 있도록, 동시에 비중이 1.0에 가깝게 철봉을 만든다. 이것을 수면 밑으로 수평이 되게 하여 손을 놓으면 전하(前下)쪽으로 전진한다.

이것은 수중에서 중심을 앞쪽으로 이동하여 머리쪽을 발쪽 보다도 내리면 별로 힘을 쓰지 않아도 몸이 수중을 전진하는 것을 의미한다.

종래에 우리들은 전진을 위해서는 어떤 방법으로 힘을 써서 물을 뒤쪽으로 밀지 않으면 안된다고 생각했다. 그러나 힘을 쓰지 않고 신체를 전진시키는 방법이 있는 것을 의미한다. 그래서 최근 수영 선수 중에는 이 원리를 잘 이용하는 사람이 있는 것이다. '새로운 크롤'이라는 것은 그 요인을 잘 이용한 크롤이다.

아무튼 크롤에 새로운 시대가 온 느낌이다. 그러나 이 정도의 고도의 기술은 '가르치는 것을 할 수 있다'의 정도를 넘어서고, 또 보통의 수영을 하는 사람에게 가르쳐도 될 것 같지 않다. 소질이 뛰어난 엘리트가 엄격한 연습 끝에 스스로 터득하고 익히는 기술일지도 모른다.

■ 자연법칙(自然法則)에 대하여

모든 신체 운동은 인간의 신체적(身體的) 정신적(精神的)인 제 조건의 범위 내에서 역학적(力學的)인 법칙에 따라 행할 수 있다.

손과 발로 물을 뒤로 미는 힘의 작용이 있으면 반드시 같은 동시에 반대 방향으로 행하는 반작용이 손과 발에 작용한다. 이것은 이미 자주 기술되었다.

1) 쌍대(雙對)적인 동작

넓이 뛰기할 때, 도움닿기 후에 팔을 앞에서 위로 흔들어 올리면 다리가 자연적으로 뒤로 흔들려 전신이 젖혀진다. 착지 때 양 팔을 위에서 흔들어 내리면 발이 앞으로 흔들려 착지 거리가 늘어난다. 팔과 다리가 쌍대(雙對)의 동작을 하는 것이다.

땅 위에 서 있는 경우, 발과 지면과의 사이에 마찰이 있기 때문에 눈에 보일 정도의 쌍대 작용은 없지만 분명히 작용하고는 있다.

크롤의 경우 손 동작은 넓이뛰기에서 팔을 위에서 아래로 흔드는 동작과 마찬가지이고, 동시에 발이 앞으로 나오는 것이 자연스럽다. 2타의 크롤을 수영하는 것을 잘 알 수 있다.

6타의 수영에는 호흡하는 쪽의 손을 강하게 저을 때, 동시에 같은 쪽의 발을 강하게 하려고 하면 박자가 잘 맞는 수영을 할 수 있다.

배영을 할 때, 한쪽 손을 강하게 젓기 시작할 때 다른 손을 수상으로 흔들어 올리면 쌍방의 어깨 동작이 편하게 될 수 있다. 그것만이 아니라 발에 작용하는 옆쪽의 힘 — 예를 들면 오른손을 저을 때에는 발을 오른쪽으로 휘두르는 힘이 움직인다 — 을 중화하는 데에도 도움이 된다.

크롤의 좌우 손의 동작에 대해서도 같은 이치로 말할 수 있다. 앞에 기술 한 것과 마찬가지로 한쪽 손이 물에 들어갈 때 한쪽은 어깨가 내려가 누르는 동작을 한다.

한쪽을(신체를 기준으로 하여) 올릴 때에 다른 쪽을 내리는 것은 쌍대(雙對)의 동작이다. 한쪽의 리커버리와 다른쪽의 당김에 대해서도 마찬가지이다. 카운셀 맨이 '리커버리의 팔 동작은 돌진시키지 말라. 돌진시키면 물을 젓는 손이 착실하게 저을 수 없게 된다'라고 한 것은 음미해 볼 만한 말이다.

수영을 가르치는 코치 중에서는 영법(泳法)의 양 손을 번갈아서 하는 횡영(橫泳)에서, 차례로 끌어당기며 헤엄치는 손을 가볍게 취급하는 수영자에게 주의를 주는 일이 많다.

'아래쪽의 손이 저항이 큰 물을 헤치고 있기 때문에 그것과 박자를 맞추어서 수상의 손을 원상태로 되돌려라'라는 말과 같이 쌍대의 관계에 있는 동작은 그 강도와 속도에도 박자를 맞추는 것이 중요하다.

2) 힘의 공급(供給)쪽과 수입(收入)쪽의 최적정합(最適整合)

뜀판 위에서 점프할 때에는 뜀판이 탁 뛰어오르는 진동에 맞추어 알맞은 강도로 차는 것이 중요하다.

국제 경기장 풀장에서 수영할 때, 풀장 쪽의 벽을 한 번 차고 그대로 반대쪽의 벽에 달하는(13m) 것을 항상 해왔다. 그러나 추간판(椎間板) 헤르니아를 앓은 뒤부터는 전과 같이 강하게 할 수 없게 되고 한 번 차는 데에는 반대쪽 벽에 다다를 수 없게 되었다. 어떻게든 회복하고 싶다고 생각하여 열심히 하여도 아무런 효과가 없었다. 어느 날 초보자에게 벽을 차기 시작하는 동작을 지도하는 중에 '무리하지 말고 가벼운 기분으로 벽을 차고 나가라' 말하고 나서 순간적으로 반대쪽 벽에 다다랐다.

T코치는 이것을 설명하여 다음과 같이 말하였다.

'수중 운동(水中運動)에는 조금만 속도가 증가하여도 저항쪽이 급히 증대된다. 강한 킥을 할 수 있을 때에는, 급격한 가속에 의해 생기는 물의 저항이 커져도 각력(脚力)의 큰 파우어(힘×속도)에 의해 상대 벽에 달할 수 있다. 강한 힘을 단시간에 발휘하는 킥의 힘의 발현 형식(發現形式)에는, 일정의 거리를 진행하는 데에 필요한 파워의 이용 효율은 낮아지는 셈이다. 이것이 킥의 힘이 적게 되고 가속성(加速性)이 감소하게 되는 셈으로 킥하는 시간을 길게 한다고 하는 컨트롤의 형식으로 바꾸기 때문에 물의 저항이 적게 되고 신체도 수압에 저항되어 킥하는 중

에 충분히 뻗어 자르도록 되고 결과적으로 발의 파워의 이용 효율(利用効率)이 높아진다고 생각할 수 있다.'

파워는 힘과 속도의 곱으로 나타내진다. 파워의 크기는 같아도 힘과 속도와의 구조는 변할 수 있다. 사이클용 자전거에는 뒷바퀴의 살이 여러 개 이어져 있어, 평탄한 길에서는 속도비(速度比)가 큰 살(하이 기어)로 고속성이 얻어지게 되고, 오르막길에서는 작은 살(로 기어)로 강한 힘을 얻을 수 있도록 결합한다.

이와같이 신체 운동의 동력원으로서의 근육이나 신체의 자세를 유지하는 근육은 함께 근 수축 속도(筋收縮速度) 등에 특유의 성질이 있으므로 가장 능률이 좋은 힘을 이용하거나 필요한 힘과 스피드를 얻기 위해서는 힘의 공급쪽과 수입쪽의 사이에 정합(整合)이 중요하다.

▲수영에서의 전진(스피드 수영)은 힘의 공급과 수입의 원리에 의해 이루어진다.

평영(平泳)

■ 평영(平泳)이란

크롤은 빨리 수영하는 영법(泳法)이다.

때문에 여러가지 연구가 되어져 왔다. 예를들면 얼굴을 물에 넣어 수영하는 것도 그 하나이다. 얼굴을 물에 붙이고 수영하는 것은 습관이 되면 아무것도 아니지만 일반인에게는 그렇게 쉽지 않다.

평영은 얼굴을 수면 위에 내고 수영한다. 또 양 손과 양 발을 옆으로 벌리므로 뜨기 쉽다. 천천히 수영할 때에는 어느 수영보다도 에네르기의 소비가 적은 영법이다.

이들의 이짐이 있기 때문에 평영은 다른 어느 수영보다도 일반인들에게 친숙한 영법이다.

몸은 엎드려서 뜨고 정면을 향하여 수영하는 것이 평영이다. 양손은 모으고 앞으로 뻗고, 좌우로 나누어 젓는다. 발은 '개구리 발'을 이용하는 것과 '부채 발'을 이용하는 것이 있다. 평영(平泳)일 때는 규칙에 의해 개구리 발을 사용한다.

경영(競泳)의 경우 평영은 규칙에 의해 제약이 가장 많은 영법이다. 평영의 규칙은 대강 다음과 같다.

A) 양 손을 전방으로 함께 내서 뒤쪽으로 동시에 더구나 좌우 대칭으로 젓는다.

B) 몸을 완전히 아래쪽을 향하여 유지하고, 양 어깨는 수면과 평행하게 유지한다. 양 어깨는 항상 진행 방향에 직각이 되지 않으면 안 된다.

C) 양 발을 동시에 오므리고, 무릎을 구부려서 벌리고, 그리고 굽힌 발을 바깥쪽으로 둥글려내고 양 발을 모은다.

D) 되돌아와서 벽끝에 닿을 때, 혹은 경영(競泳)의 종결에서 벽끝에 닿을 때는 양 손을 들고 동시에 수평의 높이로 한다.

E) 회영 동작을 첨가해서는 안된다.

F) 경기자는 도중에 영법(泳法)을 바꿀 수 없다. 몸의 좌우 양쪽이 항상 같은 상태로 있는 것을 요한다. 손발도 좌우 마찬가지일 것. 어깨를 수평으로 하지 않거나 또 한쪽의 어깨를 앞으로 내밀거나 해서는 안 된다. 되돌아 오거나 혹은 종결에서 한 손을 내어서는 안 된다. 더욱이 발등으로 물을 밀어서는 안 된다.

G) 출발과 되돌아 올 때 1번 젓기와 1번 차기 이외는 수면 밑을 수영하는 것을 금지한다(끊임없이 몸의 일부가 수면에 나와 있지 않으면 안 된다는 것이다). 주로 발을 차서 스피드를 내는 영법이다. 국내에서는 아마 일찍부터 개구리 발의 평영이 발달해 왔다. 무엇인가하면 발이 강한 우리에게는 평영이 적당한 것 같다.

1933년 미국에서 메야라는 평영 선수가 양 손을 수상에서 되돌리는 것이 힌트가 되어 '버터플라이 평영'이 출현하고 1948년 및 1952년의 올림픽 대회 평영의 결승에는 많은 '버터플라이 평영'

이 선보이게 되었다.

그뒤 '버터플라이'는 평영에서 독립했다.

그후 잠수 영법은 금지되고 전술한 대로 규칙이 생겼다.

자스트 레무스키의 출현은 평영에 대한 사고 방식을 변하게 했다. 자스트 레무스키는 팔 젓기가 강하고 발만으로 100m를 1분 19초로 수영하고, 팔만으로는 1분 29초로 수영했다. 그때까지의 세계 기록을 6초나 단축시키고, 200m를 2분 29초 6으로 수영하여 세계를 놀라게 했다.

◢ 기본 자세

평영의 기본 자세는 크롤과 마찬가지로 엎드려 떠서 뻗은 자세이다.

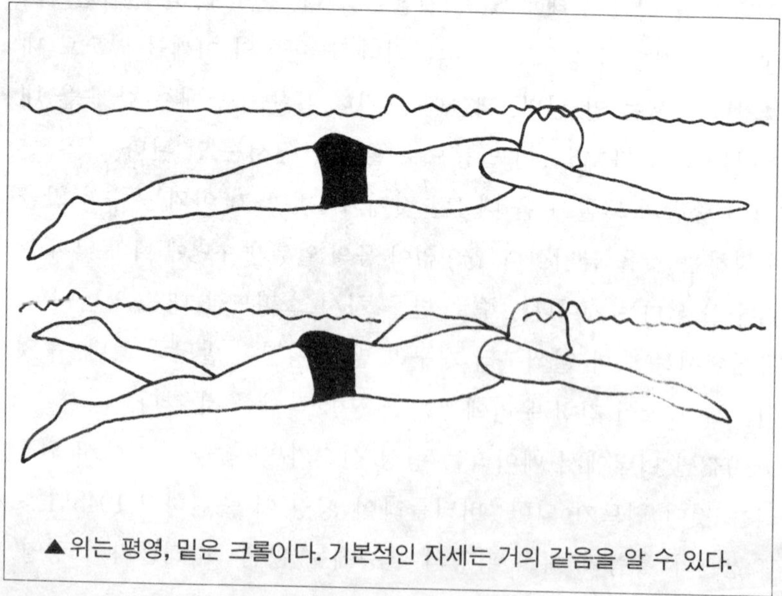

▲ 위는 평영, 밑은 크롤이다. 기본적인 자세는 거의 같음을 알 수 있다.

◪ 머리의 위치

크롤에서는 얼굴을 물에 붙이고 있으나, 평영에서는 조금 더 머리를 일으키고 있다. 재래의 영법(泳法)에서는 머리를 일으키고 얼굴을 수면 위에 내고서 수영한다. 경영의 평영에서는 발을 킥한 후에 머리를 앞으로 숙이고 양 손을 옆으로 저을 때 머리를 일으키고 입으로 숨을 들이마시는 것이 보통이다. 앞으로 숙인 정도는 아주 조금이다.

◪ 손의 동작

일반 영법의 평영을 수영할 때에는, 손바닥을 밑으로 향하게 하여 양 손을 앞으로 뻗고, 양 손으로 '둥근 원을 어루만진다'는 기분으로 원을 그리듯이 물을 밑으로 밀고, 턱 앞에 손을 넣는다. 손으로는 물을 후방으로 밀지 않고, 따라서 손으로 추진력은 생기지 않는다.

경영의 평영에는 손 동작에 의해서도 추진한다. 따라서 손 동작은 물을 밑으로 밀기보다는 물은 뒤쪽으로 밀도록 바뀐다. 발을 찰 때 양 손은 동시에 앞으로 뻗는다.

뻗은 손은 엄지 손가락 쪽이 낮고 새끼 손가락쪽이 높게 되도록 팔을 안으로 돌린다. 그리고 물을 옆과 밑으로 조용히 밀도록 하고 양 손을 벌려 젓기 시작한다.

양 손을 대개 어깨폭으로 벌리면 조금씩 팔꿈치를 구부리기 시작한다. 크롤 때에 기술한 것과 같이 팔꿈치를 올려 손끝을 내리도록 한다. 그러면 손바닥이 곧장 뒤쪽으로 향한다.

손과 팔 위를 가능한 한 수면에 직각으로 해서 물을 후방으로 강하게 민다. 손이 어깨 선에 가까울 때 손을 안쪽으로 돌리고 기울여서 앞으로 전진하면서 양 손이 얼굴 앞쪽에서 함께 되도록 한다. 그리고 거기에서 양 발이 앞으로 뻗기 시작하는 자세로 돌아간다.

◪ 두 가지의 발

평영은 옛날부터 있는 영법이다. 옛날에 '개구리 발'은 개구리 영법에서 배운 것 같다.

본래 개구리 발은 양 무릎을 옆으로 벌리고 뒷발꿈치를 모으고 발을 움츠린다. 그리고 발목을 굽혀서 발을 옆으로 벌리면서 물을 밀고 차면서 벌린다.

다리가 막 뻗어지면 양 발을 모은다.

양 발을 모을 때 물을 가르듯이 이것에 의해서 추진력을 생기게 한다고 생각된다.

이 방법이다 라고 하면 양 대퇴부가 몸에 직각이 될 정도로 크게 벌리고, 대퇴부에 받는 저항이 크다.

이 형태의 킥을 외국에서는 '개구리 발(frog kick)'이라고 부른다.

다른 하나는 양 대퇴부를 크게 벌리지 않고 양쪽 발뒷꿈치를 벌리면서 무릎을 한껏 구부린다.

킥을 시작할 때 양 발 뒷꿈치의 거리는 양 무릎의 거리 보다도 크게 되어 있다. 물을 찰 때 양 대퇴부를 모으는 기분으로 크게 벌린 발의 뒷 정강이의 안쪽에서 물을 밀면서 발을 모은다.

무릎이 구부려지는 것은 '개구리 발'보다도 느리고 양 발이 합한 때이다.

후자의 방법이 추진력(推進力)이 생기는 데에는 유효하다.

그러나 무릎 관절이 굳어져서 이 동작이 되기 어려운 사람이 있다.

이와같은 사람은 '개구리 발' 쪽이 강하다.

이 방법을 영어에서는 웝 킥(whip kick)이라 부른다. 매질을 하는 듯한 동작으로부터 왔기 때문에 붙인 이름이다.

◪ 호흡(呼吸)

일반적으로 발로 킥할 때 숨을 내쉬고, 손을 저을 때 숨을 들이마신다. 보통의 평영에서는 항상 얼굴을 수면 위에 내놓고 있으므로 호흡에 대해서는 문제가 없다.

경영 영법(競泳泳法)의 평영에서는 발의 킥 후에 '뻗음'을 취하는 것이 보통이다. 이 때에는 킥 후에 머리를 앞으로 기울이고 얼굴을 물에 붙인다. 그리고 수중에서 숨을 내쉰다.

손을 젓기 시작할 때 머리를 들고 입으로 숨을 들이마신다.

개인에 따라서 이 동작에 지속(遲速)이 있고, 빠른 사람은 아직 양 손이 물을 헤치기 시작하기 전에 얼굴을 일으켜서 숨을 들이마시고, 늦은 사람은 손을 다 젓고 끝나기에 이르러서 숨을 들이마신다.

◪ 손과 발의 관계

손과 발의 동작은 동시에 시작한다. 즉, 발의 킥의 개시와 동시에 양 손을 앞으로 뻗는다. 그러나 팔은 질량이 작고 저항이 적은 것에 비해서 다리는 질량이 크고 동시에 물에 저항하여 움직이기 때문에 쌍방이 뻗는 시간은 같지 않다.

팔은 다리보다도 빨리 뻗으므로 극히 짧은 순간에 뻗은 자세로 기다리는 것이 된다. 그리고 나서 젓는 동작을 시작한다. 팔의 젓기가 끝날 무렵에 다리가 오므려진다. 모식도(模式圖)로 그리면 다음 그림과 같다.

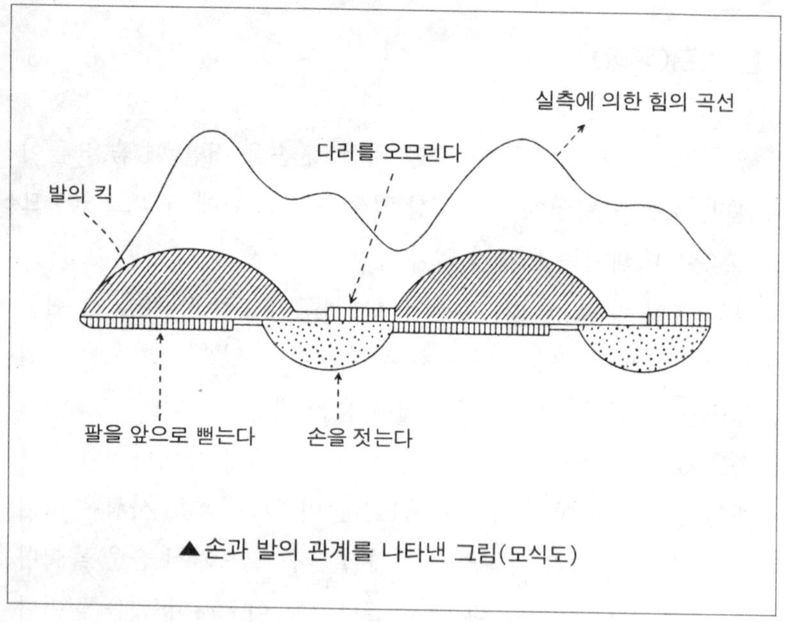

▲손과 발의 관계를 나타낸 그림(모식도)

더욱이 그림의 위쪽 곡선은 신체를 끈으로 당겨 평영의 힘을 측정했을 때의 곡선이다. 따라서 실제로 수영할 때는 곡선이 다소 틀릴지도 모른다.

크롤의 경우와 마찬가지로 뻗은 채로 수영하는 것과 뻗지않고 수영하는 것이 있다. 개구리는 보통 수영할 때는 킥할 때 양쪽 발 뒷꿈치를 떨어뜨리지 않고 물을 맨 뒤로 차서 충분히 발을 뻗어서 수영한다(개구리의 발에는 발가락 사이에 물갈퀴가 있어, 물의 저항에 의해 발끝이 180° 이상으로 벌려지기 때문에 양쪽 발 뒷꿈치가 떨어지지 않는다. 두꺼비는 대개 사람과 마찬가지로 양쪽 발 뒷꿈치를 벌리고 킥을 한다).

그런데 돌 등을 던져서 개구리를 놀라게 하면 갑자기 다른 수영을 한다. 양쪽 무릎을 벌린 채로 무릎을 뻗지 않고서 수영한다. 극단적인 윕 모션이다. 여기에서 힌트를 얻어서 오랜 기간 그 영법(泳法)을 연구해 보았다. 그래서 평소에 뻗은 것과 비교하며 실측해 보았다.

다음 그림은 그 실측의 결과이다.

신체를 끈으로 당겨서 발의 킥(a) 및 손·발의 결합 동작(結合動作)(b)을 한 힘을 측정해 보았다. 검은 쪽이 종래의 동작이다.

당연한 것이지만 발을 뻗기 시작하면 힘은 0에 가깝게 된다. 하얗게 보이는 산은 양쪽 무릎을 힘껏 벌려서 하거나 무릎을 중심으로 발을 돌리는 기분으로 대단히 빨리 킥할 때의 힘의 곡선이다.

발 뿐만 아니라 팔쪽도 팔꿈치를 중심으로 하여 팔위와 손으로 원추형을 그리듯이 움직인다.

그림에서 확실하듯이 뻗지않은 쪽이 훨씬 강하고 핏치는 약 2배가 된다. 단, 이 실측에서는 신체가 전진하지 않기 때문에 전방에서 받은 물의 저항이 없으므로 실제로 수영할 때와는 다르다. 실제로 수영하면 이와같은 커다란 차이는 나타나지 않는다.

발의 킥 만에 대하여 말하면, 비트판에 킥의 힘을 측정하는 기기를 붙여 본다.

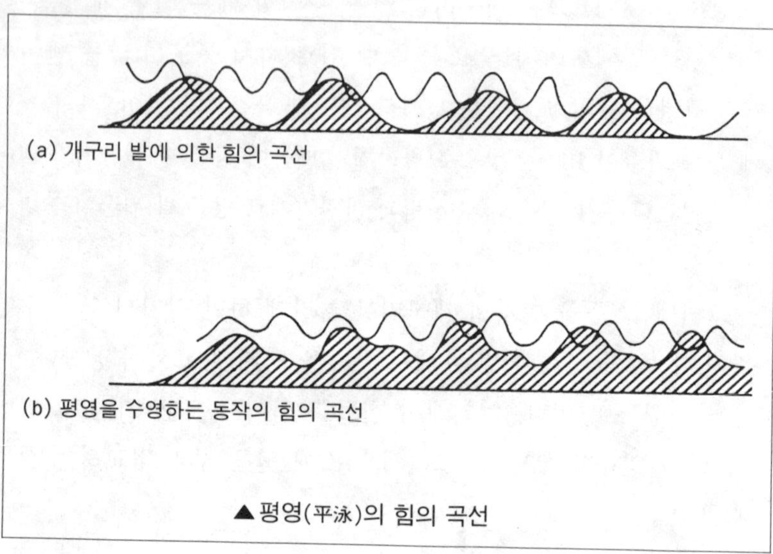

▲ 평영(平泳)의 힘의 곡선

곡선의 최고치는 그다지 변화가 없으나 최저치가 훨씬 높으므로 유리한 것은 확실하다. 단, 빨리 피로해진다. 짧은 거리라면 유리하므로 그 쪽이 확실히 빠르게 된다면 그 다음은 연습에 대한 문제이다.

◪ 손을 앞으로 움직여서 물을 뒤로 민다

요트는 맞바람을 받으면서 비스듬히 전방으로 전진해 간다. 마찬가지로 손을 비스듬히 전방으로 움직여서 물을 비스듬히 뒤쪽으로 밀 수 있다.

풀장의 가장자리에 서서 손을 수면에 대하여 수직으로 넣고 손바닥을 비스듬히 뒤쪽을 향해서 몸을 비스듬히 전방에 놓고 비스듬히 전방으로 움직여 보낸 물이 자신의 복부에 부딪치는 것을 알 수 있다.

따라서 평영의 손은 어깨의 주위 근처까지 저을 때까지 둥글게 안쪽으로 돌려서 손바닥을 비스듬히 뒤쪽으로 향한 채로 손을 비스듬히 앞쪽으로 움직이면 된다.

이렇게 해서 양 손이 함께 모아졌을 때 양쪽 팔을 안쪽으로 돌린다. 그러면 손바닥은 곧 비스듬히 바깥쪽 뒤를 향해서 다음에 저을 킥으로 옮긴다.

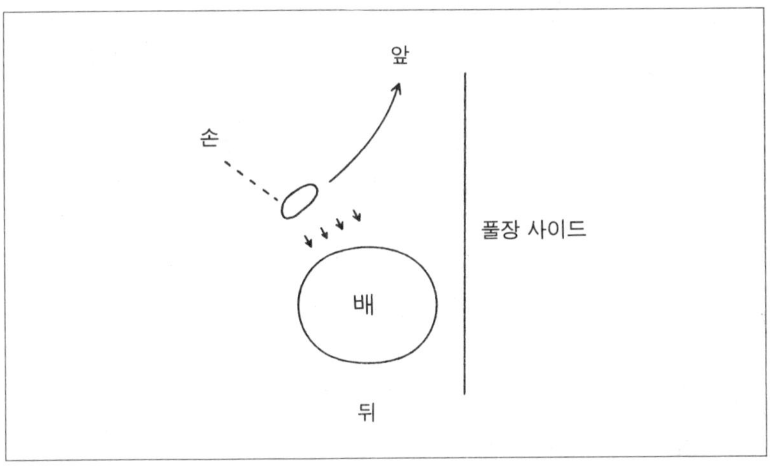

카운셀 맨은 '팔꿈치는 어깨 보다 높지 않지만, 손을 젓는 중간 항상 손보다도 높게 유지하지 않으면 안된다'라고 한다.

위에 기술한 바와 같이 손이 앞으로 움직이는 사이에도 뒤쪽에 밀듯이 하는 것에는 팔꿈치의 위치가 중요하다. 팔꿈치가 빨리 내려가면 손을 잘 저을 수 없다.

팔의 젓기가 대단히 강한 자스트 레므스키의 손 동작을 보면 이것을 잘 알 수 있다.

발에 대해서도 같은 것을 생각할 수 있지 않을까?

힘껏 벌린 무릎을 구부려서 발로 역으로 원추형을 그리듯이 움직이면 발의 궤적은 다음 그림의 손의 궤적과 같다.

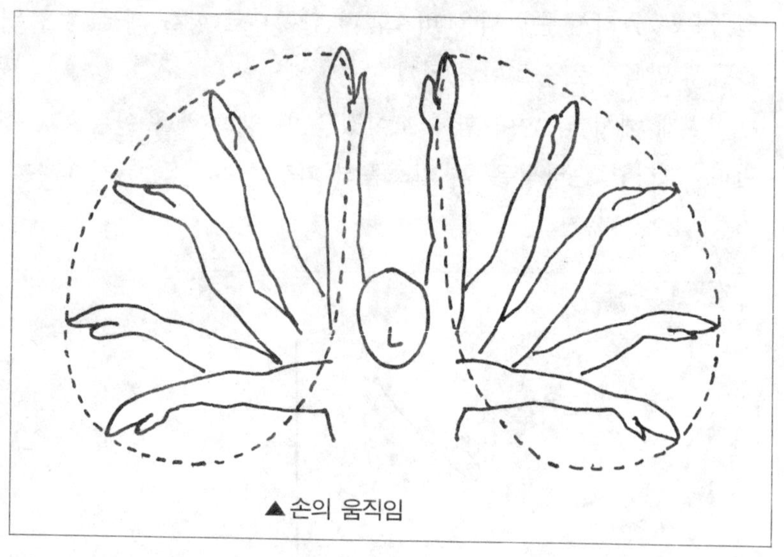

▲ 손의 움직임

발은 항상 물을 뒤로 밀고 있다. 따라서 한 번 한 번씩 차고 뻗으면 힘이 영(제로)이 되는 것에 대하여, 이 방법이면 0이 되는 것은 전연 아니다. 다리를 오므릴 때에도 물을 뒤로 밀고 있다고 생각된다.

◢ 평영(平泳)의 지도 방법

손에서 끝에

평영을 지도할 때는 손 동작에서부터 시작하도록 한다. 아울러 그 이론적인 근거에 대해서는 이미 기술했다.

양 손으로 직경 40cm 정도의 원을 그리듯이 하는 것은 물론 실제로 아니다. 그 정도로 알아두면 양 손의 벌림이 적당하게 된다. 양 손을 어깨폭 정도로 벌린 구조로 손끝을 내리고 있으면 몸을 뜨게하는 데에도 가장 좋은 상태이다.

처음은 진행하는 것보다도 먼저 '뜰 수 있다'라는 자신을 갖게 하는 것이 중요하다. 손만으로 뜰 수 있는 것을 알았다면 마음의 여유을 가질 수 있다.

수영하는 사람 자신은 '손만으로' 라고 생각하고 있어도 실제로는 발도 움직이고 있는 것이다. 의식하지 않고 움직이는 발이므로 모양은 어쨌든 그 움직임의 타이밍과 힘을 넣는 상태는 극히 자연스럽게 손과 박자를 맞추고 있다.

어떤 사람은 처음부터 올바르게 개구리 발을 하고 있고 어떤 사람은 발등으로 물을 차고 있다.

국민학교 저학년의 아동이라면 이때 물장구를 치는 아이가 있다. 또 평영의 발 동작에 대해서 '정보'를 갖고 있지 않기 때문에 전혀 모르는 것이다.

발은 전후로 교차하여 움직이는 것이 반사적 운동(反射的運動)의 형태이므로 이와같은 소년은 물장구를 친다.

'양쪽 발을 함께' 움직이도록 지도한다. 잠시 동안은 손과 박자를 맞추어서 양쪽 발이 함께 움직이면 된다.

발등으로 차는 초보자는 발목을 뻗은 채로 있지만 스스로는 이것을 알지 못하는 것이 보통이다. 자신의 발을 스스로 볼 수 없다. 여기에서 개구리 발을 차기 시작하는데 발목을 구부리는 것을 근육의 감각으로 알게하는 지도가 필요하다.

풀장의 가장자리에 양 손을 벌리고 몸을 뜨게하여 양쪽 다리를 오므리게 한다. 그 발바닥에 지도자의 손을 댄다. 수영하는 사람의 발가락과 지도자의 손가락이 닿도록 하는 구조이다. 그래서 발을 차게 한다.

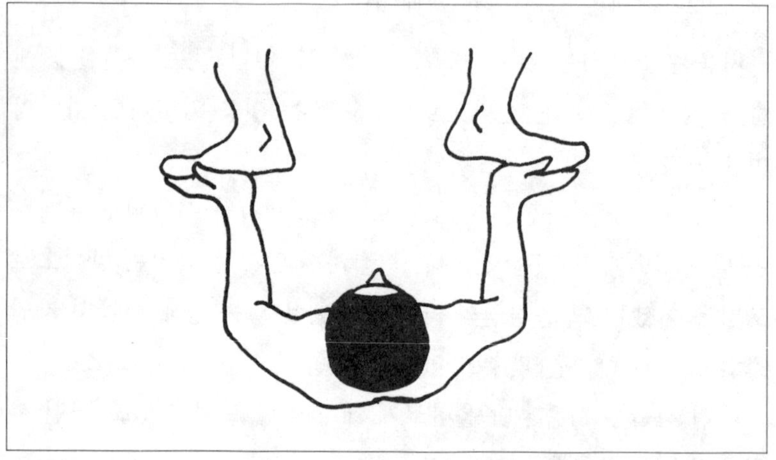

그때 지도자는 수영하는 사람의 발끝 쪽에 저항을 가한다. 그렇게 하면 수영하는 사람의 발목이 구부려진다. 이때 근육의 긴장 상태를 자각하게 한다. 수회 거듭하면 스스로(지도자의 손 보조 없이) 시켜본다.

풀장의 사이드에서 손을 놓고 개구리 발 —— 특히 발목의 굴곡 —— 을 할 수 있도록 된다면 이미 그것으로 된다.

이 보조에 의한 연습은 너무 하지 않는 쪽이 좋다. 너무하면 킥의 끝에서 발목에 힘이 들어가는 것이 없게 된다.

풀장의 사이드를 떨어져서 수영하면 또 '돌핀'이 될지도 모른다. 풀장의 사이드에 손을 대고 있을 때에는 앞쪽에서의 물의 저항이 없다.

그러나 수영하기 시작하면 신체가 전진하므로 상대적으로 물의 흐름이 생기게 되어 있다. 발목을 굽히려고 해도 이 물의 흐름에 방해를 받아 굽혀지지 않는 것이다.

일상 생활에서는 적극적으로 발목을 굽히는 운동은 거의 하지 않는다. 따라서 발목을 굽히는 근육이 약한 것이다.

이 근육이 생길 때까지 머리로는 알고 있어도 발의 근육이 약하기 때문에 아직 할 수 없다. 어느 기간이 경과하면 가능하게 된다. 어느 기술이나 그것이 가능하도록 될 때까지에는 여러가지 준비가 필요하다. 순간적으로는 잘 할 수 없다.

발목을 구부리는 유연성(柔軟性)은 꽤 선천적인 것이다. 발목이 굳은 사람은 개구리 발의 습득이 곤란하다. 양쪽 발을 모아서 바닥 위에 서서 발바닥을 바닥에서 떨어지지 않도록 하고, 웅크리고 앉아 본다.

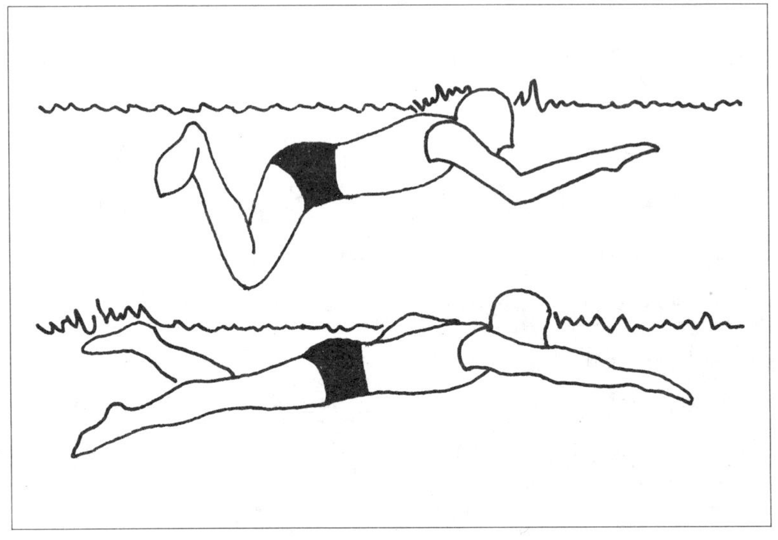

발목이 굽어서 잘 굽혀지지 않는 사람은 도중에 뒤로 넘어진다. 이와같이 굳은 발목을 가진 사람은 개구리 발의 습득은 극히 곤란하다.

대퇴부를 구부리는 각도는 선수의 수영에서 앞으로 45°, 옆으로 45°인 것을 알 수 있다. 대퇴부는 앞으로 올리면 가슴에 닿을 때까지, 각도로 하여 180° 정도 구부릴 수 있다. 따라서 45° 정도는 '구부린다' 라고 생각하지 않아도 할 수 있다.

옆으로도 대체로 직각까지는 올라갈 수 있으므로 45°로는 벌렸다 라고 생각되지 않을 정도이다. 대체로 초보자는 앞으로 너무 구부리고, 옆으로 너무 구부린다(너무 벌린다).

원래 무릎의 관절이 굳어서 윕 킥(Whip kick)을 할 수 없는 사람은 프록 킥(frog kick)을 하므로 옆으로 벌림이 너무 크지 않도록 한다.

선수는 적성을 가진 사람, 즉 무릎의 관절이 유연한 사람이므로 그 대부분이 윕 킥이다. 그러나 암스테르담, 로스엔젤레스에서 연속 우승한 그 선수는 프록 킥이었다. 그 선수는 드물게 볼 수 있는 유연한 무릎을 갖고 있어 멋진 윕 킥을 보여 주었다.

무릎을 완전히 구부린 다음 킥으로 옮기는 것이 중요하다.

상체는 옛날의 평영에서는 약 45° 앞으로 기울이고 있지만 경영의 평영에서는 거의 수평이다. 그러나 크롤과 비교하면 꽤 허리가 내려와 있는 것이 보통이다.

손동작을 연습할 때에는 머리를 들고 연습시키는 것이 좋다.

평영의 손은 수면 위에 있는 머리를 지지(支持)하는 역할을 하고 있다. 머리를 앞으로 기울이고 얼굴을 물에 붙이고 손 동작을 연습하여도, 손은 머리를 지지하는 바른 동작을 익힐 수 없다.

머리를 들고 있으면 그것을 지지하는 데에 필요한 동작을 익힌다. 자세 반사(姿勢反射)라는 쪽에서 보면 머리를 들고 있는 자세는 어깨와 팔에 힘을 넣는 동작에 좋고, '턱을 당겼다'란 자세는 하지에 힘을 넣는 데에 좋다. 이것은 반사에 동반되는 자연 현상(自然現象)이다.

평영에서 킥할 때, 머리를 앞으로 기울이고 팔을 저을 때 머리를 드는 것은 반사라는 견해에서 보면 자연스러운 동작이다.

강습회 등에서 어느 정도 수영할 수 있는 사람들에게 평영을 지도할 때는 다음과 같이 한다.

① '25m를 몇 회의 킥으로 수영할 수 있는가, 적어도 적은 수의 킥으로 수영할 수 있도록 연습하라'라고 지시하며 오래 연습시킨다. 한 번 차서 적어도 길게 진행하려는 의식으로 발의 킥에 힘을 넣어, 점점 형태도 좋아지게 된다(10분 간 정도).

② '앞쪽에 표적을 2개 정하고 그것을 보고 자신의 머리가 상하로 움직이지 않도록 연구하여 수영하라'라고 지시하고 연습시킨다.

③ '옆쪽에 표적을 2개 정하고 그것을 보면서 신체가 멈춤이 없이 스무드하게 진행하도록 연구하여 연습하라'라고 지시한다.

두 번째의 연습에서 '상하로 움직이지 않는다'를 위해서는 앞으로 뻗은 손이 수면에 대한 각도가 중요하다는 것을 알 수 있다.

손끝이 위쪽을 향하여 움직이면 신체가 상하로 움직이는 것이 크게 된다. 앞으로 뻗은 손은 비행기의 수평타(水平舵)에 해당하므로 그 각도가 중요하다.

세 번째의 연습에서 '신체가 쉼없이 진행하기' 위해서는 손끝의 마무리가 중요한 것을 알 수 있다.

앞에 설명한 것과 마찬가지로 손은 그 젓기가 끝난 쪽을 둥글게 젓고, ‘팔꿈치를 정점으로하는 원추형’ 을 그리듯이 젓는 것이다.

이와같은 동작을 그냥 설명해서는 이해하기 어렵다. 그러나 ‘끝없이’라고 생각하고 있으면 어느 사이인가 올바른 동작을 몸에 익혀간다.

이 연습을 30분 정도 계속하면 처음과는 다르게 모두 수영할 수 있게 된다.

‘그렇다, 이런 것이다’라고 모양만을 가르쳐도 쉽게 할 수는 없다. 그러나 ‘이 방법이다’라고 직접 눈앞에서 분명히 하고 한 번 저을 때마다 목표한 대로 되었는지 어떤지를 객관적으로 평가할 수 있게 한다. 그리고 자연적인 법칙을 이해하고 그것을 기술화(技術化)할 때의 모양, 힘을 넣는 정도, 물의 압력 등을 감각적으로 지각한다.

이것을 가르칠 수 있는 것을 재현하는 뿐만 아니라 목표에 대응한 움직임을 스스로 창작하는 것이다. 흥미가 있고 한 번 익히면 잊혀지지 않는다.

모양을 지도할 때 동시에 그때의 근육의 긴장 상태 등을 알게 하는 것이 중요하다.

난폭한 방법으로 수영하는 사람의 어깨에 발을 대고, 수영지의 양 손을 강하게 끌어 당기고, 근육의 상태를 알게 한 후부터 뜨게 해 보면 한쪽으로 얼굴을 올려 엎드려서 뜨는 ‘맥주병’의 여성이 있다. 동시에 곧 수영을 익힌다.

배영(背泳)

◩ 배영(背泳)에 대하여

등을 밑으로 하고 수영하는 것은 전부 배영(背泳)이다. 발은 개구리 발과 같이 움직이는 것도 있으며, 물장구치는 것과 같이 움직이는 것도 있다.

손 동작도 양 손을 동시에 저어서 수중을 되돌리는 것, 동시에 저어서 수상을 통해 되돌리는 것, 크롤과 같이 좌우 상호 교대로 수상을 통하여 되돌리는 것 등이 있다.

실제로 배영은 초보자에게 수영을 지도할 때에 하게 하든가, 휴식할 목적으로 똑바로 누워 수영하듯 천천히 수영할 때라든가, 가능하면 경영(競泳)의 1종목으로서 수영하는 것 외에는 거의 쓰지 않는다.

경영이라도 1910년대 까지는 '똑바로 누운 평영'이라 해도 좋은 수영이었다. 즉, 발은 개구리 발, 양 손을 동시에 움직여서 물을 뒤쪽으로 밀고, 수상을 통하여 되돌렸다. 손·발은 함께 하여 뻗었다.

크롤이 보급되면서 이것이 배영에도 응용되고, '백 크롤 스트라이크'가 생겼다. 이 장에서는 오직 이 '백 크롤 스트라이크'에 대해서 알아보기로 한다.

■ 초보자의 배영 지도(背泳指導)

초보자에게 수영을 지도할 때, 배영에서 시작하는 체계를 갖고 있는 지도자가 있는 것은 이미 기술했다. 그 정도로 초심자에게 있어서 들어가기 쉬운 영법(泳法)이다.

아이나 여자는 일반적으로 비중이 가볍고 뜨기 쉽다. 국민학교 아동으로 그다지 물을 두려워하지 않고 지도자가 말하는 대로 따르는 아이라면 배영은 극히 배우기 쉽다.

처음으로 수면에 똑바로 눕게되고 양 손을 머리 위쪽으로 뻗고 손끝부터 발끝까지 곧게 하여 머리는 양 귀가 물에 붙을 때까지 내리면 뜬다.

대부분의 아이들은 긴장하여 배에 힘을 넣고 이것에 따라서 허리가 구부려지기 때문에 뜨기 어렵다.

'배꼽을 올려서' 복부를 높게 하면 뜬다. 호흡에 기를 취하지 않으므로 천천히 뜨는 자세(신체를 곧게 펴는 것 뿐)을 고쳐서 할 수 있다.

뜨는 자세가 고쳐지면 지도자의 손에 걸리는 무게가 없게 되므로 조용히 손을 떼면 된다. '물에 떴다'라고 해주면 아이들은 생긋 웃는다.

훨씬 간단한 것은 머리 위로 뻗은 양 손을 쥐고 뒤로 향하여 힘껏 당기게 하는 것이다. 스피드가 있어 등에 물의 저항을 받기 때문에 등과 배를 뻗기 쉽다.

당기는 스피드가 초속 1.3m 정도면, 발까지 떠서 신체가 수평이 된다.

지도자의 당기는 손이 수면으로 수평하게 움직이는 것이 중요하다. 위쪽으로 올라가도록 당기면 발과 허리가 가라앉아 아이들이 불안하게 되고 좋지 않다.

아이들을 상대로 하는 경우에는 양 손으로 잡고 뒤쪽으로 젓기보다는 한 손으로 잡아 끌어, 맨 뒤에서 단단히 강하게 '당겨서 떨어뜨린다'라고 하면 좋다. 스피드가 생겨 잘 뜬다.

처음부터 긴장을 풀고 힘을 빼서 편안하게 뜨는 아이도 있고, 처음은 굳어 있으나 곧 긴장을 풀고 힘을 빼는 아이도 있다.

한편 언제까지나 불안하여 쉽게 뜨지 못하는 아이도 있다.

대체로는 아이의 양 손을 잡은 때의 아이의 반응으로 알 수 있다. 즉, 손가락을 뻗어 지도자에게 손을 쥐게 하고 있는 것은 상(上), 손가락에 조금 힘이 들어가 있고 이쪽의 손을 쥐려고 하는 것은 중(中), 이쪽의 손을 꽉 쥐는 것 뿐만 아니라 양 팔꿈치를 굽혀서 힘껏 버티는 사람은 하(下), 마지막의 아이의 경우는 시간이 꽤 걸린다.

아무튼 지도자의 손을 떼어 뜨게 하면 된다.

중학교 이상을 조금 잡아 당겨보아 가벼우면 '발을 움직이게 한다'와 같이 지시한다. 발을 움직여서 당기는 힘이 전보다도 조금 진행하면 발의 동작은 된다.

다음은 '손을 젓는다'와 같이 지시한다.

다음은 수영할 수 있는 거리를 연장하는 것 뿐이다.

머리가 들려지는가, 허리가 굽어지든가 하면 한 쪽이 가라앉는

다. 신체가 곧게 펴져서 양 귀가 수면에 있는 사이는 수영을 계속
할 수 있다.

◪ 기본 자세

양 손을 머리 위쪽으로 뻗고 똑바로 누운 상태로 떠서 발끝까지
곧게 편 자세가 배영의 기본 자세이다.

양 귀가 물에 닿을 때까지 머리를 내리고 가볍게 턱을 당겨 시
선은 발쪽으로 보도록 한다.

어깨 관절이 굳어서 양 손을 모으는 것이 곤란한 사람은 양 손
을 떼어도 좋다.

손이 수면의 바로 밑에 있도록 한다. 발의 연습 중에 손이 수면
위로 올라오지 않도록 주의할 필요가 있다.

'똑바로 누워서 떠 있다'의 자세를 취해도 떠서 진행하는 자세
내지는 발을 움직일 때의 자세가 있으므로 조금 머리쪽이 높다.

이미 기술한 바와 마찬가지로 머리를 들던가 허리가 굽혀지면
발쪽부터 가라앉기 시작한다. 이 두 가지 점에 주의하지 않으면
안된다. 너무 가슴을 펴거나 배를 너무 올리지 않는 쪽이 좋다.

◪ 발의 동작

배영의 발은 크롤의 물장구 치는 것이 변하여 상하로 뒤집는 것
이다 라고 생각하면 된다. 크롤의 물장구 치는 것이 주(主)가 되
어 위에서 쳐서 내릴 때 유효한 것에 대하여 배영의 발은 차서 올
릴 때에 추진력이 생긴다.

크롤의 물장구는 허리의 관절을 축으로 하여 대퇴부가 구부리는 곳에서부터 동작이 시작된다.

그러나 배영의 발은 허리를 굽히지 않는다.

만일 뒤쪽으로 구부려진다면 그렇게 하고픈 것이다.

그러나 이것은 해부학적(解剖學的)으로 불가능한 것이다.

배영의 발도 처음으로 초보자에게 시켜볼 때에는 무릎을 뻗게 하여 연습시킨다.

초보자는 '발을 움직인다' 라고 생각하는 것만으로, 허리 관절을 구부리는 것이 보통이다. 그러면 무릎이 수면 위로 올라가고 가장 뒤에는 충분히 무릎을 뻗을 수가 없으므로, 효과적인 킥을 할 수 없다.

축구를 한 경험이 있는 사람이라면 '인스 팁 킥'의 요령으로 물을 차올리라고 하면 곧 알아 듣는다. 일반적으로 초보자에게는 비교적 알기 어려운 동작이다.

차서 올린 발의 무릎을 뻗는 것, 밑으로 내리는 발을 꽤 강하게 움직여서 차 올리는 발과 박자를 맞추는 것이 중요하다.

◪ 손의 동작

물 위를 통하여 앞으로 되돌리는 손은 어깨 위를 지난다. 어깨 위를 지나면 팔을 안으로 올려서 손바닥을 바깥쪽으로 향하게 한다. 새끼손가락부터 먼저 물에 넣는 것이 된다.

손목을 조금 굽히면 어깨 끝 쪽으로 물에 들어갈 때 손바닥은 꽤(진행 방향에 대하여) 뒤로 향하게 된다. 손은 꽤 길게 넣는다. 크롤의 경우와 마찬가지로 손이 팔꿈치 보다도 낮게 된다.

배영의 손은 기본적으로는 보트의 노와 같이 움직인다. 보트의 노는 지지점(支持点)을 중심으로 반호를 그린다. 따라서 배영의 손은 가능하면 직선에 가깝게 뒤쪽으로 민다.

이 때문에 젓기 시작하면 팔꿈치를 구부리고 어깨의 옆을 지나면 재차 팔을 뻗어간다.

처음에는 팔을 구부리는 것은 아마 곤란하므로 잠시동안은 팔을 뻗은 상태로 물을 저으면 된다.

점점 수영에 익숙해져 팔이 강하게 됨에 따라 팔을 굽혀서 팔과 손으로 물을 밀도록 한다. 그리고 팔을 굽힐 때 크롤과 평영으로 하는 요령, 배영의 경우에는 팔꿈치를 진행 방향으로 남겨두고 동시에 손을 빠르게 뒤쪽으로 움직이는 기분으로 팔꿈치를 꽤 깊게 굽힌다. 그리고 단숨에 물을 손으로 뒤쪽으로 밀친다.

그렇게 하면 손은 끝까지 위에서 아래로 물을 밀 수 있게 된다. 그 반작용으로 손은 편안히 수상에 올라갈 수 있다.

다음 그림과 같이 손은 한 번 꽤 깊게 넣고 다음에 팔꿈치를 굽히므로 수면에 가깝게 되고, 끝까지 계속 내리게 된다.

배영의 팔을 이와같이 깊게 굽혀서 젓게 되는 것은 비교적 최근의 일이다. 1964년 동경 올림픽 때에는 남자 선수는 구부려서 저었으나 여자 선수는 편 상태로 저었다. 그때부터 조금 횟수가 경과해서 여자노 전부 팔을 깊게 굽혀서 젓게 되었다.

경쟁이 심해지게 되고 여기에 대응하여 트레이닝이 심해진 결과 팔·어깨가 강하게 된 때문이다.

물론 톱 클래스의 선수의 이야기이다.

일반적인 사람들은 이와같은 특별 훈련을 할 이유가 없으므로 일류 선수와 똑같이는 할 수 없다. 이것을 하려고 생각하면 그것

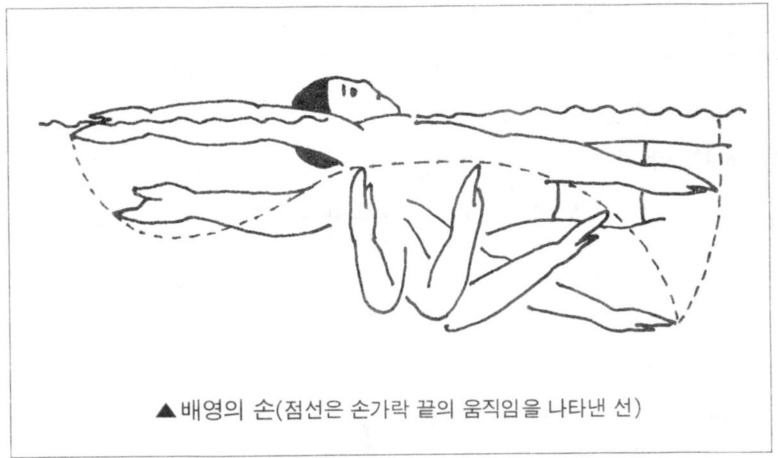

▲ 배영의 손(점선은 손가락 끝의 움직임을 나타낸 선)

만으로 트레이닝이 필요하다.

　배영에서 이와같은 손 동작을 하도록 되었다. 이유를 하나 더 생각할 수 있다.

　수영에 개인 혼영(個人混泳)이라는 4영법을 1사람이 수영하는 종목이 생긴 것과 훈련 과정으로서 개인이 4종목을 매일 수영하는 방법이 사용되고 있는 것이다. 이 때문에는 기본적인 기술은 가능한 한 단순한 쪽이 좋다.

　팔에 대하여 말하면 앞에서 자주 기술한 대로 팔꿈치를 가볍게 굽히고 팔을 안쪽으로 비틀은 구조로 물을 젓는 것이 가장 합리적으로 젓는 방법이고 가장 유효하다.

　크롤에서도 평영에서도 사용하고 있는 손을 배영에서도 사용하기 시작한 것이다. 말할 필요도 없이 이것은 버터플라이에도 사용할 수 있다.

　배영은 지금까지 그다지 상체를 좌우로 기울이지 않고 수영하도록 전해졌다.

130

그러나 이와같은 팔의 사용 방법을 택하면 상체가 좌우로 움직여 좌우의 어깨가 상하로 움직인다. 어깨 뿐만 아니라 허리도 좌우가 꽤 상하로 움직인다.

옛날부터 물의 저항을 조사한 사람들이 인형을 사용하여 저항을 측정하였다. 그 결과 좌우로 움직임이 있으면 저항이 크게 되는 것을 알았다.

그때부터 '수영할 때에는 좌우로 움직이지 않는 쪽이 좋다' 라는 결론을 냈다.

그러나 몸을 비트는 것, 결국 롤링은 이것에 의해 발의 킥과 손의 젓기가 훨씬 유효하게 된다고 하면 결고 나쁜 것은 아니다. 오히려 적당히 몸을 비틀어 좌우로 움직이는 것이 좋다.

◪ 신체의 위치

처음으로 배영을 연습할 무렵에는 뜨는 것에 중점이 있으므로 먼저 뜨는 것에 상태가 좋은 자세를 취한다.

뜨기에 좋은 자세는 반드시 진행하는데 좋은 자세라고 한정할 수는 없다.

배의 킬(keel)은 배가 진행하지 않는 때와 스피드가 적은 사이에 수평이더라도 스피드가 커지면 자연히 전방이 올라간다.

이것을 생각해서 수영할 때의 자세를 익히지 않으면 안된다.

그러나 머리는 수면상에 나오지 않는 쪽이 좋다.

'양 귀를 물에 붙인다'라는 기준을 알고 자신의 머리 위치를 정한다.

턱을 당기고 머리가 움직이지 않도록 한다. 머리를 움직이지 않기 위해서는 시선을 정해두면 좋다.

그리고 가슴을 당기는 일이 없도록 신체 전체를 긴장을 풀고 힘을 뺀다.

◢ 손·발의 관계

배영에서는 어떤 관계인가 크롤과 같이 4타나 2타와 같은 수영이 없다. 거의 모두 6타의 수영이다.

한 손이 수중에 있는 시간 3에 대하여 수상에 있는 시간 1의 비율이고 크롤의 손 경우와 마찬가지이다. 또 양 손의 관계도 6타 크롤의 경우와 같다.

◢ 호흡(呼吸)

배영이 초보자의 처음 수영 종목으로 사용되는 이유의 하나는 똑바로 눕기 때문에, 머리를 물에 붙이고 있어서 호흡이 자유롭게 할 수 있다는 점이다. 그 정도로 배영의 호흡은 편안하다.

대다수의 수영하는 사람들은 별로 호흡을 의식하지 않아도 좋다. 그러나 대단히 길게 수영하거나 혹은 경영(競泳)을 하는 수영 선수 들의 경우에는 손발의 동작과 조화시키는 것이 좋다.

어느 쪽인가의 손이 수상에 있을 때에 입에서 숨을 들이마시고, 젓기 시작할 때 숨을 내쉬는 것이 보통이다.

버터플라이(butterfly)

◪ 새로운 영법(泳法)이란

1933년 미국에서 메야라는 수영 선수가 양 손을 수상에서 되돌려서 평영을 하여 문제가 되었으나 당시의 평영의 규칙에는 손을 수상에서 되돌려서는 안된다는 규정이 없었다.

메야 자신은 우승은 못했으나 이 수영 방법을 사용한 평영 선수가 속출하였다.

그리고 1948년 런던 올림픽 때에는 결승에 출전했던 7명 중에 6명까지가 '버터플라이 평영'을 수영했다.

이 영법은 1952년 올림픽 이후 금지되게 되고, 버터플라이는 1957년 베를린 올림픽 이후 독립의 종목이 되었다.

처음에는 '평영'이었기 때문에 개구리 발을 사용했다. 그 사이에 양 발을 모아서 발등으로 물을 킥하는 영법이 생겼다.

버터플라이는 평영에서 생겼으나 수영에서는 크롤과 같은 계통의 수영이다. 단, 양 손 및 양 발을 동시에 움직이는 점에서는 크롤과 다르다.

크롤의 물장구는 양 발을 상호 교대로 움직이기 때문에 지금까지 상체는 거의 움직이지 않았다.

그런데 버터플라이 킥은 양발을 함께 움직이므로 쌍대(雙對)의 동작으로써 허리의 상하 운동, 상체의 굴곡이 있다.

소위 신체 전체를 움직여서 킥하는 것이 된다.

이것만으로 발에서 나온 추진력이 크고 또 전신을 조화있게 움직이는 것을 익히므로 어린이일 때에 꼭 시켰으면 한다. 어른이 되고 나서는 습득하기가 꽤 곤란한다.

동작에 대해서 꽤 제약이 있는데도 불구하고 버터플라이는 크롤에 대해서 빠른 영법이다.

그 이유의 하나는 이 전신을 사용하는 발의 킥이 추진에 유효하기 때문이라고 생각된다.

다른 하나는 그림과 같이 손끝의 방향이 낮고, 허리·발의 위치가 높은 자세가 되는 순간이 있어 이 때 크게 스피드가 난다.

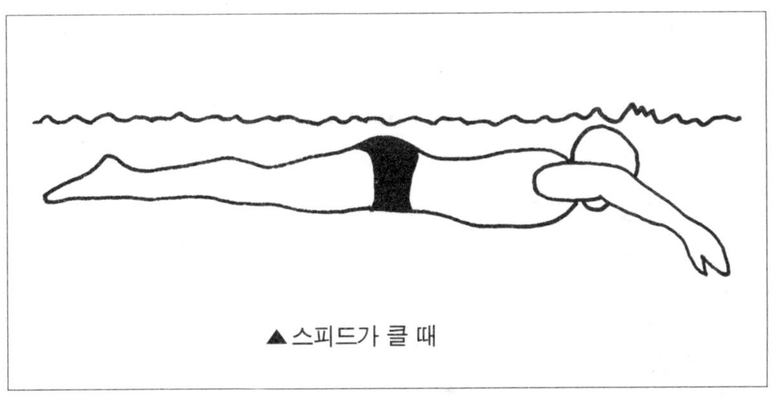

▲ 스피드가 클 때

어떤 친구가 측정 결과 초속 3.6m나 나온다고 알려주었다.

크롤의 장에서 기술한 것과 같이 여기에서 힌트를 얻어 크롤로 호흡하는 쪽의 손을 전하(前下)의 방향으로 깊이 넣고 머리 전부를 수중에 넣어 본다. 순간 허리가 뜨고 수영이 대단히 가볍게 된다. 50m로 2스트로크 적게 끝났다. K선수는 20년 이상 옛날 그것을 했던 것이다.

당시 이론적으로 해명할 수 없었으므로 'K선수만의 수영'으로 되어 버렸다. 생각해 보면, 세계를 놀랍게 하는 연기가 자연적 법칙에 반하여 있는 셈은 아니다. 역시 순리가 통하는 것이다.

◤ 버터플라이에 관한 규정

● 양 팔은 수면상을 함께 전방으로 뻗고, 동시에 대칭적으로 뒤쪽으로 밀어 젖힌다.

● 몸은 하향(下向)으로 양 어깨가 수평하지 않으면 안 된다.

● 양 발의 운동은 모두 함께 행하지 않으면 안 된다. 다리·발의 상하 운동은 수직면 내에서 향해도 좋다.

● 굽어서 돌릴 때, 혹은 경영(競泳)의 종결을 위해서 벽 끝에 터치할 때에는 양 손을 동시에 같은 놀이로 행할 것. 양 어깨는 수면의 선 내에서 수평의 위치에 있어야 한다.

● 횡영(橫泳)의 동작을 가미한 수영자는 실격한다.

● 출발, 되돌아 오기, 혹은 수영하고 있는 사이에 수면 아래에 잠수할 때에 발의 킥을 1회 또는 그 이상 행하여도 좋다.

◤ 버터플라이의 기본 자세

엎드려서 뜬다. 그러나 평영이나 크롤의 경우와 달리 버터플라이에는 항상 몸이 위 아래로 움직여 전신이 파상(波狀)의 움직임을 하고 있다. 이 파상(波狀)의 움직임은 힘으로 행하는 것이 아니고 자연적인 법칙에 대적한 몇 개인가의 요령에 의해 행하여진다. 먼저 이것들에 습관들일 일이 필요하다.

대부분의 코치는 먼저 '양 팔로 귀를 잡고 머리를 내려 손끝부터 물에 넣는다'는 동작을 연습을 시킨다.

다른 하나는 신체가 수중에 들어가서부터 머리를 들고 가슴을 젖히고 앞에 뻗은 양 손으로 물을 밑으로 누르면서 뒤쪽으로 밀어 젖히는 동작의 연습이다.

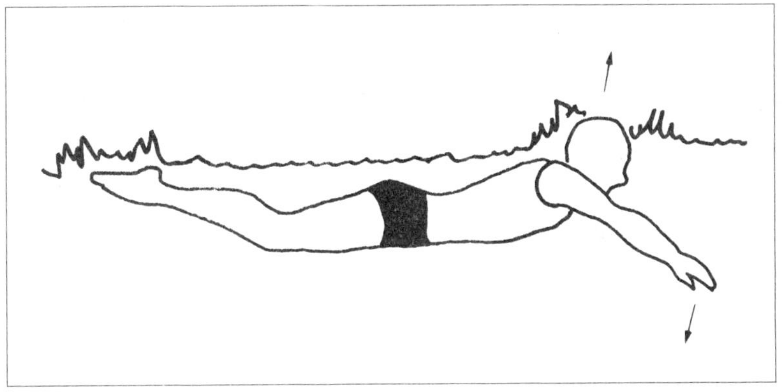

손으로 물을 밑으로 누르는 것과 머리와 어깨가 수면 위에 오르는 것이 쌍대동작(雙對動作)이 된다. 팔 동작의 요령은 이 2개를 계속할 수 있으면 된다.

다리 동작은 다음 페이지의 그림과 같다.

수영자는 풀장의 가장자리를 잡게 하고 지도자는 뒤에 서서 수영자의 발을 쥐고 상하로 움직여 본다. 자연히 (쌍대동작) 허리가 발과 반대로 상하가 된다.

이렇게 하고 난 뒤 수중에서 잠수하여 이 동작을 해서 진행하는

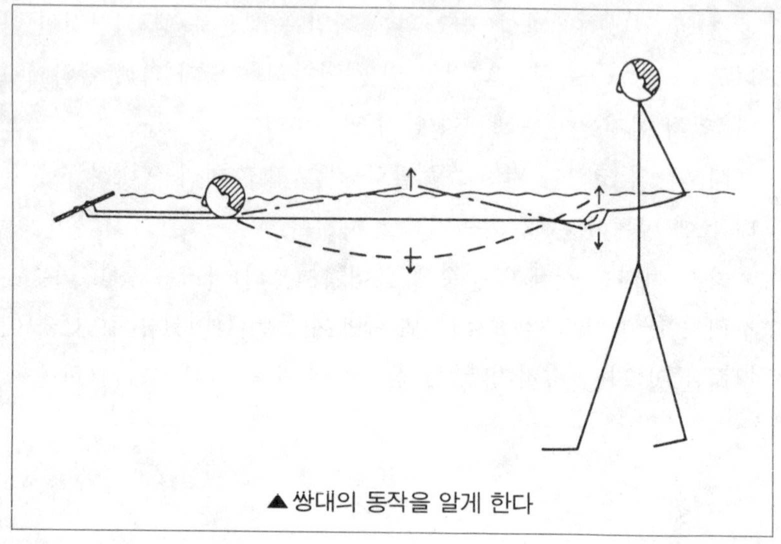

▲ 쌍대의 동작을 알게 한다

연습을 시킨다. 비트판을 갖고 하게 하는 것은 그 다음이다.

크롤의 물장구와 평영의 발 연습에는 신체가 상하로 움직이는 것이 없으므로 비트판을 잡는 데에 어려움이 없다.

그러나 버터플라이의 발 동작에는 신체 동작이 동반되므로 비트판을 갖는 데에 주의가 필요하다.

비트판은 평평하게 하고 팔을 뻗어서 손을 가볍게 대고 판을 내리 누르지 않는 것이 중요하다.

판을 내리 누르면 그 반작용으로써 움직이는 힘의 영향으로 좋은 킥 동작을 할 수 없다.

아무튼 버터플라이의 기본 자세에는 이와같은 특수성이 있으므로 먼저 이것들에 익숙해질 필요가 있다.

◤ 발의 동작

하나의 다리 움직임만을 생각하면 크롤의 다리 움직임과 같다. 그러나 양 발을 함께 움직이는 것에 의해 상황이 변해간다.

크롤의 물장구에는 한쪽을 차서 내릴 때 동시에 다른쪽이 올라가므로 신체에의 영향은 적다. 버터플라이의 킥은 양 발이 함께 움직이므로 물을 차서 내리면 쌍대 동작에 의해 허리가 올라가고, 발을 원래로 되돌리면 허리가 내려간다.

차서 내린 발을 원래로 되돌릴 때에 무릎이 뻗어있는 것이 중요하다. 발이 다 올라가지 않은 상태에서 무릎이 내려가기(허리가 굽기) 시작한다. 그리고 다리 밑과 발등을 쳐서 내리기 시작한다. 다음 그림의 2, 3, 4가 여기에 해당하고 그 사이에 동작은 빨라진다.

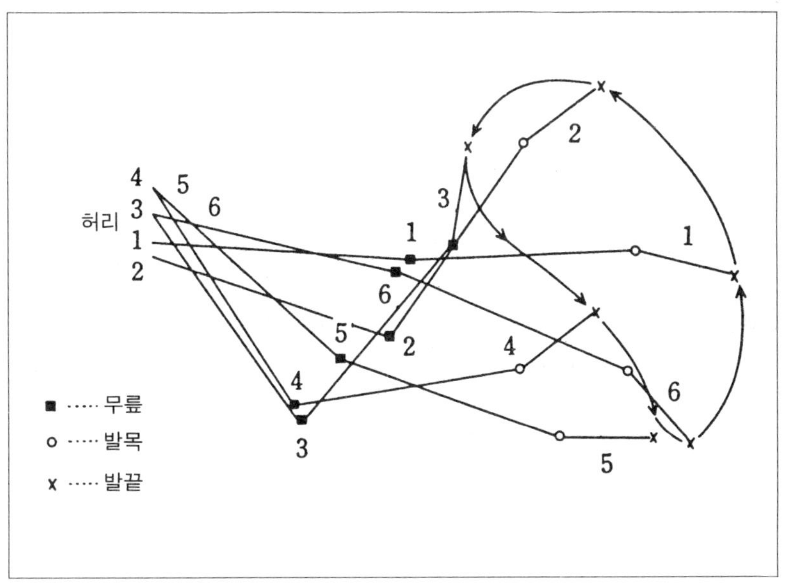

대퇴부가 움직여 발생한 운동량(질량×속도)은 종아리와 발에

전해져서 발끝이 큰 스피드로 쳐서 내려지게 된다.

크롤의 물장구의 경우와 마찬가지로 양 발을 '안짱다리'로 만들어 쳐서 내리는 사람이 많다. 자연히 그렇게 되는 것이다.

◪ 손의 동작

발의 킥이 닮은 것 같이 팔·손의 동작도 기본적으로는 크롤의 손과 같다.

크롤의 손에 대해서 팔을 안쪽으로 비틀고 팔꿈치를 올리도록 하여 엄지 손가락쪽을 낮게 하고 손끝부터 물에 넣는 것은 이미 설명했다. 버터플라이의 경우는 이것을 양 팔 동시에 행하는 것뿐이다. 버터플라이를 할 때 더욱 그것이 필요한 것인지도 모른다.

크롤을 할 때에는 같은 쪽의 어깨가 올라가 있고 평영일 때에는 손이 뒤쪽으로는 가지않아 수중을 통하여 되돌리기 때문에 근육이 느끼는 긴장은 그렇게 현저하지 않다.

그러나 버터플라이를 할 때에는 양 어깨가 수평이고 양 손을 뒤쪽에서 되돌리므로 이 팔의 구조를 근육으로 느끼는 것이 강하다.

어깨의 앞쪽에서 물에 넣는 손은 한 번 조금 바깥쪽으로 벌린다.

일단 바깥쪽으로 벌린 손은 더욱 안쪽으로 진행하여 양 손으로 느슨한 S자를 그려 물을 저으므로 '더블S', 은행잎같은 형을 그리며 움직인다.

다음은 크롤의 손과 같다. 저어 뺄 때에 손이 또 뒤로 물을 젓고 있을 때 팔꿈치는 앞으로 움직이고 이미 젓기가 끝나고 다음 젓기로 옮기기 까지의 팔 동작에 들어간다.

이 점은 크롤의 경우에도 통한다. 다음 그림에서 보듯이 팔의 중앙을 축으로 하여 팔꿈치가 앞에 나오면 손이 뒤로 움직이는 것이 된다.

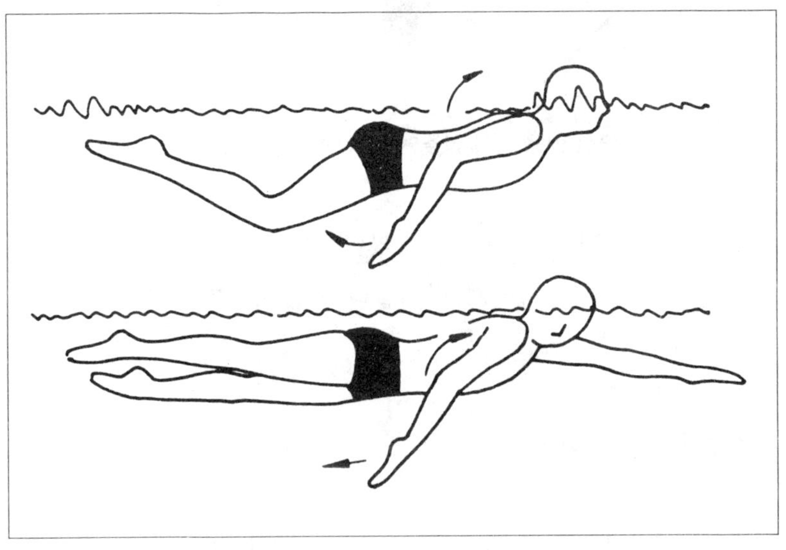

킥할 때 무릎이 내려가는 것에 의해 발의 킥을 강하게 하는 것과 흡사하다.

물에서 올라온 손은 손바닥이 뒤쪽으로 향하고 있어 그대로는 앞으로 뻗는 것이 곤란한다. 손이 물에서 나오면 곧 팔 뒷부분을 바깥쪽으로 회전하면 손바닥이 아래로 향하기 쉽게 앞쪽으로 뻗기 시작하게 된다.

앞으로 되돌린 손이 물에 들어가기 직전에 멈추든가 스피드가 떨어지든가 하면 밑을 향한 운동량이 발현하여 신체에 전달되고, 신체가 가라 앉는다.

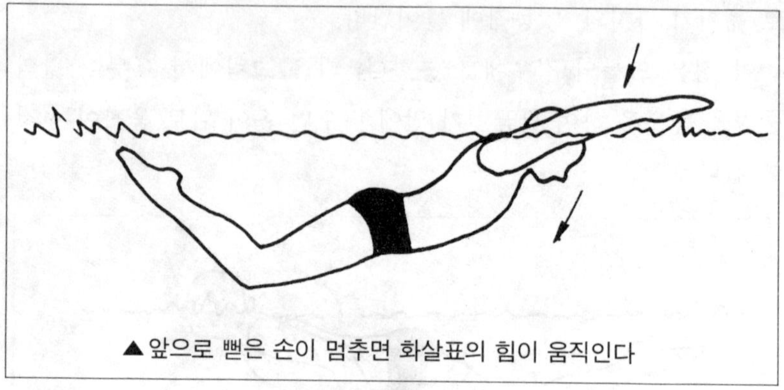

▲앞으로 뻗은 손이 멈추면 화살표의 힘이 움직인다

　엄청난 것은 뒤로 향하여 가라앉아 간다. 어른이 되고 나서 수영을 시작하는 수영자에게 버터플라이를 시키면 이와같은 형의 예가 많다.

■ 손과 발의 관계

　양 손을 전방으로 물에 넣은 직후에 제1의 큰 킥이 있고 팔의 젓기를 끝낸 부분에서 제2의 킥이 있다.

　이 관계를 이용하여 처음인 사람에게 버터플라이를, 우선 육상에서 지도할 수 있다.

　적당한 대(매트 ; mat) 위에 엎드려 양 손을 앞으로 내면 동시에 무릎을 사용하여 제1의 킥을 하고 팔을 젓는 동작을 시킨다. 여기에 부응하여 대략의 리듬을 익힌다.

　발의 킥 만을 할 때에는 매회 같은 킥을 한다. 그러나 손 동작이 첨가되고 실제로 버터플라이를 수영할 때에는 제1의 킥은 무릎을 굽히는 것이 꽤 크고 밑으로 향해서 강하게 찬다.

허리가 굽혀지는 것은 이 때이다. 손의 젓기에 따라 생긴 스피드가 떨어지므로 이때 큰 가속을 붙이는 것이 된다.

제2의 킥은 손의 젓기에 따라 가속된 것이므로, 무릎의 구부림이 작고 다음에 손을 수상에 올릴 때 허리가 떨어지지 않도록 물을 누를 정도이다.

사람에 따라서는 제2의 킥은 거의 하지 않도록 하는 것도 있다. 신근(伸筋)이 강해서 손의 젓기가 충분히 뒤쪽까지 계속되는 수영자는 제1도 제2도 거의 마찬가지이다.

반대로 굴근(屈筋)이 움직여 결국 처음의 반 정도로 당김이 강하고 신근(伸筋)이 약해 후반이 짧은 수영자에게는 제2의 킥이 없어지는 것이다.

처음에 한동안은 제1의 킥으로 충분히 전방으로 뻗고, 다음에 손을 강하게 저어 머리를 내도록 전체를 천천히 수영한다. 몸의 상하 움직임도 크다.

습관이 됨에 따라 템포를 빠르게 하고 상하 운동도 적게한다. 허리의 상하 운동도 극히 짧은 시간에 조금 움직여 힘의 작용이 느껴지도록 해간다.

◩ 머리와 호흡

손이 물에 들어갈 때는 머리를 앞으로 기울이는 것이 중요하다. 머리가 일으켜진 상태로 있으면 신체가 가라앉는다.

머리를 앞으로 기울이는 것과 양 손을 앞으로 되돌리는 동작이 함께 이루어지도록 몸을 앞으로 끌어 당기는 것이 된다.

머리를 일으키는 것은 호흡 때문이다. 이 때 머리가 너무 높이 올라가 턱이 수면에서 떨어지게 해서는 좋지 않다. 평영에서도 그렇지만 머리를 일으킬 때 아래 입술까지 물에 닿게 하는 정도가 좋다.

머리의 동작은 앞으로 기울일 때는 빨리, 일으킬 때는 비교적 천천히 한다. 머리를 급히 세우면 허리가 가라앉는 것이 보통이다.

베를린 올림픽 대회 전후에 자주 100m 버터플라이로 세계기록을 만든 A선수는 얼굴을 옆으로 향해서 호흡한다.

필름을 보면 그 때 한쪽의 눈은 항상 수중에 있다.

그 정도로 머리의 위치를 낮게 했다.

그 후 옆을 향해 호흡하는 선수는 볼 수 없다.

A선수와 같이 뛰어나게 할 수 있으면, 머리를 낮게하여 호흡할 수 있고 능률적이다.

그러나 일반적으로 말해서 머리를 옆으로 향하면 아무래도 양 어깨를 수평으로 유지하기가 곤란하므로 이 방법은 그다지 권할 수 없다.

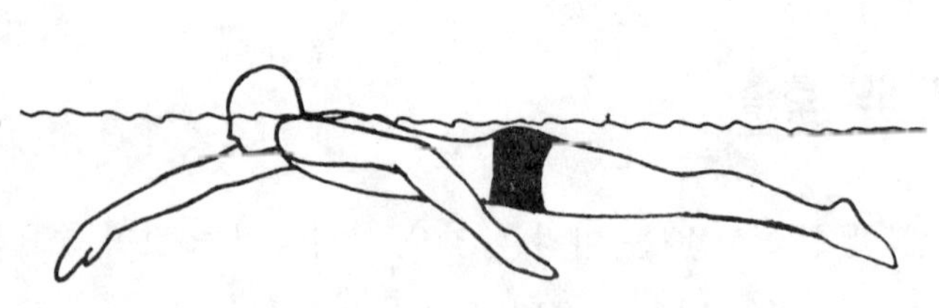

▲수영에서의 자세는 기술(스피드)과도 연결되므로 중요하게 생각해야 한다.

그 밖의 여러 가지 영법(泳法)

경영에 사용되는 4영법(泳法)에 대해서 기술해 왔다.

이것들 외에 횡체영법(橫體泳法)과 입체영법(立體泳法)이 있고, 잠수(潛水)가 있다. 또 영법은 아니지만 필요한 것의 하나로 다이빙이 있다.

이것들은 각기 필요가 있어 발달한 것이다.

수영을 행하는 사람은 이들 영법을 습득해 두면 좋다.

여러 가지 영법을 연습하는 사이에 물에 대한 중요한 동작을 몸에 익히게 된다.

경영에서 경험하지 못한 재미를 재래의 영법에서 알도록 하는 것이다. '경영(競泳)만이 수영은 아니다'는 말은 수영에 있어서 진리인 것이다.

◢ 횡영(橫泳)

별도로 정식의 수영이 아니더라도 좋다. 정면을 향해 평영을 하면서 조금씩 신체를 옆으로 향해, 나중에는 몸을 옆으로 하여 후방을 볼 정도까지 올리면 자연히 횡영이 된다.

극히 소수의 예외를 제외하고 대부분의 사람은 위의 다리를 앞으로 내서 아래 다리를 뒤로내서 '부채 발'을 하고 손끝을 전방으로 뻗어 올린 손을 신체 앞으로 저어 횡영을 한다.

1) 기본 자세

신체를 곧게 펴고 수면에 옆으로 누운 모양으로 발을 뻗어서 (오른쪽 밑의 경우), 오른손은 손바닥을 밑으로 하여 팔을 머리 끝으로 뻗어, 왼손은 왼쪽 안 대퇴부에 붙인 자세가 횡영의 기본 자세이다.

횡체가 되어 뜨는 것은 엎드려 뜨는 경우와 달리 신체를 지탱하는 면이 좁기 때문에 어렵다.

2) 부채발

횡체 영법(橫體泳法)을 잘 수영할 수 있는가 어떤가는 주로 부채 발의 기술에 따라 다르다.

수면에 신체를 옆으로 눕히고(풀장의 가장자리 등을 잡고 행한다) 양 발을 모아 뻗는다(처음 자세), 무릎과 허리의 관절을 굽히면서 양 다리를 오므리고 양 발을 몸 앞으로 또는 뒤로 벌린다. '윗발은 몸의 앞쪽으로, 대퇴부가 몸과 직각, 대퇴부와 종아리가 직각이 되도록 구부리고 발목을 구부리기 시작한다. 아래 발은 대퇴부가 상체와 바로 닿게 무릎을 직각으로 구부리고 발목을 잘 뻗는다.' 이것이 공식적(公式的)인 설명이다.

여기에서 주의하지 않으면 안 되는 것은, 첫째, 이 형태로 멈추고 있는 시간이 있는 것처럼 생각하게 되는 것이다. 실제로는 멈추어 있는 순간은 없다라는 것을 잘 알아두지 않으면 안된다.

다음으로 두 번째는, 실제의 아래쪽의 발의 움직임은 다음 그림과 같이 무릎을 길게 구부리는 것이 된다.

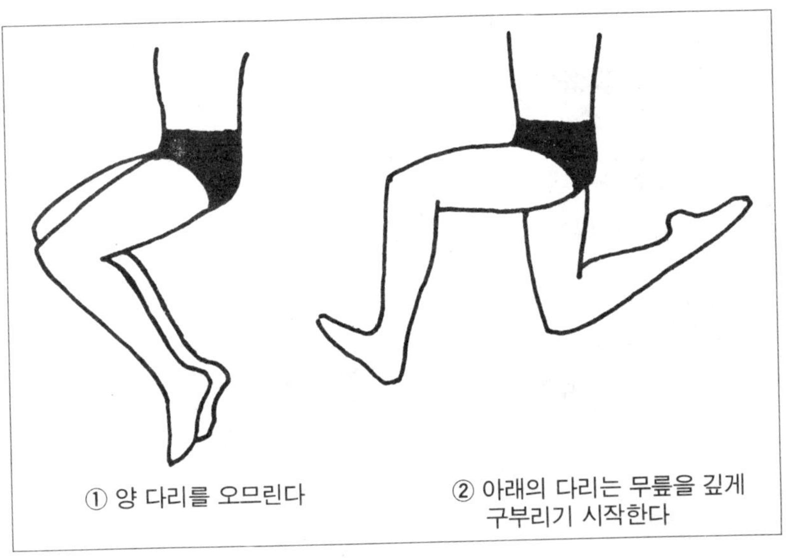

이와 같이 하면 뒤로 낸 발의 힘이 앞으로 나온 발의 힘에 대항할 수 있다. 가능하면 앞발이 강하고 뒤의 발이 약하게 된다.

앞의 발은 발목을 구부려 발 안쪽을 향해 물을 뒤쪽으로 밀고 뒤의 발은 발등으로 물을 뒤쪽으로 밀어서 앞뒤에서 물을 '부채질'한다. 그리고 앞뒤에서 온 양 발은 함께 하여 앞발의 엄지 발가락을 뒤의 발의 엄지 발가락에 겹쳐 양쪽 발목을 뻗는다.

3) 손의 동작

머리는 곧 앞으로 기울이고 양 손의 손바닥을 아래로 향해 가볍게 엄지손가락을 접한 곳부터 출발한다.

발의 부채와 동시에 손끝(아래쪽의 손, 오른쪽 밑의 경우는 오른
손)은 손바닥을 아래로 향한 채로 곧게 머리 끝을 향하여 뻗는다.
한편 반대쪽의 손은 물을 저어 왼쪽 대퇴부의 안쪽에 넣는다.

발의 부채모양이 끝나고 다리를 오므리기 시작하면 손끝은 손
바닥을 아래로 향한 상태로 가볍게 물을 밀고 처음의 위치로 되돌
린다.

한편 오른손은 몸에 따라서 손바닥을 밑으로 향한 채로 최초의
위치로 되돌린다.

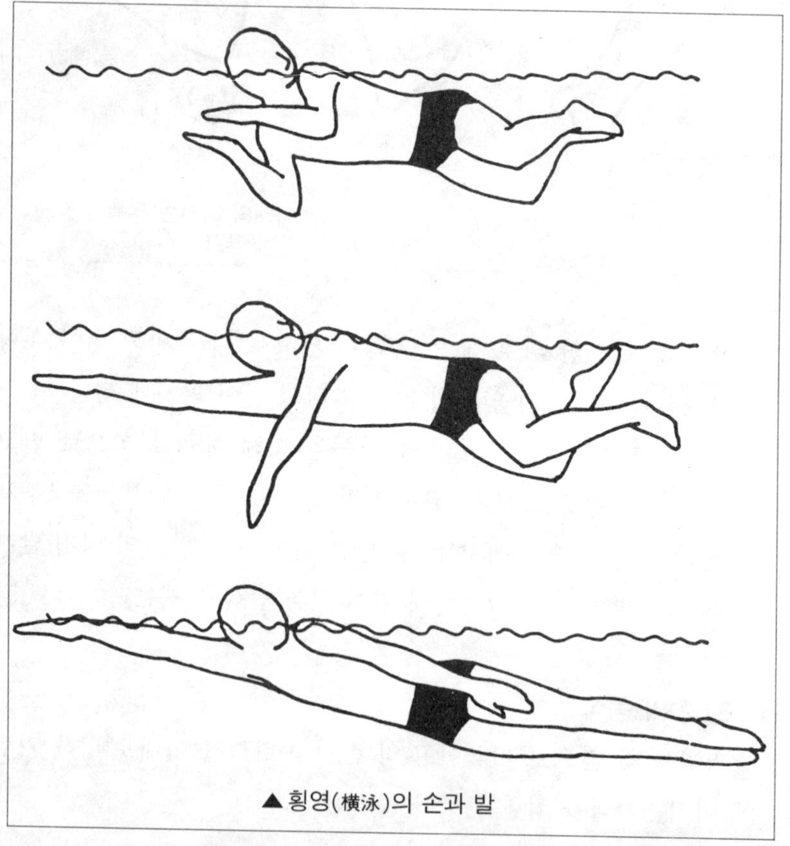

▲ 횡영(横泳)의 손과 발

양 손의 엄지손가락이 접할 무렵 다리는 구부려서 다음의 부채발을 시작할 때가 된다.

이와같이 되기에는 부채발에도 조금 더 연구해 볼 필요가 있다. 횡체의 자세는 지지면(支持面)이 좁기 때문에 엎드려서 떠있는 자세와 비교하여, 훨씬 불안정(不安定)하다.

횡체의 자세를 안정시키는 데에는 다음과 같은 동작을 가한다.

다리를 오므릴 때 위의 다리는 무릎이 수면에 가깝게 발끝이 훨씬 깊게 되고, 아래 다리는 발끝이 수면에 가깝게 되도록 오므린다.

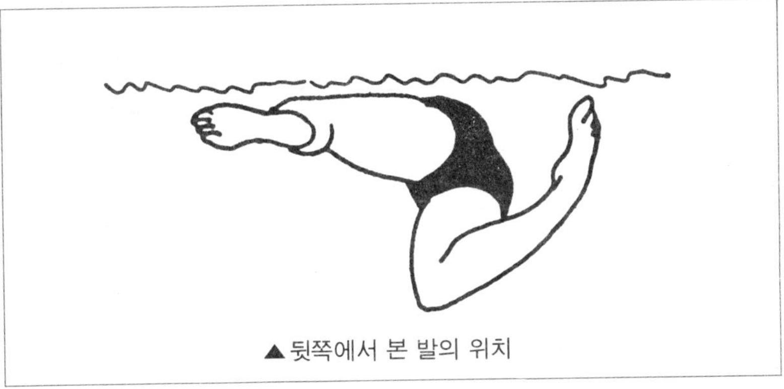

▲ 뒷쪽에서 본 발의 위치

그 결과 위의 다리는 다리 안쪽에서 물을 뒤쪽으로 저을 때 무릎을 안쪽으로 비틀게 되고 대퇴부와 종아리의 안쪽에서 물을 아래로 밀도록 한다.

또 아래의 다리는 발등과 종아리를 이용하여 물을 뒤쪽으로 차는 것이 된다.

이렇게 하여 아래의 다리도 안쪽으로 비틀어진다. 결과적으로 다리는 잘 뜨는 것 뿐만 아니라 몸도 안정된다.

148

4) 머리의 위치

횡영이 초보적인 횡영의 단계일 때에는 머리는 '옆으로 돌리는 것'이 좋다. 그러나 더욱 진행되어 홑뻗기와 겹뻗기 등을 수영하기 때문에 머리의 위치를 주의하지 않으면 안 된다.

머리를 옆으로 향하고 양 귀가 수면 아래에 있도록 하고, 눈은 어깨부터 발의 선을 통하여 후방을 보도록 한다. 그렇게 하면 몸을 수평으로 뜨게 하고 유지하는 것이 꽤 편하게 된다.

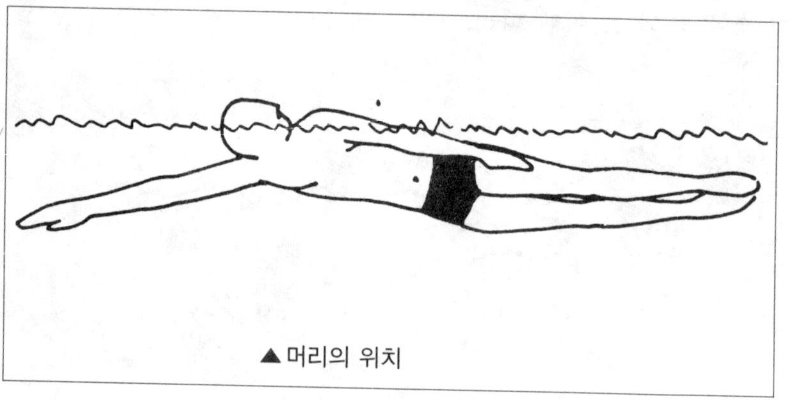

▲ 머리의 위치

5) 손과 발의 관계

보통 횡영(橫泳)에 있어서 손과 발의 관계는 손의 동작에서 이미 설명하였다.

기능이 발전함에 따라서 발을 부채꼴로, 손끝을 전방으로 뻗을 무렵에 손끝부터 발끝까지 전신을 뻗은 자세 그대로 '뻗기'를 하고 계속해서 손과 다리를 처음의 자세로 되돌리는 연습을 한다.

더욱이 진행하면 손끝을 뻗치자마자 곧 강하게 물을 뒤쪽으로 밀고, 아래의 다리의 바깥쪽 대퇴부에 붙이고 그 자세를 유지한 채로 뻗침을 한다. 이것이 '홑뻗기'이다.

또한 뻗은 상태에서 손끝을 그대로 두고 부채발을 한 번 더 행한다.

두 번째의 부채와 동시에 손끝을 저어 아래의 바깥쪽 대퇴부에 붙이고 뻗는 영법이 '겹뻗기'이다.

지금까지 전래되어온 영법(泳法)에는 같은 횡체 영법(橫體泳法)에도 각종의 것이 있고, 명칭도 다르다.

횡체 영법에는 손 동작을 조금 변형시키고 혹은 손과 발의 관계로 변화시키는 등으로 많은 변화를 한 영법이 있다.

◤ 입영(立泳)

사람은 숨을 들이마실 때 물보다도 가벼운 것이 보통이다. 따라서 수중에서 직립(直立)의 자세로 턱을 내밀고, 머리를 뒤로 젖히고 전신의 힘을 빼고 턱과 후두부(後頭部)로 수면에 매달리는 기분으로 있으면 수직의 자세로 뜰 수 있다. 비중이 무거운 사람이 뜨기 어려운 것은 말할 필요도 없다.

이 자세로 양 팔을 옆으로 뻗고 양 대퇴부를 수평에 가깝게 벌리면 자세가 안정되고 한층 뜨기 쉽게 된다.

밟는 발

대퇴부를 옆으로 벌리고 무릎을 구부린 자세로 좌우의 발을 교차하여 옆으로 밟아 벌리는 기분으로 발바닥을 이용하여 물을 아래로 찬다.

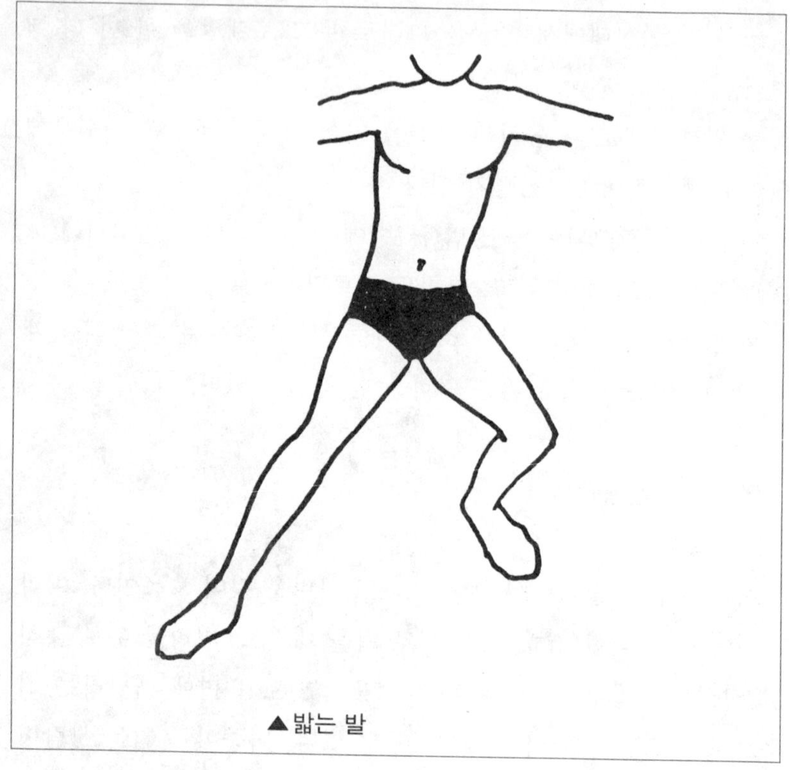

감는 발

밟는 발과 마찬가지의 자세이지만 '밟으면서 벌린다'라기 보다
는 좌우상호 무릎을 중심으로 하여 발로 원을 그리는 듯한 기분으
로 움직이면서 발바닥으로 물을 아래로 민다.

부채발

상체를 거의 앞으로 구부리고 양 대퇴부를 앞으로 내고, 무릎을
구부린 자세로 발을 상호적으로 앞뒤로 움직여 작은 부채발을 한
다.

수영 중에 정지할 필요가 있을 때, 혹은 손을 사용해 무엇인가 작업을 할 때 등 입영(立泳)이 필요하다. 어느 영법이라도 좋으니까 익혀두면 도움이 된다.

◪ 잠수(潛水)

수면을 수영하는 것에 첨가하여 수중에서 잠수하여 수영할 수 있다면 수영의 영역이 넓게 되고 그것만으로 수영의 재미가 증가한다.

어떤 상황에 의해 수중에 떨어져 신체가 수면 밑에 깊게 가라앉을 때에 만일 잠수의 경험이 없으면 약간은 수영을 할 수 있다해도 당황하여 부산을 떨어 물에 빠지는 예가 흔히 있다.

수영을 연습하는 사람이라면 수면에 떠서 수영하는 것과 수중에 가라앉아 수영하는 잠수의 방법 정도는 사전에 알아 두어야만 한다.

사람의 신체는 물보다도 가볍다. 따라서 뜨는 연습은 하기 쉬우나 잠수하는 연습은 오히려 어렵다.

1) 가라앉는 것

뜨는 연습을 할 때 '머리를 수면에 내면 발쪽부터 가라앉기 시작한다'는 것을 알 것이다. 가라앉는 것에도 이 이치를 이용하는 것이다.

물 밑바닥에 서서 조금 뛰어 오른다.

신체가 떨어져 올때 무릎을 구부려 웅크리듯이 하면 엉덩이가 바닥에 닿을 때까지 가라앉는다.

152

깊은 곳에서 수영하고 있을 때라면 일단 입영의 자세를 취한 다음 상체를 수면과 수직으로 한다. 이어서 양 손으로 물을 강하게 밑으로 밀든가 혹은 양 손을 수면상에 높게 올리면 수면상으로 나온 상체의 일부와 양 손의 무게로 낙하에 탄력이 붙어 일정한 깊이까지 가라앉아 간다.

평체의 수영을 하고 있을 때라면, 머리를 급히 앞으로 기울여 물에 집어넣어 밑으로 향하고, 다리의 방향을 수면상으로 내밀면 된다. 수면상에 나온 다리의 무게로 머리쪽이 가라앉아 간다.

▲ 손으로 물을 밀어 가라 앉는다

물 위에 나온 몸의 무게로 가라앉는 방법 외에 양 손으로 물을 밑에서 위로 밀면서 발쪽에서부터 가라앉는 방법도 있다.

머리를 위로 한 자세로 가라앉기 시작할 때에는 양쪽 손바닥을 위로 향하고 몸의 양쪽에서 물을 위로 밀어올려 ── 양 손이 머리 위에서 붙을 때까지 팔을 움직인다 ── 조용히 밑으로 내리고 또 위로 밀어올린다. 이렇게 하면 점점 깊게 가라앉아 간다.

머리를 밑으로 하고 가라앉기 시작할 때에는 양 손으로 물을 위쪽으로 밀면서 허리 위치까지 간다.

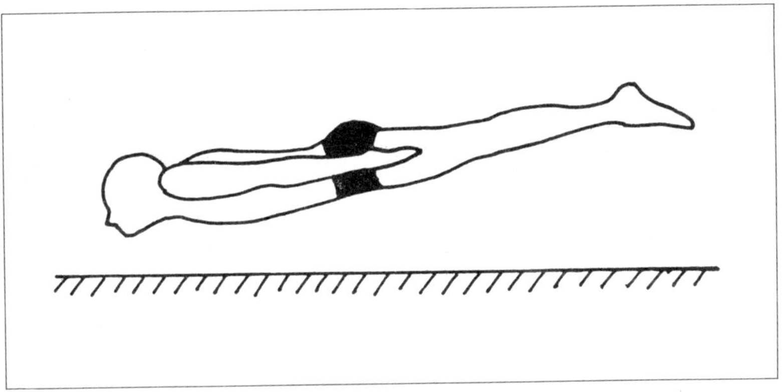

적당한 깊이까지 가라앉으면 머리가 위일 때에는 몸을 젖힌다. 그렇게 하면 몸은 원호를 그리듯이 발쪽에서부터 돌기 시작한다.

몸이 대체로 수평이 된 위치에서 잠행(潛行)으로 옮긴다.

머리를 아래로 하고 가라앉기 시작할 때에는 목을 젖히면 된다. 몸이 원호를 그리듯이 진행하여 이윽고 수평이 된다.

잠행할 때에는 손바닥을 조금 위로 향하고 양팔로 몸쪽을 따라 물을 뒤쪽으로 젓는다.

이 때 머리의 위치가 발끝의 위치보다 약간 밑에 있도록 한다.

가볍게 가슴을 펴고 상체를 조금 젖히는 자세를 유지하는 것도 중요하다. 등을 둥글게 하여 가슴을 들이밀면 점점 위로 올라가 버린다.

발은 크롤에서 사용하는 물장구를 치는 발, 평영의 개구리 발, 혹은 부채 발 등 어느 것이라도 좋다. 어느 경우에도 손은 머리끝까지 뻗고 옆으로 벌리면서 허리 부분까지 젓는 것이 보통이다.

얕은 곳에서는 발로 물 밑바닥을 차면서 감행하는 방법도 있다.

2) 호흡(呼吸)

잠수하기 전에는 수회에 걸쳐 심호흡을 하고 공기를 가슴의 8할 정도 들이마시고 잠수한다. 가슴 가득히 숨을 들이마시는 것은 오히려 괴롭다. 처음에는 짧은 시간밖에 잠수할 수 없다. 그러나 연습하면 길게 잠수할 수 있도록 된다.

3) 눈

잠수할 때에는 반드시 눈을 뜨고 전방을 보는 것이 중요하다.

4) 무리하지 않는다

잠수 경쟁들을 하여 괴로와도 참고 있으면 의식불명이 되어 질식하는 일이 있다. 무리하는 것은 위험하다.

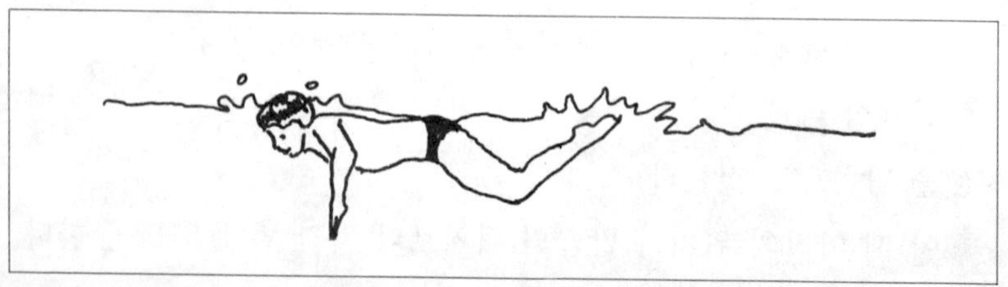

다이빙 (diving)

물 밖에서 물 속으로 뛰어드는 것은 수영하는 것과 마찬가지로 필요하다. 해난 사고의 하나로 작은 연락선이 남동해에서 많은 국민학교·중학교 학생들이 죽은 사건이 있었다.

수영할 수는 있으나 다이빙을 할 수 없었으므로 배에 남아 있어 배와 함께 빠진 사람들이 꽤 있었다고 한다. 다이빙을 할 수 있었다면 도움이 되어 살 수도 있었을 것이다.

◢ 전래의 다이빙

경기의 다이빙은 뛰어오르는 것부터 물에 들어가기까지의 공중 동작을 채점하고, 물에 들어간 후의 일은 그다지 중요하게 생각하지 않는다. 그 대신 다이빙 경기를 행하는 풀장의 수심은 규칙에 의해 충분히 깊어야 한다.

그런데 다이빙은 지금까지 행해져 온 경기의 다이빙과 다르며 높은 곳에서 얕은 물로 안전하게 뛰어드는 연구가 실시되었다.

공중의 자세도 그것을 기본으로 하여 고려될 수 있다.

또 물에 들어가서부터 깊이 가라앉지 않고 떠오르는 것에 신경을 써서 연습을 했다. 일반적인 사람들은 실용적인 견지에서 다이빙을 연습하는 데에는 먼저 전래식 다이빙을 하는 것이 좋다.

다이빙은 위험하다

다이빙은 높은 곳에서 물에 뛰어드는 것이므로 여러가지 점에서 위험한 점이 많다. 특히 지금은 전래식 다이빙 방법을 잘 알지 못하고 다이빙 경기를 본 지식만으로 그 흉내를 내는 사람이 많다.

설비가 좋은 풀장이라면 수심도 충분하고 비교적 안전하다. 그러나 해수욕장 등에서는 대개 수심이 얕으므로 다이빙 경기와 같은 다이빙을 하는 것은 대단히 위험하다.

여기에서는 먼저 주로 '아무래도 다이빙하지 않으면 안 된다'라는 필요가 생겼을 때를 위하여 안전한 다이빙 방법을 설명한다.

1) 직립 다이빙

그다지 높은 곳이 아니고 수심이 충분하면 신체를 곧게 유지하고 발부터 물에 뛰어 들어도 좋다.

이것을 직립 다이빙이라 한다.

양 발로 도움닫기하여 직립의 자세를 유지하여 물에 들어간다. 물에 들어갈 때에 코로 물이 들어가지 않도록 '코를 막고' 있도록 한다.

물에 들어간 후 양 팔을 몸쪽으로 벌리고 손으로 물을 아래로 밀어서 떠오른다.

다이빙 경기에서의 명칭은 '전립(前立) 다이빙'이다.

2) 뛰어들기

발쪽부터 물에 넣는 다이빙이지만 얼굴을 수중에 넣지 않을 정도로만 몸을 잠기게 하는 것이 특색이다. 잘하게 되면 3m 정도의 높이에서 다이빙해도 머리가 수중에 잠기지 않고 항상 전방을 주시할 수 있다.

한편 다리를 앞으로 내서 무릎을 구부리고 뒷다리는 무릎을 편 채 뒷다리부터 상체가 곧게 하여 약 45° 앞으로 기울인다. 양 팔은 몸쪽에서 약간 뒤쪽으로 올린다.

양 손을 앞으로 몸과 직각이 될 정도까지 흔들어 올려 앞발로 도움닫기하여 곧 양 발의 위치를 바꾼다.

몸을 앞으로 기울이는 것은 처음 상태인 채로 변하지 않고 신체를 수면에 던진다.

물에 들어가면 곧 양 손으로 강하게 물을 밑으로 밀고 동시에 양 발을 부채발의 요령으로 강하게 물을 안는다.

처음에는 수면에서 30cm 정도의 높이에서 시작해서 점점 높게 하여 연습한다.

이와같은 다이빙은 다이빙 경기의 종목에는 없다. 얼굴이 잠기지 않고 물에 들어가도 전방이 보이면 '합격'이다.

3) 역(逆) 다이빙

경기 다이빙으로 역 다이빙은 별도의 종목이다. 높은 대 위에서 앞을 향하여 도움닫기를 하고 머리쪽부터 물에 넣는 다이빙이다.

처음의 연습은 먼저 풀장의 가장자리에 얕게 허리를 걸치고 양 팔로 귀를 끼고 양 손을 머리 위로 뻗는다. 초보자에게 허리를 떠

받치게 한다. 몸을 앞으로 기울인다. 상체가 대개 수평에 가깝게 쓰러지면 자연히 수중에 떨어진다.

이 모양으로 떨어지면 얼굴은 조금도 통증이 없다. 먼저 이것을 알 필요가 있다.

2~3회 되풀이하면 이번에는 허리를 걸칠 때 발바닥을 풀장의 벽에 붙여 두고 몸이 쓰러져 수중에 떨어질 때 발로 풀장의 벽을 누르고 몸을 곧게 수평하게 하여 전방에 뛰어든다.

이것에 익숙해지면 풀장의 가장자리에 서서 무릎을 굽히고 전과 마찬가지로 몸을 앞으로 기울여 풀장의 가장자리를 차서 다이빙한다.

손목 관절을 고정하고 물에 들어가면 곧 손목을 젖힌다. 그렇게 하면 몸은 곧 떠오른다. 점점 무릎을 굽히는 각도를 적게 해 가면서 경영(競泳)의 스타트로 사용하는 '역 다이빙'을 할 수 있도록 한다.

해수욕장에서 다이빙대가 없는 장소에서는 수중에 서서 거기에서 앞으로 뛰어 머리부터 물에 넣는 연습을 하면 좋다.

배꼽 위치의 깊은 물 속에 선다. 양 팔을 머리 위로 뻗고 양 손을 모은다. 양 발로 뛰어올라 위쪽으로 뛴다. 전방 1.5° 정도의 수면에 양 손을 넣는 기분으로 그 점을 주시하여 뛰어든다.

그렇게 하면 허리·다리 부분이 올라가고 머리가 물에 들어간다. 손을 넣는 점에 적당한 크기의 튜브를 띄워두고 그 튜브 안으로 손끝부터 넣도록 하면 최상이다.

목표가 분명히 정해져 있고, 양 손을 모아 뛰어드는 형도 자연적으로 할 수 있다. 튜브는 편하게 발부터 빠져 나온다.

튜브를 빠져나오면 곧 양 손을 젖히고 머리를 든다.

이윽고 머리부터 떠오른다. 풀장에서도 가능하다. 재미있으므로 놀면서 역 다이빙의 요령을 익힐 수 있다. '무섭다'라고 생각하는 마음을 없애는 것도 좋은 점이다.

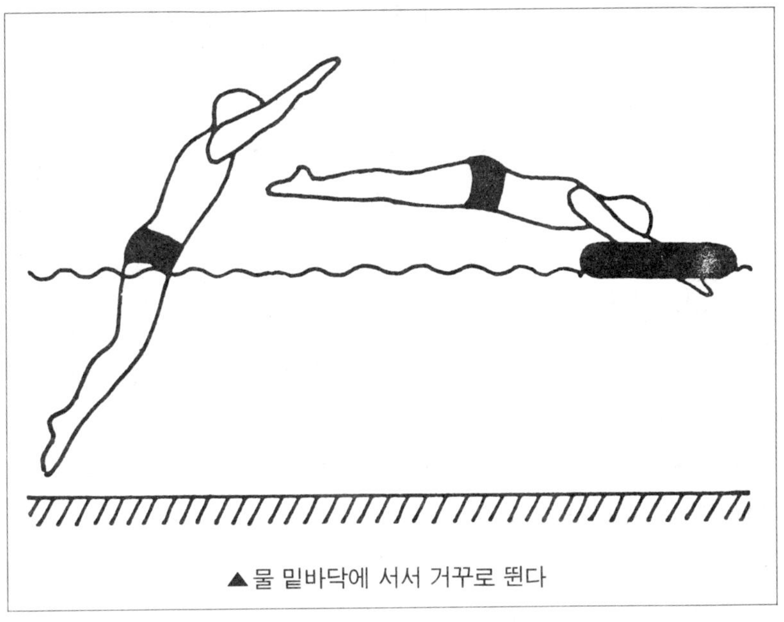

▲ 물 밑바닥에 서서 거꾸로 뛴다

역 다이빙에서 몸의 중심은 일정한 포물선을 그리며 뛴다. 몸이 충분히 앞으로 쓰러지고부터 대를 차기 시작하며 직선에 가까운 포물선을 그리고, 뛰어들 때에 몸의 자세가 수직에 가까우면 중심은 높게 올라가 대에서 가까운 점에서 물에 들어간다.

경영의 스타트 다이빙은 멀리 '빨리 뛴다'는 것이 목적이고, 경기의 다이빙은 '공중에 장시간 머무른다'는 것이 좋으므로 높게 가깝게 뛴다.

2cm 정도까지의 높이에서 뛰어들 때에는 물에 들어가는 점을

겨누어 뛰어들면 좋다.

3m 정도가 되면 눈 높이의 먼 점을 보고 도움닫기 한다. 손을 일단 옆으로 벌리고 수면 가까이에서 머리 위로 뻗는다.

처음에는 머리쪽이 높지만 이윽고 발쪽이 높아지고 머리부터 물에 들어간다. 경기에는 물에 들어가는 순간 몸이 수면에 수직이 되는 것이 이상적이다.

해수욕장에 있는 수영의 다이빙 대에서 뛰어들 때에는 수심이 다이빙 풀장과 같은 것이 아니므로 얕은 각도로 물에 들어가고 물에 들어가면 곧 손을 젖히고 머리를 들어서 깊이 잠수하지 않도록 떠오르지 않으면 안 된다.

어느 장소에서나 도움닫기부터 물에 들어가기까지 신체를 잘 뻗어서 특히 허리와 무릎의 힘을 빼지않는 것이 중요하다.

무릎의 힘이 빠져있으면 머리가 수면에 뛰어들 때 무릎이 구부러져서 그 탄력으로 등뼈가 너무 충격을 받아 요추(腰椎)를 다칠 위험이 있다.

수면에 뛰어들 때에는 머리 부분의 '이마'로 뛰어드는 쪽이 좋다.

다이빙을 할 때에는 대가 미끄러지는 것은 아닌가, 수심은 충분한가, 밑에 사람은 없는가 등 안전을 학실히 한 뒤에 행하는 것이 필요하다.

◤ 다이빙 경기

여기에는 뜀판 다이빙과 스카이(高) 다이빙이 있다. 뜀판은 그 판 끝이 수면에서 높이 1m 및 3m이다. 스카이 다이빙 대는 고정된 대에서 높이 5m 및 10m이다. 올림픽 대회에서는 남녀 모두 3m 뜀판 다이빙과 10m 스카이 다이빙이 행해지고 있다.

전에 말한 것과 같이 경기 다이빙은 도움닫기에서부터 물에 들어가기 까지의 공중 동작(空中動作)을 경쟁한다.

수중에서의 동작은 보지 않는다.

그 대신 어떤 깊이에 들어가도 안전하듯이 다이빙 풀장의 수심은 다음과 같이 규칙으로 정해져 있다.

대의 높이	풀장의 수심	
1m	뜀판(批判)	3.0m
3m	뜀판(批判)	3.5m
5m	대	3.8m
10m	대	4.5m이상

다이빙 종목은 뜀판 다이빙과 스카이 다이빙의 두 가지로 100 가까이도 있으나 다음과 같은 군(群)으로 나누고 있다.

앞(前) 다이빙[앞(前) 도움닫기]

앞을 향하여 도움닫기를 하고 앞으로 뛴다.

뒤(後)다이빙[뒤(後) 도움닫기]

뒤쪽을 향하여 도움닫기를 하고 뒤쪽으로 뛴다.

앞 거꾸로 선(前逆) 다이빙[앞 거꾸로 선(前逆) 도움닫기]

앞을 향하여 도움닫기를 하고 곧 발을 앞으로 던져내고 일단 등을 아래로 한 자세가 되고나서 다음 동작으로 진행한다.

앞(前) 다이빙[뒤(後) 도움닫기]

앞을 향한 자세로 도움닫기를 하고 곧 발을 대에서 멀리 뗀 다음 일단 배를 아래로 한 자세로 대(판)쪽을 향한 후 다음 동작으로 진행한다.

비틀기 다이빙

앞을 향하여 도움닫기를 하고 몸을 비튼다. 반회전 비틀기를 하면 등을 아래로 한 자세가 되고, 1회 비틀기를 하면 배를 아래로 한 자세가 된다.

거꾸로 선(逆立) 다이빙

스카이(高) 다이빙에만 있다. 대 끝에서 기울여 서서 그 자세에서 뛰어든다.

공중의 자세에 의해 뻗는 형, 새우형, 안는 형 및 자유형의 4가지 형이 있다.

또 앞(前) 도움닫기의 종목에는 서서 도움닫기 하는 '선(立) 다이빙' 과 달려와서 도움닫기 하는 '주(走) 다이빙' 이 있다.

많은 다이빙 중에는 쉬운 것과 어려운 것이 있다.

여기에서 하나 하나의 다이빙에는 난이율(難易率)이라는 수치(數値)가 붙여 있다.

예를 들면 1m의 대에서 앞을 향하여 도움닫기를 하고 똑바로 선 자세로 물에 들어가는 앞선 다이빙(前立飛)의 난이율은 1.0이고, 후비(後備)(뒤(後) 도움닫기)는 1.4, 전주반(前宙返) 3회는 6이라고 하는 정도이다.

다이빙 경기는 규칙에 의해 남자 뜀판 다이빙 경기에서는 규정 다이빙 5종목, 선택 다이빙 6종목, 함계 11종목, 여자는 규정 5, 선택 5종목의 합계 10종목, 남자 스카이 다이빙에서는 제한선택비(제한에 대해서는 선택 종목) 6종목과 자유 선택 다이빙 4종목의 함께 10종목, 여자는 규정 다이빙 4종목과 선택 다이빙 4종목의 합계 8종목을 행한다.

7명의 심판원이 심판 채점을 한다.

심판 채점의 요소는 도움닫기, 뛰기의 자세의 정확성과 바름, 뛰어오르는 높이, 공중에 있어서의 몸의 아름다움, 물에 들어가는 자세, 물에 들어가는 각도(수면에 직각으로 들어갔을 때 물방울이 적게 튀는 것이 좋다) 등으로 이런 사항을 합산해서 채점한다.

채점은 10점 만점으로,

- 모두 실패한 경우·······································0점
- 불만족한 경우······································0.5~2점
- 불충분한 경우·····································2.5~4.5점
- 만족한 경우 ··5~6점
- 양호한 경우······································6.5~8점
- 대단히 양호한 경우·····························8.5~10점

7명의 채점 중에 최저와 최고의 각 점수를 빼고 나머지 5명의 평균을 내서 여기에서 전술한 난이율을 곱한 답이 그 경기자의 다이빙 득점이다. 각 종목의 합계 득점이 많은 사람이 승자가 된다.

경영(競泳)

■ 종목(種目)과 기록(記錄)에 대하여

결정된 거리의 수로를 빨리 수영하는 것을 경쟁하는 것이 경영(競泳)이다.

수영 풀장이 없을 무렵에는 경영(競泳)도 바다와 강 등에서 행해졌었다.

1896년 제1회 올림픽 대회가 아테네에서 열렸을 때, 경영은 바다에서 행하여졌다.

현재에도 경영 규칙에는 ‘구획(區劃)되지 않은 수면에서는 반드시 왕복하는 것을 필요로 한다’라고 하는 규정이 있다.

그러나 현재에 정규의 경영이 바다 등에서 행하여지는 일은 없게 되었다.

따라서 경영을 풀장에서 행하는 것이라고 생각해도 좋다.

어느 거리에 대해서 경영을 행하여도 좋은 셈이나 기록으로써 공인된 것은 남녀 모두 다음의 각 거리로 정해져 있다.

자유형→100m, 200m 400m, 800m, 1500m, 200m 릴레이
　　　　(4명, 각 50m), 400m 릴레이(4명, 각 100m), 800m
　　　　릴레이(4명, 각 20m)

배　　영→50m, 100m, 200m

평　　영→50m, 100m, 200m

버터플라이→50m, 100m, 200m

개인 메들리→200m, 400m

메들리 릴레이→400m

자유형이라는 것은 어떤 수영 방법으로 수영해도 좋은 종목이다. 그러나 메들리 릴레이 혹은 개인 메들리의 맨 뒤의 '자유형'은 그 전에 수영했던 영법 이외의 영법으로 수영하지 않으면 안 된다.

현재에는 자유형일 때에 크롤 영법이 가장 빠르므로 크롤을 수영하는 것이 보통이다.

공인 기록(公認記錄)은 한국 수영 연맹이나 세계 수영 연맹이 공인한 풀장 또는 경영 수로(競泳水路)로 만들어진 성적에 한한다.

기록은 50m 이상의 길이의 수로(장수로 ; 長水路)로 만들어진 것을 정식 기록으로 한다. 한국 수영 연맹에서는 50m 미만, 25m 이상의 긴 수로 '단수로(短水路)'의 기록은 이것이 장수로의 기록보다도 우수할 때 특히 '단수로 기록(短水路記錄)'이라고 따로 인정하는 것으로 되어 있다.

경영을 행하는 수로의 출발 대의 높이는 75cm 이하에서 행하

지 않으면 안된다.

기록은 정식으로 계시(計時)된 것으로 되지 않으면 안 된다. 계시원(計時員)은 경영의 출발 신호(피스톨)의 섬광에서 수영자가 경영(競泳)을 마칠 때까지 걸리는 시간을 측정한다. 최근에는 자동 기록 장치에 의해 계시법을 채용하는 일이 있다.

장거리의 경영을 할 때, 도중 정식 계시(途中正式計時)를 하는 데에는 3명의 계시원이 계시하지 않으면 안 된다. 예를 들면 1500m 경영 도중 800m를 정식 계시하는 데에는 1500m가 끝났을 때 시간을 계시하는 계시 외에 다시 3개의 시계 및 계시원을 필요로 한다.

1500m 경영 중, 도중 100m 마다의 소요 시간을 보고하는 것이 있으나 그 전부가 정식 계시라는 셈은 아니다. 릴레이 때에는 제1 수영자의 기록만 정식 계시를 할 수 있다. 제2 수영자 이하의 각 수영자는 출발 신호에 의해 출발하지 않으므로 정식 계시의 대상은 될 수 없다.

릴레이는 여러 사람이 1팀을 구성하여 각 개인이 동일의 거리를 수영하고 이어서 경영을 하는 것이다. 1팀의 여러 사람은 주최하는 단체가 정한다. 국내 선수권 대회에는 4명 1팀으로 자유형의 경영을 행하는 것으로 되어 있다.

릴레이 때 제1 수영자의 출발은 보통 경영과 같이 행하여 진다.

제2 수영자 이후는 앞의 수영자의 종결과 동시에 출발대에서 선(立) 다이빙으로 출발한다.

앞의 수영자의 수영이 끝나지 않은 상태에서 출발하면 반칙으로 그 팀은 실격한다. 단, 반칙한 수영자가 출발면에 되돌아와서 뛰어들던가 또는 벽면 끝을 차고 수영하기 시작해서 재출발하면 실격하지 않는다.

메들리 릴레이는 각각 다른 영법을 수영하는 수영의 팀으로 수영하는 릴레이이다. 400m 메들리 릴레이는 100m 배영, 100m 평영, 100m 버터플라이, 100m 자유형의 순으로 수영한다.

◤ 경영의 스타트

1초 몇 분의 1을 경쟁하는 레이스 스타트이므로 빠른 것이 필요한 것은 당연하다. 그러나 출발대에서 발을 떼는 동작이 빠른 것만 가지고 무조건 좋은 스타트라고는 말할 수 없다. 전 거리를 가장 빨리 수영하는 데에 유효한 스타트가 되지 않으면 안 된다.

1) 출발대에서의 스타트

① '준비' ─ 수영자는 출발원의 '준비'의 신호에 의해 풀장의 출발대의 끝에 양 발의 발가락을 걸치고 서서 언제라도 출발할 수 있도록 준비 자세를 취한다.

양 발을 조금 떼어서 발의 엄지발가락을 출발대 끝에 걸치고 양 발의 안쪽이 평행이 되도록 선다.

무릎을 약간 구부리고 상체를 앞으로 굽히고 체중을 약간 앞으로 쏠리게 한다. 양 팔은 팔꿈치를 약간 옆으로 내는 형으로 아래로 내린다. 눈은 자신이 뛰어들 위치보다 약간 앞쪽을 본다.

위로 뛰는 것이 아니라 앞으로 뛰는 것이므로 무릎을 깊게 너무 구부리지 않도록 한다.

모든 수영자의 준비 자세가 정리되고 움직이지 않게 된 것을 보고 출발원은 '탕'하고 친다.

② '탕' ── 수영자는 출발원이 쏘는 피스톨 소리를 듣는 것과 동시에 팔을 민첩하게 앞으로 내밀고 동시에 출발대를 강하게 차서 앞으로 뛰어든다.

공중에서는 몸을 곧게 펴고 물에 뛰어들 때 양 팔은 귀에 대고 머리 위로 뻗는다.

손끝부터 발끝까지 몸을 일직선으로 한다. 물에 들어갈 때 머리를 들면 발쪽이 물에 들어가거나 배를 치거나 한다. 턱을 당긴다. 입수 각도는 약 15도이다.

③ '수중' ── 머리쪽부터 물에 들어가면 그다지 너무 깊게 들어가지 않도록 방향을 잡는다.

크롤의 경우 수중에서의 스피드가 수영할 때의 스피드가 되므로 물장구를 시작하고 뒤에 약간 완전히 수면에 오를 때까지 온다면 호흡을 위한 얼굴을 향하는 쪽과 반대쪽의 손을 저어 떠오르면 곧 수영을 시작한다. 이 티이밍은 연습을 계속 되풀이하여 익히지 않으면 안 된다.

버터플라이의 경우는 순간적으로 떠오를 때 제1회째의 발차기를 행하고 계속해서 제2회째의 차기로 떠오르면서 팔을 젓기 시작한다.

평영의 경우는 크롤의 경우보다도 약간 깊게 물에 들어간다.

수중에서 머리 위로 뻗은 손을 크게 대퇴부까지 저어 계속해서 발의 제1 차기로 떠오르고 곧 수영을 시작한다.

2) 배영(背泳)의 스타트

배영의 스타트는 수중에서 한다.

① 오버 플로(overflow;排水路)의 선에 양 손을 걸치고 허리·

무릎을 구부려 발바닥을 풀장의 벽끝에 댄다. 양발은 조금씩 상하로 움직이면서 윗 발끝이 수면상에 나오지 않도록 하고 아래 발끝을 그것보다 30cm 정도 내린다. 무릎을 잘 굽히고 허리를 가능한 한 풀장의 벽에 접근시킨다. 이때 몸에 불필요한 힘을 넣지 않기 위해 어깨까지 물에 넣어둔다.

② '준비' — 팔꿈치를 굽히고 등을 둥글리고 몸을 풀장 벽에 접근시킨다. 다음 팔을 휘두를 때에 민첩할 수 있도록 머리도 앞으로 기울인다.

③ '탕' — 머리를 강하게 뒤로 일으켜 굽어있던 팔을 머리 위로 뻗고 등을 젖힌다. 동시에 발로 풀장 벽을 강하게 찬다. 오버플로의 구조가 없어 주먹을 쥔 자세에서 스타트 할 때는 팔을 옆으로 벌리고 나서 머리 위로 뻗는다. 주먹의 위치가 높기 때문이다.

등을 굽히고 등으로 물을 누르지 않도록 등을 잘 뻗고 몸은 일단 수면 위에 내고 손끝부터 물에 들어가도록 한다.

④ 수중 — 몸이 수중에 들어가면 손끝으로 방향을 잡고 너무 깊게 잠수하거나 곧 떠오르거나 하는 일이 없도록 한다. 대개 수면밑 30cm 정도의 위치로 진행한다. 수중에서는 끊임없이 코로 숨을 내쉬지 않으면 코로 물이 들어간다.

수중에서 발의 킥을 시작하고 처음 팔 젓기로 떠올라 곧 수영하기 시작한다.

3) 스타트에 대한 주의

① 신호 총소리에 당황하여 불충분한 스타트를 하기보다는 침착하고 힘있게 바른 도움닫기로 스타트를 하는 쪽이 좋다. 신호

총소리를 듣는 것에 주의를 집중하기 보다는 스타트의 동작에 주의를 집중하는 쪽이 좋다.

② 공중에서는 신체가 곧게 편 상태가 좋다.

③ 수중에서 떠오를 때에 수면에 대한 각도가 중요하다. 이 때 신체가 너무 서 있거나 하면, 그 자세는 다음의 되돌아 올 때까지 그 상태가 되어 버린다.

④ 첫번째 젓기에서 바른 위치로 떠오르고 곧 최고 스피드로 수영하도록 연습한다.

■ 되돌아오기(턴)

50m 풀장에서 50m 이하의 거리를 수영할 경우에는 턴이 없다. 50m보다도 긴 거리를 계속 수영할 경우에는 풀장의 벽 끝을 사용해서 턴을 한다.

경영의 경우는 턴에 대하여 정해진 규칙에 따라서 행하지 않으면 안 된다. 규칙에 반한 경우에는 실격이다.

턴을 잘 하느냐 잘못하느냐에 의해 경영의 성적이 좋게 되거나 나쁘게 되거나 한다.

이 2개의 이유 때문에 경영에 출전하는 수영자는 턴을 연습하고, 그리고 턴의 기술을 충분히 익혀 둘 필요가 있다.

1) 예비적인 턴의 연습

스타트 대에서 스타트 다이빙을 할 경우에는 신체는 한 번 수중에 잠수한다. 이것은 초보자라도 처음부터 할 수 있다.

그런데 신체가 수중에 있어서 풀장의 벽 끝을 차서 나가려고 할 때에 초보자는 한 번 몸을 잠기게 하고 수중에서 신체를 수평하게 하고 나서 벽 끝을 차서 나갈 수 있다. 신체가 수면에 뜨는 상태에서 벽 끝을 차므로 짧은 거리만 진행하지 않는다.

여기에서 먼저 신체를 잠기게 하는 연습을 하는 것이 필요하다.

벽 끝을 등에 대고 서서 약간 뛰어 오르든가 혹은 급히 다리를 오므리든가 하면 신체는 가라앉아 간다.

그때 양 손으로 물을 전방으로 밀면 신체는 비스듬히 뒤로 가라앉아 간다. 그리고 양 발이 벽 끝에 닿아 이윽고 상체가 발의 위치와 같은 높이로 결국 수평이 된다. 여기에서 무릎을 뻗어 벽 끝을 차고 앞으로 뻗은 양 손으로 방향을 잡고 진행한다.

이 '신체를 가라앉힌다'고 하는 연습이 첫번째이다. 발쪽에서 가라앉는 잠수의 방법을 연습한 사람이라면 간단하게 할 수 있는 것이다.

다음은 벽 끝에서 떨어져 수영할 때에 급히 신체의 방향을 180m 바꾸는 연습을 한다.

먼저 평영부터 해본다.

발을 차서 양 손이 앞으로 뻗을 무렵에서 얼굴을 급히 오른쪽(혹은 왼쪽)으로 돌리고 손으로 물을 왼쪽(또는 오른쪽)으로 밀면 몸은 방향을 바꾼다. 얼굴을 돌릴 때에 양 다리를 오므린다. 혹은 얼굴을 급히 오른쪽(혹은 왼쪽)으로 향하게 하면서 머리를 오른쪽(또는 왼쪽)으로 기울이고 동시에 왼쪽(혹은 오른쪽) 손을 수상에서의 진행 방향과 반대 방향으로 뻗는다. 이때 다리를 오므린다. 그러면 신체는 오른쪽(혹은 왼쪽)으로 방향을 바꾸면서 진행 방향과 반대로 향한다. 이 연습은 크롤의 턴의 준비 연습에도 통용된다.

172

2) 일반적인 턴

처음에는 오버 플로(overflow)가 있는 풀장에서 연습하는 것이 편리하다.

풀장의 벽 끝에 가깝게 붙이면서(크롤의 경우), 좌우 어느 쪽인가의 손이 벽 끝에 붙는가 예상을 한다.(왼손이 붙었다고 하고) 왼손을 오버 플로 끝에 댄다. 신체는 수영할 수 있는 자세로 앞으로 진행한다.

앞에서 연습한 것과 마찬가지로 머리를 옆으로 돌리면서 방향을 바꾸고 오버 플로의 가장자리에 걸린 손을 머리 위로 뻗어서 몸을 가라앉힌다.

다리를 오므리면 양 발이 벽 끝에 붙는다.

몸은 옆으로 향하여 다리의 위치와 같은 깊이까지 가라앉고 그 자세에서 몸을 비틀면서 벽 끝을 차기 시작한다.

평영과 버터플라이에서는 먼저 벽 끝에 양 손을 대는 것이 필요하다. 양 손이 붙으면 상술한 요령으로 몸의 방향을 바꾼다.

이들 영법일 때에는 양 손이 벽 끝에 닿으면 동시에 머리를 옆으로 돌리고 몸은 하향인 채로 돌리는 방법도 있다.

하향이라 하더라도 양 손이 붙을 때 발쪽은 계속 움직이므로 몸은 선 자세가 되고 몸이 방향을 바꾸면 양 발이 벽 끝에 닿는다.

몸이 방향을 바꾸고 가라앉을 때 앞으로 뻗은 양 손으로 물을 조금 앞으로 밀면 발은 확실하게 무릎을 충분히 굽혀 벽끝에 붙일 수 있다.

이러한 동작은 많은 연습을 하는 동안에 몸에 붙는다.

T코치는 옛날 배로 바르세이유까지 항해 중에 매일 7m의 수조(水槽)에서 수영한 일이 있었다.

처음에 7m를 왕복하는 데에 가장 턴이 뛰어난 사람은 6.6초이고 가장 뒤진 사람은 8.2초나 걸렸다. 그러나 1개월 간 연습을 되풀이 하는 사이에 누구나 6.6초로 왕복할 수 있게끔 되었다.

경영을 목적으로 건설된 풀장에는 오버 플로가 없는 경우가 많다. 이와같은 풀장에서는 배수구의 가장자리에 손을 댈 수 없다.

따라서 조금 습관이 되기 시작하면 배수구에 손을 걸치지 않고 벽 끝이 닿는다면 곧 턴 동작에 옮기는 연습을 해 두는 것이 중요하다.

3) 공중 회전식 턴

신체는 하향으로 떠있는 자세로 수평면안의 방향으로 바꾸기보다는 수직면 안의 방향으로 쪽이 돌기 쉽다. 같은 수직면에서 방향을 바꾸는 데에는 몸을 앞으로 숙여 회전하는 쪽이 빨리 돌 수 있다.

이와같은 이론에서 턴의 기술은 진보하고 공중 회전식의 턴이 연구되었다. 평영과 버터플라이라고 해서 사용하지 말란 법은 없으나 공중회전식의 턴은 자유형과 배영에 사용되는 것이 보통이다. 여러가지 이름이 있어 미국에서는 플립 턴(flip turn)이라 부른다.

원래는 크롤의 경우라도 턴하기 전에 어느 쪽인가 한 쪽의 손이 벽 끝에 닿지 않으면 안 되었다. 현재의 규칙에는 턴할 때 신체의 일부가 벽 끝에 닿으면 된다.

여기에서 크롤의 턴에서는 벽 끝에 손이 닿지 않고서 몸의 방향을 바꾸는 발로 벽끝을 차서 나오는 방법으로 바뀌었다.

그래서 나라에 따라서는 이 빠른 턴을 장려할 목적으로 100m

와 같은 단거리 경기 때에는 공중회전식 턴을 하지 않으면 안되는 것을 정하고 있는 경우도 있다.

4) 평영(平泳)과 버터플라이의 턴

어느 쪽이나 턴의 동작에 옮기기 전에 먼저 양 손이 풀장의 벽 끝에 닿지 않으면 안 된다. 그 후에 신체의 방향을 바꾸는 동작은 별달리 규제되지 않는다.

이렇게 하여 벽 끝을 차기 시작한 후에는 스타트 후 수중에 있어서의 동작과 같다.

처음하는 사람은 양 손을 오버 플로(배수구) 가장자리에 걸치고 일단 몸을 당기면서 상체를 조금 높게 올리고 한 손을 놓으며 그 쪽에 신체를 돌려 방향을 바꾸고 가라앉으면서 벽 끝을 차기 시작하는 방법부터 연습할 수 있다.

5) 배영(背泳)의 턴

보통의 수영자는 한 손이 벽끝에 닿을 때 배수구 가장자리에 손을 걸쳐 신체를 반회전하여 벽 끝으로 향하고 이미 한 손도 걸쳐서 스타트 때의 자세로 바꾸고 재출발하는 방법을 취하는 정도이다.

6) 일반적인 턴

① 손 끝이 벽 끝에 닿는 순간 상향인 채로 머리와 어깨를 새롭게 진행 방향으로 향하게 뻗어 몸을 돌린다.

② 허리·무릎을 구부려 몸에 당기고, 발을 수면에서 60cm 정도의 위치에서 벽에 붙인다. 오른손이 닿을 때에는 왼쪽 어깨부터

(왼손이 닿을 때에는 오른쪽 어깨부터), 어느 정도 옆 방향으로 물에 들어간다.

③ 발이 벽에 닿으면 곧 벽에 닿은 손을 놓고 양 손을 머리 위에 모으면서 일단 몸을 수중에 가라앉히고 차기 시작한다.

④ 차기 시작한 후에는 스타트의 경우와 같은 요령이다.

배영에서는 한 손이 벽에 닿기 전에 상향의 자세를 심하게 무너뜨리는 것은 금지되어 있으므로 턴을 서두는 나머지 손이 벽 끝에 닿지 않는 사이에 하향이 되지 않게끔 주의가 필요하다.

'배영의 플립 턴에는 2종이 있다'고 카운셀 맨은 말하고 있다. 그림에 나타낸 형의 것을 제1종, 크롤의 플립 턴을 상향으로 행하는 형을 제3종이라 한다.

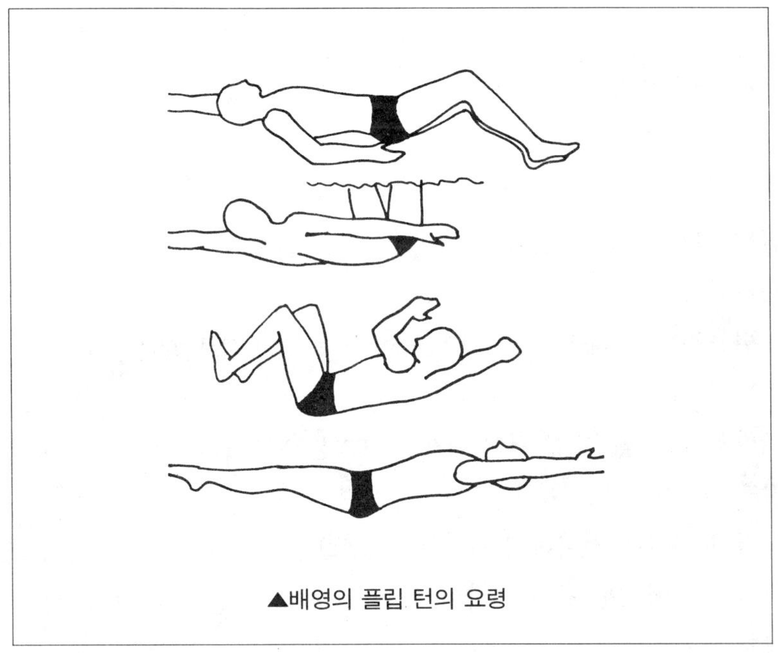

▲배영의 플립 턴의 요령

수구(水球 : Water Polo)

수구(水球)는 1870년 무렵 영국에서 시작되었다. 그 후 규칙과 경기의 방법에 손이 첨가되어 변해오면서 성립된 것이 현재 행하고 있는 수구이다. 현재에도 규칙은 자주 변경되고 있다.

◢ 경기 방법

그림과 같은 경기장에서 서로 7명부터 되는 선수가 상대방의 골(폭 3m)에 볼을 던져 넣는 방법인데 득점하는 것을 목적으로 경기한다.

팀은(그림 중의 1이 골 키퍼, 2·3이 풀 백, 4가 허브 백, 5·6·7이 포워드) 7명으로 구성된다.

한쪽 팀이 백, 다른 팀이 감색의 모자를 쓰고 골 키퍼는 적색 모자를 착용하고 여기에 1~7의 번호를 붙인다.

경기 시간은 정확하게 각 5분 간(쿼터)으로 4회 행한다. 각 쿼터의 사이에 2분 간의 휴식이 있고 그 사이에 양 팀은 진(陣)을 교환한다.

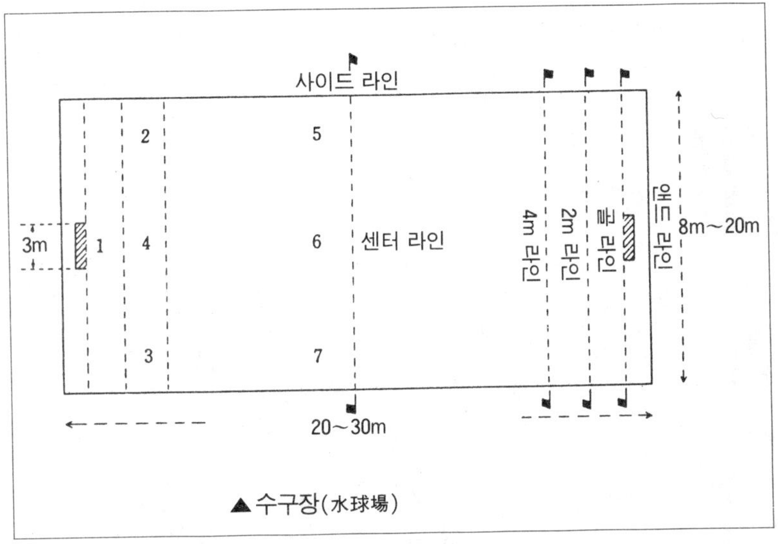

▲ 수구장(水球場)

볼은 피혁(가죽) 또는 고무 제품으로 모양은 둥글고 충분히 불려서 자동폐지변(自動閉止弁)을 구비한 것. 주위는 68cm~71cm, 무게는 400~500g이다.

경기 개시 전에 양 팀은 자기편의 골 라인을 따라 일렬로 나란히 서서 심판의 호각 신호로 경기를 개시한다. 개시와 동시에 심판은 경기장 중앙에 볼을 던져 넣는다. 양 팀은 그 볼을 서로 싸워 자기편에 패스하거나 수영하면서 볼을 밀고 진행하거나 하면서 상대편의 골에 던져 넣는다. 볼이 들어가면 1점이 주어진다.

◤ 파울

1) 일반적인 반칙(오디너리 파울)

다음의 행위를 하면 반칙이 되고 상대팀에게 프리 드로우(반칙

178

이 있었던 장소에서 자유롭게 던진다)의 권리가 주어진다.

① 경기 개시 때에 심판의 신호가 있기 전에 골 라인을 넘어 전진하는 것.

② 개시, 재개 때, 혹은 경기 중에 자기편 경기자를 원조하는 것.

③ 골 포스트 및 그 지지물을 보유하거나 혹은 이것을 밀어 내는 것.

④ 수저(水底)에 서 있을 때 적극적으로 플레이 하는 것, 걷는 것.

⑤ 태클된 때 볼을 수중에 보유하는 것.

⑥ 주먹을 쥐고 볼을 치는 것.

⑦ 고의로 상대방 경기자의 얼굴에 물을 끼얹는 것.

⑧ 심판원이 던진 볼이 물에 접하기 전에 움직여서 닿는 것.

⑨ 볼을 취급하여 태클하기 위해 수저(水底)에서 뛰어 오르는 것.

⑩ 볼을 보유하지 않는 상대의 동작을 방해하거나 어깨·등·발 위에를 수영하는 것(드리블하는 것은 보유가 아니다).

⑪ 동시에 양 손으로 볼에 닿는 것.

⑫ 상대방 경기자를 밀거나 혹은 밀어내는 것.

⑬ 상대방 골의 2m 라인 내에 들어가거나 혹은 그 내에서 머무는 것(단 볼보다 뒤에 있을 때에는 지장이 생기지 않는다).

⑭ 시간을 지체하는 것.

⑮ 골 키퍼가 4m 라인 밖의 볼에 양 손으로 닿는 경우, 중앙선을 넘어서 볼을 던지거나 센터 라인에서 밖으로 나오거나 또는 센터 라인 외에 있는 볼에 닿는 것.

위에 명기한 것들이 오디너리 파울로 되고 있다.

2) 메이저 파울(major foul)

다음의 행위를 한 경우에는 메이저 파울이 되고 반칙한 경기자는 퇴수(退水)를 당하거나 상대방 경기자에게 프리 드로우가 주어진다.

① 볼을 보유하지 않은 경기자를 가라앉게 하거나 밀거나 당기는 것.

② 상대방을 차거나 때리거나 또는 그와같은 의도로 부적당한 행동을 하는 것.

③ 4m 라인 내에 있어서 무섭게 득점을 얻으려고 한다고 생각될 정도로 험하게 하는 모든 반칙 행위.

④ 오디너리 파울은 고집하는 것(동일 경기자가).

⑤ 심판원의 복종을 거부하는 것(상대방에 페널티 포인트가 주어지면 반칙자는 전시간 퇴수를 당한다. 교대자 가능).

⑥ 불행적(不行跡)(고의로 다른 경기자를 치는 것, 상대방의 페널티 포인트. 반칙자는 전시간 퇴수, 교대는 인정되지 않는다).

⑦ 프리 드로우, 골 드로우, 페널티 드로우, 코너 드로우에 대해 방해하는 것.

3) 골 키퍼

골 키퍼는 양 손으로 볼을 잡을 것, 수저(水底)에 서서 또는 수저를 차서 뛰어 오르는 것, 주먹을 쥐고 볼을 치는 것이 허락된다.

4) 골 드로우와 코너 드로우

볼이 골 라인을 넘어 밖으로 나왔을 때 맨 뒤에 볼에 닿은 것이
공격하는 쪽의 경기자라면 방어하는 쪽의 골 키퍼에게 골 드로우
의 권리가 주어진다.

방어하는 쪽의 경기자가 최후에 닿은 볼이 골 라인을 넘어 밖으
로 나왔을 때에는 볼이 나온 쪽의 2m 라인 표시 지점부터 공격하
는 쪽의 경기자에게 코너 드로우의 권리가 주어진다.

이때 방어하는 쪽의 골 키퍼 이외의 사람은 2m 라인으로부터
나오지 않으면 안 된다.

5) 사이드 라인

밖으로 볼이 나왔을 때 볼이 나온 장소에 가장 가까운 상대방
경기자에게 볼이 나온 장소에서 프리 드로우의 권리가 주어진다.

이상이 수구 경기의 반칙 등에 관한 규정이다.

수구를 하기 위해서는 수영의 여러 가지 능력이 필요하다.

정확히 5분 간씩 계산해서 경기에 소요되는 20분 간 경기를 하
기 위해서는 실제로 그 2배(40분) 수영을 계속하는 지구력이 필요
하고, 볼을 가지고 상대와 서로 경쟁할 수 있는 강건함을 필요로
한다.

그 외에 입영(立泳)에서부터 급속히 스타트하는 기술, 급히 방
향을 바꾸는 기술, 높이 뛰어 오르는 킥의 힘 등, 여러 가지의 능
력이 필요하며 아울러 팀 플레이 능력도 중요하다.

이렇게 말하면 대단히 어려운 스포츠라고 알 수 있다.

그러나 육상에서 단지 달리는 것 보다는 볼 게임이 재미있는 것
과 마찬가지로 수중에서 단지 수영하는 것 보다는 수구를 하는 쪽
이 재미있다. 재미있기 때문에 괴로워도 참을 수 있다.

수구를 뛰어나게 잘 하는 경기자를 만드는 데에는 어렸을 때부터 수중에서 볼을 취급하는 것에 익숙해지는 것이 중요하다.

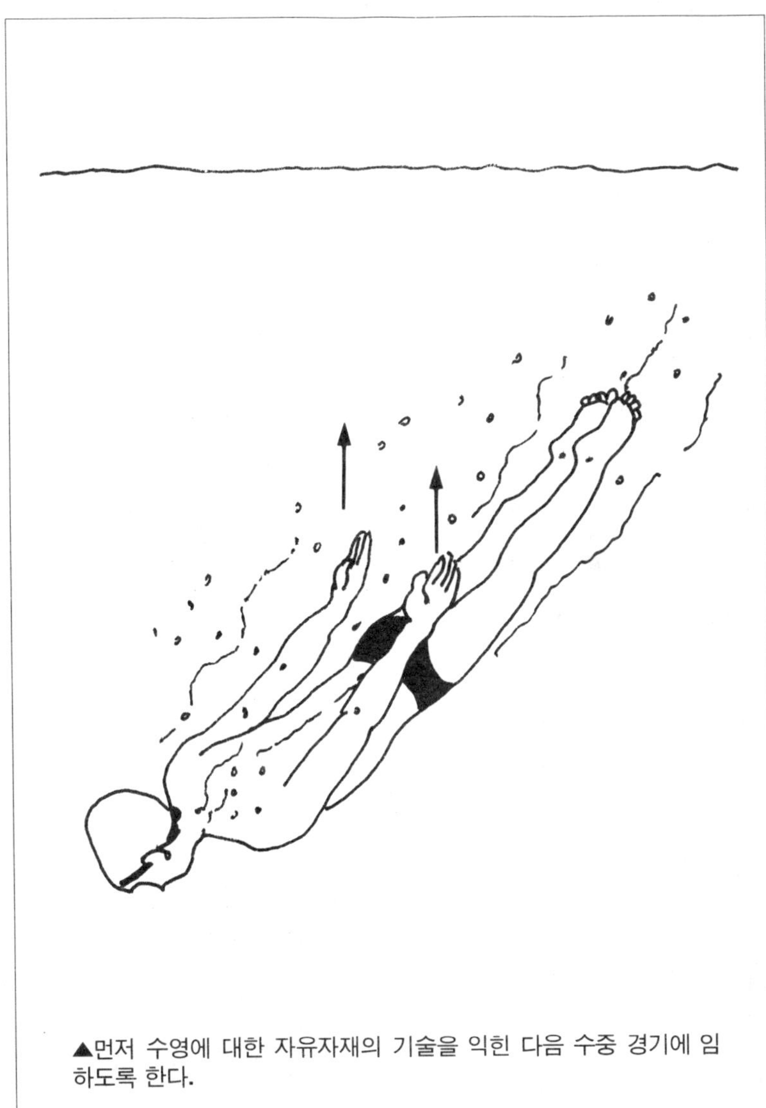

▲먼저 수영에 대한 자유자재의 기술을 익힌 다음 수중 경기에 임하도록 한다.

싱크로나이즈드 스위밍
(Synchronized Swimming)

수영 경기에는 경영(競泳), 다이빙 경기, 수구(水球) 및 싱크로나이즈드 스위밍(Synchronized Swimming)이 있다.

수중에서 음악에 맞춰 여러 가지 연기를 하고 그 아름다움을 감상하는 시도는 꽤 옛날부터 행해져 왔으나 우리 나라에서 이 수영의 형태가 받아들여진 것은 그리 오래되지 못한다.

그러나 옛날의 것은 음악이 연주되는 곳에서 수영한다고 하는 정도의 것으로 현재의 싱크로나이즈드 스위밍과 같이 음악과 동작을 조화시킨다든가 변화가 풍부한 연기 구성은 아니었다.

싱크로나이즈드 스위밍은 미국에서 발달해 오직 여자만의 경기로서 매년 선수권 대회가 개최되고 있다.

◤ 루틴 경기

경기는 솔로(단독), 듀엣(2인조) 및 팀(5~8명)으로 나눌 수 있다.

연기 구성 —— 자유이지만 경기 중에는 5군으로 나누는 규정 스탠스표에서 5개를 선택하여 반드시 이것을 짜 넣지 않으면 안 된다. 5개의 규정 스탠스로 각기 난이율의 평균을 그 루틴 전체의 난이율(최고 1.7)로 하고 득점 계산을 할 때 사용한다.

경기 시간 —— 2분 이내로 하고, 육상에서 시작해도 좋고 수중에서 시작해도 좋다. 음악과 동시에 연기가 끝나지 않으면 안 된다.

심판 ——심판원은 5명(3명이라도 된다)으로 다음의 관점에서 채점한다.

① 완수도(完遂度) ——정확성, 안정성, 절도있는 행동의 관점에서 본다.

② 아름다움 ——음악과의 조화, 구성의 창작성, 연기 전체의 유동성에 대하여 본다.

완수도의 채점은 5명이 표시한 점의 최고·최저점을 제외하고 나머지 3개를 합계한 것에 난이율을 곱한 것.

아름다움의 채점은 5명이 표시한 점수의 최저·최고점을 제외한 3개의 합계점.

이 양자를 합계한 것이 루틴 경기의 득점이 된다.

◪ 스탠스 경기

과제 스탠스 3, 자유 선택 3의 계 6스탠스를 행한다.

과제 스탠스는 룰 중에 있는 과제 스탠스표(10조가 있다) 중에서 공개 추첨으로 결정되어 발표된다. 전원이 연기한다.

자유 선택 스탠스는 난이율 1.8 이상의 것 중에 각기 다른 군에서 경기자가 선택하여 신청한 것이다.

심판 —— 심판원은 7명을 원칙으로 한다.

스탠스 1개 끝마다 채점(0~10점)을 표시한다. 최고·최저를 제외한 나머지를 합계하고 이 스탠스의 난이율을 곱한다.

이렇게 하여 낸 6개의 점수를 합계하여 10에서 제외한 수치가 스탠스 경기의 최종 점수가 된다.

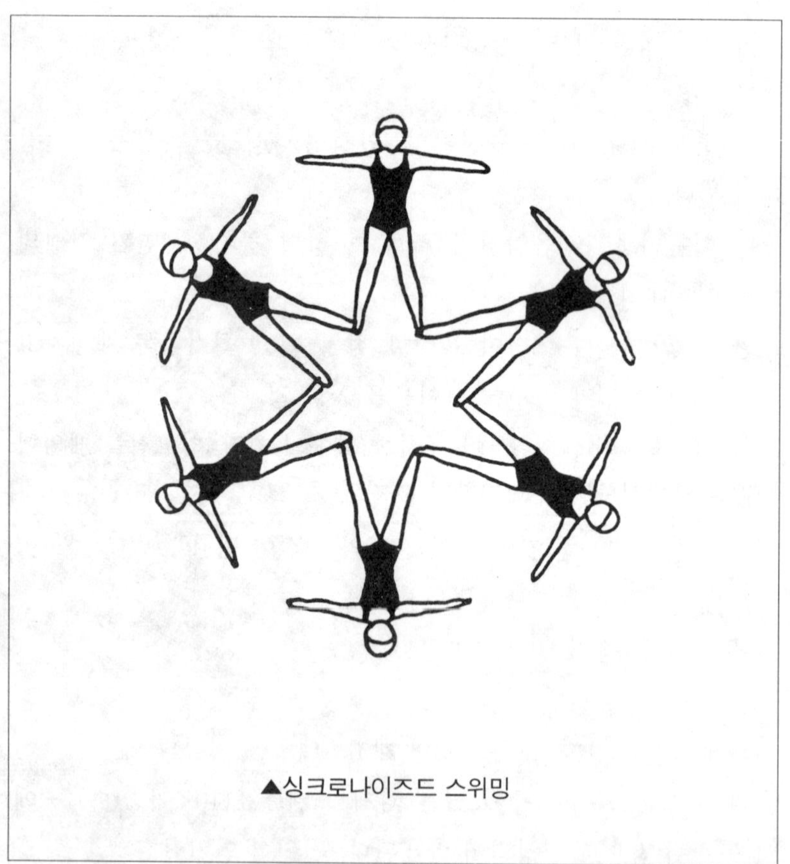

▲싱크로나이즈드 스위밍

수영(水泳)의 연습

◢ 몇 살 정도부터 시작하는 것이 좋은가

아이들은 거의 예외없이 물놀이를 좋아한다. 그러나 모든 연령의 아이 모두가 수영하고 싶어한다라고 생각하는 것은 아니다. 물놀이를 좋아하고 있는 것과 수영에 관심을 갖는 것과는 별도이다.

수백 만이라는 많은 아이들이 자유로이 놀고 있는 강기슭에 가서 아이들이 놀고 있는 상태를 조사한 일이 있다.

크게 나누어 3가지 종류의 놀이가 보여진다.

유치원에서 국민학교 3학년 까지의 유소년(幼少年)아동들은 물에 들어가서 수영하려고는 하지 않고 물가에서 물구덩이를 만들거나 모래를 파거나 하여 노는 물놀이이다. 낚시대를 갖고 뛰는 아이 혹은 낚시질을 하고 있는 것은 국민학교 6학년부터 중학교 학생들이다.

그런데 적당한 길이의 물에 들어가서 물을 뒤집어 쓰거나 기타 영법(泳法)을 흉내낸 수영을 하는 것은 남녀 모두 학년으로 4~5학년, 연령으로 9~10세이다.

이 자연적인 상태로 미루어 보아 아이들이 수영에 관심을 갖게 될 때가 이 연령인 것을 알 수 있다.

그리고 이 연령에는 심신이 모두 '준비 완료'의 상태이다. 따라서 발달도 대단히 빠르다. '혼자서도 익힐 수 있다'는 연령이다.

'수영을 익히는 연령'을 조사하면 9~10세가 가장 많고 상술하였듯이 수영에 관심을 갖는 연령도 일치한다.

이런 사실에서 수영의 연습은 이 연령을 놓치지 말고 하는 것이 좋다는 것을 알 수 있다.

▲수영의 초보 연습은 물놀이부터 시작하는 것이 좋다.

국민학교의 수영은 예전에는 고학년부터 하고 있었지만 최근에 있어서 아이들의 성장이 빨라지는 것을 고려하여 현재는 저학년부터 하고 있다.

9~10세의 소년은 골격과 근육 등의 발달은 아직 성인에게는 미치지 못하나 신경계의 발달은 거의 성인과 같은 수준으로 운동 기능을 습득하는 데에는 가장 적당하다. '이 연령에 시작하지 않으면 세계적인 선수가 되기 힘들 뿐 아니라, 능숙하게 되지 못한다'라고 알려져 있다.

◤ 전 종목 방식(全種目方式)

초보자에 대한 연습 방식으로서 첫날 3종목의 수영을 시키는 것이 바람직하다는 것은 이미 기술했다. 정말은 좀 더 여러가지 것을 시작하면서 연습시키고 싶은 것이 수영을 지도하는 선생님의 마음이다.

어느 정도 뜨게 되어 크롤을 수영할 정도가 되면 스타트할 때 다이빙을 시켜보는 코치도 있다.

물론 단계를 따라 다이빙을 할 수 있도록 지도해야 한다. 풀장의 사이드에서 다이빙을 하여 일단 가라앉은 신체가 곧 떠오르는 것이 대단히 신나고 기쁠 무렵 몇 번이나 하게 한다. 다이빙의 여세로 6~7m는 진행한다. 그러므로 풀장을 횡(13m)으로 수영하는 것이 편하게 가능해진다. 효과는 아주 좋다. 그러나 초보자가 있으므로 만일 잘못하여 상처라도 입으면 큰 일이라고 생각한다. 이러한 걱정이 크므로 일반적인 연습 방식으로서는 거의 채용하지 않고 있다.

암브러스터는 '초보자 지도를 위해서는 전 영법 방식(全泳法方式)'을 채용하고 좌우 방향의 횡영이나 '상향의 평형' 등도 가미하여 시켜보는 것이 좋다고 주장한다.

이와같이 여러 가지를 훈련시키면 이들 중에 자신에게 적당한 것을 수영자 자신이 발견할 수 있게 되기 때문이다.

▨ 여러 가지 수영의 연습

전에 초보자란 '약 300m 수영할 수 있기까지'라는 일반적인 견해를 밝힌 바 있다. 이 단계가 지나면 '중급자(中級者)'로 보아도 된다.

중급자는 각종 영법을 바르게 몸에 익히는 것이 중요하다.

▲각종 영법을 몸에 익힌다.

바른 영법이라 하여도 곧 일류 선수가 수영하는 것 같은 수영 방법을 의미하지는 않는다. 어느 수영법을 몸에 익히기 위해서는 그 상당의 기술적 이해와 신체적인 여러 조건이 정리되지 않으면 안 된다.

예를들면 배영에서 팔을 구부려 젓는 방법의 수영법은 아직 어깨와 팔이 약한 중학교 1학년생 정도는 무리일지도 모른다.

무리라고 느꼈다면 뻗은 상태로 저어도 좋다. 근육이 불충분한 것에 원인이 생긴 기술은 근육이 강해질 때까지 기다리는 수 밖에 없다. 기본적인 것으로 크게 잘못되지 않도록 주의한다.

이 단계에서는 각 영법 모두 가능한 한 길게 수영하도록 노력한다. '길게'라고 했다고 해서 피로를 무릅쓰고 결정한 거리는 기어이 수영해야 한다고 무리하면 어리석다. 원영일 때에는 급하지 않는 것도 있어서 2시간 이상이나 되면 피로하여 무리한 힘을 내게 되고 수영이 나쁘게 된다.

경영 영법에서 수영을 잘 하고 빠르게 하기 위해서는 가능한 한 저항면을 크게 하여 물을 후방으로 강하게 미는 운동이 필요하며 이에 따라 피로해진다. 따라서 피로하다. 피로하면 저항면을 작게 하여 모양이 흐트러지게 되며 사용하는 근육도 다르다. 그 상태로 견뎌도 도저히 되지 않는 것이다. 바른 모양을 유지하고 계속 수영할 수 있는 거리를 늘리는 것이 중요하다. 여기에 근육도 강하게 되고 지구력도 붙는다.

각종 영법이라 했을 때 이미 별도의 것이라 생각해서도 잘못이다. 수중에 떠서 진행하는 데에는 어느 영법이나 공통의 원리가 있다.

그리고 각 영법의 기술은 그 공통의 원칙에서 룰이나 기타의 차이에 의해 나눌 수 있다.

이것을 잘 이해한 뒤에 연습해도 좋다.

■ 무엇을 선택할까

각종 영법(泳法)을 상당히 뛰어나게 수영할 수 있게 되었다면 상급자(上級者)가 되었다고 할 수 있다. 여기에서 무엇을 선택하느냐에 따라 전문 분야가 나뉜다.

어떤 사람은 레크레이션으로서 수영을 즐긴다. 어떤 사람은 경기에 나간다. 경기에는 경영, 다이빙, 수구 및 싱크로나이즈드 스위밍이 있다. 경영에는 자유형, 평영, 배영, 버터플라이 및 개인 메들리가 있고, 자유형에는 단거리에서 장거리까지 있다.

어느 것을 선택하느냐에 따라 다음의 연습도 달라진다. 경기에 나가는 사람은 자신의 소질을 생각해서 연습에 필요한 시간, 경비, 연습장, 지도자 등의 조건도 생각하지 않으면 안 된다.

경영에서 신체의 크기(신장, 체중)는 그다지 관계가 없다. 유연성 특히 발목과 어깨의 유연성은 대단히 중요하다.

그래서 미래를 내다보는 코치들은 옛날 중학교에 입학한 학생들 중에서 발목이 유연한 학생을 주시하여 수영을 시켰다. 여기에서 우승한 사람은 어느 경우나 중학교의 경기에서 우승한 정도의 실력에 도달하고 했다.

심장, 폐의 기능이 좋고 지구력이 있는 사람이 좋다.

경영은 100m라도 1분 정도 걸리므로 지구력이 필요하다. 근력도 중요하다. 이들은 수영 연습을 하는 사이에 발달한다. 또 육상 트레이닝도 발달한다.

그러나 트레이닝에 의한 발달률은 처음부터 근육이 강한 사람 쪽이 유리하다. 참고 견디는 정신도 중요하다. 경영은 괴롭고 연습도 쉽지 않다. 운동 자체도 단조롭다. 따라서 여기에 참을 수 있는 의지력이 필요하다.

기타 여러 가지 조건에 대해서는 공동이 아니므로 개개인이 생각하지 않으면 안 된다.

경영 경기는 다이빙을 제외하고 모든 수영 능력이 기본이다. 그 능력의 내용과 중대한 요소는 경영, 수구, 싱크로나이즈드 스위밍과 종목이 다름에 따라서 동일하지 않다.

그러나 경기는 모두 체력과 기술을 경쟁하는 것이므로 그 의미로는 필요한 능력도 좋다.

수구에는 경영의 속도가 필요하고, 경영 선수에게 싱크로에서 하는 여러 가지 스탠스를 할 수 있는 능력이 있으면 그것만으로도 플러스가 된다.

■ 반복 연습과 트레이닝

반복 연습이라 할 때는 기능의 연습을 의미하고, 트레이닝이라 할 때는 체력을 증진시키는 의미라고 알아두면 된다.

이미 모든 운동의 기술은 되풀이 하며 연습하는 것에 의해 발달한다. 기능은 한 번 몸에 익히면 잊혀져 버리는 일은 없다. 그러나 시합 때에는 만일의 미스도 허락되지 않는다. 그 때문에 기능의 연습을 되풀이하고, 만일의 미스를 하지 않을 정도까지 확실하게 몸에 익혀둘 필요가 있다.

또 체력은 항상 어느 정도의 짐을 진 것에 의해 향상하고 그렇지 않으면 곧 떨어지는 것이다.

이 의미로 연습이 대단히 중요하다.

반복 연습도 트레이닝도 실시할 때에는 그 종목의 목적을 잘 이해하고 능률을 올리도록 계획하고 실시하지 않으면 안 된다.

선수가 되려고 생각하는 사람에게는 특별한 연습의 계획과 내용, 혹은 각종 방법이 있다. 여기에 대해서는 별도로 기술하지 않는다.

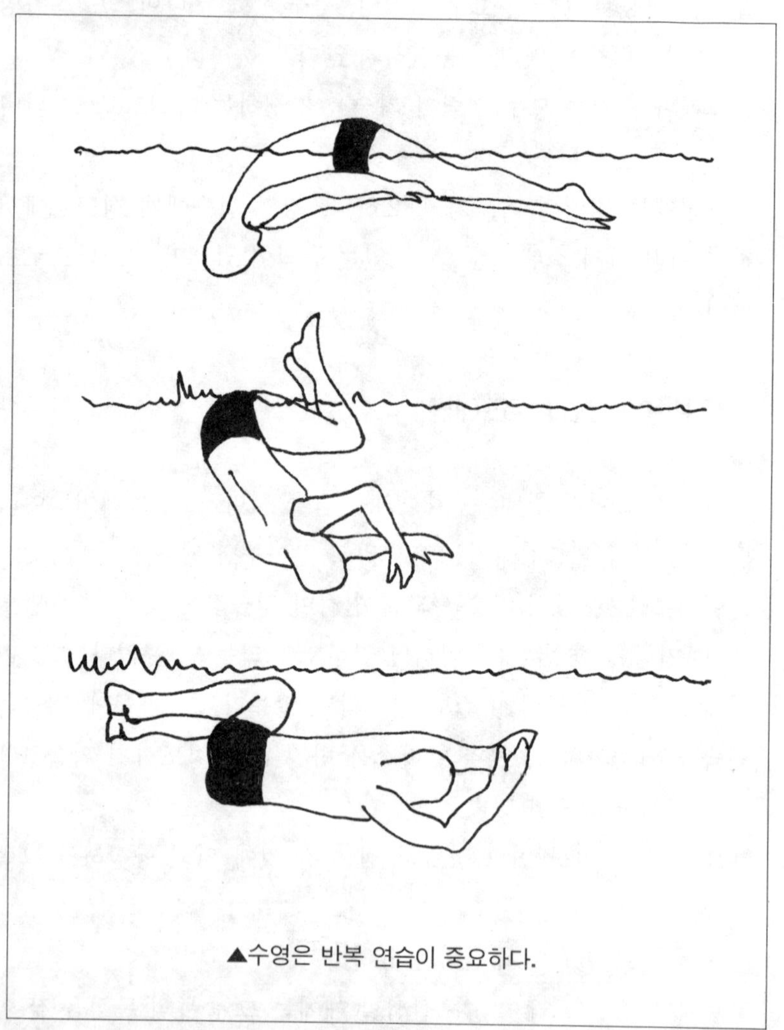

▲수영은 반복 연습이 중요하다.

제 3 장

바다의 수영과 구조법

바다의 수영(水泳)

정말 수영을 잘 할 수 있는 사람은 물살에도 파도에도 강하다. 그리고 수중에서 자타의 안전을 지키고 위급한 상황에 대처하는 기술이 뛰어나 실수함이 없다.

◪ 바다에서의 수영(水泳)

수영은 풀장만이 아니고 강이나 바다 등에서도 할 수 있다. 최근에는 도시에서 가까운 해안은 바닷물의 오염이 심하고 수영하기에 부적당한 수역이 늘어나고 있다. 그래도 도시에서 떨어진 해안에서는 하계, 학교의 아동과 학생, 회사 공장의 노동자 등의 단체, 가족 등이 몇 만내지 수십 만 명씩이나 몰려온다.

풀장은 수영을 위하여 설계된 것으로 비교적 안전하다. 각종 영법을 연습하고 혹은 경기를 행하기에 조건이 좋다. 바다는 자연적인 상태이고 해류, 조류의 간만, 수온의 이동, 기후의 변화에 따른 바람과 파도 등의 변화가 극심한 환경이다.

바다에서의 수영은 동시에 이 변화하는 자연을 알고 혹은 물살과 파도에 대처하는 수영 기술을 익히는 등 풀장에서 얻을 수 없는 즐거움과 흥미를 맛볼 수 있다. 그 한편으로 바다는 자연 상태에서의 변화가 많아서 위험한 경우도 풀장에서보다 높다. 먼저 그 바다에 대하여 알 필요가 있다.

1) 해류(海流)

바닷물이 현재 있는 장소에서 다른 장소를 향하여 흐르는 운동의 하나이다. 그리고 대체로 일정한 장소로 흐르는 현상이다. 우리 나라 근해에는 수많은 해류가 있다.

2) 조류(潮流)

바닷물은 여러가지 운동을 하고 있으나 비교적 대규모로 장주기(長周期)의 운동이 조류이다. 조류는 일정한 지역에서는 거의 같은 방향으로 운동하고 있어 그 움직임이 꽤 장거리에 미치고 있고 계절에 따라서 전혀 역방향으로 방향을 바꾸어 흐르는 일도 있고 또 수 일 사이에 역방향으로 흐르는 일도 있다. 하구 등에서는 특히 주의가 필요하다.

3) 조류의 간만(干滿)

잘 알려져 있는 것처럼 바다에는 달의 공전과 지구의 자전 작용에 의해 해면이 높게 되었다가 낮게 되었다가 하는 현상이 있다. 대략적으로 1일에 2회, 거의 6시간 마다 규칙적으로 되풀이 되고 있다.

해면의 수위가 높게 되는 것이 만조(滿潮)이고, 낮게 되는 것이 간조(干潮)이다. 그 간만의 차이는 지방에 따라 지역에 따라 다르고 또 월령(月齡)에 의해서도 차이가 있다.

만월과 신월일 때의 간만의 차이가 커서 '대조(大潮)'라 불리고 개펄에서의 조개잡이는 이때가 선택된다.

간조의 시간, 연해의 모래벌이나 바위 등에 갔던 사람이 만조가 되어 돌아올 수 없게 된 예가 자주 있다.

바다에서는 조류의 간만에 대해 사전에 알아둘 필요가 있다.

일반적으로 만조시는 해면이 평온하고 수영 연습하기에는 적합한 상태이다. 반대로 간조시에는 아동들이 물장난을 하거나 조개를 줍거나 하는 데에 적합하다.

4) 파도(波濤)

바다에는 파도가 있다. 많은 사람들이 모인 해수욕장은 일반적으로 파도가 없는 해안이다. 이와같은 해안이라도 기후의 상태로 파도가 높게 되는 일이 있다. 파도가 높은 때에는 수영의 연습은 거의 할 수 없다.

이와 같은 때 — 대단히 파도가 거칠은 때는 별도이지만— 에는 파도 타기를 하거나 파도 밑에서도 축 쳐져서 논다.

물에 익숙해지면 강하게 되고 수영 기술이 늘어나게 된다. 단, 파도는 암석 가까운 곳에서는 위험하다.

5) 해변, 수저(水底)

해변에는 넓은 모래벌과 좁은 모래벌이 있고, 바위로 이루어진 곳, 자갈로 이루어진 곳, 모래벌 등이 있다. 해저도 평평한 곳, 경사가 급한 곳, 요철같이 된 해저 등 여러 가지가 있다. 바위로 이루어진 해저도 있으며, 해초가 자라나고 있는 곳도 있다.

해안이 넓고 평평한 곳은 바다도 멀리 얕고, 산이 해안에 돌출해 있는 곳은 바위가 많은 기해(磯海)라고 생각해도 좋다.

하구(河口)는 일반적으로 물이 더럽고, 수저(水底)에 개천이 있고, 표면에 흙탕이 고여 있거나 한다. 물살도 있는 것이 보통으로 수영에는 적당하지 않다.

6) 위생적 환경(衛生的環境)

해안의 도시, 숙박소 등의 위생적 환경도 좋지 않으면 안 된다. 성하(盛夏)의 계절에 계속되는 여행과 연습으로 심신이 함께 피로하게 되는 일이 많다. 환경이 좋지 않으면 환자가 생길 위험이 있다.

7) 사전 조사(事前調査)

학교와 같이 단체로 바다의 수영을 계획하는 때에는 사전에 잘 준비해 두지 않으면 안 된다. 해변과 수저(水底)의 상태는 항상 반드시 일정하지는 않다. 마을의 환경도 그렇다. '신체를 씻을 물이 부족하다'는 것은 학생들에게 있어서 중요한 문제일지도 모른다.

원영(遠泳)을 계획하여도 '배가 없고 선두가 없다' 는 해안에서는 단념하고 '회영(回泳)' 하는 것 밖에 없다. 계획한 내용이 그대로 실시될는지 어떨지는 조사에 의해 명백하게 나타나게 된다.

8) 지도 내용(指導內容)

바다에서의 수영에는 학교의 풀장에서는 할 수 없는 것을 경험하게 하도록 노력한다.

국민학교의 단계에서는 학년에 따라서 바다의 생활에 중점을 두고 수영은 오히려 '부(副)'가 되는 경우도 있을지도 모른다.

역으로 '전원 3m 원영 합격'을 목표로 하고 모든 실시 내용을 여기에 맞추는 예도 있다.

중학교 이상의 학생들에게 있어서 바다에서 원영을 하는 것은 중요한 경험이 된다.

원영을 하나의 커다란 실시 내용으로 선택했으면 그 이전에 매일 매일의 연습 내용도 원영을 고려하여 결정할 필요가 있다. 그리고 여기에 따라서 매일의 용구 준비와 일정 시간 등도 생각해 두지 않으면 안 된다.

원영은 혼자서 '조금만 해 볼까'라고 아무런 준비도 없이 가볍게 할 수 있는 것은 아니다. 그것만으로도 개인에게 있어서 원영에 참가하는 기회는 드물다.

여기에서는 해안에서의 영법 연수 등은 생략하고 원영에 대해서 상술(詳述)하려고 한다.

◤ 원영(遠泳)

원영에는 1km 원영, 3km 원영, 10km 원영 등이 있어 일정의 거리를 수영하는 것과 일정의 장소를 회유하여 1시간, 2시간 등 계속 수영을 하는 것이 있다.

또 단독 또는 소수인의 집단으로 행하는 것 등과 다수인의 집단이 대열을 이루어 수영하는 집단 수영이 있다.

원영은 변화가 극히 심한 해양에서 자연과의 싸움, 혹은 자연에 대항 하면서 자기의 영력(泳力), 체력(體力), 인내력(忍耐力)을 시험하는 기회이다.

지도자로서는 수영자의 능력에 대응하는 섬세한 계획을 세우고 참가자 전원이 결정된 거리, 혹은 시간은 완영(完泳)하고 각기 자신의 능력의 한계를 체험시켜 능력과 자신을 붙이도록 노력한다.

원영은 타인과의 경쟁이 아니라 자기 자신과의 경쟁이다.

조류, 파도, 수온 등의 변화하는 자연에 대처하여 이기고 피로 때문에 꺾이기 쉬운 마음에 채찍질을 가해 고통을 견디고 그 결과로써 커다란 자신을 얻는 것이다.

자연의 변화에 대해서는 항상 대책을 갖고 있지 않으면 안 된다. 불시의 위급한 상황에 대비하여 전원을 수용할 수 있는 구조선(감시선)과 감시원, 구급원과 구급 약품, 전원의 지휘 감독자와 보조원 등이 필요하다. 그 인원수나 조직은 참가자 수와 원영의 거리에 대응하여 준비되지 않으면 안 된다.

원영을 용이하게 생각하고 안전에 대하여 고려하지 않고 무계획으로 행한다면 의외의 사고로 이어질 가능성도 높으므로 각별히 유의해야 한다.

1) 회영(回泳)

일정한 장소에서 부표를 배치시킨 수역을 수영하기 때문에 비교적 안전하고 감독하기에도 편리하다. 반면에 수영자는 단조롭고 긴장감이 결여되고 피로와 권태감을 느끼기 쉽고 전능력을 발휘하며 불굴의 정신을 기르는 데는 부족한 감이 있다. 그러나 참가자의 능력, 체력에 있어서는 안전하고 자유롭게 수영할 수 있다는 점이 좋고, 초보자, 여자 스위머 등에게 좋다.

2) 출발·종결 지점을 결정하여 수영한다

일반적으로 원영에는 출발 지점, 목적 지점을 결정해 두고 몇 개인가의 목적 지점을 통과하여 수영한다. 그러나 당일의 기후, 조류, 풍파, 수온 등의 상황에 의해 목표 지점을 변경하여 종결 지점을 향해 직영하든가 때에 따라서는 종결지점 조차도 변경하는 일이 있다. 이것은 총 지휘를 맡은 사람에게 책임이 있고 영로(泳路)의 선택이 원영의 성공 또는 불성공을 좌우하는 요인이 되기도 한다.

특히 5km, 10km가 되면 시간도 길고 넓은 영역에 걸치므로 사전 조사, 계획에 의해 이미 결정된 수로를 변경하지 않으면 안 되는 일도 적지 않다. 때에 따라서는 불규칙한 역류(逆流)와 만나 완전히 전진할 수 없게 되는 일도 있다.

이런 일은 항상 고려하여 발휘하지 않으면 안된다.

3) 대형(隊形)

단체로 원영을 행하는 경우에는 출발 지점에서 종결 지점까지 대열을 이루어 정연하게 수영하지 않으면 안 된다. 왜냐하면 이렇게 해야만이 가장 안전하고 동시에 효과적이다.

사람이 많을 때에 각 조(組)의 인원은 15~20명을 한도하여 편성하고 조마다 정리하도록 한다. 영력, 체력 등의 등질자(等質者)를 모으는 것이 중요하다. 이질(異質)의 사람이 1사람이라도 들어 있으면 전체를 혼란에 빠뜨리므로 주의를 요한다.

영법은 평영의 능력을 갖는 것을 기준으로 한다.

예를 들면 5km 원영 참가자가 120명이었다고 한다면 20명의 조를 4조, 15명의 조를 각 2조, 10명의 조를 1조와 같은 조 나누기

편성을 한다. 그리하여 A군 1·2·3·4조, B군 5·6조, C군 7조로 구별한다.

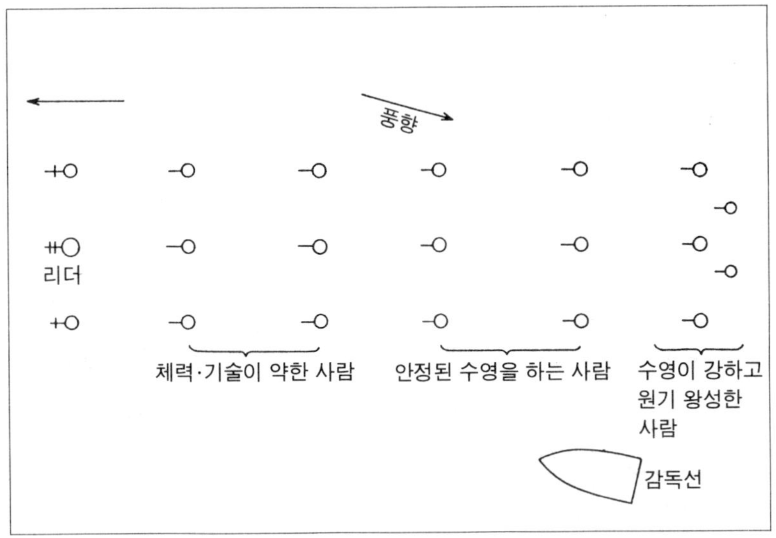

각 조마다 리더를 정하고 그 리더가 지도자의 지시에 의해 자기 조(組)의 영속(泳速)과 진로의 방향, 대형의 거리, 간격 등을 조절하고 원영자(遠泳者)는 그 리더를 기준으로 하여 계속 수영할 수 있도록 한다.

다음에 대열의 구조 방법이지만 보통 3열 또는 2열 종대가 편리하다. 임시로 3열 종군으로 하여 리더를 제1열 선두에 배치하고 그 양쪽에 영력을 비교적 조절할 수 있는 사람을 제2열째, 제3열째에는 체력, 영력과 함께 비교적 약하고 뒤떨어지기 쉬운 사람을 4열, 5열째에는 기분적으로 밝고 명랑한 원기있는 사람을 배치하는 것이 좋다. 가장 후열에는 체력과 영력이 모두 안정된 사람을 고려하여 편성 실시하면 각 군단, 각 조가 항상 일치 단결, 협력하여 질서 정연하게 실시할 수 있게 되는 것이다.

4) 구조선(救助船)

해양 경비정이 가장 편리하고 유효(有效)하다. 위급할 때에 진로, 방향을 자유자재로 변경하는 것이 용이하여 풍파에 대하여서도 강하기 때문이다. 구조선은 항상 적당한 조의 경사 후방의 풍향, 조류를 고려하여 배치하고 일정한 선속을 계속 유지하고 감시 지도에 안전을 기해야만 한다.

배의 크기는 위급할 때에 그 조의 전원을 수용할 수 있는 것, 전원이 타지 않아도 예를 들면 7~8명이 승선하고 양 현(舷)에 5~6명 정도씩이 손을 걸치면 약 20명 정도를 수용할 수 있는 것이 된다. 기타 각 조에 보트 1척, 혹은 고무보트를 붙인다.

승선자는 노수(櫓手)와 감시원, 보트도 함께 필요한 최소한으로 하는 것이다.

준비 물건으로서는 명부, 기록 용지, 구급 상자는 물론이고 구명대, 구명 주머니, 메가폰, 대형 타올 2,3장을 준비할 것. 참가자의 신청은 빨리 하고 명부, 조편성, 대열 등은 하루 전에 결정하고 각자에게 알려둔다.

기동선을 선두로 최후미에 1척까지 배선하여 두고, 보트와 구조선에 사고자와 낙오자가 승선한 경우에는 기동선에 옮겨 타게 하여 구조선과 보트가 쾌속하게 행동할 수 있도록 고려하는 것이 필요하다.

기동선에는 상기의 준비물 이외에 휴대용 무선기를 준비하고 육상 본부와의 정보나 지령을 즉시 교환할 수 있어야 아주 좋다.

돌발적인 사고가 생겼을 때 등 유효하게 적절한 처치를 빨리 할 수 있다. 무선기와 마찬가지로 쌍안경도 육상 본부와 기동선에 준비해 두면 아주 편리하다.

5) 원영(遠泳) 전후에 있어서의 주의

이윽고 출발 준비 전에 다음과 같은 사항을 구체적으로 설명하고 참가자에게 이해시켜 두는 것이 중요하다.

① **원영 예정 영로(遠泳豫定泳路)** : 영로의 해면, 목표, 조류, 풍향, 수온 등에 대하여 이해시켜 두는 것이 필요하다. 같은 각 군단, 각 조와의 관계 위치, 기동선, 구조선의 배치, 결국 구조 체제의 개략의 이해를 구하여 안심과 신뢰감을 갖게 한다.

② **준비 운동(準備運動)** : 누구라도 원영을 할 때 긴장하기 쉬우므로 심신 모두 편안한 기분, 상태가 되도록 하고 그 위에 모자, 수영복, 관절, 호흡, 순환계 등의 기능에 적당한 자극을 주는 것이다.

③ **도중 사고자가 생긴 경우** : 비교적 가벼운 경련 등은 자기 구호(自己救護)에 의해 스스로 치료하는 것과 동시에 감시자에게 연락해 두고 결코 낭패하지 않는 것이 중요하다.

④ **출발 지점** : 갯펄의 해변이 이상적으로 서서히 뻗어있는 경우, 허리 위치의 길이 지점에서 각 조마다의 대열을 정비하고 인원, 순서, 배열을 확인한 후에 영로를 향하여 침착하게 수영하기 시작해서, 처음에는 특히 수영 속도에 신경을 쓰는 것이 필요하다.

이 때, 각조 개개인의 이름을 외워두는 것이 중요하지만 고유번호를 정하여 그 번호를 기록한 모자를 착용하게 하는 것도 좋다. 이것은 지도를 쾌속 정확하게 하고 동시에 친근감과 신뢰감을 주는 것이 된다.

⑤ 원영(遠泳) 중의 주의 : 감독자의 지시에 의해 때에 따라 사기를 고양시키기 위해 함성을 일제히 제창하거나 인원의 점점 등을 하여 기분의 전환을 꾀하고 항상 밝은 분위기로 각자를 격려하고 즐겁게 수영을 계속하도록 한다. 또한 머리 운동이나 목을 좌우로 돌리는 운동을 할 것. 손끝의 감각을 시험해 보기 위해 주먹을 쥐는 등의 연구가 중요하다. 단 수영자가 마음대로 떠드는 것, 장난치거나 하는 것은 엄격하게 삼가해야만 한다.

⑥ 종결 지점의 도착 전후 : 종결 지점은 출발 지점과 마찬가지로 넓고 얕은 모래사장을 선택하도록 하되 특히 원영의 속도를 줄이고 대열을 정비하고 무릎 위치가 될 때까지 수영해서 조용히 손을 붙이고 서서히 머리를 들어 침착하게 서서 무릎 부위의 관절의 유연을 재고 바닷가를 향하여 보행 상륙하여 인원 조사, 건강 상태를 확인한 후에 정리 체조를 하는 것으로 마감한다. 특히 주의를 요하는 것은 완영(完泳)의 만족감과 안심에서 급히 긴장이 풀려 허탈상태로 빠지는 일이 있으므로 지도자는 충분한 주의가 필요하다.

⑦ 원영 후의 신체 손질 : 장시간 바닷물에 잠겨져 있었으므로 체질에 따라 차이가 있으나 평소의 체온으로 회복되지 않는 경우도 있으므로 옷을 입고 따뜻한 음식물을 섭취하여 안에서부터 따뜻하게 하는 것도 하나의 방법이다.

여기에 대하여 이상한 체온이 되는 경우도 있으나 안정을 취하면 수시간 내에 회복하므로 걱정할 필요는 없다.

⑧ 원영 기록(遠泳記錄)의 정리 : 짧은 거리와 영로 뿐만 아니라 소요 시간, 수온, 기온, 풍파의 상황, 조류, 구조선 및 감독상의 사

항, 원영 후의 신체 상태 등에 대하여 명확히 기록해 두는 것은 앞으로의 원영 계획에도 큰 역할을 할 수 있는 자료가 된다.

6) 원영 참가자의 마음 자세

원영에 있어서 지구력의 다소는 그때의 날씨, 조류, 수온 등의 자연적 조건에 따라 달라지지만 장기간 차가운 수중에 있으므로 체력의 소모가 크고 간단한 동작을 되풀이 하는 것은 강한 의지력으로 지탱할 수 있다.

① 차가움을 방지하기 위해 기름을 바르는 사람도 있으나 가능한 한 사용하지 말 것.

② 준비 운동을 하며 심신에 적당한 자극을 주고 안전을 기하여 서서히 물에 들어가 머리를 담그면서부터 수영을 시작할 것.

③ 원영(遠泳)은 각 조마다 정연하게 대열을 정비하고 가장 경제적인 원영으로 수영할 것을 제일로 한다. 빨리 수영을 하거나 늦게 수영을 하거나 기운차게 전진하는 것 등은 삼가해야 할 것이다.

④ 원영 중에 잡담을 하거나 소란스럽게 떠드는 것은 엄하게 삼가해야만 한다. 소란을 피우면 사고자가 생긴 경우 등 조속하게 확실한 연락을 취한 수 없는 경우는 초래하는 것이다.

⑤ 대열은 서로 신경을 써서 항상 일정한 거리·간격을 유지하면서 계속 수영하고 만일 어떤 장해 때문에 예외가 나온 경우에도 서서히 자기의 위치로 되돌아 오고 급격한 동작을 하지 말 것.

⑥ 입안에 물을 넣어 한 번 숨쉴 때마다 토해내는 것은 버릇이 되므로 평소부터 하지 말 것.

⑦ 물에 빠지는 흉내나 장난으로 구조를 청하는 행위 등은 결코

하지 말 것. 타인에게 폐를 끼치는 것만이 아니라 위급한 경우에 극히 대처할 수 없게 된다.

⑧ 돌연 이상이 생긴 경우에는 큰 소리로 구조를 요청하고 무리하지 말아야 한다. 경련 등의 경우에도 타인에게 그 사정을 전하여 자기 구호의 처치를 하면서 구조선을 기다릴 것.

⑨ 전후 좌우의 수영자에게 주의를 해서 항상 일심동체(一心同體)의 마음 가짐으로 만일 위급할 때에는 시중을 들게 될 정도의 침착함이 요구된다. 또 때로는 머리를 잠기게 하여 냉각(冷却)에 노력할 것.

⑩ 종결 지점에 도착했을 때에는 특히 해저, 수심에 주의하고 무릎 위치까지 수영하여 엎드려 기어가 조용히 서서 무릎의 굴신(屈伸)을 하여 서서히 보행 상륙할 것.

⑪ 상륙 후에는 지도자의 지시에 따라 인원 점호를 받고 정리 체조를 충분히 한다. 수영 직후 곧바로 뜨거운 탕에 들어가 목욕을 하는 것은 생리적으로도 악영향을 주므로 충분한 주의가 필요하다.

원영 후에는 공복을 느끼지만 과식을 피하고 소화하기 쉬운 것으로 적당량 섭취하는 것이 중요하고 소량의 칡탕이나 이탕(貽湯 : 엿탕) 등은 대단히 좋다.

7) 지도 감독자의 마음 가짐

① 감독자는 수영자와 같은 마음 가짐으로 모든 주의 사항을 잘 지키고 있는가, 어떤가 주지된 주의 사항을 감독한다. 또 수영자의 머리의 자세 유지, 안색, 수영하는 방법과 속도, 거리·간격의

유지 상태 등에 주의하여 때에 따라 큰 소리로 호명한다.

② 전원의 수영 속도에 주의하고 선두자의 영력(泳力)의 가감을 지시하지 않으면 안 된다. 때로는 수영을 쉴 것을 지시하고 그때 배뇨를 하고 대열을 정비한 후 수영을 계속시킬 것.

③ 원영자(遠泳者)는 대개 인고(因苦)의 상태에 있으므로 한 사람의 승선자(乘船者)가 생기면 계속해서 이어지므로 특히 여자에게는 그런 경향이 강한 것을 알고 최초의 승선자는 너무 다른 사람에게 알리지 않도록 하여 재빨리 승선시킨다.

④ 종결 지점에 도착했을 때에는 수영자는 완영(完泳)한 기쁨과 안심 때문에 일시적으로 정신이 느슨해지고, 정신을 잃을 경우가 있으므로 격려하여 급격한 기분 전환을 피해야만 한다.

⑤ 지도 감독자의 시기적절한 성원(聲援)은 극히 유효한 것이므로 쾌할하게 하고 전원이 큰 소리로 호창(呼唱)하도록 지도해야 한다.

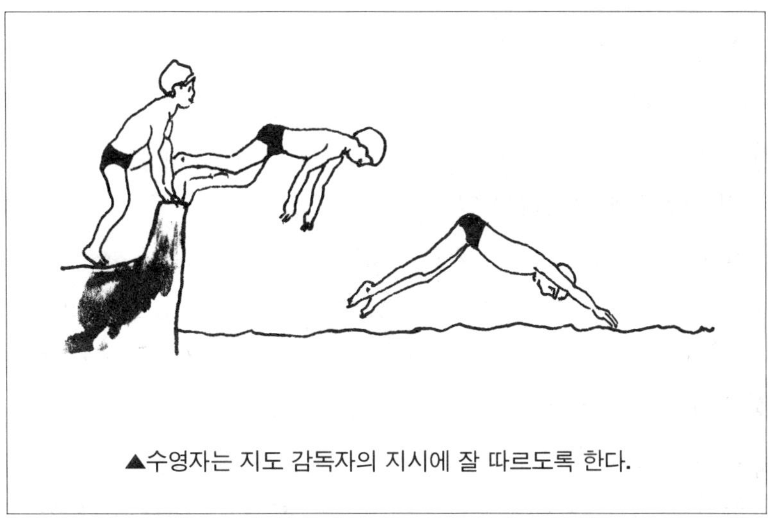

▲수영자는 지도 감독자의 지시에 잘 따르도록 한다.

구조법(救助法)

◢ 수영하지 않고 구조하는 방법

지금까지 이 책 중에서는 계속해서 안전을 강조하였다. 수중에서 자신의 생명을 안전하게 지키기 위해 수영이 필요한 것이므로 수영할 수 있다고 하는 것은 소위 자신의 몸을 구조하는 방법의 하나이다.

그런데 우리들은 다른 사람이 빠진 것을 보고 무엇인가의 방법으로 구조하고 싶다고 생각한다. 때로는 빠진 사람을 보고 자신이 수영을 할 수 없다는 것을 알면서도 빠진 사람을 향해 물에 뛰어들어 자신도 빠져버리는 일도 있다.

수영할 수 없는 사람이 키보다 깊은 곳에서 타인을 구조할 수는 없다. 수영이 가능한 사람이더라도 타인이 빠진 것을 구조하는 것은 쉬운 일은 아니다. 그 때문에 지금까지 구조법(救助法)이라는 것은 대개 수영을 잘하는 사람들이 습득하는 과목이 되었다.

그러나 구조법을 수영이 뛰어난 사람들에게만 가르치는 것은 잘못된 것이다. 물에 빠지는 사람이 꼭 수영이 뛰어난 사람 앞에서만 빠지는 것은 결코 아니다.

누구나 어떤 곳에서 빠진 사람을 목격할 것인가 알 수 없다. 그 때 '자신은 수영을 잘 하지 못하므로'라는 이유로 빠진 사람을 버리고 가는 사람은 없다. 자신의 능력에 상당하는 구조법을 알아두고 그 범위 내에서 구조에 노력하면 된다. 수영할 수 없는 사람에게도 타인을 구조하는 방법이 있고 그것을 알고 있으면 정신없이 깊은 물에 뛰어들어 자신이 빠지는 것같은 어리석은 일은 하지 않는다.

이전에 4세의 유아가 인명 구조를 하여 많은 사람들로부터 환호를 받고 관계 당국으로부터 표창까지 받은 일이 있었다. 자신의 집앞의 개울에 아이가 빠진 것을 보고 큰 소리로 '빠졌다! 빠졌다!'라고 소리친 것이다. 그 소리에 근처의 어른이 알아듣고 개울에 빠진 아이를 구조했다.

이것은 아무것도 아닌 것 같지만 실은 4살 정도의 유아에게는 쉽게 할 수 없는 일이다. 대부분의 어린이는 함께 놀고 있던 아이가 물에 빠져도 그것이 어느 정도로 중대한 일인가 이해할 수 없다.

올림픽에도 참가했던 P씨의 이야기이다.

어린 형제가 밖에 나가 놀았다. 동생이 '형이 울어'라고 하며 집으로 돌아왔다. 마침 일을 끝내고 잠시 쉴려고 하던 참이었으므로 그 작은 아이와 함께 '울고 있는' 형을 보러 갔다. 우연히 강쪽에서 야구공이 날아와 강에 빠졌으며 그 공을 따라가니 웬 일인지 거기에 '형'이 빠져 있었다고 한다. '나는 당황해서 인공 호흡 따위는 생각나지 않았다'라고 했지만 과연 전문가답게 곧 강심제를 주사하니 '이윽고 숨을 쉬기 시작했다'는 것이다.

'울고 있다'면 이 3세의 아기는 보고한 것부터 좋았다.

개울의 근처에서 놀고 있는 사이에 8세가 된 아이가 강에 빠졌다. 같이 논 6세 짜리 아이는 강에 떨어진 아이의 자동차를 밀어 20~30분이나 걸려 집에 돌아와 거기에서 처음으로 '강에 들어가 보이지 않는다'라고 했다.

여기에서는 구조할 수 없다. 숨박꼭질과 그다지 구별이 되지 않는다. 연령은 신문에서 읽은 기억이라 확실하지 않지만 대개 이와 같은 정도이다.

때문에 '친구가 강이나 연못에 빠지면 곧 큰 소리를 질러 누구에게라도 좋으니까 알린다'는 것은 하나의 기술이고 연습되었든지 배웠든지 하여 몸에 익혀두지 않으면 안 되는 능력인 것이다.

▲ 장대에 의한 구조

구조법의 제1보, 유아에게라도 가능한 것은 큰 소리를 질러서 남을 부르는 일이다.

작은 아이가 빠지는 것은 대개 물 주변에서 노는 사이에 실수하여 물에 빠지는 것이다. 그러므로 물가 근처에서 빠진다. 실제로 빠진 사고의 70%는 물가에서 2m 이내에 일어났다고 알려져 있다. 이와같은 때는 그 근처에 있는 대나무나 나무판자 혹은 끈이나 노와 같은 것을 던져내서 여기에 잡게 한다. 이 정도는 국민학교 1학년이라도 가능할 것이다.

훨씬 가까이 있으면 자신의 한 손을 내밀어 빠진 사람이 잡게 하고 끌어올려 주는 일도 할 수 있다. 키 놀이의 범위에 있다면 어떤 사람인가가 손을 연결하여 꽤 길게 손길을 뻗을 수가 있다.

▲타월도 구조 용구가 된다

손으로 육상의 무엇인가를 잡고 발을 수중에 넣고 그 발을 빠진 사람이 잡게 할 수도 있다.

대나무, 나무 판자, 튜브 등 뜨는 것을 던져서 한편으로는 그것을 잡게 하는 방법도 있다.

육상에 몇 사람인가 있을 때에는 한 사람은 구원을 요청하러 어른이 있는 곳으로 달려가는 것 같은 팀 웍도 가르쳐 주어야만 한다.

▲ 몇 사람이 손을 잡아 구조한다

빠진 사람은 언제 수중에 몸을 침몰시켜 보이지 않게 될지 알 수 없다. 따라서 누군가 1사람은 빠진 사람으로부터 눈을 떼지말고 잘 보아두지 않으면 안 된다. 빠지면 그 장소를 잘 알아두도록 한다.

근해에서 빠진 사람에 대해서는 배로 접근한다.

20m 정도까지 지점이어서 그 준비가 되어 있다면 끈을 달은 구명선을 던져 주는 것도 하나의 방법이다.

배도 없고 던져 줄 물건도 없을 때 자신의 수영 실력이 대단하다면 수영으로 접근한다. 그때에도 끈이나 작은 구명대를 갖고 스스로 직접 빠진 사람에게 닿지 말고 그 끈을 잡게하거나 구명대를

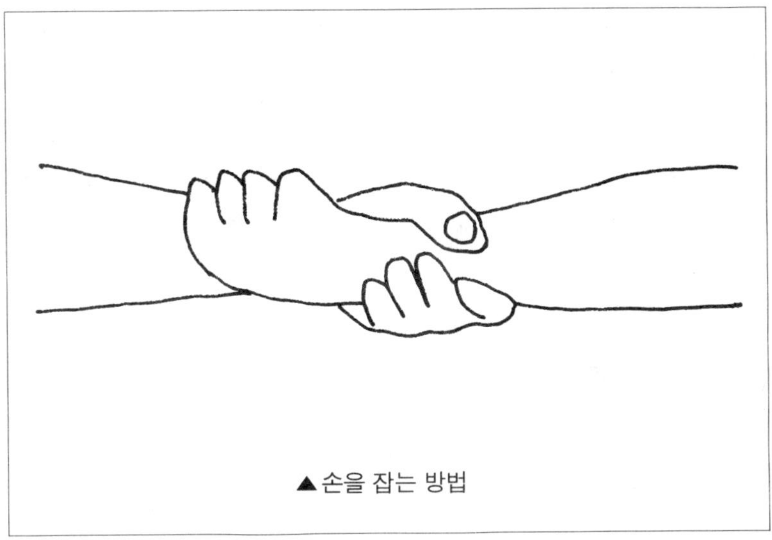

잡게 하여 당겨오는 것이 좋다.

■ 수영(水泳)하여 구조하는 방법

달리 방법이 없을 경우 수영하고 가서 직접 빠진 사람을 잡고 육상으로 데려온다.

그 때도 근처까지 가서 빠진 사람이 다시 움직일 수 없게 될 때까지 기다렸다가 빠져서 움직일 수 없을 때, 머리 카락이나 손등을 잡고 육상까지 끌고 오는 방법이 있다.

작년에 중학생이 빠진 선생님을 구조했던 사건이 있었다.

어떤 방법으로 구조했는가 알아보니 '배운대로'라는 간단한 대답이었다.

뒤에 자세한 상황을 들었으나, 여기에 따르면 그 학생은 상대가 어른이므로 멍청하게 손을 대면 오히려 위험하다고 생각하여 그 선생님이 빠져서 움직일 수 없게 되는 것을 기다려 움직일 수 없게 되자 머리를 붙들고 끌어냈다는 것이었다.

배가 전복한 경우를 제외하고 해안에서 멀리 깊은 곳에 빠진 사람은 우선 수영을 할 수 있는 사람으로 무엇인가 원인이 있어서 빠진 것이다.

구조자가 와주는 것을 알면 안심한다. 그 안심을 주기 위하여 구조자가 접근하면 말을 걸어준다.

여기에서 조용하게 있으면 대개 이쪽이 곧 접근해 가서 손을 빌려 주든지 등을 빌려줄 수 있다. 경련을 일으켜 구조된 경우가 많다고 한다.

일반적으로 수영하러 가서 구조하려는 경우라도 작은 배, 기타의 것을 이용하는 것이다.

물에 빠진 사람에게 잡힌 경우 구조자는 반드시 빠진 사람을 수중에 끌어넣고 나서 떨어질 것.

이 때의 동작은 망설이지 말고 민첩하게 할 것.

이 기본적인 사항을 명심하고 빠진 사람에게 접근하여 끌어오는 기술로 옮긴다.

1) 접근 방법

그다지 에너지를 소모하지 않는 범위에서 조속하게 접근할 것. 접근할 때에 피로하면 뒷일을 할 수 없다.

항상 빠진 사람을 주시하며 수영할 것.

앞서 설명한 경련인 경우와 빠진 사람이 이미 날뛸 힘이 없게 된 경우 등은 별도이지만 빠진 사람의 뒤쪽으로 접근하는 것이 원칙이다.

2) 뒤쪽에서 턱에 손을 걸쳐서 옮기는 방법

구조자의 손이 물에 빠진 사람에게 닿을 곳까지 접근하여 몸을 세워선다.

빠진 사람과 가까운 쪽의 손을 빠진 사람의 어깨에 넣어 뻗쳐서 턱을 붙들고 자신의 팔로 상대의 어깨를 밀듯이 하여 그 턱을 들어올린다.

이어서 횡영의 요령으로 2~3젓기 수영을 하며 이렇게 미끄러져 나온 후에 이번에는 다음에 설명하는 옮기는 방법을 사용하여 옮긴다.

3) 앞에서 손을 잡고 옮기는 법

빠진 사람의 얼굴을 물에 붙이고 있을 때에는 이미 익사 바로 직전이므로 앞에서라도 접근한다.

접근하여 멈추고 빠진 사람에게 가까운 오른(왼)손으로 빠진 사람의 오른(왼) 손목을 위에서 꽉 쥐고 왼(오른)손과 발을 사용하여 자신의 몸을 뒤쪽으로 되돌리면서 오른(왼)손을 비스듬히 오른(왼)쪽으로 크고 강하게 당기면 빠진 사람은 빙글 돌아서 구조자의 등을 향한다.

계속해서 앞과 같은 방법으로 왼(오른)손으로 빠진 사람의 턱을 붙들고 미끄러져 나온다.

4) 잠수해 가서 옮기는 법

매달려 올 것 같은 상대에 대하여 후방에서 접근할 수 없는 경우에는 잠수하여 접근한다.

물에 빠진 사람의 2~3m 전방부터 물에 빠진 사람의 발보다도 약간 깊게 잠수한다. 빠진 사람의 양쪽 무릎을 양 손으로 붙들고 한 바퀴 빙그르르 돌리면 상대는 돌아 그대로 떠올라 빠진 사람의 등 뒤부터 왼(오른)손으로 턱에 손을 걸치고 옮기기 시작한다.

5) 머리를 들고 옮기는 법

가까운 곳에 있으면 한 손을 턱에 걸친 상태로 수영하여 옮기면 된다. 대개는 머리를 들고 옮기는 일이 많다. 양 손으로 양쪽에서 얼굴을 잡고 뒤로 향하여 발만으로 수영한다.

이 방법은 상대의 얼굴을 보며 할 것. 상대의 입을 수상에 유지하는 데에 편리하다. 드는 요령은 빠진 사람의 귀를 구조자의 손으로 덮치고 엄지손가락을 눈썹 위에 검지손가락을 턱에 대고 그 턱을 올리듯이 손목을 엄지손가락 쪽에 굽혀 든다.

지금은 소년이라도 머리카락을 기른 사람이 많으므로 '머리를 잡는 방법'이 널리 행해지고 있다.

6) 머리를 잡고 옮기는 법

한 손을 턱에 대고 다른 손으로 물을 젓고 있으나 그 손으로 머리를 잡는다(뒤에 횡영이 될 때까지 오른쪽 밑에 사람이 있으면 턱에 걸린 손을 먼저 오른손에 바로잡아 둔다).

왼쪽 손가락을 가능한 벌려 빠진 사람의 후두부부터 뺨부분까지 손바닥을 머리에 문지르듯이 하여 잡아가 손을 조금 원래로 되돌리듯이 하여 머리카락의 밑둥치를 움켜쥔다. 머리카락을 잡으면 턱에 대고있던 오른손을 떼고 그 손으로 물을 저어 횡영이 된

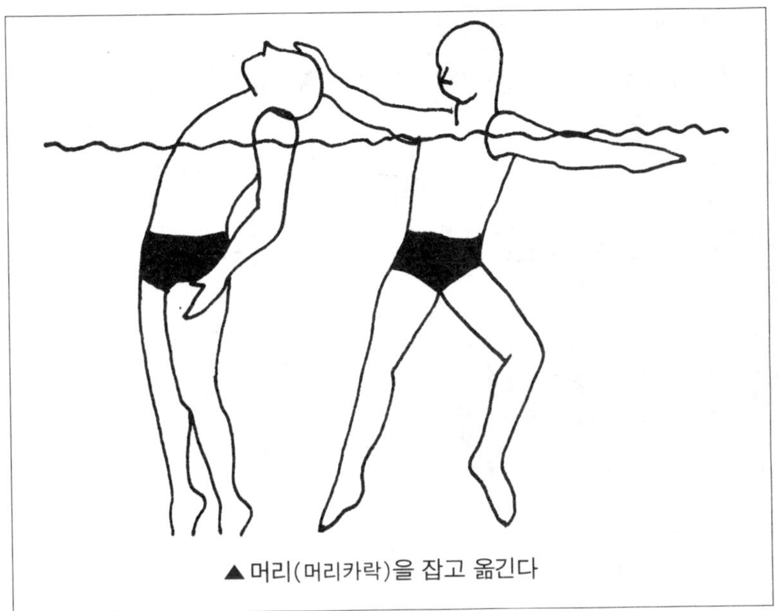

▲ 머리(머리카락)을 잡고 옮긴다

다.

머리카락을 잡은 왼손의 팔을 뻗어 손목을 굽히고 빠진 사람의 입이 수상에 나오도록 해 준다.

7) 가슴을 안아 옮기는 법

상대방이 소년과 같이 자신보다 신체가 작은 경우에는 이 방법이 좋다.

물을 젓는 오른팔을 빠진 사람의 왼쪽 어깨에서 왼쪽 겨드랑이 밑에 돌려 가슴을 안는다(오른쪽 밑의 횡영을 하는 사람이라면 턱에 걸친 왼손을 떼고 빠진 사람의 왼쪽 어깨에서 오른쪽 겨드랑이 밑으로 돌리며 안는다).

구조자의 오른쪽(왼쪽) 겨드랑이 밑에 빠진 사람을 구조자의 오른쪽(왼쪽) 어깨를 붙이고 상향의 빠진자를 구조의 오른쪽(왼쪽)의 허리에 태우듯이 하여 왼쪽(오른쪽) 밑의 횡영을 한다.

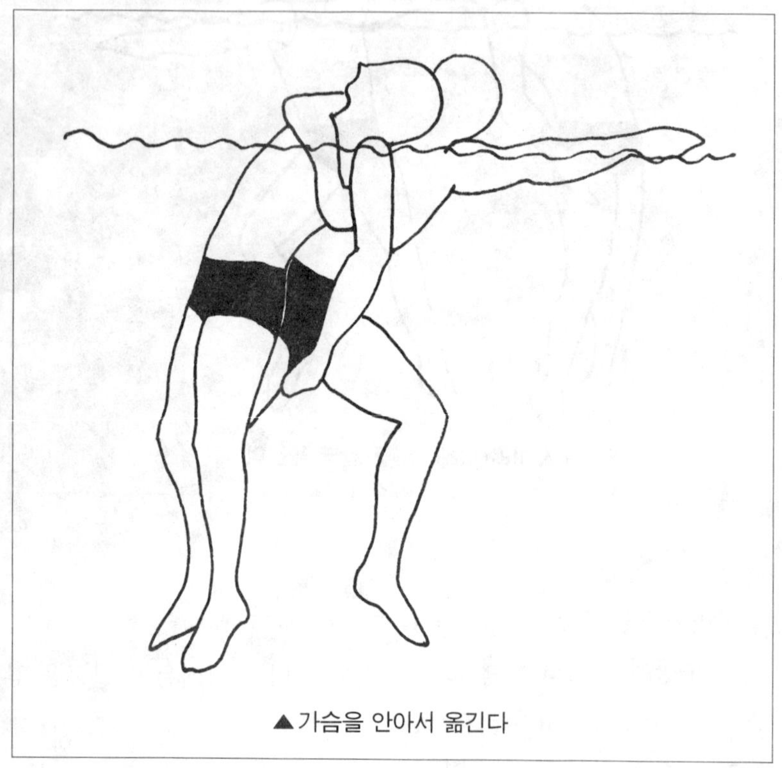

▲ 가슴을 안아서 옮긴다

8) 잡혔을 때에 떼는 법

잡혔을 때 떼는 방법은 곧 옮기는 방법에 연결된다.

잡힌 것처럼 될 때에는 구조자는 몸을 비스듬히 하여 빠진 사람에게 가까운 쪽의 팔을 뻗어 빠진 사람의 가슴을 민다.

곧 왼(오른)손으로 빠진자의 왼(오른) 손목을 위에서 쥐고 몸을 뒤로 되돌리면서 오른(왼)손을 비스듬히 오른(왼)쪽으로 돌리면 빠진 사람은 빙그르르 돌아서 등을 향한다. 뒤는 전술한 방법으로 옮긴다.

① 서로 마주본 손 ─ 왼(오른)손에 빠진 사람의 오른(왼)발을 밑에서 잡고 그 손을 오른쪽(왼쪽)으로 돌려 빠진 사람을 뒤로 향하게 하여 턱에 오른(왼)손을 걸치고 다음 행동으로 옮기는 것도 있다.

② 앞에서 머리를 붙들렸을 때 ─ (빠진 사람의 얼굴이 왼쪽에서 위에 있는 것으로 하고) 오른손으로 빠진 사람의 왼쪽 팔 가운데 정도를 아래에서 잡고 한편 왼손을 빠진 사람의 오른팔을 넘어 빠진 사람의 왼쪽 볼에 대고 엄지손가락을 턱에 걸친다. 왼손으로 강하게 빠진 사람의 얼굴을 눌러 팔을 잡은 오른손으로 빠진 사람의 왼팔을 잡아올려 그 밑을 빠져나가 등 뒤에 대고 왼손을 얼굴에서 떼어 당기고 다시 빠진 사람의 어깨를 넘어 턱에 걸친다.

오른손을 떼고 오른쪽 밑의 횡영을 한다.

③ 뒤에서 머리를 잡았을 때(빠진 사람의 왼팔이 오른팔 위에 있다고 하고) ─ 먼저 목을 눌리지 않도록 턱을 당기든가 얼굴을 옆으로 올리든가 하여 가라앉는다.

양 손을 빠진 사람의 왼쪽 팔에 걸쳐서 아래로 당기고 오른손으로 손목을 위에서, 왼손으로 팔꿈치를 밑에서 쥐고 자신의 몸을 오른쪽으로 돌리면서 빠진 사람의 왼팔을 쥐어올려 왼쪽 겨드랑이 밑을 빠져나가 빠진 사람의 등 뒤로 돌린다.

계속해서 팔꿈치를 쥐고 있던 왼손을 떼어 빠진 사람의 턱을 쥐고 동시에 오른손은 손목을 쥔 상태로 빠진 사람의 등을 밀어올리며 빠진 사람을 수면에 떠오르도록 오른손을 떼어 오른쪽 밑의 횡영으로 옮긴다.

④ 양 손으로 한 팔을 쥐었을 때(오른손을 붙잡혔다고 하고)——
왼손으로 빠진 사람의 왼쪽 손목을 위에서 쥐고 빠진 사람의 뒤에
서 덮치듯이 하여 가라앉는다.

이어서 왼발을 빠진 사람의 오른쪽 어깨에 대고 강하게 누르면
서 왼손을 왼손 앞으로 당긴다.

빠진 사람은 손을 떼고 뒤로 향하게 된다. 오른손을 빠진 사람
의 턱에 걸치고 횡영을 한다.

가사 상태(假死狀態)에 있는 빠진 사람은 물에서 땅으로 올릴
때 어떻게 해서라도 안아서 운반하지 않으면 안 된다.

▲물에 빠진 사람이 의식이 있을 경우에는 의식을 잃을 때까지 기
다렸다가 구조하도록 한다.

인공 호흡법(人工呼吸法)

가사 상태에서 구조된 빠진 사람에게는 한 시각이라도 빨리 인공 호흡을 실시하지 않으면 안 된다. 인공 호흡법은 이것만으로 독립의 과목으로 수영 분야와 아울러 구조법과 뗄 수 없는 것으로 수영할 수 없는 사람이라도 얼마간 연습하면 할 수 있는 것이다.

가까운 예로 일본의 어느 중학교 전교생 600여 명이 수영 훈련 중 갑자기 높은 파도에 휩쓸려 위험 수역의 깊이에 빠졌다. 지도하고 있던 선생님들의 필사의 협력으로 43명의 대다수의 학생이 해안까지 끌어올려졌으나 그중 36명은 불행히도 죽고 불과 7명이 간신히 목숨을 건졌다고 하는 비참(悲慘)한 그 사고의 경우 만일 인공 호흡법을 할 수 있는 사람이 많았다면 그렇게 많은 사상자를 내지않고 끝났을 것이라고 알려졌다.

인공 호흡법은 수영 이외의 경우에도 사용되는 것이다. 그러므로 이것은 누구나 꼭 알아둘 필요가 있다.

인공 호흡법에는 여러 가지 방법이 있다. 여기에는 대표적인 것 3종류를 들어둔다.

그 전에 인공 호흡법을 하는데 대하여 마음에 새겨두지 않으면 안 될 것을 조금 기술해 둔다.

① 1초라도 빨리 인공 호흡을 시작한다

숨을 쉬지 않고 10분 이상 지나면 회생될 희망이 거의 없다고 한다. 무엇보다도 먼저 폐에 공기를 불어넣어 주지 않으면 안 된다.

② 장시간 계속한다

장시간 인공 호흡을 하여 되살아난 예는 얼마든지 있다. 조금 하여 효과가 없으므로 그만 두어서는 안 된다.

③ 일정한 속도로 계속한다

인간이 안정된 때의 호흡은 1분 간에 12~15회이다. 인공 호흡도 그 정도의 속도로 하는 것이다. 도중에서 속도가 바뀌면 효과가 감소된다.

④ 인공 호흡을 중단하지 말 것

도중에서 중단하면 효과가 대단히 감소된다. 인공 호흡을 하는 사람이 교체할 때에도 중단되지 않도록 주의하지 않으면 안 된다.

⑤ 의사의 영역을 범하지 말 것

사고가 생겼을 때는 곧 의사를 부르지 않으면 안 된다. 그 때는 반드시 장소를 정확하게, 더구나 사고자의 용태를 연락하는 것을 잊어서는 안 된다.

의사가 와서 진단하는 사이에도 인공 호흡을 중지할 필요는 없으나 사망의 결정은 의사가 하는 것이므로 비전문가가 가볍게 취급해서는 안 된다.

또 인공 호흡에 의해 숨을 다시 쉴 때에도 그 후가 중요하므로 의사의 지시에 따라 먼저 입원할 필요가 있다고 진단된 사람은 마음대로 행동하지 않도록 한다. 인공 호흡을 하여 되살아난 무렵에 그 부친이 와서 의사의 권유를 듣지않고 데리고 돌아갔을 때, 집에 돌아가자 곧 죽었다고 하는 예도 있다.

◪ 쉐파식(式)

1) 준비 자세

빠진 사람을 엎드리게 한다. 먼저 빠진 사람을 엎드리게 하는 것부터 시작된다.

① 데리고 와서 똑바로 하여 바닥에 내려 놓은 빠진 사람의 양 팔을 머리 위로 올리게 한다.

② 구조자는 빠진 사람의 오른쪽(왼쪽)에 무릎을 꿇고 빠진 사람의 오른쪽 어깨와 왼쪽 허리에 양 손을 걸치고 옆으로 옮겨 엎드리게 한다.

③ 이어서 빠진 사람의 얼굴을 왼쪽으로 향하게 하고 그 오른손을 뺨 밑에 손바닥을 밑으로 향하게 하여 닿게 한다.

그리고 왼팔은 팔꿈치를 가볍게 구부려 팔이 얼굴과 평행이 되도록 놓는다.

④ 빠진 사람의 오른발을 벌리게 한다.

⑤ 구조자는 빠진 사람의 왼발에 두 다리를 벌리고 걸터서 앉는다.

이때 구조자의 무릎은 빠진 사람의 무릎 부근에 온다(빠진 사람이 부인이나 아이일 경우 발을 벌리지 말고 양 다리를 모아서 그 위에 걸터 앉는다).

2) 실시 방법

동작은 '1-2-3-4-5…….'로 호창하면서 리드미컬하게 한다. 1분간에 12~15회 호흡한다.

■ 니르센 식

등을 눌러 계속해서 끌어올리는 방법으로 이것에 의해 더욱 가슴 부위를 넓힌다. 공기를 넣는 비율은 확실히 좋다.

1) 준비 자세

빠진 사람을 엎드린 자세로 눕힌다. 팔꿈치를 구부려 손을 겹친다(양 손의 엄지손가락 끝이 붙은 정도). 그 손 위에 한쪽 뺨을 얹는다. 구조자는 빠진 사람의 머리에 한쪽 무릎 또는 양쪽 무릎을 붙인다. 호칭은 '1-2-3-1-2…….'

2) 실시 방법

빠진 사람의 등에 양 손을 놓고 팔꿈치를 뻗은 채로 조용히 체중을 걸친다 —— 손은 손가락을 떼고 양 손의 손가락 끝을 서로 맞춘다. 손바닥의 붙은 끝을 빠진 사람의 양쪽 겨드랑이 밑을 연결하는 선에 둔다(하나!).

① 팔이 수직이 될 때까지 상체를 앞으로 낸다(둘!).

② 손을 잡는다 —— 거의 허리를 뒤로 당기면 동시에 손을 뗀다(셋!).

③ 빠진 사람의 팔꿈치 밑으로 손을 넣어, 팔꿈치를 잡는다(하나!).

④ 팔을 들어올린다 ── 그 상태의 자세로 자신의 상체를 뒤로 일으킨다. 팔이 거의 들어올려진다(둘!). 계속해서 팔을 내린다.

여기에 일련의 동작이 끝나고 곧 다음으로 옮긴다. 1호창 (呼唱) 약 1초, 따라서 일련의 동작을 약 5초에 끝내고 1분 간 12회 되풀이 한다.

◪ 호기(呼氣) 불어넣기 법(Mouth to Mouth Breathing)

구조자의 호기를 가사자(假死者)의 코 또는 입으로 폐에 불어넣어 소생시키려고 하는 것이다. 일반적으로 '입에서 입으로 법'과 '입에서 코로 법'이 행해진다.

1) 준비 자세

빠진 사람을 똑바로 눕힌다. 기도(氣道)를 확보하기 위하여 모포(毛布) 또는 베개 등을 어깨 밑에 넣고 턱이 충분히 위에 오르고 콧구멍이 하늘을 향하기까지 턱을 올리면 기도가 열린다.

2) 실시 방법

한손으로 코(입)를 막고 한 손으로 이마 또는 턱을 눌러 턱을 상향으로 잘 밀어올려 자신의 입을 크게 벌려 입(코)을 잘 덮도록 하여 숨을 불어넣는다. 젖먹이는 입과 코를 함께 덮고 한 손으로 위(胃) 부분을 누른다.

① 숨을 불어넣거나 입을 떼거나 할 때, 호흡음(呼吸音)을 잘 듣는다.

② 숨을 불어넣어도 곧 저항을 느껴 충분히 넣어지지 않을 때에

는 입 안이나 기도에 이물이 모여 있는가를 살펴본다. 목이 충분히 열려있지 않으므로 입안을 잘 조사하여 이물을 꺼낸다.

이물이 없으면 턱을 올리는 법이 나쁘기 때문에 한 번 더 턱을 충분히 올려 공기를 불어 넣는다.

③ 숨을 불어넣는 한도는 충분히 숨을 불어넣어 저항을 느끼면 곧 멈춘다.

무리하게 불어넣으면 폐세포가 고통을 받는다.

④ 빠진 사람이 구조자보다 체격이 좋고 폐활량이 많을 때에는 숨이 전부 들어가도 폐가 부풀려지거나 저항을 느끼거나 하지 않는 일이 있다.

그 때는 숨을 충분히 넣으면서 그대로 계속 되풀이하면 된다.

⑤ 빠진 사람이 위(胃)에서 다량의 토사물을 낼 때에는 니르센식을 하는 쪽이 좋다.

▲물에 빠진 사람을 구조할 때는 각별히 유념하도록 한다.

제 2 부

고급 수영 기술편

제 1 장

수영 기술의 원리

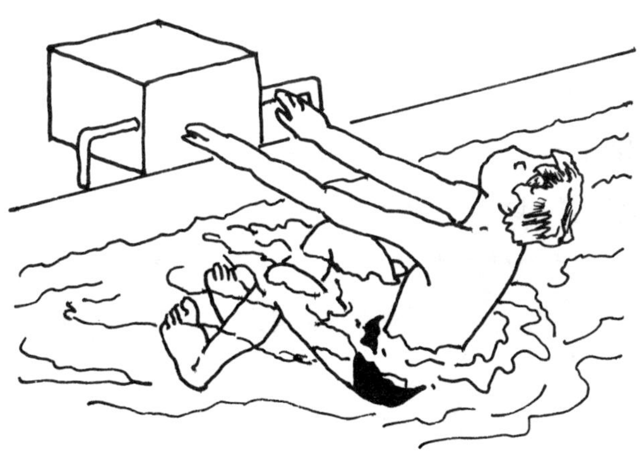

운동 원리(運動原理)에 대하여

수영은 수중(수면)을 나아가는 이동 운동이다. 걷고 달린다는 지상에서의 이동 운동과 수영이 크게 다른 점은 다음과 같다.

① 지상에서는 인체에는 중력만이 작용하고 있기 때문에 주로 각부에서 체중을 지탱하면서 이동 운동을 할 필요가 있다.

그것에 반해 수영에서는 부력의 존재로 인해 체중을 지탱할 필요가 없어진다.

② 지상에서는 인체의 이동 운동에 즈음해서 그 이동을 방해하는 것 같은 큰 힘은 존재하지 않는다.

그러나 수영에서는 물의 저항이 크기 때문에 그것에 대항하여 이동 운동을 해야 하므로 추진력이라고 불리는 힘을 발휘하지 않으면 안 된다.

수영 운동 중에 이루어지는 모든 신체의 동작은 이 추진력의 발생과 그 지속에 얼마간의 형태로 관계하고 있다.

물의 저항은 영속(泳速)이 커짐에 따라서 급격히 커지기 때문에 빨리 수영하기 위해서는 보다 큰 추진력을 발생시키는 것이 중요해진다.

수중을 물의 저항에 거슬러서 나아가는 것은 역학적으로 보면 일을 하는 셈이 된다. 이 일은 근육 수축이라는 작용에 의해 이루어진다.

근육 수축에 필요한 에너지는 음식물의 섭취에 의해 체내에 저장된 에너지원이 되는 물질을 호흡에 의해 받아들여진 산소로 산화함으로써 발생시킨다.

따라서 어떤 거리를 계속 수영하기 위해서 필요한 신체의 움직임은 추진력을 낳기 위한 손 젓기나 발차기의 동작과 수영을 지속시키기 위해 필요한 호흡을 위한 동작으로 크게 나눌 수 있다.

또한 젓기 및 차기를 반복하여 동작하기 위해서 필요한 보조적인 움직임으로서 리커버리의 동작이 있다.

정해진 거리를 보다 짧은 시간에 수영하는 경영(競泳)에서는 보다 높은 영속도의 지속이 필요하고 그러기 위해서는 보다 큰 추진력의 발휘와 그 지속이 필요하다. 그것은 생리학적으로 높은 에너지 발휘와 그 지속 능력에 의해 가능해진다.

또한 보다 목적에 맞는 합리적인 동작을 함으로써 쓸데없는 에너지의 소비를 억제하고 효율 높은 방법으로 수영하는 것도 중요하다.

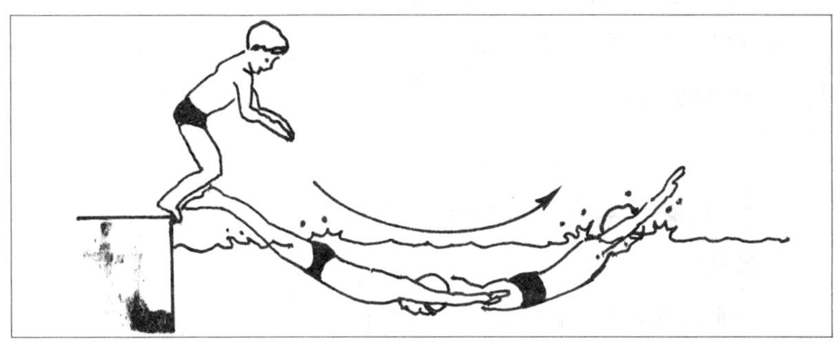

역학적(力學的)인 요인(要因)

■ 수중에서 인체가 받는 힘

인체 뿐만 아니라 지구상의 모든 물체는 그 중량과 같은 중력(연직하향의 힘)의 작용을 받는다. 더욱이 수중에서는 물의 압력(수압)을 받는다.

수중에서 물체가 이동 운동을 하는 경우에는 중력이나 수압 외에 물의 저항이 발생한다.

따라서 수영에 의해 수중을 나아가기 위해서는 물의 저항을 이길만한 추진력이 필요해진다.

중력, 수압, 저항이라는 힘은 인체가 수동적으로 받는 힘이다.

그것에 반해 추진력은 손발을 적극적으로 움직임으로써 얻을 수 있는 능동적인 힘이다.

1) 중력(重力)과 부력(浮力)에 대하여
① 중력(重力)

수중에 있어서도 육상과 같은 크기의 중력이 항상 작용한다. 중력은 물체의 각 부분에 그 중량과 같은 하향의 힘으로서 작용한다. 이런 힘은 합성해서 하나의 힘만이 한 점에 작용한다고 생각할 수 있다.

그 크기는 물체의 전중량과 같고 역시 연직하향(鉛直下向)이다.

이 합성된 힘이 작용하는 작용점을 중심(重心)이라고 부른다. 인체 중심의 위치는 자세가 달라짐에 따라 변화한다.

② 수압(水壓)

수중에서 물체는 그 표면의 깊이에 비례한 물의 압력(수압)을 받는다.

수압은 수면을 기준(0)으로 하면 깊이 1m 지점에서 $1cm^2$당 100g이지만 깊이가 10m가 되면 1kg에나 달한다.

수압은 물체 표면에 수직(垂直)으로 작용한다.

수압도 중력과 마찬가지로 합성해서 하나의 힘으로 할 수 있다.

수중에서는 보다 깊은 곳에 있는 물체 아래쪽 면에 작용하는 수압은 크고, 보다 얕은 곳에 있는 위쪽은 작기 때문에 그런 힘을 합성하면 연직상향(鉛直上向)의 힘이 되어 물체를 위쪽으로 들어올리듯이 작용한다.

이 힘을 부력(浮力)이라고 부른다.

이와같이 부력의 원동력은 수압이다. 또한 부력의 작용점을 부심(浮心)이라고 부른다. 일반적으로 부심(浮心)의 위치와 중심(重心)의 위치는 일치하지 않는다.

③ 아르키메데스의 원리

앞에서 설명한 것처럼 부력은 수압의 합력(合力)이기 때문에 물체의 형태에만 의존한다.

물체가 수중에서 받는 부력의 크기는 다음에 나타내는 아르키메데스의 원리에 의해 구할 수 있다.

> ※ 아르키메데스의 원리
> 유체(流體) 속에서 정지해 있는 물체의 부력의 크기는 물체를 그 유체로 바꿔 놓았을 때 거기에 작용하는 중력의 크기와 같다.

조금 더 간단히 표현하자면 수중에 있는 물체는 그것과 같은 체적의 물의 무게에 따른 부력을 만든다. 또한 수면에 떠 있는 물체에 대해서는 수면밑의 부분과 같은 체적의 물의 무게와 같은 부력을 받는다.

④ 중력(重力)과 부력(浮力)의 관계

수중에서 정지해 있는 경우에 작용하는 힘은 중력과 부력의 두 가지 뿐이다.

중력보다 부력쪽이 작은 물체에서는 이 두 가지 힘의 합력이 하향(下向)이 되기 때문에 가라앉아 간다.

반대로 중력보다 부력쪽이 큰 물체가 수중에 있을 경우는 두 가지 힘의 합력은 상향이 되어 물체는 수중을 상승하여 수면에 부상(浮上) 한다.

부상한 후는 부력이 차츰 감소하여 중력과 균형적인 지점에서 정지한다.

이렇게 물체가 뜨느냐 가라앉느냐는 중력과 부력의 대소관계에 의해 결정된다. 그래서 중력과 부력의 비를 따지면 이 비가 1보다 크냐 작냐에 따라 물체가 뜨느냐 가라앉느냐를 판단할 수 있다.

중력은 그 물체의 중량과 같고, 또 부력은 아르키메데스의 원리에 의해 물체와 동체적(同體的)인 물의 무게와 같다.

그래서 이런 비를 비중(比重)이라고 불러 비중이 1보다 큰 물체는 가라앉고 1보다 작은 물체는 뜨게 된다.

$$비중 = \frac{물체의\ 무게}{물체와\ 같은\ 체적의\ 물\ 무게}$$

인체 중에서 골격(骨格)은 비중이 약 2로 가장 크고 근육은 1.06, 뇌는 1.04이지만 지방은 0.94로 비중이 1보다 작다.

또한 폐 속에는 숨을 다 내쉰 상태라도 성인 남자의 경우 약 1ℓ 정도의 공기가 남아 있다. 이것을 잔기량(殘氣量)이라고 부른다.

공기의 비중은 매우 작아 거의 0으로 간주해도 좋고 이것을 포함한 신체 전체의 비중은 일반적으로 숨을 다 내쉰 상태에서 1보다 크고, 또한 숨을 최대로 들이마신 상태에서 1보다 작아진다.

또한 체형의 차이에 따라 지방이 많은 사람은 뜨기 쉽고 마른 형의 사람은 뜨기 어렵다고 한다. 남녀의 비교에서는 일반적으로 여자쪽이 비중이 작다고 한다.

앞에서 설명했듯이 물체가 뜨느냐 가라앉느냐는 중력과 부력의 크기의 비에 따라 결정된다. 그러나 중력의 작용점인 중심(重心)과 부력의 작용점인 부심(浮心)은 같은 위치에는 없다.

이와 같이 물체에 작용점이 다른 두 가지의 힘이 작용할 경우에는 물체를 회전시키려는 힘(토크)이 생긴다.

인체에서는 손발을 편 상태에서는 부심쪽이 위(머리보다)에 있기 때문에 다리가 가라앉아 가는 것 같은 방향의 회전을 일으키는 토크가 작용하는 경우가 많다.

또한 남자에 비해 여자쪽이 중심과 부심이 접근해 있다고 한다.

일반적으로 일컬어지는 '몸 뜨기'는 중심과 부심의 위치를 일치시킴으로써 가능해진다.

이것은 손발의 위치를 변화시키거나 폐에 저장하는 공기의 양을 조절하거나 머리나 손발의 일부를 수면 위로 내놓음으로써 중심이나 부심의 위치를 변화시켜 그것들을 일치시킴으로써 달성된다.

2) 저항(抵抗)과 양력(揚力)에 대하여
① 물의 저항(抵抗)

수중을 물체가 이동하는 경우 물체 주위에는 복잡한 물의 흐름이 생긴다.

물체의 이동 속도가 큰 경우에는 물체 뒤쪽에 소용돌이가 생긴다.

이런 경우 물체의 윈쪽에서는 압력이 높고 뒤쪽에서는 낮아지기 때문에 이 압력의 차에 의해 뒷방향의 힘이 생긴다.

또한 물체의 표면과 물의 마찰에 의해서도 같은 힘이 생긴다. 더욱이 물체가 수면을 나아가는 경우 파도가 발생한다.

파도는 에너지를 실어가기 때문에 이것도 물체의 운동 에너지를 줄이게 되어 결국 뒷방향의 힘이 되어 나타난다.

물체가 물에서 받는 이런 힘들은 저항(저항력, 항력)이라고 불린다.

저항의 크기는 물체의 이동 속도와 물체의 형태, 물체의 방향에 관계한다.

이동 방향으로 가늘고 긴 물체, 소위 유선형(流線形)의 물체는 물에서 받는 저항은 적다. 이것은 물체 주위에 생기는 물의 흐름의 흐트러짐이 적기 때문이다.

또한 동일 물체라도 흐름에 대한 물체의 방향에 따라 저항은 변화한다.

물체가 물 등의 유체 속에서 받는 저항의 크기(R)는 이동 방향에서 본 물체의 투사 단면적(投射斷面的)을 S, 이동 속도를 V, 유체(流體)의 밀도(密度)를 P라고 하면,

$$R = PC_D SV^2 \cdots\cdots (1)$$

이 된다. 여기에서 C_D는 물체의 형태에 관계하는 정수(定數)로 저항 계수(抵抗係數), 항력 계수(抗力係數) 등이라고 불린다.

저항은 이동 속도의 2승에 비례하기 때문에 속도가 증대함에 따라서 급격히 증대한다.

그런데 인체에 관해 저항계수 C_D를 구할 수 있으면 (1)식을 이용하여 물에서 받는 저항의 크기를 계산에 의해 구할 수 있다.

유체 역학(流體力學)의 분야에서는 구, 타원체 등의 기하학적으로 단순한 물체에 대해서는 C_D의 수치는 이론적으로 구해지고 있다.

그러나 인체와 같은 복잡한 물체에 관해서는 이것을 이론적으로 구하는 일은 거의 불가능하다.

이런 이유에서 인체를 실제로 수중에서 견인하거나 일정 유속(流速)으로 흐르는 유수(流水) 속에 인체를 정지시키는 등의 방법에 의해 실험적으로 저항의 크기가 측정되고 있다.

그런 결과에 따르면 속도가 매초 1m일 때 저항은 약 3kg이지

만 속도가 2배인 매초 2m가 되면 10kg 이상에까지 이른다.

실제로 측정된 결과에 따르면 같은 속도로 이동할 때의 저항은 몸의 크기의 차이에 따라서도, 수중에서의 자세의 차이에 따라 훨씬 크게 변화하는 사실이 알려져 있다.

따라서 수영할 때에는 가능한 한 저항을 작게 받는 자세를 취하는 것이 중요하다.

이와같은, 속도의 2승에 비례해서 증가하는 저항의 존재는 다른 육상 운동에서는 볼 수 없는 수영 운동(水泳運動)의 본질적인 특징이 되고 있다.

② 양력(揚力)

인체와 같은 가늘고 긴 물체나 평평한 물체가 수중에서 그 이동 방향에 대해 일정 각도(영각)를 갖고 이동하는 경우 물로부터 상향(上向)의 힘을 받는다. 이 힘을 양력(揚力)이라고 부른다.

양력이 발생하는 이유는 물체가 물에서 받는 힘의 방향이 이동 방향과 일치하지 않기 때문으로 힘의 이동 방향에 수평인 성분이 저항이 되고 거기에 수직인 성분이 양력이 된다.

따라서 양력의 크기에 대해서도 (1)식과 같은 관계가 성립하므로 속도의 2승에 비례하여 증대한다.

수영 중에 작용하는 양력은 몸을 보다 띄워 올려서 결과적으로 수중에서의 투사단면적 S((1)식 참조)를 작게 하기 때문에 유리하다고 생각할 수 있다.

그러나 이 양력의 크기는 영각에 의해 변화해서 영각이 커지면 양력도 증가하지만 그 반면 저항도 급격히 증대한다.

따라서 수영에 있어서는 영각이 너무 큰 수영, 소위 몸이 선 상태에서의 수영은 양력은 늘어나지만 극단적인 저항의 증대를 수반하므로 불리하다고 할 수 있다.

3) 추진력(推進力)에 대하여

수중을 물의 저항에 거슬러 계속 나아가기 위해서는 그 저항과 같거나 혹은 그 이상의 추진력이 필요하다. 그리고 이 추진력이 저항보다 큰 경우에는 인체는 가속(加速)되고 반대로 저항보다 작은 경우에는 감속(減速)한다.

일정 거리를 헤엄칠 때의 평균 속도가 일정한 경우 추진력의 평균은 저항의 평균과 같다.

추진력은 손발을 수중에서 움직임으로써 물에서 받는 반작용(反作用)으로써 얻어진다.

① 추진력 발생(推進力發生)의 메카니즘

손발의 동작에 의해 얻을 수 있는 추진력은 다음과 같이 크게 3가지로 나눌 수 있다.

ⓐ 손발을 수중에서 뒤쪽으로 이동시킬 때에 생기는 물의 저항에 의한 것.

ⓑ 물을 뒤쪽으로 보낼 때의 반작용에 의한 것.

ⓒ 손발의 물의 부가질량(付加質量)에 의한 관성력(慣性力)에 의한 것.

A. 물의 저항에 의한 추진력

이것은 풀이나 평영의 킥 때에 주로 얻을 수 있다. 즉, 손이나 발을 수중에서 진행 방향과 역방향으로 움직임으로써 물의 저항을 발생시켜 그것을 추진력으로 하는 것이다.

따라서 손발이 몸에 대해서가 아니라 물에 대해서 뒷방향으로 움직일 때에만이 추진력은 발생한다.

일정 속도로 헤엄치고 있는 경우에는 풀(pull)이나 킥의 몸에 대한 속도의 크기는 적어도 영속(泳速 ; 몸의 전진 속도)보다 클 필요가 있다.

만일 손발의 뒤쪽으로의 이동 속도의 크기가 영속(泳速)과 같으면 손발은 물에 대해 정지하고 있게 되어 아무런 저항도 생기지 않는다.

더욱이 영속보다 작을 경우에는 물에 대한 속도는 앞방향이 되고 손발에는 뒷방향의 힘이 가해지게 되어 오히려 감속(減速)한다.

풀 동작에서는 손은 처음 물에 대해 앞방향이 속도를 갖고 있다(입수). 그 후 물에 대한 속도는 감소하여 한번 0이 되고(캐치), 그 후 뒤쪽으로 가속되기 시작한다. 따라서 풀 동안에 실제로 이 종류의 추진력을 얻을 수 있는 것은 손이 물에 대해 후방의 속도를 얻고 나서이다.

당연한 얘기이지만 손발에 가해지는 저항력도 그만 이동 방향으로의 투사단면적과 이동 속도의 2승에 비례한다.

따라서 보다 큰 추진력을 얻기 위해서는 손을 벌리고 손바닥을 풀 코스에 대해 수직으로 유지하고 가능한 한 빨리 젓는 것이 필요하다.

B. 물을 후방으로 보낼 때의 반작용에 의한 추진력

이 종류의 추진력은 자유형이나 배영, 접영의 킥에 있어서 특히 현저하다.

이런 영법에서의 킥은 평영에서의 킥과 달라 다리의 후방으로의 이동은 적다. 그러나 프로펠러 퇴부에서 발끝에 걸친 물고기의 지느러미와 비슷한 움직임에 의해 물을 가속하여 후방으로 보내고 있다.

이것은 비행기의 프로펠러나 배의 스크루에 의해 얻어지는 추진력과 비슷하다.

후방으로 보내진 물은 운동량을 얻게 되어 단위 시간당 물에 준 운동량과 같은 추진력을 얻을 수 있다.

<table>
<tr><td>물을 후방으로 보내는
것에 의한 추진력</td><td>=</td><td>단위 시간에 물에
준 운동량</td></tr>
</table>

이 추진력은 손발의 후방으로의 움직임이 없어도 얻을 수 있는 것이 특징이다.

추진력을 늘리기 위해서는 보다 많은 물을 보다 큰 속도로 보내는 것이 필요하다. 잠수용 오리발을 이용함으로써 큰 추진력을 얻을 수 있는 것은 이 때문이다.

C. 손발의 물의 부가질량에 따른 관성력에 의한 추진력

수중을 물체가 이동하면 물체의 표면에 가까운 곳에 있는 물은 물체와 함께 질질 끌린다.

이것은 질질 끌린 물의 양만큼 외관상 물체의 질량이 증가한 것과 같아진다. 이 질량(質量)의 증가분을 물의 부가질량(付加質量)이라고 한다.

이런 질량의 증대에 의해 수중에서 인체를 가속하는 경우에는 공기중에 비해 보다 큰 힘이 필요해진다. 그러나 일단 가속되어 버리면 추진력이 없어진 후의 감속은 질량의 증가분만큼 적어도 된다.

자유형이나 배영(背泳)과 같이 손발을 교대로 사용하는 수영이라도 가속과 감속이 주기적으로 일어난다. 그리고 평균 속도가 일정하면 부가질량의 영향은 가속기와 감속기에서 꼭 반대가 되어 평균적으로 보면 상쇄된 형태가 된다.

그러나 자유형이나 배영, 접영에 있어서 풀 동작에서는 손의 후방으로의 이동은 수중에서 이루어져 부가질량이 영향을 미치지만 전방으로의 이동(리커버리)은 공중에서 이루어지기 때문에 부가질량의 영향은 없어진다.

풀 사이에 전방으로 편 손을 후방으로 저을 때에 손은 급격히 가속된다.

이 때 인체는 손이나 팔의 질량과 물의 부가질량의 합과 풀의 가속도의 부피와 같은 추진력을 얻는다. 즉, 물의 부가질량의 관성력에 의한 추진력은,

물의 부가질량의 관성력에 의한 추진력	=	손이나 팔의 질량＋물의 부가질량 ×손이나 팔의 가속도

로 나타낼 수 있다.

그런데 풀의 후반에서 손은 감속하기 시작하기 때문에 가속도는 마이너스(역방향)가 되어 인체의 전진에 대해 역방향의 힘이 되어 작용한다.

그러나 물의 부가질량은 손을 평평하게 하고 이동 방향으로 손바닥을 수직으로 했을 때 가장 크고 손바닥이 이동 방향에 평행할 때 가장 작다.

실제 풀 동작에서는 입수 후 손이 가속되는 동안에는 손바닥은

풀 코스에 대해 수직으로 유지되어 큰 부가질량이 되고 감속이 일어나는 풀의 마지막 가까이에서는 손바닥은 이동 방향에 평행에 가까워 부가질량은 작아지고 있다.

여기에서 주의해야 할 점은 손이나 팔의 질량에 의한 관성력은 유효한 추진력은 되지 못한다는 것이다.

왜냐하면 손은 입수(入水)부터 풀, 리커버리를 거쳐 다음 입수까지의 동안에 다음과 같이 움직인다. 즉, 최초에 후방으로의 가속, 그리고 감속(풀), 다음에 전방으로의 가속, 그리고 감속(리커버리)이 이루어진다. 그 결과 같은 량의 가속과 감속이 이루어지기 때문에 1주기의 평균을 내면 손이나 팔의 질량에 의한 관성력의 효과는 0이 되기 때문이다.

결국 이 종류의 추진력에 최종적으로 유효하게 작용하는 것은 풀의 가속기와 감속기에 있어서의 물의 부가질량의 차이로, 가속이 클수록 효과적이 된다.

평영의 풀이나 킥에서는 리커버리도 수중에서 이루어지기 때문에 리커버리 동안에 물의 부가질량이 작아지도록 실시할 필요가 있다.

풀의 사이에 생기는 추진력은 주로 ⓐ의 물의 저항에 의한 것과 ⓒ의 물의 관성력에 의한 것이다.

풀의 초기에는 손의 가속은 크지만 아직 속도는 작아 주로 관성력에 의한 추진력이 되고, 풀의 중기 이후에서는 반대로 손의 속도는 최대가 되지만 가속도는 거의 0이 되어 주로 저항에 의한 추진력이 된다.

풀에서 보다 큰 추진력을 얻기 위해서는 입수부터 캐치 후 손바닥을 평평히 해서 풀 코스와 수직으로 유지하여 물의 저항이나 부가질량이 커지는 상태로 해서 가능한 한 풀의 마지막까지 계속 가속하는 것이 중요하다.

그리고 마지막에서 손이 감속하기 시작할 때에 재빨리 손바닥을 수평으로 해서 물의 부가질량을 작게 해 줄 필요가 있다. 풀의 마지막의 푸시라고 불리는 동작은 이것에 도움이 된다.

4) 그 밖의 힘에 대하여

풀이나 킥의 동작에 의해 얻어지는 힘은 반드시 인체의 이동 방향과는 일치하지 않는다. 그래서 이런 힘들을 이동 방향에 평행한 성분과 수직인 성분으로 나누어 생각할 수 있다.

이 2성분 중 이동 방향에 평행한 성분만이 추진력이 된다.

이것에 반해 이동 방향에 수직인 성분은 인체를 그 장축(머리에서 발로 향하는 축) 주위에 회전시키거나(롤링), 진행 방향에 수직이고 수면에 평행한 축 주변에 회전시키거나 하는(피칭) 힘으로서 작용한다.

롤링이나 피칭은 파도를 많이 발생시키기 때문에 에너지의 손실이 되어 결과적으로 저항을 증대시킨다.

그러나 호흡을 하기 위해서 수면에 얼굴을 내밀거나 풀의 때에 보다 많은 근육을 동원하거나 리커버리를 스무드하게 하기 위해 몸을 회전시키는 것이 필요하고 이런 목적을 위해서는 롤링이나 피칭은 적극적으로 이용된다.

◪ 수영 중의 일과 파워(power)

1) 수영 중의 일과 에너지 소비

수중에서 인체를 이동시키기 위해서는 물의 저항을 이길만한 힘이 필요하다는 사실은 앞에서 이미 얘기했다.

이 저항에 거슬러서 물체를 이동시키는 것은 에너지를 소비하게 하고 역학적인 일을 하게 한다.

역학적인 일량(W)은 저항의 크기를 R, 그것에 거슬러서 나아간 거리를 L이라고 하면,

$$W = RL \cdots\cdots (2)$$

으로 나타낸다.

지금 영속이 V라고 하면 저항 R은 (1)식의 정수 부분(PC_DS)을 정리해서 K로 나타내면 $R = KV^2$라고 쓸 수 있기 때문에 (2)식에 대입하면 $W = KLV^2$가 된다.

여기에서 거리 L을 시간 T로 수영했다고 하면 그 때의 평균 영속은,

$$V = \frac{L}{T}$$

이 된다. 따라서 일 W는,

$$W = \frac{KL^3}{T^2} \cdots\cdots (3)$$

이 된다.

이것은 정해진 거리를 수영하는 경우에 이루어져야 하는 역학

적 일량, 즉 역학적 에너지의 소비는 시간(경기 기록)의 2승에 반비례하는 것을 나타내고 있다.

여기에서 수영 선수가 경기 기록을 단축시키려고 했을 경우 에너지 소비가 어느 정도 증가하는지 시산(試算)해 본다.

기록 단축은 어느 정도 단련된 선수에서는 그다지 크지 않기 때문에 지금 가령 10%의 단축을 했다고 하자(예컨대 100m의 기록이 1분이었던 선수가 그것을 54초까지 단축했다고 하자). 단축 전의 기록을 T_0, 단축 후의 기록을 T_0-t(t가 단축된 시간)라고 하면 단축 후의 기록을 (3)식에 대입해서,

$$W = \frac{KL^3}{T_0{}^2(1-\frac{1}{T_0})^2} \fallingdotseq \frac{KL^3}{T_0{}^2}(1+2\frac{1}{T_0})$$

이것을 단축 전의 일량($KL^3/T_0{}^3$)과 비교하면 에너지 소비는 $2t/T_0$의 비율로 증가한 셈이 된다.

따라서 기록 단축이 10%($t/T_0=0.1$)일 경우 에너지 소비의 증가는 그 2배인 20%를 필요로 하게 된다.

2) 수영 중의 파워(power)

단위 시간당의 일량, 즉 단위 시간당의 에너지 소비량을 파워(일률)라고 부른다. 수영 중의 파워(P)는 (3)식을 시간 T로 나눔으로써 얻을 수 있다.

$$P = \frac{KL^3}{T^3}$$

여기에서 에너지 소비의 경우와 마찬가지로 기록 단축을 위해 필요한 파워의 증가분을 산출해 보면 단축 후의 파워는,

$$P \fallingdotseq \frac{KL^3}{TO^3}\left(1+3\frac{t}{To}\right)$$

가 된다. 이것은 기록을 10% 단축하는데 필요한 파워의 증가분은 그 3배인 30%가 필요하다는 것을 의미하고 있다.

체력 단련이나 연습에 의해 발휘되는 에너지나 파워를 증가시키는 일은 가능하지만 잘 단련된 선수일수록 그 증가율은 적다. 따라서 기록 향상을 위한 미미한 단축도 상당히 곤란해지는 점이 이 계산으로부터도 이해될 것이다.

▲수영에는 수학의 원리가 응용된다.

3) 수영 속도의 변동과 일량, 파워의 관계

어떤 종목의 수영이나 1스트로크 중에 영속은 변화한다. 그리고 극단적인 영속의 변동이 있는 것은 불리하다고 한다. M 교수는 속도 변동의 패턴을 정현파로 근사(近似)하고 일정 속도로 수영한다고 가정했을 경우와 변동이 있는 경우에서의 일량의 차이를 계산하고 있다.

그 결과로 같은 기록으로 수영하는 경우라도 속도의 변동이 있을 경우에는 일량은 증가하고 따라서 평균 파워도 증가한다고 하는 사실이 분명해지고 있다.

지금 평균 속도를 1.8m/초(100m를 약 55초에 수영할 때의 속도), 속도 변동을 진폭 0.5m/초(변동률 28%)의 정현파로 근사하고 M 교수의 방법으로 계산하면 일량의 증가는 약 12%가 되고 따라서 평균 파워도 12% 증가한다.

속도의 변동이 없는 수영은 실제로는 존재하지 않기 때문에 속도가 일정한 경우와 비교하는 것은 별 의미가 없지만 필요 이상의 속도 변동은 에너지의 손실이 커지기 때문에 불리하다고 할 수 있다.

또한 자유형이 가장 빠른 속도를 유지할 수 있는 이유의 하나는 속도 변동이 적기 때문에 에너지의 손실이 다른 수영에 비해 적은 점을 생각할 수 있다.

또한 이것과 같은 이유로 페이스 배분에 관해서는 변하지 않는 페이스로 수영하는 경우가 가장 에너지 소비나 평균 파워가 적게 소모된다고 할 수 있다.

지금까지 말한 일량이나 파워와 속도와의 관계는 모두 물의 저항이 수영 속도의 2승에 비례하여 커지는 점에 바탕을 두고 있다.

■ 수영의 효율에 따른 기록의 향상

1) 수영 운동에서의 에너지의 흐름

수중에서 물의 저항에 거슬러서 나아가기 위해서는 일을 해야 하고 에너지의 소비가 따르는 사실은 이미 말했다.

따라서 계속 수영하기 위해서는 에너지(추진을 위한 에너지)를 계속 발휘해야 한다.

추진을 위한 에너지는 풀(Pull)이나 킥의 동작에 의해 발휘된 역학적 에너지의 일부이다.

이 역학적 에너지는 근육 수축에 의해 생리학적인 에너지로부터 변환된다.

각 선수에게 있어서 그 생리학적 에너지의 발휘나 그 지속 능력에는 한계가 있다(최대 능력). 그러나 이 한계는 트레이닝의 축적에 의해 향상된다.

이 생리학적 에너지는 그 전부가 역학적 에너지로 변환되는 것은 아니다. 이 생리학적 에너지에서 역학적 에너지로의 변환의 비율을 효율이라고 부른다.

마찬가지로 근육에 의해 변환된 역학적 에너지도 그 모두가 추진을 위한 유효한 에너지는 되지 않고, 일부는 호흡을 위해 필요한 동작이나 리커버리 때에 소비되고, 남은 일부는 불필요한 롤링이나 피칭 등에 의해 파도 등의 형태로 흩어져 없어져 간다.

따라서 여기에 제2의 효율이 존재한다. 제1의 효율, 즉 생리학적 에너지에서 역학적 에너지로의 변환 효율은 트레이닝에 의해 향상한다고 하지만 그 변화는 별로 크지 않다.

한편 제1의 효율이 트레이닝에 의해, 혹은 선수에 따라 그다지 큰 차이가 나지 않는데 반해 제2의 효율은 매우 큰 폭을 가진 수치가 된다.

예컨대 전혀 수영을 못하는 사람의 경우에는 제2의 효율은 0이다. 따라서 수영 운동에서 가장 중요한 효율은 제2의 효율이다.

제2의 효율을 지배하는 것은 기술이다.

높은 기술이란 호흡을 위한 동작이나 리커버리에 필요한 에너지를 최소한으로 억제해서 쓸데없는 움직임에 의한 에너지의 소비를 없애고 역학적 에너지를 최대한으로 추진을 위해 이용할 수 있는 능력이다.

2) 기록(記錄)의 향상

수영 경기에 있어서 기록을 향상시키기 위해서는 스타트나 턴 기술의 숙달도 필요하지만 가장 중요한 것은 보다 높은 속도로 계속 수영하는 능력을 획득하는 것이다.

높은 속도로 계속 수영하기 위해서는 보다 큰 추진을 위한 에너지를 계속 발휘해야 한다. 이것을 위한 다음 4가지의 방법이 있다.

① 생리학적 에너지의 발휘와 그 지속 능력을 붙인다

추진을 위한 에너지의 원동력인 생리학적 에너지의 발휘와 그 지속 능력을 높일 수 있으면 추진을 위한 에니지 발휘는 당연히 높아진다. 이것을 위한 트레이닝은 수영 연습 중에서 가장 중요한 것 중의 하나가 되고 있다.

② 역학적 에너지로의 변환 효율을 높인다

다른 스포츠 종목에 있어서와 마찬가지로 트레이닝에 의해 근육의 성질 등이 변화함으로써 이 효율은 향상한다고 생각되지만,

현실적으로는 수영 경기에 있어서 기록을 향상하게 하는 역할은 비교적 적을 것이다.

③ 제2의 효율을 높인다

이것은 즉 기술 향상이다. 쓸데없는 에너지 소비를 없애고 보다 많은 에너지를 추진을 위해 사용할 수 있도록 하기 위한 트레이닝은 생리학적 에너지 발휘 능력의 향상을 위한 트레이닝과 함께 수영 연습 중 가장 중요한 부분을 차지한다.

④ 저항이 적은 수영을 한다

추진을 위한 에너지는 물의 저항을 극복하고 나아가기 위해 필요하다. 그래서 물의 저항 그 자체를 적게 할 수 있으면 보다 적은 에너지의 소비로 계속 계속할 수 있다. 즉, 쓸데없는 저항이 생기지 않는 것 같은 폼으로 수영할 수 있으면 보다 빠른 수영을 유지하는 것이 가능해진다. 이것은 제1의 기술이다. 이것도 제2의 기술과 마찬가지로 연습에 의해 획득되고 향상하는 것이다.

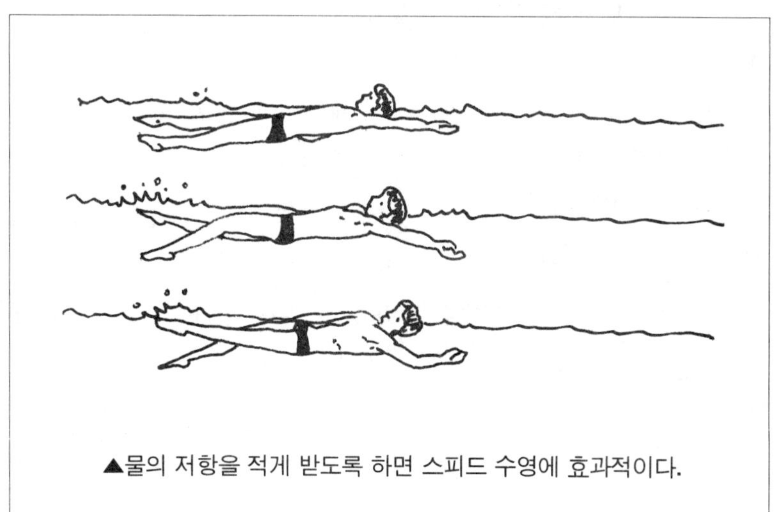

▲물의 저항을 적게 받도록 하면 스피드 수영에 효과적이다.

생리학적(生理學的)인 요인(要因)

■ 수영 성적에 영향을 미치는 요인(performance)

수영 운동이 효율좋게(장거리를 보다 빠르게) 이루어지기 위해서는 신체가 여러 가지 조건에 적응하는 것이 중요하다. 일반적으로 수영의 퍼포먼스는 '퍼포먼스=체력·기술·정신력'이라고 나타낼 수 있다. 체력이 아무리 훌륭해도 기술을 모르는 선수는 우수한 성적을 거둘 수 없다.

반대로 아무리 기술이 훌륭해도 체력이 따르지 않으면 훌륭한 선수는 될 수 없다.

또한 아무리 훌륭한 체력과 기술을 갖고 있어도 의욕과 집중력(정신력)이 없는 사람이 레이스에 이기기는 어렵다.

가령 수영 선수를 자동차에 비유해 보자. 1000cc의 대중차와 3000cc의 엔진을 가진 스포츠 카에서는 우선 엔진의 용량이 다르다. 바꿔 말하자면 스포츠 카는 가솔린을 다량으로 소비해서(산소를 다량으로 섭취하는) 큰 힘을 내어 빠르고 더구나 장거리를 달리는 것이 가능하다.

수영 선수의 경우에도 큰 폐에서 다량의 공기(산소)를 혈액 중의 헤모글로빈과 결합시켜 큰 심장에서 전신의 근육에 보낸다. 그리고 큰 근육군의 보다 많은 산소와 에너지 물질(주로 탄수화물과 지질)이 반응하여 큰 힘을 보다 오래 지속시키는 쪽이 좋은 성적을 낼 수 있다.

예를 들어 3000cc의 스포츠 카와 같은 크기의 엔진을 가진 트럭이 있다고 하자. 엔진은 같은 용량이지만 스포츠카쪽이 보다 빠르고 보다 장거리를 달릴 수 있다.

한편 트럭은 스피드는 느리지만 보다 다량의 짐을 운반할 수 있도록 설계되어 있다. 즉, 스포츠카 쪽이 공기에 의한 저항을 적게 받도록 유선형으로 설계되어 있다. 또한 엔진의 크기에 대한 차의 중량이 가볍기 때문에 트럭만큼 큰 에너지를 낭비하는 일도 없다.

수영 운동에서도 일단 영법(泳法)을 습득하면 이번에는 보다 오래, 보다 빠르게 수영하는 데에 과제가 집중한다.

수영 경기에 있어서는 보다 오래, 보다 빠르게 수영할 수 있는 것 같은 신체의 적응을 트레이닝으로 만들어 내는 것이다.

1) 지구력(持久力)에 대하여

수영 경기의 지구력(스테미너)은 100m~1,500m까지를 생각할 수 있다. 그 외에 원영(遠泳), 해협 횡단 등 수 시간에서 수십 시간 걸리는 것까지 포함하면 다양한 지구력이 필요하다.

다음의 [표]는 수영 경기에 있어서 거리와 전신 지구성을 대표하는 유산소적 에너지(산소 섭취량)가 차지하는 비율을 나타낸 것이다.

**[표] 수영 경기에 있어서의 거리와 유산소, 무산소
에너지가 차지하는 비율**

자유형 거 리	스피드 수영 100m의 스피드의 %	상대적 비율	
		무산소	유산소
100	100.0	80	20
200	90.0	60	40
400	86.2	40	60
800	83.1	17	83
1500	83.1	10	90

(100m의 세계기록을 100%로 하여 계산함)

이 표에서도 이해할 수 있듯이 유산소적 에너지가 차지하는 비율은 100m에서 20%, 200m에서 40%, 400m에서 60%, 1,500m에서 90% 이상이다. 이것은 거리가 길어지면 길어질수록 스테미너가 요구되는 현장 트레이닝의 경험과 일치한다.

스태미너를 지속시키는 요인이 되는 에너지 물질은 주로 탄수화물과 지질(특히 마라톤 수영 등과 같은 경우)이다. 이런 에너지원이 체내의 근세포 속에서 근수축의 에너지원이 되기 위해서는 공기 중의 산소를 섭취해서 그것과 반응해야 비로소 만들어지는 것이다.

이렇게 특히 장시간의 근수축을 위해 필요한 에너지원은 산소를 매개로 해서 생산되기 때문에 다음과 같이 산소의 운반 경로를 그림으로 나타내 보았다.

우선 대기 중의 공기(산소를 약 21% 포함하고 있다)는 입, 코에서 기관을 통해 폐내로 들어온다. 폐내에서 혈액 중의 헤모글로빈과 결합해서 심장으로 보내진다. 심장에서 혈관을 통해 전신으로

운반된다.

수영 중에 있어서는 주로 촉진을 위해 사용되고 있는 근육 속에 산소가 운반되어 근세포 내의 미토콘드리아에서 탄수화물 및 지질과 반응해서 근수축의 에너지원(아데노신 3인산＝ATP)을 낳는다.

위와 같이 스태미너의 향상이란 이런 기능의 향상을 의미한다. 즉, 근수축을 위한 보다 많은 에너지원(ATP)을 생산하기 위해서는 다음과 같은 신체의 제기능의 향상이 중요하다.

① 큰 폐에서 다량의 공기를 폐 내에 받아들인다(환기 능력)

② 폐에서 혈액 중에 다량의 산소를 확산시킨다(폐확산 능력).

③ 다량의 혈액과 혈액 중의 적혈구량(헤모글로빈)이 많을 것.

④ 산소로 결합한 혈액을 보다 많이 근육 속에 운반한다(심장의 펌프 기능).

⑤ 근육 속에서 에너지 물질과 산소가 보다 스무드하게 에너지화된다(근세포 속의 미토콘드리아량과 반응을 돕는 효소의 작용).

이상에서 보는 바와 같이 실제에 있어서의 수영 경기 등에서는 육상 경기의 경우와 비교해서 근수축의 특성이 상당히 다르다. 즉, 수영 경기에 있어서는 최대 근력을 필요로 하지 않는다.

특히 100m 전력영에 있어서도 평균 추진력에 필요한 팔의 스트로크에서는 10kg 전후의 힘이라고 한다.

따라서 비교적 낮은 강도로 몇 번이나 지치지 않고 반복 수축할 수 있는 근지구력이 필요해진다. 그 때문에 수영 중의 근수축의 특성에 맞는 근육의 지구성이 고려되어야 한다.

2) 근력(筋力)에 대하여

수영 중의 근수축 활동은 칼포비치 교수 등에 의해 보고되고 있다. 근육은 항상 수축하고 있는 것이 아니라 수축과 릴랙스가 교대로 반복되고 있다.

근육이 수축하고 있을 때는 혈관이 압박당해 산소나 에너지 물질이 근세포 속으로 운반되기 어렵고 릴랙스해 있으면 혈액이 근세포 속에 보급되기 쉽다.

이것을 밀킹 액션이라고 해서 근수축과 릴랙스를 반복함으로써 혈관을 수축하거나 확장하여 근육으로의 혈류가 촉진되어 산소나 에너지 물질의 보급을 보다 효율적으로 하고 있다.

수영에 있어서도 초보자는 물을 무서워하거나 긴장하고 있기 때문에 근육의 수축과 릴랙스가 제대로 협응하지 않아 근육이 지치기 쉽다.

올림픽 선수 등의 근전도(筋電圖)를 보면 근육의 수축과 릴랙스가 일정한 리듬으로 잘 협응해서 운동 중에 있어서도 근육은 휴식하고 있음을 알 수 있다.

3) 근수축 에너지(筋收縮 energy)에 대하여

근수축 에너지의 가장 기본적인 물질은 아데노신 3인산(ATP)이다. ATP의 분해에 의해 근수축 에너지가 산생(産生)하지만 ATP는 또 체내에서 재합성된다.

이 반응이 이루어질 때 산소가 없는 상태에서의 반응을 무산소적 반응이라고 부른다.

무산소적 반응은 유산을 발생하지 않는 비유산성 과정(10초 전후밖에 근수축을 지속할 수 없다)과 유산을 낳는 유산성 과정의 2가지 에너지 발생 과정이 있다.

유산이 근육이나 혈액 중에 축적되면 ATP를 재합성하는 반응은 억제되어 근수축 활동이 방해받는다.

우리들의 일상 생활이나 장시간 지속하는 것 같은 수영 트레이닝 등 비교적 느린 근수축의 신체 활동은 공기 중에 있는 산소를 혈액이 운반해서 그것과 에너지 물질(탄수화물, 지질)이 반응하여 ATP가 재합성된다.

이것을 유산소 과정이라고 해서 유산의 축적은 없기 때문에 체내에 에너지 물질과 산소가 있는 한 근수축을 계속하는 것이 가능하다.

4) 근선유(筋線維)의 종류에 대하여

근선유에는 타입이 있어 그 성질에 따라 에너지 발생원이 다르다. 예컨대 물고기의 예를 들어 보면 도미형과 다랑어형과 그 중간형으로 나눌 수 있다.

인간의 근육은 이런 3가지 타입이 혼합해 있으며 그 비율은 선천적인 것이라는 사실이 보고되어 있다.

도미형의 근육은 빨리 수축하고 파워도 있지만 지치기 쉽다. 에너지 발생 기구로 말하자면 주로 무산소 과정이다.

다랑어형은 수축 속도는 느리지만 지구성이 뛰어나서 유산소 과정의 에너지로 조달된다.

중간형은 근선유는 도미형이지만 다랑어형의 성질도 갖고 있어 스피드와 지구력이 뛰어나 수영 경기에는 이 타입의 근육이 필요하다고 한다.

이 타입의 근선유는 트레이닝의 질을 높이면 비대해진다고 해서 앞으로 구체적으로 어떤 트레이닝 처방을 실시하면 보다 중간형의 근선유가 발달하느냐가 중요한 과제일 것이다.

5) 호흡(呼吸)에 대하여

수영 초보자 지도에 있어서 호흡을 할 수 있다는 것이 '수영할 수 있는 것'의 제1조건임은 사실일 것이다.

먼저 초보자가 직면하는 문제는 숨을 멈추는(지식) 것과 얼굴을 물속에 담근다는 것이다.

이 동작은 특히 성장 박동에 여러 가지 영향을 미친다. 지식에 의해 심박수가 저하하는 일은 흔히 경험한다. 또한 찬 물에 얼굴을 담그거나 잠수를 해도 같은 현상을 본다.

이 현상을 잠수성 서맥(徐脈)이라고 해서 대부분의 잠수 동물(해표, 비바, 고래, 하마, 거북이)에 볼 수 있다.

수영 중에서는 지식(止息)하는 것 같은 경우가 종종 있다. 호흡 기계의 반응으로서 보통 호흡에서는 폐에서 이산화탄소(탄산가스)가 배출되지만 지식 때에 있어서는 혈액 중에 쌓여서 혈액 중의 탄산가스 농도는 상승한다.

▲수영 중의 호흡법은 매우 중요하다.

　혈액 중의 탄산가스가 상승하면 연수(延髓)에 있는 호흡 중추에서 호흡 요구의 지령이 내려져 숨이 고통스럽게 느껴진다. 지식 중은 말초 혈관의 혈류(血流)는 극도로 감소하거나 때로 정지해 있다.

　이것은 의식적으로 산소 공급이 극도로 적어진 것에 의해 별로 중요하지 않는 근육으로의 산소 소비를 제한하여 뇌 등의 생명과 직접 관계가 있는 기관으로의 산소의 수요를 만족시키기 위한 생체의 조절 기구이다.

　그러나 특히 오래 잠수하거나 할 때 등은 근육, 혈액 중의 산소 농도가 너무 낮아지고 때로는 의식을 잃는 경우가 있다.

특히 잠수 전의 과호흡(의식적으로 심호흡을 몇 번이나 반복한다)을 했을 경우의 잠수는 위험하므로 주의를 요한다.

과호흡에 의해 혈액 중의 탄산가스는 밖으로 배출되어 저하한다. 그 상태에서 잠수를 하면 산소는 근육에 의해 자꾸 소비되지만 탄산가스의 농도는 낮기 때문에 연수에 있는 호흡 중추로부터의 호흡 요구가 늦는다. 그 동안에 산소 농도는 자꾸 저하해서 최초로 손상을 입는 것은 뇌로 산소 결핍 때문에 의식을 잃어버리면 물에 빠진다.

이것은 특히 수영할 줄 아는 사람이 잠수 경쟁, 잠행에서의 트레이닝을 할 때에 자주 일어난다.

최근 하이프키식 트레이닝 중에서 잠수나 호흡 제한을 한 트레이닝이 널리 이용되기 시작했기 때문에 특히 주의를 요한다.

6) 수영 중의 호흡(呼吸)에 대하여

수영 선수는 육상 운동 때와 같이 자유롭게 호흡을 할 수 없고 수영의 피치에 맞추어 호흡해야 한다. 또한 항상 수압의 영향을 받고 있기 때문에 육상 운동보다 호흡이 제한된다.

따라서 가슴을 크게 벌려 환기량을 증대시키려고 하기 때문에 호흡근이 현저하게 발달하여 수영 선수의 폐활량은 다른 운동 선수에 비해 크다.

수영 중의 호흡은 입이 수면에 나와 있는 짧은 시간 내에 재빨리 하는 것이 좋다.

일류 선수의 호흡 패턴을 관찰해 보면 처음은 코와 입으로 조금씩 내뱉고 얼굴을 수면 위로 내밀기 직전에 세게 내쉬고 그 반동으로 단숨에 들이마시고 있다.

숨을 급격히 '푸아'하고 내쉬는 것은 고무공을 우그러뜨려서 그것이 원래대로 복원하듯이 자연스럽게 들이마실 수 있다. 따라서 숨을 내쉬는 쪽에 포인트를 두도록 하면 자연히 들이마실 수 있고 호흡이 완성된다.

초보자에게 있어서 호흡을 할 수 없는 원인의 대부분은 물에 대한 공포심 때문에 내쉴 수 없고 들이마실 수 없다는 것이 대부분이다.

수영 중의 운동 때에는 폐활량 전부를 사용해서 호흡하는 것이 아니라 숨을 들이마시는 방향과 내쉬는 방향에 예비력을 남기고 있어 이것들은 각각 예비 흡기량, 예비 호흡량이라고 불린다. 폐에는 더욱이 잔기량(殘氣量)이라고 하는, 숨을 전부 내쉬어서도 아직 남아 있는 양이 성인의 경우 1.5~2.0ℓ 정도 있다.

육상에서 안정하고 있을 때는 폐활량 중위에서 호흡이 이루어져 1회 환기량은 0.5~0.8ℓ 정도이지만 운동하면 호흡 위상(呼吸位相)은 흡기(吸氣 ; 들이마시는 숨)와 호기(呼氣 ; 내쉬는 숨)의 양 방향으로 퍼져서 강한 운동에서는 2~3ℓ도 된다.

수중 안정시에는 수압의 영향으로 호흡의 레벨은 숨을 내쉰 방향으로 이동하지만 수영하기 시작하면 횡격막이 흉곽 방향으로 올라가서 숨을 들이마신 방향으로 이행한다. 따라서 흉부를 크게 벌리고 호흡하는 것이 수영 운동의 특징이다.

7) 발육(發育)과 발달(發達)에 대하여

수영을 시작하여 배우고 나서 보다 빠르게 수영하는 경영 선수(競泳選手)의 훈련 과정에 있어서 심신의 발육과 발달을 고려하는 것은 생리학적인 인체의 기능 향상 뿐만 아니라 기술이나 정신면에서도 중요한 일이다.

특히 수영 경기에 있어서는 세계적 레벨의 도달 연령이 남자 15~20세, 여자 13~18세로 다른 경기 종목과 비교해서 젊은 것이 특징이다.

이것은 수영 운동의 생리학적 특성(근력, 호흡 순환 기능, 부력, 기술 습득 과정, 심리적 요소) 등이 저연령화에 박차를 가하기 때문인 것으로 생각된다.

그러나 실제로 트레이닝을 할 때 발육과 발달 도상에 있는 선수에 대해서는 여러 가지 점에 배려가 이루어져야 한다.

너무 연령이 어린 시기에 엄격한 트레이닝을 실시하면 치우친 발육을 하거나 성장에 영향을 준다.

또한 신체 제기관은 모두가 같은 발육과 발달 곡선을 그리는 것은 아니다.

따라서 그런 특성들을 잘 이해한 후의 트레이닝 계획을 실시하는 것이 보다 효과적일 것이다. 위의 그림은 스캬몬의 발육형을 나타낸 것이다. 신경계의 발달은 5세경까지 성인의 90% 정도에까지 도달한다. 따라서 이 시기부터 기술 지도를 중심으로 올바른 영법(泳法)의 습득을 철저히 하면 폼 만들기는 완성될 것이다.

신장과 체중의 발육은 거의 같은 경향으로 성장해 가지만 일반적으로는 신장이 커지고 그 뒤를 체중(근육)이 증가하는 경향에 있으며 그것을 추종하듯이 내장 제기관이 완성되어 간다.

따라서 신장의 증가 시기에 무거운 중량의 웨이트 트레이닝이나 큰 근력을 필요로 하는 것 같은 트레이닝을 지나치게 많이 하면 정상적인 발육에 악영향을 미칠 위험성이 생긴다.

이 시기에서는 전신적인 지구력을 주체로 하는 트레이닝이 실시되어야 할 것이다.

전신 지구력(全身持久力)의 지표로서 가장 적당한 평가 방법이라고 하는 최대 산소 섭취량(Vo2max, 전신의 근육이 최대 운동시에 어느 정도의 유산소적 에너지를 발현시킬 수 있느냐 하는 능력)을 보면 남녀 모두 신장과 체중이 증가하는 시기에 크게 증대하는 사실을 잘 이해할 수 있다.

또한 이 시기에 유산소적인 트레이닝을 주체로 한 트레이닝을 실시하는 것이 최대 산소 섭취량의 증대에 가장 유효한 수단인 점도 많은 연구 보고에 의해 증명되고 있다.

현장에 있어서 코치의 경험으로도 지구적인 트레이닝과 수영 폼 만들기에 주체성을 둔 트레이닝 처방이 우수한 선수를 키우는 데 있어서 가장 효율이 좋은 방법임은 잘 알려져 있다.

이상과 같이 발육과 발달면에서 수영을 생각하면 일반적으로는 수영의 초보자는 5~6세경부터 시작해서 10~13세경까지는 기본적인 4영법을 확실히 철저하게 습득하면 좋다.

12세경부터 지구력을 가속적으로 향상시키기 위해 트레이닝의 양을 늘려서 호흡 순환계에 부담이 가는 트레이닝을 가미해 나간다.

여자에게 있어서는 13~14세(남자는 15~16세경)부터 근육량(筋肉量)을 늘려서 근육을 키우는 트레이닝을 짜넣어 간다. 또한 근력의 저하를 막기 위한 웨이트 트레이닝, 그것과 무산소적 트레이닝(특히 단거리 종목)에 포인트를 두도록 한다.

물론 이 시기에 있어서도 폼 만들기, 지구성 트레이닝을 기본으로 한 연습을 계속해 나가는 것은 중요한 일이다.

그러나 이런 원칙들은 일반적인 것으로 물론 발육과 발달에는 개인차가 있음도 잊어서는 안 된다.

8) 신체의 유연성(柔軟性)에 대하여

유연성이라는 것은 신체 각부의 관절이 어느 정도의 범위에서 가동할 수 있느냐 하는 정도를 말한다. 유연성의 필요성은 각 운동 종목에 따라 상당히 다른 특징이 있다.

수영에 있어서 유연성과 수영 성적이 얼마간의 형태로 관계 깊은 사실은 알려져 있지만 그것을 실증한 연구 보고는 눈에 띄지 않는다.

그러나 현실에서는 어깨와 발목 관절의 유연성의 중요성은 현장 코치의 경험으로도 종래 일컬어져 오고 있으며 그 중에서도 팔의 스트로크할 때의 어깨의 유연성은 올바른 손의 입수를 할 수 있는 필수 조건일 것이다.

또한 접영의 팔의 리커버리도 어깨의 유연성이 중요한 포인트가 된다.

발목의 신전도에 대해서는 자유형, 배영, 접영의 킥에는 필요하고 굴곡도(屈曲度), 외전도(外轉度)는 평영의 킥에는 중요한 요소들이다.

신체의 유연성을 높인다는 것은 수영의 효율을 높일 뿐만 아니라 그 외에도 많은 이점을 올릴 수 있다.

오늘날에는 유연성을 향상시키는 방법으로서 크게 나누어 2가지의 방법이 취해지고 있다. 하나는 종래부터 이루어져 오고 있는 탄력을 붙여 각부의 가동성을 보다 넓은 범위에까지 뻗치려고 하는 방법이고, 또 하나는 근육을 릴랙스시키면서 탄력 등을 붙이지 않고 신전시켜 간다는 방법이다.

오늘날에는 후자의 방법을 스트레칭이라고 해서 각종 스포츠 트레이닝의 워밍업(warming up), 혹은 쿨링 다운(cooling down)의 일환으로서 한창 이용하고 있다.

수영 선수의 유연성을 올바르게 평가하기 위해서는 다음 그림과 같은 4가지의 유연도 테스트를 이용하여 올바로 측정해서 향상의 바로미터로 사용하는 것도 바람직하다.

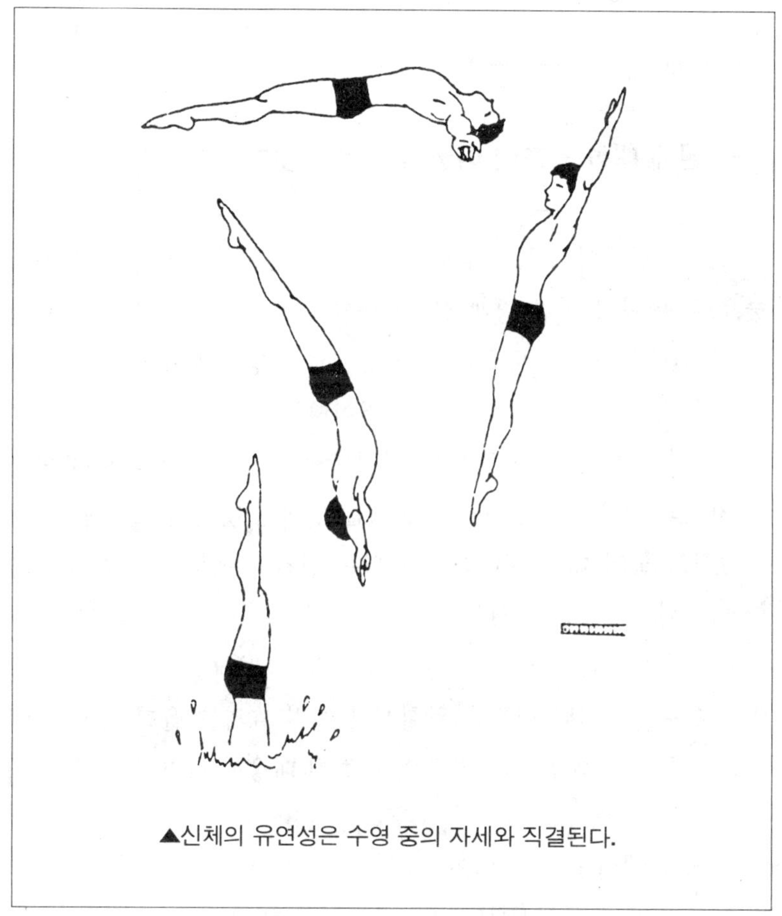

▲신체의 유연성은 수영 중의 자세와 직결된다.

심리학적(心理學的)인 요인(要因)

◼ 물에 대한 공포에 어떻게 대응할 것인가

공포는 인간이나 동물에게 있어서 매우 중요한 자기 보존의 기능으로, 위험에 대한 경계 신호의 역할을 하고 있다. 인간에게 있어서 최대의 공포는 죽음에 대한 공포로 수영을 못하는 사람이 깊은 물을 두려워하는 것은 당연한 것이다.

그러나 어른이 허리 정도 깊이의 물을 두려워하거나 수중에서의 자신의 힘을 과소평가하고 공포를 느끼는 것은 우스운 일이다.

그리고 물에 대한 지나친 공포심은 인간의 행동을 위축시켜 기능 학습의 큰 장해가 된다.

공포의 종류는 단일하지 않고 그 정도도 여러 가지로 취급하기 어려운 감정이지만 이것을 완화시켜 훈련 효과를 올려 가기 위해서는 공포의 성질을 잘 이해하여 적절히 대응해 나가야 한다.

1) 물에 대한 공포의 원인

주요한 것은 외상성(外傷性) 자극에 노출되는 것과 공포를 보이는 사람들을 직접 혹은 간접으로 관찰하는 것이지만 물에 대한 공포는 후자에 의한 경우가 많다.

2) 물에 대한 공포의 종류

① 선천적인 공포 —— 갑자기 지주(받침)를 잃는 것, 큰 소리 등.

② 발달적인 공포(연령에 따라 출현하거나 강해지거나 약해지거나 하는 것 —— 친한 사람과 헤어진다, 낯선 사람이나 장면, 동물, 상상속의 사물이나 장면 등.

③ 습득된 공포 —— 목욕 중에 미끄러져서 머리를 부딪치거나 비누가 눈에 들어가는 등 목욕에 대해 공포를 품는 행위 등.

3) 공포를 누그려뜨리려면

공포증 치료에는 다음과 같은 방법이 흔히 이용된다.

① 계통적 탈감작법(脫感作法) —— 안정되게 릴랙스한 상태에서 공포의 대상에 대해 상상 속에서 혹은 실제로 단계적으로 서서히 길들여 나간다.

② 모델링법 —— 공포를 품고 있는 사람이 흉내낼 수 있는 것 같은 모델을 사용해서 그것을 관찰하여 공포를 극복하는 방법을 학습한다.

③ 플러딩법 —— 공포의 대상에 급격히 드러나거나 그 이상의 공포의 장면에 드러나서 원래 공포의 세기를 상대적으로 약화시킨다.

수영에 있어서는 주로 ①과 ②의 방법이 실제로 응용되고 있다.

4) 수영에 있어서의 공포에 대한 대응

① 초보자의 물에 대한 공포를 무시해서는 안 된다.

② 연령과 품기 쉬운 공포의 대상을 잘 고려해서 대처한다. 예컨대 0~2세에서는 큰 잡음과 낯선 상황이나 사람에 대해 공포를 품는 예가 많기 때문에 가능한 한 조용한 환경에서 수영하고 또 미리 지도자나 수영 장면에 잘 길들여 두는 것이 중요하다.

③ 무서워하는 초보자를 비웃지 않는다. 특히 국민학교 고학년 이상의 사람에게 있어서는 코치나 친구로부터 비웃음을 당하는 일은 자존심을 크게 다친다.

④ 공포의 감수성에는 개인차가 크다. 감수성이 높은 사람에게는 할 수 있는 것을 잘 반복하여 어떤 기능에 충분한 자신을 갖고 나서 다음 단계로 나아간다는 배려가 필요하다.

⑤ 초보자가 무엇을 두려워하고 있느냐의 원인을 구명해서 그것이 무섭지 않다는 사실, 어떻게 하면 잘 할 수 있는지를 잘 설명할 것.

⑥ 무서워하는 상황 속으로 무리하게 몰아 세우지 않는다.

⑦ 필요한 때에는 항상 도움을 받을 수 있다는 안도감을 줄 것.

⑧ 예컨대 어떤 사소한 기능의 진보라도 할 수 있음을 칭찬해서 자신을 갖게 할 것.

⑨ 더욱이 스스로 공포를 극복할 기회를 주어 자신의 능력에 대한 신뢰감을 발전시키도록 한다.

◪ 개성에 따른 수영

수영은 초보자, 중급자, 선수 어느 단계라도 집단적으로 이루어지는 경우가 많지만 스위머의 개성은 여러 가지이다. 특히 수영을 배우는 단계에 있어서는 지도자의 하나의 발언에 대해서도 각 사람의 반응은 다르다.

따라서 집단적인 수영 지도의 장에 있어서도 학생을 대하는 방법, 어드바이스 하는 방법, 동기 부여의 방법, 연습 내용의 선택 등 수영자(스위머) 개성에 대한 코치(지도자)의 배려가 중요하다.

1) 수영자(스위머) 개성의 파악

일반적으로 사람의 성격은 일상의 언어, 태도, 행동 등의 관찰이나 부모·동료로부터의 보고 등에 의해 대강 그 정도는 파악할 수 있다. 더욱 자세한 사항은 각종의 성격 검사(性格檢査)에 의해 알 수 있다.

예컨대 주니어 경영 선수에게 모즈레이 성격 검사(MPI)를 실시한 결과가 있다. 이 검사는 신경증적 경향과 외향성 —— 내향성이라는 2가지의 특성을 측정하여 개인의 특성을 분석하는 것이다.

그 결과 주니어 선수는 공립고교생의 수치와 비교해서 약간 외향적인 사람이 많다는 특징이 있다.

더욱이 남자 자유형의 장거리 선수는 다른 종목의 선수에 비해 내향적인 경향을 보이고 있었다.

2) 성격 특징에 따른 초보자의 수영

H.T.A. Whiting 등은 수영을 못하는 사람을 지금까지 수영학습의 경험이 없는 사람(non-swimmer)과 학습 경험이 있는데 수영을 못하는 사람(persistent non-swimmer)으로 나누고 후자

와 수영할 수 있는 사람과의 성격 차이를 모즈레이 성격 검사를 이용하여 조사했다.

그 결과는 학습 경험이 있으면서 수영을 못하는 사람은 내향적이고 신경증적(神經症的) 경향이 높은 사실을 발견했다.

그리고 내향성과 쉽게 조건 붙여지는 깊은 관계로 이런 사람들의 지도에서는 실패할 가능성이 있는 상황에는 가능한 한 두지 않도록 해서 공포가 아니라 기쁨을 조건 붙이는 것 같은 수영 프로그램의 필요성을 말하고 있다.

3) 경영 선수(競泳選手)의 성격에 따른 코칭

평영 연습은 들리는 것은 물소리, 보이는 것은 수중의 코스 라인, 느끼는 것은 일정한 수온이라고 하듯이 외계로부터 차단된 매우 단조로운 환경에서 장시간 이루어지고 있다.

일류 선수가 되기 위해서는 오늘도 내일도 같은 코스 라인을 보고 왔다갔다 하는 연습을 10년 가까이 계속해야 한다.

이런 단조로운 환경에 대한 심리적 내성은 내향적인 사람 쪽이 우수하다고 한다. 따라서 이런 환경을 질색하는 외향적인 선수에 대해서는 심리적 단조감을 깨뜨리는 것 같은 변화 풍부한 연습 내용을 연구하는 것이 중요하다.

미국의 코치들은 장거리를 수영시킬 때 선수에게 자기에게 도전하는 태도를 특히 갖게 한다. 3,000m의 랭킹을 만든다. 수영 중에 게임적 요소를 넣는다. 선수가 수영하고 있을 때는 코치는 절대 걸터앉지 않고 풀을 왔다 갔다 하면서 큰 소리내어 격려한다는 등의 단조감을 깨뜨리기 위한 연구를 하고 있다.

◤ 수영에 대한 동기 부여(Motivation)

수영을 못하는 아이가 수영을 할 수 있게 되고 더욱 기능이 숙달해서 장기간의 연습을 계속해서 높은 경기 성적을 올리기 위해서는 많은 요인이 필요하다.

그 중에서 최근 코칭 분야에서 주목받아 온 것에 수영에 대한 동기 부여가 있다. 어떤 선수는 매우 의욕이 있는데 다른 선수는 전연 의욕을 보이지 않는다. 이런 의욕이 없는 선수들에게 의욕을 일으키게 하기 위해서는 어떻게 하면 좋으냐 하는 것은 코칭의 하나의 주요 과제이다.

1) 수영에 대한 동기 부여란

사람이 뭔가에 동기 부여된다는 것은 그 사람 속에 생긴 생리적·사회적 등의 욕구를 해소하는 것 같은 방향을 향해서 일어난 반응이다.

이것은 관찰할 수 없고 행동을 일으키는 계기를 주거나 행동을 유지하거나 정지시키거나 하는 요인이 된다. 그러나 이것은 행동과 같은 것은 아니다. 행동은 여러 가지 물리적·사회적·문화적인 요인에 의해 영향을 받는다.

동기 부여는 '경기 성적＝동기 부여×선수의 능력'이라고도 생각되어 아무리 선수가 생리적·기술적으로 뛰어난 자질을 갖고 있어도 의욕이 0이면 경기 성적은 오르지 않고 반대로 자질이 뛰어나지 않아도 의욕이 있으면 성적을 올릴 수 있듯이 동기 부여는 경기 성적을 좌우하는 하나의 요인이 된다.

2) 초보자의 수영에 대한 동기 부여

인간은 전혀 자극이 없고 흥분이 없는 환경에 놓이면 자극과 흥분을 찾는 경향을 갖고 있다. 찾는 자극과 흥분의 과정은 사람에 따라 다르지만 적량의 자극과 흥분을 경험함으로써 즐거움을 느낀다. 아이가 누구에게도 강요당하지 않고 물놀이에 열중하고 있는 것은 즐거움을 느끼고 있기 때문이다.

지금까지 수영을 못했던 아이가 처음 떠서 1m라도 나아갈 수 있었을 때 스스로도 할 수 있다는 능력을 발견하고 다음에 2m에 도전해서 그것을 할 수 있어 성공감을 맛보고 기쁨을 느낀다.

이렇게 해 보고 성공해서 기뻐하고 그것을 반복하는 것과 같이 사람의 내부에서 발생하여 행동이 끝난 순간에 기쁨을 느끼고 그것이 보수가 되어 다시 그런 행동을 낳게 하는 동기 부여를 내발적 동기 부여(Intrinsic Motivation)라고 한다.

초보 단계에서는 이 재미를 느끼게 하는 것과 자신의 능력을 인식시키는 것에 의해 수중에서의 자신감을 갖게 해서 성공을 맛보게 하는 것이 중요한 동기 부여가 된다. 또한 실패했을 경우에는 본인의 능력 부족 탓으로 돌리는 것과 같은 부정적인 표현을 하지 않는 것이 중요하다.

3) 선수의 수영에 대한 동기 부여

선수는 일반적으로 연간 혹은 시즌의 목표 타임을 지향해서 연습하고 있다. 이 목표를 어떻게 세우느냐가 동기 부여나 행동에 영향을 준다.

그러면 선수는 수영에 대한 목표를 어떻게 설정하고 어떻게 실천에 옮겨야 할 것인가?

그 목표 설정의 방법과 유의점에 대해서 알아본다.

① 성공·실패 규준(規準)의 인식

경기에서의 한 종목의 우승자는 한 사람으로 승리가 성공하면 성공자는 한 사람밖에 없고 그 외는 모두 실패차가 된다. 성공이냐 실패냐의 규준(規準)을 자신이 세운 목표를 달성했느냐 하지 않았느냐에 둠으로써 많은 사람이 성공을 경험할 수 있다.

② 목표는 달성할 수 있는 범위 내의 것으로서 도전의 의미를 가질 것

100m를 1분 10초에 수영하고 있는 선수가 목표를 1분 9초 8로 하거나 가끔 58초 0으로 하듯이 달성의 가능성이 100%나 0%에서는 목표의 의미가 없다.

달성 동기가 강한 사람은 성공의 가능성이 50%일 때 최대의 세기로 동기 부여된다.

반대로 실패를 회피하는 경향이 강한 사람은 이 때 최소가 된다.

따라서 선수의 개성을 잘 고려한 후에 달성의 가능성이 있고 기록에 대한 도전의 의미를 갖는 것 같은 목표를 설정한다.

③ 연습 내용의 의미 부여

1주일 혹은 매일의 연습이 목표 달성에 어떤 의미를 갖고 있는지를 이해시키는 것이 개개인의 연습을 열심히 하게 하는 동기 부여가 된다.

④ 성공과 실패의 경험을 잘 배합한다

목표를 달성하면 성공감을 맛보고 이것이 다음 경기 수행의 큰 동기 부여가 된다. 그러나 성공만 하면 그 기쁨은 엷어진다. 또한 항상 실패만 하면 자신을 잃고 의욕을 잃는다. 그래서 성공과 실패를 잘 배합하는 것 같은 목표를 세우는 방법이 중요해진다. 다만 경기 경험이 적은 선수에게는 성공의 기회를 많이 주어 자신감을 갖게 하도록 하는 편이 좋다.

⑤ 목표의 다양화

경영(競泳)의 구체적인 목표는 타임이나 순위가 된다. 그러나 오랫 동안의 연습 성과를 평가할 때 단지 입상했으니까 성공, 목표 타임을 달성할 수 없었으니까 실패라고 하지 말고 실패 중에도 성공한 부분이 있고 성공 중에도 실패의 부분이 있듯이 목표를 다양화 하는 편이 선수의 동기 부여를 위해 효과적이다.

예컨대 목표 타임은 달성할 수 없었지만 페이스 배분은 좋았다. 스타트 턴의 기능은 향상했다, 마지막까지 수영 폼이 흐트러지지 않았다 등 실패 중에도 성공한 부분을 평가할 수 있는 것 같은 다양한 목표 설정이 바람직하다.

⑥ 목표 설정에 본인을 관여시킨다

목표 설정을 본인에게만 맡기면 안이한 것이 되는 경우도 있지만 의욕은 본래 자주적인 것으로 그 자주적인 마음을 짓밟으면 의욕은 자라나지 못한다.

따라서 코치는 목표 설정을 위해 정보를 제공하고 그 조언자의 역할을 하는 정도에 그치고 마지막 결정은 본인에게 맡기는 편이 좋다.

⑦ 목표를 공표한다

자신이 세운 목표를 팀 미팅 등의 자리에서 공표시킨다. 그로 인해 책임을 느끼고 목표를 달성하려고 하는 행동이 강해진다.

⑧ 메달이나 트로피의 획득을 목표로 하지 않는다

경기대회에서 입상하여 메달, 트로피 등의 상품을 받는 경우가 있다. 이와 같이 인공적으로 외부에서 보수를 받아 행동이 촉발되는 것을 외발적 동기 부여(Extrinsic Motivaion)라고 한다.

이런 일이 계속되면 극단적인 경우는 메달이나 트로피를 얻기 위해 경기대회에 출장하게 되어 수영을 하는 이유가 변화해서 외적 보수를 노리게 된다.

이런 것은 자신이 좋아서 한다는 주체적인 감정을 잃게 해서 자신을 그 보수를 위한 예속자로 만들어 버려 내발적인 동기 부여를 약화시키는 경우가 있다.

따라서 화려한 상품을 주는 데에는 신중한 배려가 필요하고 메달 등은 그 경기에서의 기록에 대해 주어진 기념품에 불과하다는 사실을 선수에게 잘 가르쳐 둘 필요가 있다.

◤ 경기에 있어서의 심리적 컨디셔닝

연습이나 예선에서는 좋은 타임으로 수영하지만 결승에서는 도저히 실력을 발휘할 수 없는 선수가 있다. 예선과 결승에서는 본인의 체력·기술에는 거의 변화는 없고 변하는 것은 심리적 상황뿐이다.

이것은 연습에서의 중점이 근력, 지구력, 스트로크 기술 등의 향상에만 놓여서 경기에서 그런 힘들을 최대한으로 발휘하기 위한 심리적 컨디셔닝을 경시하고 있기 때문이다.

그렇다면 수영 경기에서 선수가 자신의 실력을 충분히 발휘하기 위해서는 어떻게 하는 것이 좋은가? 그 방책을 알아보자.

276

1) 레이스 플랜의 작성

경기대회가 다가와서 출장 종목이 결정되면 그 레이스를 어떻게 수영하느냐의 상세한 플랜을 세운다.

① 레이스 전체를 몇 개의 부분으로 나눈다.

예컨대 100m(25m×4), 200m(50m×4), 400m(100m×4) 등.

② 각 부분을 몇 초에 수영하느냐의 페이스 설정

③ 각 부분을 어떻게 수영하느냐의 수영 방법이나 느낌의 상정

a. 스타트 전의 행동과 정신을 집중하는 방법.

b. '준비' 예령부터 스타트까지 무엇에 주의하는가?

c. 나눈 부분에서 무엇을 강조하여 수영하는가?

d. 턴, 골 터치 때의 유의점.

e. 피로에 대한 대처 방법.

이상의 점을 가능하면 용지에 기재해서 정리한다. 연습에서도 이런 점들을 생각하면서 수영하도록 한다.

2) 수영 경기 당일의 컨디셔닝

① 스케줄 결정

a. 몇 시에 일어날 것인가?

b. 언제, 무엇을 먹을 것인가?

c. 수영복, 타월 등의 경기장에 가져갈 물건의 체크.

d. 언제 경기장에 갈 것인가?

e. 언제 워밍업을 할 것인가?

f. 휴식이나 그 밖의 행동(동료의 응원)을 어떻게 할 것인가?

g. 레이스의 멘탈 리허설을 언제 어떻게 할 것인가?

이런 스케쥴들을 어떻게 짜면 레이스에 최고의 상태로 임할 수 있는지를 이전의 수영 시합이나 경기에서의 경험으로 자신에게 맞는 방법을 확립해 둔다. 이것이 수영 경기에 평상심으로 임할 수 있는 하나의 방법이다.

② 쾌적한 기상

아침에 일어났을 때의 느낌은 그 날의 행동에 적지 않은 영향을 준다. 그 때문에 쾌적하게 '좋아 해보자!'라는 적극적인 느낌으로 기상하는 것이 중요하고 이것도 연습이 필요하다.

▲적극적인 사고 방식은 당신의 수영 기술을 빠른 속도로 발전시켜 준다.

③ 휴식을 취하는 방법

휴식은 피로를 회복시켜 심신을 릴랙스시키기 위해 중요하지만 경기에 필요한 긴장 상태를 얻기 위해 그 양, 그 시기의 선택 방법이 중요하다.

④ 워밍업

워밍업에서는 신체적인 것 이외에 앞서 작성한 레이스 플랜 중의 감각적·감정적인 것을 포함해서 실시해야 한다.

⑤ 소집 장소에서

여기에서는 눈앞에 다가온 레이스에 대한 마음의 집중과 그 마음을 적절한 긴장 상태로 가려 가는 것이 필요해진다.

이 때에 레이스 전반의 멘탈 리허설을 하거나 '오늘은 컨디션이 좋다'고 자신을 고무하는 것 같은 얘기 걸기 등도 좋은 방법이다.

3) 수영 경기 후의 자기 체크(반성)

경기 후 별로 날을 두지 않고 팀 미팅을 열어 각 선수에 대해서 성공한 점, 실패한 점, 그 원인, 당일의 심리적 경과, 감정의 움직임 등의 발표를 청해 어떤 심리적 조건이 성적에 영향을 주고 있었는지를 파악해서 이런 자료들을 축적해 가면 개개인의 선수가 모두 심리적 컨디션을 잘 컨트롤 할 수 있게 될 것이다.

▲수영 후에는 항상 자기 체크(반성)를 하도록 한다.

제 2 장

대상에 따른
수영 이론과 기술

수영, 어떻게 배울 것인가

■ 수영에 대한 지도의 필요성과 과제

1) 수영 지도의 필요성

경찰청에서 보고되고 있는 수난 사고에 관한 자료에 따르면 연간 수백 명이라는 귀한 목숨이 사망되고 있다. 그 최대 원인의 하나가 익사로 수영을 못하는 것이 직접 사고에 기인하고 있다.

이런 현상에서 일반적으로 안전 관리의 제1보는 수영을 몸에 익히게 하는 것이라고 한다. 물에 의한 사고로부터 몸을 지키기 위해서는 수영상의 주의 사항을 근거로 해서 수영을 몸에 익혀 두는 것이 필요하다.

그러나 유감스럽게 우리들 인간은 같은 동물인 개나 말처럼 선천적으로 수영할 수는 없다. 수영을 몸에 익히기 위해서는 그것의 지도에 의해 알고 연습을 통해 배워 나가야 한다. 수영 지도가 요구되는 이유도 여기에 있다.

이런 배경에서 연간 약 ○○만명이라는 수영을 못하는 새로운 생명의 탄생과 아직도 수영을 못하는 사람들을 위해서도 수영에 의한 신체적인 교육도 아울러 생각해서 수영 지도의 필요성이 주장되고 있는 현상이다.

2) 수영 지도의 과제

수영 지도에서는 사고 방지와 그것에 바탕을 두는 안전 대책이라는 면을 근저에 두고 지도자의 능력, 시설 용구의 실정, 혹은 대상자의 실태 등에 따라 지도 내용을 효과적이고 능률적으로 지도해서 전개해 나가야 한다.

수영 지도에 임해서는 지도 시간이나 지도 장소를 충분히 고려함과 함께 지도의 목적이나 내용을 파악해서 교재 연구를 권하고 지도법의 창의·연구에 의해 임하는 것이 중요하다.

지도자는 대상자에 대해 어떻게 동기 부여를 하고, 의욕을 북돋우고, 자신을 갖게 하느냐에 대해서 충분히 생각하고, 또한 자발적으로 계속 하려는 소지를 가꾸는 것이 중요하다. 더욱이 체육, 스포츠, 레크레이션, 혹은 평생 스포츠로서 발전시켜 나가기 위한 기초 형성이 되도록 충분히 고려하면서 지도에 임하는 것이 바람직하다.

◢ 수영 지도의 원칙

수영은 물속에서 하는 운동으로 육상 운동과 비교하면 환경 조건이나 운동 형태가 크게 다르다. 따라서 수영 지도에 임해서는 다음에 서술하는 것 같은 기본적 원칙에 유의해서 대상자의 실태나 지도 내용에 따라 효과적인 형태, 대형(隊形), 수단 등을 활용하여 진행하는 것이 필요하다.

1) 수영 지도의 기본적인 원칙

① 안전성에 유의할 것

수영은 비교적 좁은 범위에서 한꺼번에 많은 사람이 알몸에 가까운 상태로 수중에서 하는 스포츠이다. 그 때문에 물의 특성에 대해서 충분히 이해함과 동시에 대상자의 건강이나 사고 방지에 배려하면서 지도에 임해야 한다.

② 동기 부여할 것

연습 효과를 높이기 위해서는 그 내용에 대한 동기 부여가 필요하고 대상자에 대해 의욕을 갖게 해야 한다. 특히 수영에서는 불안감이나 공포감이 따르기 쉬우므로 그것을 제거하는 것 같은 지도법의 창의·연구에 의해 항상 즐거움이나 기쁨을 선행시켜서 흥미를 갖게 하는 것이 중요하다.

③ 자신을 갖게 할 것

대상자에게 성공의 기쁨이나 만족감을 줌으로써 자신을 갖게 하는 것은 능률적인 지도를 전개하기 위해서 중요하다.

수영은 '할 수 있다', '할 수 없다'가 명확히 나타나는 운동 교재로 극복적(克服的) 스포츠로서의 특성을 갖고 있다.

따라서 기술의 습득 과정에 있어서는 할 수 없는 점에 대한 주의보다 개인의 능력에 맞는 연습 내용을 확인하고 그것을 할 수 있었던 점에 대한 상찬에 중점을 두는 것이다.

④ 목적·목표를 명확하게 할 것

지도자는 대상자에 대해 '무엇을', '무엇을 위해' 지도하고 있는지를 충분히 이해시켜 개인에 따른 목적이나 목표 달성을 위한 의식을 갖게 해서 적극적으로 연습시켜야 한다.

뭔가에 몰두하려고 했을 때 목적이나 목표가 명확치 않으면 의욕이 일어나지 않는 법이다.

⑤ 협력시킬 것

수영은 불안감이나 공포감과 함께 고독감을 가지고 있고, 더구나 개인적 운동이라는 점도 있어서 특히 수영할 수 없는 사람에게는 그것이 강하게 느껴진다.

그 때문에 지도자는 한 사람 한 사람에게 연습 참가의 의식을 갖게 하기 위해 대상자를 여러 명의 그룹(버디 등)으로 나누어 서로 격려하고 돕고 협력해서 연습시키는 것이다. 또한 이것은 안전 관리의 면에 있어서도 효과적이다.

⑥ 개별성

개인의 수영에 대한 신체적인 준비성(학습 레디니스)은 각각 달라서 지도자는 대상자의 신체적 특징을 파악하여 그것에 따른 지도 내용이나 방법에 의해 지도하는 것이 중요하다.

특히 중학생 이하의 어린이들의 경우에는 신체의 발달 단계에 개인차가 현저하고, 또한 수영의 특성상, 기술의 숙달 단계에도 개인차가 생기기 쉽다. 이런 점들을 충분히 고려해서 지도에 임해야 한다.

⑦ 점진성

지도자는 조바심 내지 말고 항상 대상자의 실태를 파악하면서 지도를 전개해 나가는 것이다.

신체의 각 기관이나 조직은 급속한 변화를 수반하며 발달하는 것은 아니다. 지도 내용, 연습량, 혹은 연습 방법을 비약시켜서 지도하는 것은 성과를 볼 수 없을 뿐만 아니라 반대로 수영을 싫어하게 만들거나 대상자의 신체적인 발달에 악영향을 미치게 될지도 모른다.

⑧ 종합성

수영에서는 손이나 발의 동작과 함께 수영을 분할한 연습 형태가 이용된다. 이것들은 어느 한쪽으로 치우치는 일이 없도록 손, 발 각각의 조화잡힌 부하 연습(負荷練習)이나 그 컴비네이션 등을 포함해서 신체에 대한 종합적인 연습이 필요하다.

지도자는 또한 하나의 수영 뿐만 아니라 여러 가지 수영(각종 영법, 수중 동작)을 포함해서 수영자가 몸 전체로 물을 다루도록 이끄는 것이다.

이것은 결국 체육적인 면에 있어서나 수영의 기본을 습득하기 위해서도 중요한 의미를 갖는다.

⑨ 반복성

신체적 특징에 따른 운동 기능의 형성과 정착은 연습의 횟수를 더해감으로써 조건 부여가 되고 반복화되어 가는 것이다. 한 번의 경험으로 곧 완벽한 동작을 몸에 익힐 수는 없다.

따라서 연습 때 잘못된 수영을 계속하고 있으면 그것이 버릇이 되어 기술의 발전성을 볼 수 없기 때문에 올바른 수영의 요령을 반복 연습하여 충분히 이해하도록 하는 것이 중요하다.

2) 수영 지도의 형태

① 개별 지도

수영 지도는 본래 개인에 대해서 이루어져야 한다. 그러나 실제 장면에서 개별 지도를 하는 일은 그 실정상 어렵다.

지도자는 지도 때에는 개인에 대한 지도 이념을 갖고 임하고, 또 균등하게 개별 지도의 기회를 만들어 지도에 임하는 것이다. 특히 이것은 건강상의 요주의자, 신체 장애자, 혹은 수영 능력이 현저하게 뒤떨어지는 사람에 대해서는 필요하다.

② 능력별 지도

수영에서는 연령, 성별, 영력, 혹은 이해도에 따라 기술의 습득 단계에 개인차가 생기기 때문에 지도의 효율을 높이기 위해서도 수영 능력의 정도가 동등한 사람의 집단을 만들어 그것에 맞는 지도를 하는 것이 중요하다.

③ 일제 지도

하나의 지도 내용에 대해서 대상자 전원에게 동시에 지도하는 형태이다.

이것은 한 번에 많은 수에 대해 일정 시간 내에 효율적으로 지도를 전개시키는 장점이 있지만 개인차를 고려하지 않고 획일적이 되기 쉬운 결점이 있다.

따라서 기본적인 운동 기술의 지도에 있어서는 일제 지도의 장점을 적당히 활용하고 그 경우 항상 전체 장악에 노력해서 지도에 임하는 것이 바람직하다.

④ 분습법(分習法)과 전습법(全習法)

수영에서는 흔히 이런 연습 방법이 이용된다. 즉, 풀(pull)이나 킥의 연습이 분습법, 컴비네이션의 연습이 전습법에 해당한다.

분습법은 위험성이 따르는 운동이나 기본이 중시되는 운동일 때에 활용하는 것이 바람직하다. 이 경우 전습 과정에 합치한 분습일 필요가 있으며 분습을 위한 분습이어서는 안 된다.

전습법은 수영 전체의 조정(컴비네이션, 타이밍 등)이나 영력 향상을 꾀하고 연습할 때에 활용한다. 이 경우 부분적인 결함이 있으면 적시에 그것을 제지하고 분습법에 의해 그 부분의 연습을 시킨다.

분습과 전습은 서로 결점을 보완하고 장점을 신장시킨다는 의미에서 조정하면서 활용하는 것이다.

3) 수영 지도의 대형(隊形)

수영 지도의 대형은 주로 다음의 2가지 조건에 바탕을 두고 편성하는 것이 바람직하다.

① 기술 지도를 위한 조건

ⓐ 대상자의 연습 상황을 파악할 수 있어 지시나 지도를 신속히 할 수 있을 것.

ⓑ 수영장에 있어서의 수영할 장소나 방향성, 순서, 간격 등을 정하고 시설의 최대 활용에 노력하여 능률적으로 지도가 전개되도록 할 것.

② 안전을 위한 조건

ⓐ 지도자는 항상 대상자(스위머) 앞에 위치해서 시야 속에 넣고 지도할 것.

ⓑ 미리 수영할 장소를 한정하고 지도에 임할 것.

ⓒ 수영할 장소가 혼잡하지 않도록 고려할 것.

ⓓ 적어도 한 사람 이상의 감시 전임자를 둘 것.

③ 알아두면 도움이 되는 여러 가지 수영 지도 대형(指導隊形)

4) 수영 지도의 수단

① 모범을 보인다

모범은 대상자(수영자)의 요구 수준에 합치해야 한다. 또한 전체적인 면에서 부분적인 면으로 관찰 관점을 좁혀 보이거나 그 반대의 방법을 보여 주면 알기 쉽다.

모범을 보일 때는 지도자의 고도의 기술에 의한 것도 좋지만 대상자(수영자) 중에도 좋은 것이 있으면 그것을 모범으로서 시켜 보이는 것도 좋다.

② 언어의 선택

언어에 의한 지도는 지도자에게 있어서 편리하지만 대상자(수영자)에게 있어서는 반드시 유효하다고는 할 수 없다.

언어에 의한 효과적인 지도를 진행시키기 위해서는 간단·명료하게 요점을 듣고 몇 번이나 같은 말을 반복하지 말고, 논리적으로 설명하고, 밝고 건강하게 말을 걸 필요가 있다.

③ 보조를 한다

보조는 모범이나 언어에 의한 지도로는 보충할 수 없는 것에 대해 활용하는 수단으로 다이빙(diving) 등 위험이 따르는 경우에도 유효하다.

그러나 지나친 보조는 수영자에게 의뢰심을 갖게 해서 역효과가 된다. 이 경우 수영의 한 운동으로서의 발전성을 충분히 고려하여 필요 최소한의 동작을 실시해 요령을 배우게 하는 것을 주안으로서 활용하는 것이다.

④ 보조 용구의 활용

보조 용구의 활용은 보조의 경우와 마찬가지로 동작의 요령을 배우게 하는 것을 목적으로 한다.

보조 용구의 선정에 있어서는 효과적인 것, 안전성이 높은 것, 그리고 경제적으로 부담이 되지 않는 것을 선택한다.

⑤ 교정은 가능한 한 빨리 하도록 한다

교정은 가능한 한 빠른 사이에 할 필요가 있다. 잘못된 동작의 요령으로 오랫동안 계속 수영하고 있으면 그것이 정착해서 버릇이 되어 교정이 곤란해진다. 그래서 지도자는 수영 그 자체의 올바른 이해와 대상자(스위머)가 빠지기 쉬운 결점을 미리 충분히 연구해서 그 원인을 파악해 두는 것이 중요하다.

전체적으로 결점을 가진 사람에 대해서는 원인이라고 생각되는 점을 하나씩 철저히 교정하는 것이다. 또한 지도자는 모범을 보일 뿐만 아니라 나쁜 사례를 시범해서 교정 지도의 효과를 올리는 것도 좋다.

⑥ 적당한 칭찬

대상자(스위머)에 대해 성공의 기쁨을 주는 것은 연습 의욕을 환기시키기 위해서도 필요한 사항이다.

기본적 원칙 중에서도 서술했듯이 지도자는 대상자(스위머)가 할 수 없는 점에 대한 주의보다 할 수 있었던 점에 대한 상찬에 중점을 두고 서투른 사람에 대해서는 결점의 주의보다 좋은 점을 찾아내어 그것을 칭찬해 주는 것이 중요하다.

▲수영 지도자는 수영자에 대해 적절히 칭찬하는 것이 효과적이다.

수영 중의 사고(事故)

◢ 수영 중의 사고와 지도자의 책임

1) 수영 중의 사고(事故)

수영은 항상 사고와 이웃 사이라는 사실은 일반적으로 잘 알려져 있다. 사고가 일어나는 것을 두려워해서 수영 지도가 소극적이 되는 경향이 지도자 중에 있는 사실을 부정할 수 없지만 이것은 바람직한 일이 아니다.

사고 방지에 필요한 대책을 충분히 강구해 두기만 하면 사고가 일어나도 책임 문제는 일어나지 않는다.

아무리 안전한 수영 지도를 하고 있어도 반드시 불가항력에 의한 예측 불허의 사고라는 것은 일어나기 마련이다.

사고에는 불가항력에 의한 것, 시설·설비의 하자(불비)에 근거하는 것, 지도자, 감독자의 과실에 근거하는 것, 피해자 자신의 부주의에 근거하는 것이 있다.

아무리 시설을 정비하고 지도자의 수를 증가해도 그것이 사고 방지라는 점을 염두에 두고 이루어진 것이 아닌 한은 사고는 감소하지 않는다.

사고는 일으키지 않는 것이 중요하다. 사고가 발생하면 그 상황에 따라서는 지도자가 그 책임을 추궁당하는 경우도 생긴다.

2) 수영 중의 사고와 법적 책임

사고가 찰과상 정도라면 가령 중대한 과실이 있고 또 고의였다고 해도 진심으로 사과하고 또한 도의적인 책임으로서 앞으로의 반성을 기다리면 된다. 이것이 일반적이다.

그런데 지도자의 중대한 과실에 의해 중대한 사고가 발생하게 되면 단순한 도의적 책임 뿐만 아니라 법적 책임이 뒤따른다.

불가항력에 의한 사고, 피해자 자신의 부주의에 근거하는 사고가 아닌 한은 사망자나 부상자 등 피해자의 구제를 위해, 혹은 그것들을 위한 가족들을 위로하기 위해서 책임이 누구에게 있는지를 물어서 그 책임자에게 손해배상을 명하거나 형사책임을 묻게 된다.

책임의 유무를 결정하는 것은 과실의 유무, 혹은 하자의 유무이고, 책임의 크기를 결정하는 것은 손해액의 크기이다.

법적책임은 이런 사항들에 대해서 생기는 것이다.

법적책임에 대해서는 형사책임, 민사책임, 행정상의 책임이 있다.

수영 중의 사고에 대한 법적 책임은 형사책임으로서는 업무상 과실치사죄를 제외하면 거의가 민사책임이다. 행정상의 책임은 지도자가 국가공무원, 지방공무원일 경우에 생기는 것이다.

법적책임은 사고가 생긴 내용에 따라 형사, 민사, 행정의 책임을 져야 하는 경우도 있고 형사책임은 없지만 민사책임은 져야 하는 경우도 있다.

3) 수영 지도자의 주의, 관리 의무

수영의 지도상, 관리상의 사고가 지도자, 관리자의 과실에 의해 일어났을 경우에는 지도자, 관리자가 직무상, 지도 활동의 성질 등을 당연히 인식해야 하는 주의의무를 인식하지 않았기 때문이다. 누구나 인식하는 것이 가능한데 태만 때문에 인식할 수 없었기 때문이다.

주의의무란 내용적으로 보면 '위험 예견 의무'와 '위험 회피 의무'이다.

'위험 예견 의무'란 지도자로서 지도활동을 할 때에 수영에 있어서의 여러 가지 위험을 예지하는 것이다. 지도자는 그 방면의 전문가인 이상 자기의 직무상 수영의 독특한 위험을 경험해 오고 있으며 그것을 극복해 오고 있는 것이다. 그런 경험으로 여러 가지 위험을 예견할 수 있을 것이고, 예견할 의무가 있다.

만일 태만 때문에 일어나리라고 생각되는 위험을 예견할 수 없고 그 때문에 사고가 일어났다고 하면 그것은 중대한 과실이다. 불가항력이란 결국 보통의 주의력을 갖고는 아무도 예견할 수 없는 것을 말한다.

'위험 회피 의무'란 위험 방지 대책을 꾀하고 또 지도 중에 의지를 긴장시키고 있는 것이다. 위험을 어디까지나 회피하는 것이 목적으로 의지의 긴장은 그것을 위한 수단이다. 아무리 긴장하고 있어도 위험을 회피할 수 없으면 의의가 없다.

수영에는 수영 특유의 본질적인 위험이 있어 이 위험은 경험상 당연히 예상되는 것이면 최대한 노력을 해서 이 위험을 방지해야 하지만 거기에는 한계가 있다.

위험 방지, 안전만을 생각한다면 수영 본래의 의의가 없어진다고 생각할지 모르지만 이 한도를 넘는 위험을 안 후에 수영이 이루어지는 것이다.

예견해야 하는 의무와 위험을 회피해야 하는 의무란 당연히 일체가 되어 주의 의무가 완수되어야 하는 것이다.

만일 위험을 예견할 수 있었다고 해도 위험 회피에는 한계가 있다고 하면 상황에 따라서는 위험 회피 의무 위반을 이유로 과실책임을 추궁당하는 일은 없다.

때로는 예견할 수 없는 불가항력적인 돌발사고가 발생했을 경우에 만일 적절한 조치가 취해지고 있었다면 사고는 미연에 방지할 수 있었거나, 혹은 그 희생을 최소화 할 수 있었다고 한다면 이 돌발적인 사태에 있어서 적절한 조치를 취하지 않았다는 것은 과실이 된다.

위험 예견 의무의 위반은 없었다고 해도 위험 회피의 의무 위반이 되고 결국 주의 의무 위반이 되어 과실에 의한 사고라고 하게 된다.

4) 수영 지도자는 관련 법규에 대한 지식이 있어야 한다

손해 배상의 기본적인 입장이 피해자의 구제라는 데에 있기 때문에 수영 사고와 같이 다분히 불가피한 사고, 피해자 자신에게도 과실이 있는 것 같은 사고에 있어서도 가해자의 과실이 광범위에서 인정되는 경우가 많다.

현재에 있어서는 배상액은 사망 때는 당연하지만 폐질에 있어서도, 단순한 상해에 있어서도 매우 높이 인정되고 있다.

본래 민사상의 배상책임이라는 것은 당사자에게 있어서 협상으로 해결해야 하는 것으로 그 협상에 의해 해결이 나지 않을 경우에 마지막 수단으로서 법정에서 결론을 내는 것이다.

일단 법정에서 해결하려고 하면 장시간 걸리고 다액의 소송 비용이 필요해진다.

그 때문에 사고에 있어서 피해자와의 협상이 제대로 이루어져서 쌍방에 일치가 발견되어 합의가 이루어질 수 있으면 좋다. 그러기 위해서는 지도자의 법적 지식이 필요해진다.

① 수영 지도자는 의사가 아니다

지도자는 의사는 아니지만 최소한도 지도자로서 가져야 할 구급법의 지식을 가져야 하고 또한 그 의무가 있다. 의사가 아니기 때문에 지도자로서 해야 할 구급 조치에는 한계가 있다.

지도자가 사고에 있어서 지도자로서 당연히 갖고 있어야 할 구급법의 지식을 갖지 않았기 때문에 적절한 조치가 취해지지 않아서 뜻밖의 결과가 일어나게 되면 그것은 지도자의 책임이다.

인공 호흡법의 지식을 모르고 또 불완전해서 살릴 수 있는 사고자를 사망시켜 버렸다고 하면 지도자의 중대한 과실이 되어 책임을 져야 한다.

지도자가 의사가 아니라는 것은 사고에 있어서 취해야 할 조치에 한계가 있다는 뜻이다. 구급 조치를 취한 후 전문가에게 맡긴다는 것이다. 구급법의 한계를 넘는 의료 행위는 의사법 위반이 되고 그로 인해 사고가 커지면 지도자에게 책임이 가는 것이다.

② 수영 지도자, 수영 관리자는 법률 전문가가 아니다

사고가 일어났을 때에 피해자와 성의를 갖고 의논해서 해결을 위해 노력을 하지만 사고 처리에 임하는 지도자, 관리자는 사실을 올바르게 인식하고, 그 사정을 상대방에게도 인식시키는 것이 필요하다.

더욱이 그 포섭에 있어서 문제 해결을 위한 최소한의 법적 지식, 특히 수영 사고에 있어서 독특한 법적 조건, 즉 불가항력적인 조건, 위험의 동의에 의한 참가 등에 의한 위법성의 지각 문제 등에 대한 지식을 기초로 해서 교섭에 임해야 한다.

사고에 있어서 최소한의 법적 지식을 갖고 그 다음에 성의를 갖고 의논하는 것이 필요하다. 이 의논이 노력을 해도 잘 되지 않을 때에는 전문가의 의견을 듣거나 전문가에게 모두 의뢰해야 한다.

구급적인 조치로서의 최소한도의 법적 지식은 지도자나 관리자가 모두 가져야 한다. 그 한도를 넘었을 경우에는 전문가에 의한 처치를 기다려야 한다.

③ 위자료와 위문금

사고에 있어서 피해자와 유족에 대해 지불되는 금전 중 위문금으로서 지불되는 경우와 위자료로서 지불되는 경우에는 그 본질을 달리 하고 있다.

사고가 확실히 지도자나 관리자의 과실, 또는 시설의 결함에 의해 일어났다면 그 책임으로서 피해자나 유족에 대해서는 입은 손해에 대해 배상을 해야 하고, 동시에 본인 또는 유족의 정신적인 고통에 대한 책임으로서 위자료를 지불해야 한다.

위문금은 사고의 책임으로서 지불하는 것이 아니라 사고를 당한 사람에 대한 동정으로서 지불되는 것으로 어디까지나 사고 문제와는 다른 것이다.

수영 사고에 있어서는 사고의 원인이 분명치 않아 불가항력적인 요소에 의한 경우도 있다. 또한 피해자 자신이 과실을 인정하는 경우도 많다.

이런 경우에 재삼 피해자의 과실을 설명하는 것도 문제 해결의 최선책은 아니다. 또한 경솔하게 지도자 자신의 과실을 표명할 필요도 없다. 부득이한 사정에 의한 경우도 많기 때문이다.

이 때에 피해자에 대해 지도자나 관리자로서 사고의 원활한 해결 방법으로서 위문금의 지불의 방법이 원만한 해결 사례로 꼽힌다.

④ 수영 중의 사고로 인한 사후의 적절한 조치

사후의 적절한 조치란 뭐냐 하면 '성의를 갖고 문제에 임하라'고 하는 것이다. 그러나 이 경우도 사고의 원인을 잘 파악해서 지도자의 과실에 의해 일어난 것인지, 시설 불비(施設不備)에 의한 것인지, 혹은 본인의 자손 사고(自損事故)에 의한 것이냐에 따라 대처 방법이 달라진다.

인간은 감정의 동물이다. 사고를 일으킨 사람의 관계자가 지도자의 과실이라고 생각하고 있을 때에 자손사고 혹은 불가항력으로서 취급을 하면 반드시 협상은 뒤틀려서 민사소송이 되는 경우가 많다.

지도자에게 과실이 없는데 과실이 있는 것 같은 발언을 하면 이 언질이 채택되는 경우도 있으므로 사고 후의 발언은 신중히 해야 한다. 그러나 비굴해질 필요는 없다.

재판이 되었을 경우에는 사고 발생 전후의 피해자나 지도자의 발언이나 행동이 문제점의 하나가 된다는 사실을 명심해 두어야 한다.

사회 체육으로서의 수영(水泳)

■ 수영(水泳)과 사회 체육과의 관계

'스포츠는 인생의 반려이다'라든가 '스포츠는 인생의 식량이다'라는 애기를 요즘 듣는 경우가 많다.

이것은 최근 국민 사이에 스포츠에 대한 관심이 갑자기 높아져서 일상 생활 속에서 스포츠를 실천하여 자신의 건강이나 체력을 유지·증진하여 밝고 풍부하고 활력있는 생활을 영위하려는 사람들이 증가하고 있는 데에 의한 것이다. 이것은 바로 사회 체육에 대한 관심의 고조라고 할 수 있을 것이다.

이 사회 체육이란 단적으로 말하면 학교 체육을 제외한 체육 활동이라고 하게 되는데 체육·스포츠의 발전 경위를 돌아볼 때 학교 체육과의 관련 속에서 사회 체육도 존재하고 있음을 이해해야 할 것이다.

이런 사실로 사회 체육을 정의한다면 '학교 교육법에 바탕을 둔 학교 교육 과정으로서 이루어지는 체육 활동을 제외한 체육 활동으로, 주로 청소년 및 성인에 대해 이루어지는 레크레이션 활동을 포함하는 신체 활동'이라고 할 수 있을 것이다.

현재 사회 체육을 이렇게 파악하는 중에서 스스로가 평생을 통해 스포츠와 친해지려는 평생 스포츠 활동의 추진이 꾀해져 오고 있다.

이 사실에서 국민이 일상 생활 속에서 선뜻 몰두할 수 있는 스포츠, 또 평생을 통해 즐길 수 있는 스포츠로서 수영의 존재는 크게 확대되는 것이라고 생각할 수 있다.

그리고 사회 체육에 있어서의 수영도 학교 체육에 있어서의 수영과의 관계를 가지면서 점점 더 국민 생활 속에 융화될 것이라고 기대할 수 있으리라. 그래서 우선 사회 체육과의 관계 속에서 수영에 관한 현상을 파악해 두는 것이 필요하다.

▲수영은 이제 국민체육으로 자리잡아 가고 있다.

수준에 따른 수영 기술 지도

◪ 초보자에 대한 수영 기술 지도

초보자의 지도는 지도자에게 있어서 끈기가 필요한 힘든 일이다. 그러나 반대로 생각하면 '할 수 없는 사람'을 할 수 있도록 해줄 수 있다는 지도자 자신의 최대의 기쁨이 거기에 있다. 또한 초보자에게 있어서는 수영을 할 수 있게 됨으로써 체육 운동, 여가 활동, 혹은 평생 스포츠로서 활용할 수 있고 자기 보전을 위해서도 유효하다.

초보자에 대한 지도는 수영의 지도 과정 중에 있어서 가장 중요성이 높다고 해도 과언은 아닐 것이다.

1) 물의 특성과 수영의 초보자

① 물의 특성

물은 액체로 공기에 비해 밀도가 약 830배, 점성이 약 50배, 열의 전도률이 약 25배, 음속이 약 4배이다.

또한 물은 그 속에 들어간 물체에 대해 수직으로 수압으로서 작용하고 물체 용적분의 물의 무게와 같은 힘이 부력으로서 상향으로 작용한다.

② 수영의 초보자

수영의 초보자란 어떤 사람을 지칭하는 것일까? 여러 가지 사전에 바탕을 두고 말한다면 '처음 수영하려는 사람' 혹은 '수영을 못하는 사람'이라고 표현할 수 있다.

후자의 경우 수영을 할 수 없지만 몇 번이나 물에 들어간 경험을 가진 사람이라면 본래의 초보자라고는 할 수 없을지도 모른다.

그러나 여기에서는 그 범위도 포함해서 초보적인 수영의 습득 단계까지의 대상자를 수영의 초보자로서 취급하기로 한다.

③ 물의 특성에서 생기는 요인

ⓐ 수온 ── 물의 열전도율은 매우 높다. 그 때문에 80℃를 넘는 사우나 한증탕(汗蒸湯)에 들어갈 수 있지만 43℃를 넘는 것 같은 목욕탕에는 들어가기 어렵다.

또한 기온이 25℃를 넘는 밤이 열대야(烈帶夜)라고 하는 반면, 수온이 25℃인 물 속에 장시간 들어가 있으면 한기조차 느끼게 된다.

이 때문에 특히 초보자는 물의 온도에 따라서는 그 냉감자극을 강하게 느끼는 것이다.

ⓑ 수류와 수심 ── 육상 운동은 공기의 흐름이나 지상으로부터의 높이 등에 따라 얼마간의 영향을 받고 있다. 그것과 마찬가지로 수영에서는 물의 흐름이나 깊이에 영향을 받는다. 특히 물은 공기에 비교해 밀도나 점성이 훨씬 크기 때문에 초보자에게 있어서 그것이 강하게 느껴진다.

ⓒ 수압 ── 물 속에 들어가면 수압의 작용을 받아 폐활량은 육

상에 비해 약 7~8% 줄어든다. 특히 호식예비량(呼息予備量 ; 보통의 호흡으로 숨을 내쉰 후 더욱 내쉴 수 있는 호기의 양)의 면이 현저하게 줄어든다.

이 때문에 수영에서는 육상과는 다른 호흡법이 필요해서 그것을 습득하기 위해 연습이 필요해진다.

ⓓ 저항 ── 물의 밀도나 점성에 의해 민첩한 동작을 할 수 없어 저항을 받는다. 물의 저항은 나아가는 빠르기의 약 2승에 비례해서 커진다.

또한 한번 움직이기 시작하면 물의 관성에 의한 저항을 받아 갑자기 멈출 수 없다. 이것은 초보자가 불안감을 품는 큰 요인의 하나이다.

ⓔ 부력 ── 물 속에 들어가면 몸에 부력이 생긴다. 깊이 들어가면 그 만큼 부력이 커져서 몸이 떠오른다.

몸이 뜨면 지지점이 없어져서 그것이 초보자에게 불안감을 품게 하는 요인의 하나가 된다.

그러나 뜨기는 전진을 위한 조건으로 단계적으로 지도해서 배우게 하는 것이 필요하다.

2) 초보자의 수영 실패와 그 원인

초보자가 수영에 실패하는 원인은 다음에 말하듯이 크게 3가지로 나눌 수 있을 것이다.

① 지도자 자신에 의한 것

초보자에 대한 인식 부족이나 물의 특성에 관한 불충분한 지식에 의해 지도가 일방적, 획일적, 혹은 독단적이 되었을 경우에 일어난다. 또한 대상자(수영자)의 실태에 따른 교재 선택의 잘못도 그 원인의 하나가 된다.

지도에 있어서는 대상자의 실태 파악, 물의 특성에서 생기는 요인에 대해서 충분한 지식의 습득, 교재 연구와 지도법의 창의·연구에 노력해야 한다.

② 대상자(수영자) 자신에 의한 것

대상자 자신의 낮은 운동 능력, 물의 특성에서 생기는 요인에 따른 불안감, 수영의 금지로 인한 첫 수영에 대한 불안감 등이 있다. 또한 물에 빠질 뻔한 일 등에 의한 공포심이나 신체적인 면의 수치심 등을 들 수 있다.

지도자는 이런 원인을 무시하고 지도하는 것은 '수영 혐오'를 만들거나 수영에서 멀어져버리게 되므로 그 원인을 분석 조사해서 충분히 이해하고 지도에 임하는 것이 바람직하다.

③ 지역성에 의한 것

지역에 따라 풀이나 수영할 장소가 없는 점, 수영의 필요성의 차이 등에 의해 수영하는 즐거움이나 즐기는 방법을 알 수 없었던 점에 의한 것이다.

이 경우 수영의 즐거움이나 즐기는 방법, 필요성에 대해 우선 시각 교재나 실제의 수영 장면을 보여서 이해시키고 인식시키는 것이 중요하다.

3) 풀장의 수온(水溫)과 입수 시간(入水時間)

수영장의 수온에 대해서는 경영 경기 규칙에 24℃~27℃라고 규정되어 있다. 그러나 수영 지도나 일반 유영에서는 특별히 기준으로서 정해진 것은 없다.

건강상의 문제나 안전성의 면에 바탕을 두고 학교 체육의 수영시에 있어서는 최저 22℃ 이상이 바람직하다고 하고 있다.

입수 시간은 일률적으로 수온에 의해 결정할 수는 없다. 수영 기술의 발달 단계차에 따라 운동량이 다르고 그것에 따라 산열량의 차가 생겨 내한성이 다르다. 또한 수온과 기온의 관계, 혹은 바람이나 햇볕 등 기후 상태의 변화도 생각해야 한다.

① 발달 단계(신체적·기술적)와 수온(水溫)

사람의 내한성에 대해서는 그 일지표로서 운동에 따른 산열량이나 피하 지방 두께를 들 수 있다. 안정 상태 때에는 골격근이나 간장 등에 의해 열을 산출해서 체온을 유지하고 있다.

운동시에는 그 정도에 따라서 골격근으로부터의 산열이 현저해져서 내한성이 늘어난다.

예를 들어 격렬한 운동에 따르는 산열량이 물에 의한 방열량보다 현저하면 가령 물 속에 있어서도 발한 작용을 수반한다. 이것은 많은 수영 선수가 경험하고 있다.

그런데 초보자와 같이 수영 기술이 미숙하면 수영에 의한 운동량은 적고 산열량도 적다.

물의 열전도율이 높은 점을 생각하면 그것에 의한 방열량이 웃돌아서 수영을 할 수 있는 사람에 비해 한기가 빠르고 강하게 느껴진다.

피하 지방 두께에 대해서 살펴보면 남녀 모두 수영을 시작하려는 6∼7세 경이 가장 얇다. 성장함에 따라서 여자의 경우는 두꺼워지지만 남자의 경우는 큰 변화가 없다.

또 유아기부터 국민학교 저학년까지는 내한성이 낮고, 남자는 여자보다 내한성이 낮기 때문에 특히 초보자 지도에 임해서는 이 점에 유의해야 한다.

이상의 사실로 신체의 발달, 기술의 발달 단계를 생각하면 바람직한 수온은 다음과 같이 나타낼 수 있다.

ⓐ 수영 능력이 높은 사람이나 성인 여성의 경우 25℃ 정도이면 좋다.

ⓑ 수영 능력이 높아도 국민학교 저학년이나 수영 능력이 낮은 사람의 경우 28℃ 정도가 바람직하다.

ⓒ 유아나 일반 초보자의 경우 30℃ 이상이 바람직하다.

② 수온(水溫)과 기온(氣溫)

물에서 나왔을 때 한기를 느끼는 경우가 있다. 수온보다 기온이 3~6℃ 높으면 그것을 느끼는 경우는 적다. 그러나 그 차가 10℃ 정도가 되면 수온이 어느 정도 높아도 물의 차가움을 강하게 느낀다.

그래서 수온과 기온의 관계는 다음과 같이 나타내고 표준으로 삼기 바란다.

ⓐ 수온＋기온＝50℃ 정도, 혹은 그 이상 있는 것이 바람직하다.

ⓑ 기온－수온＝3~6℃ 정도가 바람직하다.

③ 입수 시간(入水時間)

입수 시간은 신체의 발달, 수영 기술의 발달, 혹은 수온과 기온 등 기후 상태와의 관계에 의해 적당히 결정한다. 그 경우 수영 중의 건강 체크 포인트를 이해하고 대상자의 실태를 항상 파악해서 지도에 임해야 한다.

초보자 수영 지도에서는 ①, ②에서 서술한 사실로부터 1회의 입수 시간은 30분 정도로 하는 것이 바람직하다. 더욱 시간적인 여유가 있으면 충분히 휴식시킨 후 다시 입수시키고 이 때의 입수

시간은 1회째보다 짧게 하는 것이 바람직하다.

더구나 이상 서술해 온 것은 대상자에게 있어서 가능한 한 좋은 조건 아래에서 지도한다는 관점에 근거하는 것이다.

4) 수영 지도 계획을 세운다

수영 지도자는 가르치는 대상에 대한 단계별 지도 계획을 세우지 않으면 안 된다. 수영 지도 계획이란 정해진 기간, 시간에 있어서 보다 효과적, 능률적, 또 안전하게 수영 지도를 하기 위한 줄거리이다. 수영 지도 전에는 반드시 면밀한 수영 지도 계획을 작성해야 한다.

지도 계획은 다음에 서술하는 것 같은 조건과 순서에 근거해서 작성하는 것이 바람직하다.

① 작성·조건

ⓐ 대상자의 실태 —— 대상자의 연령, 성별, 발달 단계(신체적, 정신적, 기술적)의 특징을 파악한다.

ⓑ 시설, 설비 등의 실정 —— 풀이나 바다 등의 자연 수영장에 있어서 시설, 설비 등의 실정을 파악해서 활용할 수 있는 것을 확인하고 그것에 따른 계획을 세운다.

ⓒ 지도자의 실태, 실정 —— 지도자는 수영에 관한 모든 사항에 대해서 지도할 수 있는 것이 이상이지만 그것은 곤란하다. 지도자의 수영 능력이나 지도력을 파악해서 수영 대상자(수영자)에 대한 지도 체제를 만들 필요가 있다.

ⓓ 연습 기간, 시간 —— 연습 기간이나 시간은 시설 등의 형편에 따라 필연적으로 제한당하는 경우가 많기 때문에 연습을 할 수 있는 기간, 시간을 확실히 파악해야 한다.

ⓔ 안전성 — 사고 방지나 안전 대책, 보건 위생의 면에도 충분히 배려하는 것이 필요하다.

ⓕ 지역성 — 지역에 따라 수영에 대한 중요도가 다르기 때문에 지역의 실정을 파악해서 그것에 따르는 것이 바람직하다. 또한 수온이나 기온의 지역성, 혹은 그 시간적 변동을 고려하는 것도 필요하다.

② 작성 순서

ⓐ 목적, 목표를 명확히 한다 — 지도의 목적, 지도 기간 중의 목표, 목적을 정한다.

ⓑ 지도 조직을 만든다 — 지도, 감시, 구호 체제를 갖추고 지도를 위해 조직을 만든다.

ⓒ 지도 방침을 결정한다 — 지도 목표에 대해 능률적, 효과적으로 지도를 전개해 나가기 위해서는 어떻게 진행해 나가면 좋은지를 검토하고 정한다. 예컨대 영력(泳力)이 있는 사람보다 영력이 없는 사람에 대한 지도를 중시해서 전원 수영할 수 있게 되는 것을 지도 방침으로서 정하는 것 등이 있다.

ⓓ 지도 내용을 정선한다 — 지도 목표나 방침에 근거해서 지도 내용을 정선하여 필요로 하지 않는 것은 생략한다.

ⓔ 도달 기준을 만든다 — 지도 내용이 어디까지 진전했는지를 판단하기 위해 도달 기준을 만든다. 이것에 의해 대상자의 학습 상황을 파악하거나 평가 기준을 설정할 수 있다. 또한 지도 내용이나 방법을 시정하기 위한 자료가 된다.

③ 유의 사항

ⓐ 대상자(수영자)의 수영 능력의 향상과 함께 개선하는 것이 필요하다.

ⓑ 기후 상태에 따라서는 적시(適時) 변경해야 한다.

ⓒ 초기 단계에서는 물놀이가 중요한 시기이지만 항상 수영의 한 운동으로서의 발전성을 고려해야 한다.

5) 수영 기술 지도의 단계

수영 기술을 몸에 익히려고 했을 경우 그 출발점은 육상 운동과 비교하면 크게 다르다. 즉, 수영에서는 일상의 기본적인 운동에서 말하는 기는 동작도 할 수 없고 호흡도 할 수 없다는 조건하에서 시작해야 한다.

우리들 인간은 태어나고 나서 자유자재로 움직일 수 있게 되기 위해서 약 1년 간의 모방에 의한 습득 과정을 필요로 한다. 그러나 수영의 습득 과정은 그 개시 연령이 늦기 때문에 신체적·정신적인 발달도 늦어서인지 매우 단기간에 끝내게 하고 있는 예가 많은 듯이 생각된다.

수영에서는 그것이 일반 수영이든 경기 수영이든 몸으로 물을 다루는 것이 기본이다.

물을 다루는 방법을 충분히 모르고서는 수영 기술은 몸에 배지 않고 그 발전성도 기대할 수 없다. 초기 단계에서의 지도를 중요시하고 물을 다루는 방법을 몸으로 배우게 하는 것이 필요하다. 그러기 위해서는 물에 길들여 가까이하게 해서 물 속에서 즐겁게 놀 수 있도록 이끄는 것이 선결일 것이다.

초보자의 지도에 있어서의 단계는 일반적으로 다음과 같이 나타낼 수 있다.

[제1단계]……물에 길들이는 것.

[제2단계]……뜨는 것, 나아가는 것.

[제3단계]……초보 수영

① 호흡법은 제1단계에서 수중에서의 숨쉬기로 시작되어, 제2단계에서는 선 상태에서 연속적으로 숨쉬기를 할 수 있도록 지도하고, 제3단계에서는 수영 동작과 관련시켜서 지도하면 좋다.

② 제2단계에서는 뜨는 것과 동시에 뜬 상태에서 안전하게 설 수 있도록 지도하는 것이 중요하다.

6) 수영 지도, 무엇을 어떻게 가르칠 것인가

① 제1단계 ── 물놀이 게임 지도

샤워를 한다

사고방지를 위해서도 물에 익숙해지고 보건위생을 위해서도 신체를 청결히 해두어야 한다. 습관들여 둔다.

샤워의 물을 싫어하는 아이를 위해서

샤워의 물은 여름철이라도 20℃ 이하로 매우 차다. 그 경우 양동이 등에 물을 담아 햇볕으로 데우거나 풀의 물을 이용해서 물조리개 등으로 서로 뿌리기 놀이를 시키면 좋다.

샤워 놀이

물놀이 속에서 수온에 길들이고 물과 친해지도록 지도한다. 소나기 놀이나 샤워 터널을 만들어 그 밑을 빠져 나가게 하며 놀게 한다.

입수 방법(入水方法)

풀 사이드에 신체의 전면을 향하고 발쪽부터 천천히 입수시킨다. 이 때 사전에 풀의 깊이를 알려 두는 것이다.

물 속에 얼굴 담그기, 물 속에서 눈뜨기 놀이

풀 속에 안정 상태로 세우고 얼굴을 담그게 한다. 익숙해지면 눈을 뜨고 자신의 다리를 보게 하거나 지도자가 내미는 손의 모양(주먹, 가위, 보)을 보여 그 모양을 말하게 한다.

물 속에서 걷기, 수중 달음질 놀이

처음은 풀 측벽을 따라 걷고 익숙해지면 코스 로프를 들고 풀 사이드에서 떨어진 곳을 걷게 한다. 또한 수면 위에 부낭 등을 놓고 경쟁(달음질)을 시키는 방법도 좋다.

물싸움 놀이

손으로 물을 상대에게 뿌려서 얼굴을 닦으면 진다고 정해 둔다.

가위바위보 얼굴 담그기 놀이

2인 1조가 되어 서로 가위바위보를 해서 이긴 사람이 진 사람의 머리를 물 속에 눌러 얼굴을 담근다. 이 때 얼굴을 내밀면 곧 다음 가위바위보를 하게 한다.

수중 가위 바위 보

2인 1조가 되어 수중 가위 바위 보 놀이를 한다. 어느 쪽이 이겼는지, 몇번 가위바위보를 할 수 있는지 등의 지시를 한다.

수중 돌줍기 놀이

정해진 시간에 몇 개의 돌을 주울 수 있는가? 또 색깔 타일 등을 이용해서 수중 퍼즐이나 수중 나무쌓기 놀이를 시키면 좋다.

② 제2단계 ─ 수영의 기초 기술 지도

물 위에 뜨는 방법

처음은 양손으로 양무릎을 쥐고 머리를 수중에 넣은 오뚝이 뜨기를 시키고 익숙해지면 양무릎을 뗀 해파리 뜨기를 시킨다. 더욱 점점 수족을 편 엎드려 뜨기를 시킨다. 이 때까지 머리는 수중에 넣는 것을 지시해야 한다.

등뜨기에서 서기

등뜨기 자세에서 우선 머리를 일으킨다. 허리가 가라앉기 시작하면 양 다리를 엉덩이쪽으로 끌어모은다. 그것과 동시에 양 손으로 물을 누르면서 수저에 안정해서 세우도록 지도한다.

초보 호흡

풀 속에서 안정 상태로 세우고 양 손을 각각의 무릎 위에 놓고 머리를 물 속에 넣어 숨을 내쉬고 머리를 내밀었을 때 재빨리 숨을 들이마시고, 이것을 연속해서 시키는 것이다. 또한 입과 코로 숨을 내쉬고 입으로 숨을 들이마시도록 하면 좋다.

엎드려 뜨기에서 서기

엎드려 뜨기의 상태에서 우선 머리를 수면 위에 내밀고 다리쪽이 가라앉으면 다리를 구부려 무릎을 가슴으로 끌어당기고 동시에 손으로 물을 누르면서 안정해서 수저(水底)에 서게 하도록 지도한다.

달려 들기, 차고 뻗기

오징어 뛰기 놀이

벽을 향해 달려들어 점점 거리를 길게 한다. 익숙해지면 풀 중앙을 향해 차고 뻗기를 해서 어디까지 나아갈 수 있는지 시험해 본다. 더욱이 차고 뻗기의 요령으로 수중에 잠입하는 오징어 뛰기를 시킨다. 이것은 접영의 기본이 되는 것이다.

벽 킥 놀이

한 손으로 풀가를 잡고 한쪽 손을 풀 측벽에 붙이고 양 팔을 펴서 시킨다.

전차와 터널 놀이

2인 1조가 되어 가위바위보하고, 이긴 사람이 터널이 되고 진 사람이 전차가 된다.

고리 빠져 나가기 놀이

적당한 크기의 고리를 수면 위에 띄우거나 수중에 수직으로 놓고 빠져나가게 한다. 익숙해지면 번갈아 몇 개의 고리를 두고 그것을 빠져나가게 한다.

수중 씨름 놀이

육상에서 하는 씨름의 요령으로 어느 쪽인가의 어깨가 물 속에 들어가면 지는 것으로 해서 시킨다.

③ 제3단계 ── 수영의 기본 기술 지도

판자 킥

양 손을 비트판 위에 얹고 양 무릎을 펴서 시킬 것. 비트판에 의지하지 않도록 지도하고 턱은 수면 위에 놓게 한다.

등뜨기로 발장구 치기

비트판을 복부 위에 얹거나 머리 뒤에 두고 배면 자세를 취하게 하고 발장구 치기 자세와 같은 자세로 상향으로 차 올리는 데에 포인트를 두고 지도할 것. 또한 분수같이 물이 수면 밑에서 솟아 올라오는 것 같은 킥 방법을 배우게 한다.

역 다이빙

처음은 얕은 곳에서 오징어 뛰기(제2단계)를 시켜 입수의 요령을 배우게 한다. 익숙해지면 풀 사이드에 양 발을 걸치고 무릎을 구부려서 허리를 낮춘 자세에서 점점 높은 자세로 준비하고 다이빙을 할 수 있도록 지도한다.

발가락을 확실히 풀가에 걸치게 할 것, 수심을 알릴 것, 양 팔은 양 귀를 끼우듯이 모으고, 시선은 입수 위치를 보고 다이빙시킬 것. 입수 후는 손끝을 약간 위쪽으로 향하고 수중을 미끄러져 가도록 지도한다. 필요할 때는 손이나 발을 지탱해서 보조해 준다.

더욱이 익숙해지면 풀가를 차고 뛰어들지만 요령은 기본과 거의 같다. 단, 풀 사이드를 달려서 뛰어들거나 공중에서 회전하는 등의 다이빙은 다이빙 경기에는 볼 수 있지만 위험이 따르므로 일반 수영에서는 이루어지지 않는다.

또한 다이빙 경기에 있어서 코치나 지도자가 따라다니지 않으면 가령 선수라도 그런 연습을 금지하고 있는 곳이 많다.

발장구 치기

엄지가 서로 닿게 뒤꿈치의 폭을 약 10cm로 벌려 다리를 펴고 넓적다리 쪽에서부터 채찍을 치듯이 킥시킨다. 다리가 구부러지는 사람에게는 양 손으로 무릎 부근을 쥐고 요령을 배우게 하는 것이다.

동작에 맞는 호흡법

수저(水底)를 걸으면서 배우려는 수영 방법의 손 동작을 이용해서 호흡 연습을 한다.

물의 흐름을 만든 수영 연습

비트판 등을 들고 일제히 같은 방향으로 물을 밀어 물의 흐름을 만들고, 순서대로 그 흐름을 타고 수영하거나 거슬러서 수영하며 즐기면서 연습한다.

수상 도지볼 게임

육상에서 하는 도지볼의 요령으로 수중에서 한다.

◤ 중급자를 위한 수영 기술 지도

1) 크롤(crawl)

① 크롤(crawl)의 요령

자유형은 전신을 편 저항이 적은 자세로 양팔을 끊임없이 교대로 움직여서 물을 긁고 양다리를 서로 상하해서 수중을 비스듬히 후방으로 킥함으로써 끊임없이 추진력을 얻을 수 있는 가장 빠른 영법이다.

종래 좌우의 팔로 1번씩 긁는 동안에 다리는 6번 물을 치는, 소위 6비트법이 가장 일반적인 것이지만 그 외에 4비트나 특히 여자 선수에게 볼 수 있는 2비트가 출현했다.

이 2비트 영법은 종래의 6비트 영법이 다리의 큰 근육근을 움직여서 많은 에너지를 소모하는데 대해 비교적 에너지의 소모가 적은 팔의 풀을 최대한 이용하는 것이다.

② 크롤(crawl)의 영법(泳法)

A. 팔의 동작(풀)

ⓐ 입수

손바닥은 바깥쪽을 향해 45° 정도 기울인 상태로 입수하는 것이 기포를 수중에서 잡지 않는 방법이다.

입수 위치는 머리의 전방, 몸의 중심선 부근부터 손가락 끝→팔꿈치→어깨의 순으로 물에 질러넣는다.

ⓑ 글라이드

입수 후 수면 밑 20cm 전후의 깊이에 팔을 편다. 이 동작을 글라이드라고 한다. 이 때 손목을 조금 구부려서 손바닥, 팔 안쪽 전체로 물을 잡는다(이것을 프레스 다운이라고 한다). 이 때 전 체중이 팔에 실려 앞의 중심으로 이동하는 것 같은 느낌으로 물의 압력을 손바닥, 팔 안쪽 전체로 느끼는 것이 좋다.

ⓒ 풀(pull)

팔꿈치를 구부리면서 손바닥이 몸의 중심선 부근을 통과하듯이 긁는다. 팔은 가슴 앞 부근에서 90°~110° 정도 구부리도록 해서 확실히 손바닥으로 물을 잡는다.

ⓓ 푸시(push)

팔이 몸과 직각 주변까지 나아간 후 손바닥을 후방으로 향한 채 팔꿈치부터 끝으로 물을 후방으로 빨리 밀고 나아간다. 이때 손의 스피드가 최대로 가속된다. 이 동작을 푸시라고 한다.

푸시가 끝나면 힘을 빼고 손바닥을 위로 향하지 말고 대퇴부쪽으로 향하고 새끼 손가락을 위로 해서 수면 위로 빼 올린다. 이것이 팔을 물에서 빼 올릴 때 물의 저항을 줄이는 포인트이다.

ⓔ 리커버리

수면 위로 빼 올린 팔은 팔꿈치를 구부리고 탈력(脫力)해서 손끝이 수면 가까이를 지나도록 하고 처음은 팔꿈치를 먼저, 도중부터 손끝이 먼저가 되도록 흔들어 던져 전방으로 옮겨 다시 입수로 옮긴다. 이 팔의 동작을 리커버리라고 한다.

리커버리의 일반적인 잘못은 팔을 옆으로 너무 넓게 한다(몸의 선이 좌우로 흔들리는 원인이 된다), 손을 수면 위로 너무 높게 올린다(몸의 상하 움직임을 일으키는 원인이 된다), 팔을 긴장시킨 채로 리커버리한다(릴랙스함으로써 팔 근육 속의 혈류를 좋게 해서 산소 에너지 공급을 촉진시킨다) 등을 들 수 있다.

B. 다리의 동작(킥)

일반적으로는 초보자의 단계에서는 6비트 킥이 대부분이다. 이 킥은 한 팔이 1스트로크 하는 사이에 3번 내리찬다.

킥의 폭은 몸의 상하 폭을 넘지 않는 정도가 좋다.

실제는 상하의 간격이 똑같이 같은 리듬으로 상하로 움직여지는 것이 아니라 팔이나 호흡과의 관계로 여러 가지 크기로 벌어져 상하 방향 뿐 아니라 비스듬히 내리치는(크로스 오버 킥이라고 한다) 경우도 있어 매우 복잡하지만 기본적인 유의사항으로서는 다음과 같은 것을 들 수 있다.

ⓐ 대퇴부부터 킥을 하는 듯한 감각을 파악한다.

ⓑ 다리는 채찍이 휘는 듯한 느낌으로 항상 딱딱해져 있지 않다.

ⓒ 위로 올릴 때는 무릎부터 구부리는 느낌이 아니라 고관절(股關節)부터 똑바로 자연히 위로 올라가는 느낌이다.

ⓓ 어깨가 딱딱한 선수는 몸의 롤링을 강조한 크로스 오버 킥이 유효하다.

C. 호흡(呼吸)

호흡은 입으로 재빨리 한다. 이 때 머리는 몸의 롤링에 맞추어 스무드하게 오른쪽(왼쪽)으로 회전시켜서 실시한다. 수중에 있어서는 연속적으로 입 또는 입과 코로 내쉬고, 마지막으로 단숨에 내쉬면 그 반동으로 쉽게 들이마실 수 있다.

호흡할 때 머리가 상하나 좌우로 흔들리면 몸의 장축이 불안정해지기 때문에 몸의 선에서 벗어나지 않는 것이 중요하다.

또한 호흡의 타이밍으로써 숨을 들이마실 때는 몸의 롤링이 가장 클 때에 실시하고 수중의 팔과 몸이 이루는 각도가 90° 정도부터 숨을 내쉬기 시작한다. 들이마시고 있을 때에는 손을 리커버리의 중간 정도이다.

흔히 볼 수 있는 결점으로서는 호흡시, 손이 입수하기 시작할 때까지 입을 수면 위에 내놓고 있는 소위 호흡의 뒤짐이 있다.

이런 호흡의 뒤짐은 반대쪽의 풀이 이미 시작되고 있어 몸의 롤링과 풀의 완력이 일치하지 않아 유효한 풀을 할 수 없기 때문이다.

특히 자유형을 연습하기 시작하고 나서 이 결점을 고치는 것은 중요하다고 생각된다.

D. 팔·다리·호흡의 컴비네이션

ⓐ 좌우의 팔

한쪽 팔이 물에 들어가는 순간에 다른 팔은 몸과 직각이 되는 부근을 통과하는 것이 좋다.

2비트 영법의 경우에는 이 위치를 지나가서 120°나 130° 전후 부근을 통과한다.

ⓑ 풀과 킥

한쪽 팔이 물을 긁기 시작하는 것과 같은 쪽의 다리가 물을 치는 것이 동시로 피니시때에 역시 같은 쪽의 다리가 치는 동작과 일치한다.

2비트의 경우는 각각 좌우의 팔로 힘차게 물을 다 긁는 동작(피니시)과 같은 다리의 내리치는 동작이 일치한다.

또한 오른손의 입수 때에 왼쪽 다리가 내리쳐지는 느낌으로 타이밍을 맞추면 컴비네이션이 확립된다.

※ **참고 자료** : 각 영법에 대해서 다음과 같은 체크 포인트 표를 작성해서 활용하면 좋다.

❖ 자유형 스트로크의 체크 포인트

◎＝매우 좋다, ○＝좋다, △＝보통, ×＝정확히 되고 있지 않다, 등의 표시를 (　)안에 기입한다.

입수

ⓐ 머리 끝의 선부터 손끝→팔꿈치→어깨의 순으로 입수하고 있다.　　　　　　　　　　　　　　　　(　　)
ⓑ 손바닥은 바깥쪽으로, 엄지를 아래로 한다.　　(　　)

글라이드 캐치

ⓐ 캐치는 완전히 팔꿈치가 펴져서 한다.　　　　(　　)

풀(pul)

ⓐ 손이 어깨의 라인을 넘을 때 팔꿈치는 $90°\sim110°$로 구부러져 있다.　　　　　　　　　　　　　　　　(　　)
ⓑ 하이엘보가 유지되고 손목이 고정되어 있다.　(　　)

푸시(push)

ⓐ 손은 허리의 위치를 지날 때까지 젓고 있다.　(　　)
ⓑ 새끼 손가락을 위로 해서 수면 위로 빼 올리고 있다. (　　)
ⓒ 손은 입수 후 차츰 가속되고 있다.　　　　　(　　)

호흡

ⓐ 몸의 롤링에 맞추어서 스무드하게 하고 있다.　(　　)
ⓑ 호흡쪽의 손이 입수하기 시작할 때까지 입이 수면 위에 나와 있지 않다.　　　　　　　　　　　　　　(　　)

킥

ⓐ 킥의 폭은 너무 크지 않다. ( )

ⓑ 위로 올릴 때는 무릎부터 구부리지 않고 허리 고관절 (股關節)부터 위로 올라가고 있다. ( )

ⓒ 몸의 선을 똑바로 유지할 수 있는 상태에서 충분한 킥을 하고 있다. ( )

리커버리

ⓐ 손의 위치보다도 높게 팔꿈치를 올려서 한다. ( )

ⓑ 몸 옆쪽에서 너무 떨어지지 않는다. ( )

ⓒ 팔 전체가 릴랙스해 있다. ( )

컴비네이션

ⓐ 한쪽의 팔이 물에 들어가는 순간에 다른 팔은 몸과 직각이 된다. ( )

ⓑ 피니시 때에 같은 쪽의 다리가 동시에 내리쳐지고 있다. ( )

2) 평영(平泳)

① 평영(平泳)의 요령과 기본 자세

평영은 얼굴을 수면 위로 내놓은 채로 수영하는 일반적인 영법 (泳法)과 흡기(吸氣)를 위해서 필요한 때 이외에는 머리를 물에 담그고 스피드를 내는 것을 주안으로 한 경기적(競技的) 영법으로 나누어진다.

전자는 팔과 다리를 비교적 크게 벌리고 몸을 띄워 다리의 킥에 의해 생긴 펴기를 이용해서 쉽게 장거리를 수영하는 것을 목적으로 하는데 반해, 후자는 팔, 다리 모두 비교적 작게 하고 피치를 올려 스피드를 내는 것을 주안으로 한다. 특히 최근의 경영에서는 2가지의 타입이 있다고 한다.

그 하나는 플랫 영법으로 풀의 추진력을 중심으로 중심은 항상 앞에 실려 있다. 또 하나는 시호스 영법으로 중심의 이행이 있어 킥을 하고 있을 때에 상체를 앞으로 쓰러뜨려 중심을 앞에 싣고 킥력에 글라이드를 넣어 킥의 추진력을 보다 효과적으로 살리는 영법이다.

앞으로는 이 2가지 타입의 좋은 점을 취해 새로운 영법을 생각해 나가는 일이 좀더 훌륭한 영법에 대한 도전이고 기록에 대한 도전이 될 것이다.

기본적인 자세로서는 일반적 영법에서는 머리를 수면 위에 내놓고 수영하기 때문에 발끝쪽이 가라앉아 진행 방향에 대해 저항이 큰 자세가 되기 때문에 가능한 한 머리가 높아지지 않도록 주의하는 것이 필요하다.

이것에 대해 경기 영법에서는 무거운 머리를 수면 위에서 지탱하는 일은 불리하기 때문에 흡기를 위해 수면 위에 내놓는 시간을 짧게 하도록 연구하는 것이 중요하다.

② 평영(平泳)의 영법(泳法)

A. 팔 동작(풀)

양쪽의 손바닥을 밑으로 해서 머리 앞 수면 밑 20cm 전후의 지점에 모은 자세에서, 수면에 평행히, 어깨 및 팔꿈치를 펴고 손가락끝을 앞으로 해서 양팔을 힘주지 말고 편다.

앞으로 펴진 팔은 양 손목을 가볍게 구부리고 손바닥을 비스듬

히 바깥쪽으로 향해 좌우로 벌려 물을 긁으면서 서서히 하이엘보
의 형태를 만든다.

▲수영 기술 향상에는 손발(팔 다리)의 바른 자세가 무엇보다 중요
하다.

어깨 앞에서 팔은 약 120°로 구부리고, 그 시점에서 안쪽으로
긁듯이 해서 풀하고 양 손이 얼굴 앞 아래에서 만난다.

이 안쪽으로의 풀 때가 가장 빠른 스피드가 되어 추진력이 생긴
다.

이 때 턱을 전방으로 내밀고 호흡을 한다.

양 손이 만난 시점에서 선수 중에는 손이 멈춰버리는 사람도 있
지만 여기에서 손을 멈춰서는 안 된다.

연속적으로 리커버리에 들어가서 몸의 선을 유선형으로 오래

유지할 수 있도록 한다. 풀의 궤적은 하트형이다.

　B. 다리 동작(킥)

　킥에는 윕킥과 웨지킥의 2가지 타입이 있지만 현재 대부분의 선수는 윕킥을 이용하고 있다.

　웨지킥은 다리를 구부렸을 때 물의 저항이 큰 것과 물을 후방으로 차기보다는 비스듬히 밖으로 차서 양 다리로 물을 끼우는 동작에 힘이 사용되기 때문에 추진력을 얻기 위해서는 효율적이 아니다.

　그러나 스피드를 문제로 삼지 않는 일반적인 평영에서는 이 방법도 많이 이용되고 있다. 여기에서는 윕킥에 대해서 서술한다.

　양 다리는 허리·무릎·발목을 편 비교적 편하고 저항이 적은 수면에 평행 자세를 취한다.

　양 다리의 힘을 빼고 발바닥을 수면으로 향하고 양 무릎과 양 뒤꿈치의 사이를 차차 벌리면서 무릎을 구부려서 양 다리를 몸쪽으로 잡아당긴다.

　다리를 다 구부리면 양 발목을 직각 이상으로 구부리고, 양 발끝을 밖으로 향해 양 발바닥이 비스듬히 위 뒤쪽을 향하고, 양 발을 수면에 평행히 하는 것 같은 기분으로 양 다리를 각각 외전(外轉)시켜 발의 장심으로 물을 뒤 바깥 방향으로 차고 다리를 편다. 이 때 몸에 대한 대퇴부의 각도가 105°~110° 정도가 가장 강한 킥력을 낳는다. 킥의 피니시는 허리를 폄과 동시에 다리가 수면쪽으로 올라간다.

　다리가 다 펴지면 다시 그 타력을 이용해서 발목의 스냅을 살려 발바닥으로 물을 더욱 뒤쪽으로 밀어주고 양다리를 모은다. 그 때 엄지발가락이 가지런해지는 정도가 좋다.

　다리를 당겨서 킥의 자세를 취할 때가 가장 저항이 크다. 이 순간을 너무 오래 계속하면 스피드가 떨어져 버린다. 그러나 힘을 주어 급속히 다리를 당기면 저항이 증대한다.

　따라서 다리의 당김은 힘을 빼고 릴랙스하여 실시하고 당김에서 킥으로 옮기는 순간을 가능한 한 짧고 재빨리 하는 것이 중요하다.

　C. 호흡(呼吸)

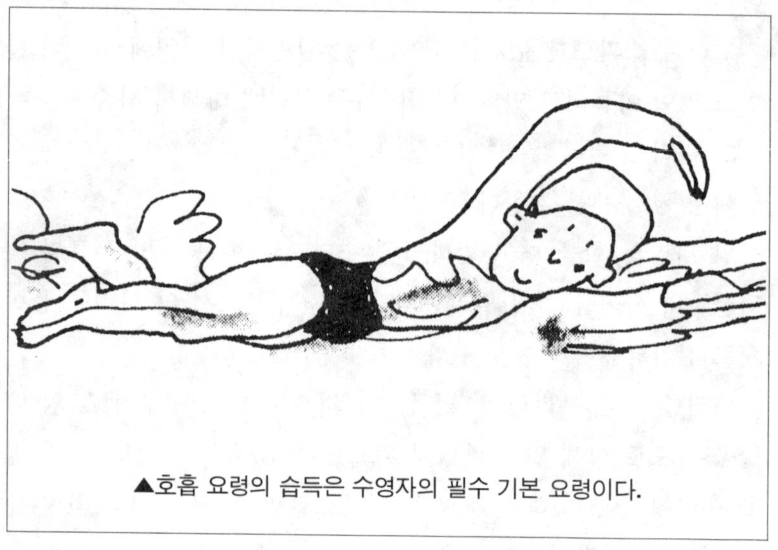

▲호흡 요령의 습득은 수영자의 필수 기본 요령이다.

　머리는 가능한 한 오래 물에 담그는 편이 유리하다. 따라서 흡기를 위해 머리를 드는 것은 가능한 한 적게, 단시간이 좋다. 머리를 극단적으로 위 아래로 움직이는 것은 몸의 상하 움직임을 불러일으킨다.

　또한 머리를 고정해서 위 아래로 움직이지 않고 흡기하려고 하면 필연적으로 상체가 일어나서 저항이 큰 자세가 된다.

가장 효율적인 호흡은 양 팔로 물을 긁기 시작함과 동시에 수중에서 조금씩 호기를 시작하여 양 팔이 몸과 직각을 이룰 무렵 목을 앞으로 펴면서 마지막 호기를 끝내고 입이 수면 위로 나왔을 때에 입을 벌려 흡기하고 양 팔을 앞으로 펴는 동작의 개시와 함께 얼굴을 물에 담그는 것이다.

D. 팔·다리·호흡의 컴비네이션

지금까지 말해 온 풀, 킥, 호흡의 3가지 타이밍이 잘 맞아 유선형의 자세를 오래 취할 수 있고 글라이드의 스피드를 효과적으로 살린 영법이 이상적이다.

평영에서는 저항이 가해지는 동작의 부분을 재빨리 해서 추진력을 살려 그 추진력이 최대가 되는 부분에서 유선형의 자세를 취하는 것이다. 그로 인해 보다 빨리 나아가서 에너지의 낭비를 막는다. 컴비네이션에 대해서는 다음 사항에 주의한다.

ⓐ 킥에 의해 생긴 추진력을 유효하게 하기 위해 전신을 펴 저항이 적은 자세로 나아간다.

ⓑ 풀이 충분히 유효하게 작용해서 몸 전체가 떠 스피드가 난 곳에서 흡기와 다리를 구부리는 동작을 한다.

3) 배영(背泳)

① 배영(背泳)의 요령과 기본 자세

배영은 똑바로 누운 자세에서 얼굴은 항상 수면 위에 내놓고 수영하여 호흡은 언제라도 할 수 있기 때문에 특히 호흡을 할 수 없는(얼굴에 물을 묻히는 것이 질색인) 사람에게는 이 영법부터 지도에 들어가는 방법도 있다. 기본적인 자세와 특히 빠지기 쉬운 주의점을 들어 본다.

A. 턱은 약간 당기고 자신을 내려다 보는 느낌을 취한다. 당긴다고 해도 너무 당기면 머리가 서고 허리가 떨어져서 자세가 무너지는 원인이 된다.

B. 등줄기를 펴고 릴랙스한 상태로 뜨기 쉬운 자세를 취한다. 어깨에 힘을 너무 주지 않도록 주의한다.

C. 허리는 똑바로 펴고 배꼽이 수면에 나오는 것 같은 느낌을 유지한다. 허리가 떨어지면 물의 저항은 커져서 다리 동작에 결점이 생긴다.

② 배영(背泳)의 영법(泳法)

A. 다리 동작(킥)

기본 자세의 연습에는 킥이 가장 적합하다. 배영의 킥은 자유형을 거꾸로 한 동작이다. 허리를 펴고 무릎 및 발목의 힘을 빼서 수중에 뜨면 약간 하반신이 내려간다.

자유형에 비해 약간 킥의 폭은 넓어진다. 다리가 가장 깊은 위치에서 넓적다리에 힘을 주어 발등으로 물을 뒤 위쪽으로 차 올린다.

이 때 무릎이나 발목에 힘이 들어가 있으면 다리가 막대기처럼 일직선이 되어 추진력이 생기지 않는다.

또한 허리가 떨어져 버리면 몸이 가라앉아 저항이 늘어난다.

반대로 허리가 너무 젖혀지면 배나 다리까지 수면에서 나와 버려 걷어 올리기의 상태가 되어 버린다. 양 발의 엄지는 안짱다리로 해서 서로 닿는 정도가 좋다.

다리는 밑에서 위로 차 올릴 때에 힘을 주고 힘을 뺀 상태에서 아래로 내리는 것이 가장 저항이 적은 킥으로 이어진다.

B. 팔 동작(풀)

ⓐ 입수(入水)

공중을 되돌아 온 손은 어깨 앞에서 새끼 손가락을 밑으로 해 입수한다. 이 때 어깨는 수면 위로 내밀듯이 하고 손끝부터 먼저 입수하는 것 같은 느낌으로 한다.

입수 때 손이 어깨 안쪽으로 너무 들어가거나 밖으로 너무 나가면 몸의 선이 무너져서 추진력을 감소시키는 원인이 된다.

ⓑ 캐치

입수한 손은 수면 밑 20~30cm 정도에서 먼저 손목부터 구부려서 물을 잡는다.

자유형과 마찬가지로 손바닥으로 물의 압력을 느끼고 몸 전체가 손바닥에 타는 것 같은 느낌으로 중심이 전방으로 이동한다. 이 때 몸의 롤링은 최대가 된다.

ⓒ 풀(pull)

기본적으로는 자유형과 거의 차이는 없다. 즉, 어깨를 축으로 하여 팔 전체로 물을 캐치한 후 팔꿈치를 구부리기 시작한다. 팔은 하향 후방으로 젓는다.

팔꿈치는 차차 구부려져서 어깨와 평행의 위치에서 최대 90°~105° 정도 구부러진다. 이 때의 느낌으로서는 팔씨름에서 상대를 비틀어 쓰러뜨리는 듯한 감각이다.

ⓓ 푸시

이 시점부터 손목의 스냅을 살려 단숨에 물을 뒤쪽으로 민다. 이 때의 스피드는 최대로 가속된다. 밀린 손은 하향 방향으로 손목의 스냅을 사용하여 밀기(이것을 푸시 다운이라고 한다) 시작한다.

어깨의 선은 수평면으로 되돌리고 있다. 풀(pull)부터 푸시, 푸시 다운의 일련 동작은 야구의 볼을 던졌을 때의 느낌과 유사하다. 풀을 옆에서 보면 S자형으로 그려지고 있음을 알 수 있다.

ⓔ 리커버리

수중에서 젓기가 끝난 손은 어깨의 힘을 빼고 대퇴부 옆에서부터 자연스런 형태로 리커버리한다. 손은 거의 어깨의 바로 위를 지나간다.

이 때 몸의 롤링을 사용함으로써 어깨는 가능한 한 수면 위에 유지하도록 하면 물의 저항을 감소시킬 수 있다.

C. 호흡(呼吸)

배영은 항상 얼굴이 수면 위에 나와 있기 때문에 호흡은 비교적 쉽다. 한쪽 손에 포인트를 두고 치켜올려서 머리 위로 옮겨 왔을 때에는 흉부가 넓어져 있기 때문에 숨을 들이마시고 수중에서 물을 긁을 때에 숨을 내쉰다.

물론 호흡은 수영의 피치와 맞추는 것이 중요하다. 코로 내쉬고 입으로 들이마시는 것이 원칙이다. 배영에서는 뜻밖의 때에 물을 얼굴에 뒤집어쓰기 때문에 호흡의 리듬을 익히는 것이 필요하다.

D. 팔·다리·호흡의 컴비네이션

다음 그림은 팔과 다리의 컴비네이션을 나타낸 것이다. 왼손으로 물을 캐치함과 동시에 반대쪽 오른쪽 다리의 킥이 시작된다. 왼쪽의 피니시와 동시에 왼쪽 다리가 위로 세게 차올려진다. 즉, 2스트로크 6비트의 표준적인 컴비네이션이다. 드물게 4비트의 사람이나 변칙 비트의 사람도 볼 수 있다.

배영에서는 킥력과 함께 풀(pull)이 추진력에 크게 영향을 미치기 때문에 상반신의 능숙한 롤링을 이용한다.

롤링을 익숙하게 사용하면 물이 어깨에 튀는 것을 막아 손의 입수나 캐치 및 풀을 이상적으로 할 수 있다.

그러나 롤링이 너무 크면 허리까지 불안정해져서 진행 방향이 좌우로 흔들리거나 또는 수영이 불균형해지기 때문에 극히 자연스런 롤링에 의해 수영을 컨트롤하는 것이 좋다.

영법 전체로서 풀에 킥을 조화시키는 듯한 수영이 자유형보다도 킥이 하는 역할이 크기 때문에 극단적으로 풀에 의존한 것 같은 컴비네이션은 피하는 것이 좋다.

4) 접영(蝶泳)

① 접영(蝶泳)의 요령과 기본 자세

접영은 전신을 펴고 수면에 엎드려서 자유형과 같은 팔과 다리의 동작을 좌우 동시에 몸의 굽이침을 덧붙여서 1스트로크 1킥마다 강한 추진력을 내며 전진하는 영법(泳法)이므로 자유형에 이어서 스피드가 나는 수영이다.

4종목 중에서는 가장 새로운 영법으로 원래는 평영의 기록을 늘리기 위해 연구된 것이다.

1952년부터 종래의 평영과는 다른 종목으로서 분류되어 그 뒷다리의 동작으로서 돌핀 킥이 이용되고 양 팔로 1번 물을 긁을 때마다 1번 킥하는 영법에서 킥을 2번 하는 소위 2비트 영법으로 발전했다.

현재도 이 2가지가 이용되고 있다.

이렇게 평영에서 파생한 수영이기 때문에 룰은 평영의 그것과 거의 같지만 수영의 특성은 자유형과 유사하다. 접영의 기본적 유의 사항을 들면,

a. '엉덩이'의 포지션과 몸의 전체적인 밸런스

b. 풀 패턴과 리커버리

c. 스트로크와 머리 전후의 움직이는 방법

d. 1스트로크와 2킥의 타이밍

e. 입수 후의 몸 전체의 글라이드

등이 특히 주의되어야 한다. 풀, 호흡, 킥은 전체의 움직임 속에서 타이밍이 맞고 있지 않으면 안 된다.

이 3가지의 동작은 몸의 자세와 매우 관련이 깊다. 지도 단계로서는 킥→풀→킥＋풀의 타이밍→호흡→컴비네이션이 있다.

② 접영(蝶泳)의 영법(泳法)

A. 팔 동작(풀)

ⓐ 입수(入水)

좌우에서 수면 위로 동시에 옮겨진 팔은 자유형과 같은 요령으로 대개 어깨의 폭으로 양 손을 벌리고 손가락끝부터 입수해서 수면 밑 10~20cm의 지점에 팔을 편다.

ⓑ 캐치

편 팔은 손목을 조금 구부리고 손바닥을 비스듬히 바깥쪽으로 향하고 물을 저으면서 옆으로 벌리고 차차 팔꿈치를 구부린다. 이 때의 물의 캐치는 평영의 물을 잡는 느낌과 같다.

ⓒ 풀(pull)

물을 긁으면서 양 팔이 몸과 직각을 이루는 부근에 접근함에 따라 양 손을 차츰 몸 중심선의 아래쪽으로 접근시켜 팔꿈치부터 앞 부분을 긁어들이듯이 해서 물을 뒤쪽으로 세게 밀어준다.

이 때에 특히 주의할 사항은 가슴 아래에서 양 손이 거의 만나는 것 같은 형태로 몸과의 이루는 각도는 90°이다.

풀 패턴은 '열쇠 구멍 풀'이라고 불리는 패턴이 좋다. 풀의 깊이는 자유형보다도 얕다.

ⓓ 피니시

팔이 몸과 거의 90°를 이루는 부근까지 나아가면 손바닥을 비스듬히 뒤쪽으로 향하고 팔꿈치에서 앞으로 물을 뒤쪽으로 밀어준다. 손은 허리보다도 뒤쪽까지 다 젓도록 해야 한다.

ⓔ 리커버리

물을 다 저은 팔은 힘을 빼서 손바닥을 아래로 향하고 팔꿈치부터 먼저 수면 위로 빼 올려서 손끝이 수면 가까이를 지나도록 하여 좌우에서 앞으로 옮겨 팔이 몸과 직각이 되는 부근부터 팔꿈치보다 손끝이 먼저가 되도록 내휘둘러 어깨 앞에서 입수한다. 더구나 수중에서 손을 뺄 때 새끼 손가락부터 빼도록 한다.

B. 다리·동작(킥)

몸을 편 자세에서 팔을 젖히고 양 다리를 수면에 접근시키면서 허리를 약간 구부린다.

양 다리를 수면 가까이에 멈춘 채 무릎을 약간 깊이 구부리고 내린다.

몸과 '넓적다리'가 120~130° 정도까지 되면 무릎을 수면쪽으로 세게 되돌리듯이 해서 양 다리를 단숨에 펴고 그 반동으로 수면 가까이에 두고 있었던 양 발 등으로 물을 뒤쪽으로 세게 차고 밀고 나아간다.

양 다리가 펴져 물을 차면서 허리를 펴고 그 결과로 자연스럽게 엉덩이가 수면 가까이까지 떠서 그림과 같은 'Z'자 자세가 된다.

다 펴진 다리는 마지막으로 양 발목을 부드럽게 사용하여 물을 찬 후, 힘을 빼고 다리를 거의 편 상태로 수면쪽으로 올린다.

C. 호흡(呼吸)

호흡은 평영과 매우 비슷하고 팔꿈치를 어깨 앞에서 약 120° 정도 구부린 무렵부터 준비해서 안쪽으로 저어들어올 때 머리는 턱을 내밀듯이 해 수면 위로 올려 호흡한다.

머리를 올리면서 호기를 계속하고 얼굴이 수면에 나올 때에 호기를 끝낸다. 입을 수면에서 내밀고 크게 입을 벌려 양 팔을 물에서 빼 올리면서 입으로 흡기한다. 더구나 호흡 때 턱을 수면에서 떼지 않도록 내밀고 하면 좋다.

D. 팔·다리·호흡의 컴비네이션

ⓐ 양 팔이 수면 위를 지나 몸과 직각을 이룰 때까지 나아가면 머리를 단숨에 세게 물에 질러 넣는다.

ⓑ 양 손을 물에 질러 넣는 것과 양 다리의 킥 개시는 동시이다.

ⓒ 양 팔로 물을 젓기 시작함과 동시에 호기를 개시하고 얼굴을 올릴 때 호기를 끝낸다.

ⓓ 양 팔로 물을 젓고 나아가서 양 팔이 몸과 직각이 되었을 때 머리를 올리고 동시에 2번째의 킥을 개시한다.

ⓔ 양 팔로 물을 저어 수면 위로 빼 올리면서 얼굴을 들고 입을 수면 위로 내밀어 흡기한다.

5) 횡영(橫泳)

횡영은 몸을 몸 측면을 밑으로 하고 수면에 누워 손으로 물을 긁고 다리는 부채발을 사용해서 나아가는 영법이다.

재래의 수영 중에서도 대표적인 것으로 다음의 특색을 갖고 있다.

A. 1스트로크, 1부채질 때마다 생기는 강한 추진력의 타성, 즉 '펴기'를 이용한다.

B. 횡체이기 때문에 배와 등에 균등한 수압을 받게 되므로 몸의 동요가 적어져서 수중을 돌진하는데 적합하다.

C. 형태, 움직임의 아름다움, 힘참, 그리고 여운을 맛본다는 예술성도 내장해서 이것을 중시한다.

D. 사용되는 부채발을 수중에서의 스타트 대시, 수면으로의 뛰어오름, 물체의 지지나 운반, 수구, 구조, 싱크로나이즈드 스위밍 등 광범한 영역에 걸쳐 응용되고 있다.

① 횡영(橫泳)의 요령

몸의 측면을 밑으로 하고 수면에 누워 물을 베개로 삼은 형태를 취하고 똑바로 펴서 아래쪽의 손은 진행 방향으로 띄우면서 펴고 위쪽의 손은 몸 옆에서 물을 젓는다.

다리는 부채발을 사용하여 손 동작에 맞추어 물을 밀어 사이에 끼우고 나아간다.

이 수영은 '모제비 헤엄'이라고도 하는데 모제비는 밀어서 펴는 것으로 다리미로 주름을 펴는 것 같은 의미를 갖는다.

수영할 때의 기분을, 그리고 몸의 움직임이나 상태를 교묘하게 표현한 것이라고 할 수 있다.

잘 모제비하는 것이 중요하다.

② 횡영(橫泳)의 기본 자세

A. 몸을 너무 힘주지 말고 똑바로 펴고 몸 측면을 밑으로 해서 수면에 수직이 되도록 눕는다.

B. 물을 베개로 삼듯이 머리를 돌려서 얼굴을 수면 위에 내놓고 가볍게 턱을 당긴다.

C. 눈은 어깨 너머로 발끝을 일직선으로 내다보고 뒤쪽의 목표물을 본다.

D. 아래쪽의 손은 손바닥을 밑으로 향하고 수면 가까이 진행 방향으로 가볍게 펴고 위쪽 손은 몸 측면에 붙여서 펴서 위쪽 다리 안쪽 넓적 다리에 손바닥을 붙인다.

E. 양 다리는 발끝까지 모아서 펴 몸 전체가 일직선이 되도록 한다. 발끝은 위쪽의 발바닥으로 아래쪽의 발 등을 누르고 엄지를 겹치도록 한다.

③ 횡영(橫泳)의 영법(泳法)

A. 다리 동작

부채발을 사용한다. 부채발은 다음과 같은 동작으로 진행한다.

ⓐ 기본 자세로 유지하고 행동을 일으킨다.

ⓑ 물의 저항을 최소한에 그치도록 양 무릎을 모아서 발끝부터 약간 뒤로 끌어내듯이 오므린다.

ⓒ 오므린 다리를 멈추지 않고 위쪽의 다리를 배쪽으로 하고 아래쪽의 다리를 등쪽으로 벌린다.

ⓓ 벌린 양 다리는 몸의 전후로 가볍게 펴면서 물을 수평으로 끼워 모아 닫는다. 닫을 즈음에는 위쪽 다리의 발바닥과 아래쪽 다리의 발등으로 물을 긁어 모으고 양 엄지가 겹친다.

횡영에서는 이 부채발이 큰 추진력을 낳는다.

B. 팔 동작

ⓐ 아래쪽 손의 동작

위의 그림과 같이 몸의 펴진 상태의 기본 자세에서 손바닥을 아래로 향한 채 팔 전체로 물을 아래로 누르면서 몸으로 끌어당겨, 가슴 앞 부근에 손바닥을 아래로 향하는 형태로 넣고, 펼 준비가 되어 다리를 부채질하는 동작에 맞추어 진행 방향의 머리 전방으로 손바닥을 밑으로 하고 물을 누르면서 똑바로 편다.

ⓑ 위쪽 손의 동작

펴져 있는 손을 팔꿈치를 구부려서 배를 따라 앞으로 옮겨 아래쪽 손을 폄과 동시에 손바닥을 비스듬히 후방으로 향해 위쪽 다리의 안쪽 넓적다리에 닿을 때까지 몸을 따라 물을 긁어 뒤쪽으로 밀어 준다.

아래쪽 손은 몸의 안정, 방향 부여, 부력을 얻게 되고 아래쪽 손은 추진에 도움이 되게 된다.

C. 팔과 다리의 관계

손을 끌어 당겨 올 때에 다리도 끌어 당기고 펼 때는 동시에 한다. 또한 손을 펴려고 준비했을 때에는 다리도 전후로 펴고 부채질하기 시작하는 자세가 되어 있어야 한다.

수족을 구부리고 펴는 동안에 움직임이 멈추지 않도록 마디가 생기면 힘의 흐름을 활용할 수 없게 된다.

D. 호흡(呼吸)

항상 입과 코가 수면 위에 있기 때문에 의식하지 않아도 호흡을 할 수 있다. 움직임에 맞춰서 자연스럽게 하면 된다. 일반적으로는 손과 다리를 펼 때에 내쉬고 구부릴 때에 조용히 길게 들이마신다.

호흡이 부자연스러우면 몸의 안정을 잃어 물을 마시거나 펴기도 힘들어지고 즐거움도 반감한다.

④ 횡영(橫泳)을 지도할 때 주의해야 할 점

A. 연습·방법에 대해서

ⓐ 부채발을 배운다.

ⓑ 육상에서의 연습을 활용한다.

ⓒ 반횡체의 횡영, 또는 부채 평영을 활용한다.

B. 자세에 대해서

ⓐ 기본 자세에 익숙해진다.

ⓑ 특히 머리의 위치나 형태에 주의한다. 머리를 일으키면 다리가 가라앉는다.

C. 부채발에 대해서

ⓐ 부채발의 요령을 배운다. 위쪽 다리의 발목은 구부려서 발바닥으로, 아래쪽 다리의 발목은 펴서 발등으로 물을 부채질한다.

ⓑ 양다리의 부채질 폭을 균등히 한다. 일반적으로 아래쪽 다리가 작아지기 쉽다.

ⓒ 다리를 구부리기 시작하고 나서 다 부채질할 때까지 멈춰서는 안 된다.

ⓓ 부채질할 때마다 몸의 굴신이나 동요가 없도록 한다.

ⓔ 마지막일수록 다리를 조른다.

ⓕ 개구리 다리가 되지 않도록 한다.

ⓖ 모래 위에서 연습할 때 전후 다리의 벌어짐이 균등하면 발끝의 움직이는 궤적은 장롱의 손잡이같이 된다.

D. 손의 사용법에 대해서

ⓐ 아래쪽 손의 손바닥이 하향이 되어 뜨도록 한다.

ⓑ 아래쪽 손을 수면 위에 내놓지 않는다. 내놓으면 부력의 지주가 되지 않아 다시 몸이 떠올라서 다음 순간에 가라앉게 된다.

ⓒ 진행 방향으로 똑바로 펴서 방향을 정한다.

ⓓ 위쪽 손의 손바닥은 바로 뒤로 향하고 물을 밀도록 한다.

ⓔ 위쪽 손은 몸을 따라서 젓는다. 떠나면 힘도 약해 등쪽으로 구부러지기 쉽다. 또한 아래쪽 다리가 밑으로 떨어져서 개구리 다리가 되는 원인도 된다.

E. 손과 다리의 관련 동작에 대해서

ⓐ 손와 다리는 항상 박자를 맞춰서 동작을 원활히 이동하여 불필요한 물의 저항을 피한다.

ⓑ 팔·다리의 동작은 모두 그 후반에 힘을 주고 전반을 준비 동작이라고 생각한다. 긴장과 탈력의 조정을 잘 반복하고 펴기를 이용해서 쉽게 수영하도록 한다.

6) 입영(立泳)

손을 사용하지 않고 다리의 동작만으로 얼굴과 두부를 수면 위에 내놓고 있는 수영으로 전후좌우의 이동도 포함된다.

손을 수영하기 위해 사용하지 않기 때문에 각종의 작업을 할 수가 있다.

수구, 싱크로나이즈드 스위밍, 물체의 지지, 운반, 구조 등에 빼놓을 수 없는 수영이기도 하다.

① 입영(立泳)의 요령

상체를 수직으로 유지하고 하복부를 조여 몸의 위치를 안정시키고 가랑이를 좌우로 벌리고 디딤다리를 사용하여 목부터 위를 수면 위로 내민다.

② 입영(入泳)의 기본 자세

A. 등줄기, 목줄기를 펴고 상체를 직립시켜 얼굴과 두부를 수면 위에 내놓고 눈은 정면을 보도록 한다.

B. 팔은 가지런히 해서, 혹은 팔꿈치를 구부려서 앞으로 내밀거나 양 팔을 옆으로 수평으로 벌린다.

C. 전후좌우로 이동할 때는 몸을 진행 방향으로 약간 기울이고 그 방향을 본다.

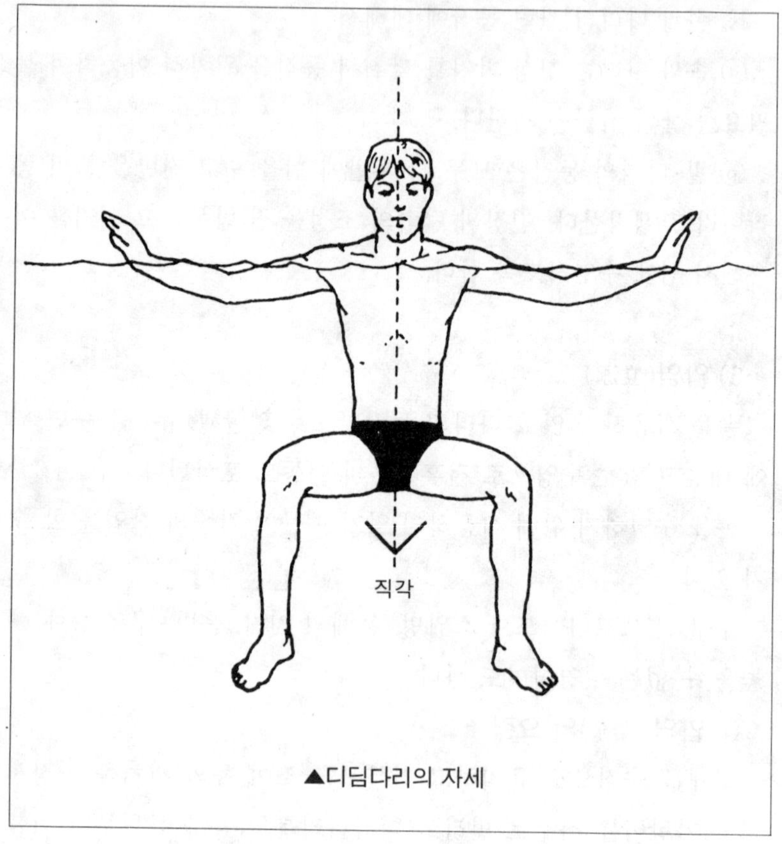

▲디딤다리의 자세

③ 입영(立泳)의 영법(泳法)

A. 다리의 동작

ⓐ 디딤다리를 사용하는 입영(立泳)

디딤다리란 넓적다리를 옆으로 벌리고 무릎을 구부린 자세에서 다리를 오므리고 뒤꿈치에 약간 힘을 주어 안쪽에서부터 옆뒤로 물을 밟아 벌린다. 무릎은 다 펴지 않고 구부려 둔다.

다 밟으면 발목의 힘을 빼고 다리를 오므리면서 원위치로 되돌린다.

한쪽 다리를 밟을 때에 다른쪽 다리를 오므린다. 이런 동작을 매끄럽게 연속해서 하는 것으로 완만하게 제자리 걸음을 하는 요령과 같다.

ⓑ 감기 다리를 사용하는 입영(立泳)

감기 다리란 한 마디로 말하면 디딤다리의 변형이다. 무릎부터 위는 움직이지 않는 셈으로 무릎을 정점으로 하여 원추형을 그리듯이 디딤다리의 요령으로 발바닥으로 물을 아래로 민다. 좌우 연속해서 매끄럽게 하는 것이다.

ⓒ 부채다리를 사용하는 입영(立泳)

상체를 약간 앞으로 기울인 자세로 팔을 전방으로 펴고 얼굴을 수면 위에 내놓는다.

처음 왼발을 앞으로 하면 다음은 오른발 앞과 좌우 교대로 실시한다.

횡영의 부채다리는 양 다리를 한 번 부채질할 때마다 모으지만 이 부채질은 부쳐 흘린다. 즉, 앞에서부터 부채질한 다리는 그대로 뒤로 가고 다음은 뒤에서부터 앞으로 부채질하게 된다. 황새 걸음으로 걷는 기분으로 하면 된다.

몸이 상하로 동요하기 쉬운 결점이 있지만 디딤다리나 감기다리를 할 수 없는 사람이라도 손쉽게 할 수 있는 장점이 있다.

인간은 보행에 대해서는 만 1세부터 연습하고 있기 때문에 근력도 그렇게 발달하고 움직임에도 익숙해져 있기 때문이다.

입영이라고 하면 디딤다리나 감기다리 뿐이라고 생각하는 사람도 많지만 간단한 부채다리의 입영을 알릴 필요가 있다.

④ 입영(立泳)을 지도할 때 주의해야 할 점

A. 디딤다리의 경우 상체가 직립해 있을 것. 숙이기 쉬워지면 밟은 다리의 힘이 몸에 전해지기 어려워진다.

B. 넓적다리의 벌어짐이 좁아지지 않을 것. 좁으면 부력도 적어져서 허리가 당겨지기 쉽다.

C. 발바닥의 사용 방법에 주의의 중점을 둔다.

D. 내리밟은 다리의 무릎은 다 펴지 않는다.

E. 동작은 매끄럽게 한다.

⑤ 입영(立泳) 연습의 단계

A. 육상에서 똑바로 누운 자세에서 디딤다리의 동작을 한다.

B. 풀 사이드에 걸터 앉아서 다리를 물에 넣고 한다. 발바닥이 물에 들어갈 때 때리는 소리가 나도록.

C. 가슴 정도 깊이의 곳에서 손은 지지물을 잡거나 한 발씩의 연습을 하고 다음에 양 다리로 한다.

D. 뜨는 물체를 사용해서 C의 연습을 한다.

E. 발의 모양이 되면 뜨는 물체에서 떠난다. 머리가 물 속에 가라앉는 경우도 있지만 가라앉은 채로 다리의 동작에 신경을 집중시킨다. 손으로 뜨면서 기세를 돋우는 것도 좋다. 무리없는 매끄러운 동작을 배운다.

F. 할 수 있게 되면 전후좌우의 이동, 손이나 몸을 수면 위에 내놓는다. 물체의 지지·운반 등 가중해서 기술 향상을 꾀함과 동시에 부채질로 춤추거나 물 속에서 글씨를 쓰는 등의 행위를 해서 실용적임과 동시에 우아하고 즐거운 수영임을 알린다.

G. 원래 디딤다리는 개구리 다리와 매우 비슷해서 평영을 할 수 있는 사람에게는 한 발씩 교대로 무릎을 다 펴지 않도록 하여 평영을 하게 해서 기세가 생기면 몸을 직립시킨다. 흐트러지면 평

영이 되는 것을 반복한다.

7) 잠수(潛水)

물 속을 헤엄치는 것을 잠수(潛水)라고 한다. 수중을 헤엄침으로써 수영의 영역이 입체적으로 넓어져서 수영의 즐거움을 늘리고 물에 대한 자신을 강화시켜서 안전이나 각종 작업에 도움이 된다.

다이빙이나 싱크로나이즈드 스위밍에도 불가결한 요소이기도 하다.

잠수하는 데에는 크게 나눠서 다음 3가지를 생각할 수 있다.

첫째, 깊이 잠수한다, 둘째, 멀리 잠수한다, 셋째, 수중에서 각종 동작을 한다.

잠수는 놀이 중에도 볼 수 있지만, 기본적으로는 수면에서부터 잠겨드는 잠입과 잠입하고나서 일정 거리를 잠입해 나아가는 것을 목적으로 한 잠행(潛行)이 있다.

① 잠수(潛水)의 요령

수면을 헤엄치는 것과 기본적으로는 같지만 항상 전신에 수압을 받고 있는 점, 흡기를 할 수 없는 점, 몸이 뜰 듯 뜰 듯하는 점에 제약을 받는다.

A. 잠수하기 전에는 잠수하려는 방향에 위험성이 없는지를 확인하고 목표를 잘 확인한다.

B. 숨은 수차례 심호흡하고 나서 80% 정도로 들이마시고 잠입해서 평영이나 횡영으로 타력을 활용해서 잠수해 나아간다.

C. 항상 머리쪽이 다리보다 낮은 자세를 유지하고 진행한다.

부침의 조절은 머리의 위치와 수족의 효과적인 사용 방법에 의

340

하지만 특히 손의 젓기는 허리에서 멈추지 않고 위까지 저어 올리
도록 하여 몸의 떠오름을 막는다.

D. 눈은 반드시 뜨고 물바닥이나 목표물을 잘 보고 충돌을 피
하고 방향을 돌리지 않도록 해서 수영한다.

E. 무장치 잠수의 경우는 수심 2m 정도를 한도로 한다. 특히
바다에 있어서는 수압이 강하기 때문에 주의를 요한다.

② 잠수(潛水)의 방법

A. 선 잠수(入潛水)

수중에 선 자세에서 그대로 다리쪽부터 똑바로 잠입하는 방법
이다.

ⓐ 좌우의 팔로 물을 눌러서 몸을 떠오르게 한다.

ⓑ 떠오르면 양 다리를 모아서 발끝까지 펴고 수직 자세를 취한
다. 뜬 반동으로 자연히 가라앉아 간다.

ⓒ 깊이 들어가려고 하기 위해서는 들어간 후 손바닥을 뒤집어
서 물을 밀어 올린다.

ⓓ 적당한 깊이에 이르면 머리를 숙이고 몸을 수평으로 해서 잠
수 자세로 옮긴다.

B. 역잠수(逆潛水)

수면에 엎드린 자세에서 머리를 앞으로 해서 잠입하는 방법이
다.

ⓐ 앞으로 편 양손을 밀어올려 몸을 띄운다.

ⓑ 떠오른 몸이 가라앉기 시작할 때 머리를 앞으로 깊이 숙이고
허리를 구부려서 앞으로 도는 요령으로 물구나무 서기 자세가 되
어 잠입한다.

ⓒ 적당한 깊이의 곳에서 머리를 진행 방향으로 향하고 잠행 자

세로 이동한다.

③ 잠수(潛水) 중의 영법(泳法)

평영에 의한 잠수 중의 영법은 평영의 스타트 때의 1스트로크 1 킥 요령의 연속이다.

평영과 다른 점은 손을 뒤 위쪽까지 사용하는 것이다. 자세는 등줄기를 펴고 턱을 조여 항상 머리가 다리보다 낮은 자세를 유지한다.

A. 팔의 동작

퍼져 있는 양 손바닥을 바깥쪽으로 향하고 옆으로 벌리듯이 저어(하향으로 긁으면 몸이 떠오르기 쉽다), 어깨선을 넘을 무렵부터 팔꿈치를 약간 구부리고 손바닥을 아래 뒤쪽으로 향해 몸 측면을 따라 바깥 넓적다리까지 젓고 마지막은 물을 밀어올린다.

양손을 되돌리기 위해서는 손으로 배밑을 쓰다듬는 기분으로 가슴밑, 턱밑을 지나 전방으로 편다.

B. 다리의 동작

개구리 다리를 사용하는데 저항을 줄이기 위해 모양을 작게 하고 차기를 날카롭게 한다.

손은 평영으로 다리는 발장구를 사용하는 경우도 있지만 이 발장구는 잘게 하는 것이 좋다.

부채다리를 사용하는 경우는 횡영의 '양 손 젓기'를 이용한다.

C. 팔과 다리의 관계

ⓐ 다리를 편 채 양 팔만으로 젓는다. 양 팔을 몸 측면에 붙인 자세로 편다.

ⓑ 팔을 가슴에 넣으면서 다리를 움츠리고 양 팔을 모아 전방으로 폄과 동시에 다리로 찬다.

ⓒ 팔과 다리를 편 자세로 뻗는다.

D. 부상(浮上 ; 떠오르기)

수면에 떠올라갈 때는 갑자기 튀어나가는 일이 없도록 수면의 상황을 확인하면서 서두르지 말고 천천히 떠오른다.

E. 호흡(呼吸)

잠입(潛入) 전에 수차례 심호흡하고 80% 정도 공기를 들이마시고 잠입한다. 가득히 들이마시면 오히려 답답해진다.

잠수 중 조금씩 숨을 내쉬는 사람도 있지만 이것은 몸을 편하게 해서 부상을 다소라도 막을 수 있기 때문이다.

④ 잠수를 지도할 때 주의해야 할 점

A. 귀에 고장이 있는 사람은 연습시키지 않는다.

B. 연습하는 장소는 물이 맑고 위험이 없는 곳을 선택한다.

C. 얕은 장소에서 연습하고 서서히 깊은 장소로 옮긴다.

D. 깊은 쪽에서 얕은 쪽을 향해 잠수시킨다.

E. 버디를 만들어 1사람씩 교대로 연습하고 항상 상대를 확인한다. 동시에 다수의 사람을 잠수시키는 것은 위험하다.

F. 자연의 수영장(바다·강 등)에서는 반드시 잠수자 외에 다른 수영자를 수영하게 해서 얼굴을 담그고 감시시킨다.

G. 절대로 무리시키지 말 것. 편한 연습을 수없이 하는 것이 좋은 결과를 낳는다.

8) 다이빙(diving)

다이빙에는 경기 다이빙과 안전을 목적으로 한 다이빙과 경영 스타트에 이용하는 다이빙이 있다.

여기에서는 경기 이외의 다이빙 방법에 대해서 서술한다.

　다이빙의 실패에서 생기는 사고가 많은 점, 또는 다이빙해야 하는 상황에 직면하게 되는 경우도 있는 점 등을 고려해서 다이빙에 대한 지식이나 기능을 몸에 익혀둘 필요가 있다.

① 다이빙의 방법

　다리부터 먼저 입수하는 방법과 머리부터 먼저 입수하는 방법

의 이 2가지 방법이 있다.

　A. 선 다이빙(立 diving)

　요령은 직립 자세인 채로 발끝부터 똑바로 물에 들어간다.

　ⓐ 다리의 위치를 고정하고 양 팔은 몸 측면으로 펴고 전방을 본다.

　ⓑ 가볍게 땅을 힘차게 차고 뛰어 오른다.

ⓒ 양 손을 몸에서 떼지 않고 양 발을 모아 전신을 펴서 저항이 적은 자세로 입수한다.

ⓓ 입수하자마자 몸의 힘을 늦추고 팔을 좌우로 벌려 물을 밑으로 밀어 깊이 들어가는 것을 막는다.

B. 뛰어들기

요령은 머리를 물에 가라앉히지 말고 입수한다.

ⓐ 다리는 전후로 벌려서 앞다리는 미끄러지지 않도록 대끝에 걸치고 상체를 45° 정도로 기울여 양 손을 앞으로 내휘두르고 앞다리로 힘차게 내딛는다.

ⓑ 다리는 전후해서 위치를 바꾸어 다리의 모양은 부채다리가 된다. 이대로의 자세로 몸을 수면에 던진다.

ⓒ 입수와 동시에 손으로 물을 밑으로 밀고 발은 세게 부채질한다. 머리를 가라앉히지 않으려고 하는 몸의 긴장이 중요하다.

C. 역다이빙(逆 diving)

요령은 세고 힘차게 내딛어 몸을 펴고 양 다리를 모아 양 손을 펴서 머리를 끼우고 전방으로 가지런히 해서 손바닥을 아래로 향하고 손끝부터 물에 들어가서 얕게 잠수하고 머리부터 뜨기 시작한다. 스타트 다이빙도 이것에 따른다.

각도를 수면에 수직으로 하면 다이빙 경기의 입수가 된다.

ⓐ 대끝에 발끝, 특히 엄지를 확실히 걸쳐서 안정시키고 직립 자세로 수평으로 전방을 본다.

ⓑ 허리·무릎을 구부리고 팔을 전방으로 올려서 뛰어나갈 자세를 취한다.

ⓒ 팔을 전방으로 치켜 올리면서 힘차게 내딛는다.

ⓓ 공중에서는 머리를 팔 사이에 끼우듯이 하고 전신을 잘 편

다.

ⓔ 손끝부터 입수해서 손목을 젖혀 얕게 잠수하고 머리부터 수면 위로 나온다.

② 다이빙(diving)의 지도의 단계

A. 물 속에서

배꼽 정도의 깊이에 서서 양 손을 머리 위로 펴서 머리를 끼우듯이 하여 가지런히 한다.

양 다리로 물 밑바닥을 차고 앞으로 뛴다. 머리가 들어가면 곧 손목을 젖히고 머리를 일으켜 선다. 이렇게 하면 깊이 잠수하지 않게 된다.

B. 풀가에 걸터 앉아서

풀가에 걸터 앉아서 자세를 취하고 뒤에서 배를 지탱해 받아 상체를 앞으로 쓰러뜨린다. 상체가 수평이 된 즈음에서 지탱하는 손을 떼게 하면 몸은 머리쪽부터 입수한다.

수면 위에 나오는 요령은 처음과 동일하다. 입수할 때까지는 절대로 머리를 일으키지 않는다.

C. 선 자세에서

앞에서 서술한 바와 같지만 중심이 높아지기 때문에 공포심을 품는 사람도 생긴다. 효과를 서두르지 말고 A와 B의 연습을 수없이 한다. 이것은 안전으로도 이어지는 것이므로 신중한 태도로 임해야 한다.

③ 다이빙(diving)을 지도할 때 주의해야 할 점

A. 전반적인 주의

ⓐ 낮은 곳에서부터 높은 곳으로 이동한다.

ⓑ 수심, 수저, 물의 맑고 흐림에 주의.

ⓒ 순서 좋게 연습시킨다.

ⓓ 다이빙의 장소를 명확히 하고 다른 수영자의 진입을 막는다.

ⓔ 지나친 장난을 시키지 않는다.

B. 선다이빙(立 diving)의 주의

ⓐ 손을 몸에서 떼지 않는다.

ⓑ 입수 후 손발을 잘 사용해서 깊이 들어가는 것을 막는다.

C. 뛰어들기의 주의

ⓐ 몸을 직립시키지 않는다.

ⓑ 입수할 때는 팔을 옆으로 사용하지 않는다.

ⓒ 입수 후 다리의 부채질을 반드시 한다.

D. 역다이빙(逆 diving)의 주의

ⓐ 머리를 팔로 끼운다.

ⓑ 수면에 나올 때까지 몸의 힘을 빼지 않는다.

ⓒ 공포심을 제거하기 위해서 단계적으로 지도한다.

ⓓ 기세를 붙여 다이빙한다. 낙하와 같이 되면 몸을 부딪친다.

9) 몸뜨기(浮身)

몸뜨기는 부력을 이용해서 몸이 수면에 떠 정지하는 것이다.

초보자의 지도에 있어서는 물에 익숙해지고 인체가 물에 뜨는 것을 체험시켜 물에 대한 자신을 갖게 하는데 이용된다.

수영할 수 있는 사람에게는 휴양이나 경련 등의 사고가 일어났을 때의 처치나 구조를 기다릴 때 등 실용적인 목적으로서 이용됨과 동시에 수영의 하나로서 이루어진다.

① 몸뜨기의 요령

부신은 중력과 부력에 지배된다. 중력의 중심인 중심(重心)과 부력의 중심인 부심(浮心)이란 항상 동일연직선상에 있다.

사람의 몸은 적지만 중심과 부심이 떨어져 있기 때문에 수면에 수평으로 뜨기 위해서는 중심과 부심을 일치시키는 기술이 필요하다.

A. 몸뜨기를 하려고 물에 똑바로 누운 자세. 자리는 차츰 내려간다.

B. 중심을 부심에 일치시키기 위해서 팔을 머리 끝으로 펴고 손목에서부터 끝을 수면 위에 내놓고 상체에 가중한다. 다리는 차차 올라와서 뜬다(비중이 가벼운 사람의 경우).

C. 하반신이 무거운 사람은 B를 하고 더욱 무릎을 구부려서 중심을 끌어 올린다.

D. 흡기를 배로 밀어올려 부심을 이동시켜 중심과 일치시킨다. 비중이 가벼운 사람이라면 다리를 펴도 뜬다.

E. A의 상태에서 아무 것도 하지 않으면 중심이 밑에 있기 때문에 선 채로(立) 뜨기가 된다.

② 몸뜨기(浮身)의 방법

A. 해파리 뜨기

얼굴을 물 속에 넣고 양 손으로 무릎을 안듯이 해서 뜬다.

B. 엎드려 뜨기

얼굴을 물 속에 넣고 차고 펴기를 해서 떴을 때의 자세이다. 평체의 기본 자세가 된다.

이것들은 얼굴이 수중에 있기 때문에 흡기를 할 수 없으므로 오래 가지는 않는다. 초보자에게 적합하다.

C. 선 채로(立) 뜨기

조용한 물 속에 직립 자세로 머리를 뒤로 쓰러뜨리고 얼굴의 약간 부분을 수면 위에 내놓는다. 코와 입이 나오므로 호흡을 할 수 있다.

D. 등뜨기

일반적으로 부신이라고 하면 이 등뜨기를 의미하고 있다. 이미 앞에서 충분히 언급했기 때문에 설명을 생략한다.

E. 가로 뜨기

횡영의 부쳐내리는 형태를 취한다. 얼굴과 위쪽의 손발이 나오게 되지만 매우 어려운 기술이다.

③ 몸뜨기(浮身)를 지도할 때 주의해야 할 점

A. 충분히 흡기한 후 얼굴이 약간 수면 위에 나올 때까지 조용히 가라앉고 나서 가볍게 바닥을 차거나 혹은 그대로 팔이나 다리를 편다.

B. 몸은 편안한 기분으로 펴고 무리하게 다리를 띄우려고 해서

필요 이상의 힘을 가하지 않는다.

일반적으로 가슴을 수면 위에 띄우려고 힘을 주어 보면 자세를 취하기 쉽지만 오히려 다리는 가라앉아 버린다.

C. 좋은 자세를 취하면 처음은 가라앉아 있어도 차츰 떠오른다. 뜨기를 기다리는 마음이 중요하다.

D. 뜬 후 배로 공기를 내려서 조용히 얕은 호흡을 한다.

E. 초보자나 비중이 큰 사람은 버디를 만들게 해서 서로 보조하면서 연습시키면 효과가 크다.

수영은 뜨기로 시작되어 뜨기로 끝난다고 전해지고 있다. 사람의 몸은 정지했을 경우 반드시 일부분이 수면 위에 나타난다. 즉, 뜨는 성질이 있는 것이다. 처음에 이 뜨는 본성을 몸으로 아는 것이 시작된다는 의미가 아닐까?

'끝난다'란 이 뜨기를 최대한으로 살려 수중에 있으면서 물을 잊는 경지에 이르는 것을 말하는 것이리라.

10) 자신을 지키기 위한 동작

자신을 지키기 위한 동작이란 물에 관해 자신의 안전을 스스로 확보하기 위한 동작을 의미한다. 수영할 수 있다는 것도 그 중 하나이다.

수영할 수 있다고 해도 1종류의 영법뿐만 아니라 다종목을 터득하는 것이 각각의 목적을 달성하기 위해 유효하고 이것 역시 자신의 건강과 생명을 지키는 방법이라고 할 수 있다.

잠수도 할 수 있고 다이빙도 할 수 있을 뿐만 아니라 배를 조종하는 기술까지도 터득할 수 있으면 자기 자신의 몸을 보호하는 동작을 완성하였다고 할 수 있다.

여기에서는 연습 중에 알고 있으면 쓸데없는 노력을 줄일 수 있고 불안도 면할 수 있어 특히 초보 단계에 있어서 필요한 동작, 혹은 수영 도중 지치거나 경련이 일어나는 등의 고장이 생겼을 경우 스위머 자신이 안전을 확보하기 위해 수면에 떠서 쉬거나 하나의 수영에서 다른 수영으로 옮기기 위해서 필요한 체위의 변환 등에 대해서 알아보기로 한다.

① 해파리 뜨기와 서는 방법

해파리 뜨기는 자신의 몸이 물에 뜬다는 자신을 갖게 하기 위해 체위의 변환을 하는 과정에 있어서 필요한 기본적인 뜨는 방법이다.

A. 가슴 정도 깊이의 곳에 서서 충분히 흡기한다.

B. 몸을 조용히 앞으로 구부리고 머리를 넣어 양 손을 축 늘어뜨리거나 무릎을 안는다. 처음은 다소의 부침은 있지만 잠시 후면 등이 나온 채로 정지한다.

C. 서기 위해서는 양 손으로 물을 밑으로 누르면서 옆으로 벌림과 함께 양 무릎을 가슴쪽으로 끌어당기고 얼굴을 조용히 올린다. 몸은 차차 수직에 접근시킨다.

D. 수직이 된 것을 확인하고 나서 물 밑 바닥에 다리를 붙이고 선다.

얼굴을 물에 아무렇지 않게 담글 수 있는 사람은 가볍게 뛰어올라가서 그 반동을 이용하여 가라앉아 무릎을 안고 있으면 차차 뜨기 시작해서 등이 수면 위에 나타난다.

인간은 물에 뜨지만 물에 떨어지면 체중 때문에 일단은 가라앉기 때문에 사람은 가라앉는다고 믿고 있다.

이것을 제거하기 위해서도 필요한 실험적 요소를 포함하고 있어 처음에 반드시 해야 한다. 이것에 의해 수영 연습의 기본적인 태도가 확립된다.

② 엎드려 뜨기와 서는 방법

엎드려 뜨기는 엎드린 자세로 손발을 펴고 뜨는 방법이다. 이것에는 해파리 뜨기에서 손발을 펴는 것과 웅크린 자세에서 물 밑바닥을 가볍게 차고 손발을 펴서 뜨기 시작하는 2가지의 방법이 있다.

서는 방법은 해파리 뜨기와 거의 같다.

자유형, 평영을 비롯해 평체의 수영은 동작을 멈추면 항상 엎드려 뜨기이다. 따라서 이 서는 방법을 충분히 몸에 익히게 할 필요가 있다.

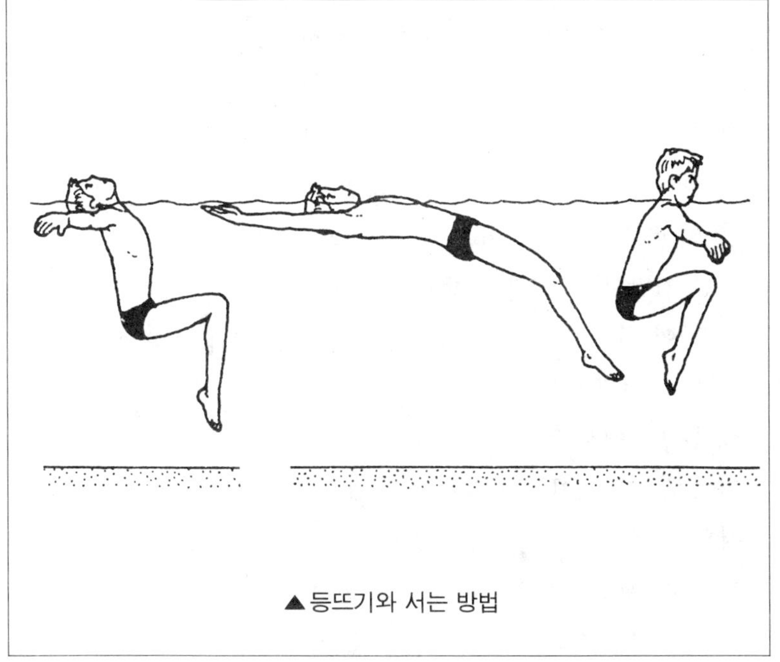

▲ 등뜨기와 서는 방법

③ 등뜨기와 서는 방법

등뜨기는 똑바로 누워 떠서 쉬거나 배영의 기본 자세를 취한다. 서는 방법은 손을 충분히 사용해서 안전하게 확실히 선다.

서는 방법은 펴 있는 양 다리를 늦추어 무릎을 가슴으로 끌어당기면서 허리를 구부려 몸이 가라앉기 시작했을 때에 양 손을 밑에서부터 돌려 몸을 밀어올리면서 머리를 일으켜 몸이 수직이 되면 선다.

④ 체위의 변환

A. 엎드려 뜨기에서 등뜨기로

이것에는 엎드려 뜨기에서 일단 해파리 뜨기가 되고 계속해서 등뜨기가 되는 방법과 엎드려 뜨기에서 몸을 옆으로 돌려 등뜨기가 되는 방법이 있다.

전자는 배영의 스타트를 수중에서 한다고 생각하고 하면 하기 쉽다.

ⓐ 동작을 시작하기 전의 엎드려 뜨기의 자세

ⓑ 돌려는 쪽의 팔꿈치를 구부리면서 몸 측면으로 끌어당긴다.

ⓒ 얼굴을 위로 향하면서 그 팔을 팔꿈치부터 먼저 몸의 반대쪽으로 옮기면서 몸을 위로 향한다.

ⓓ 몸이 완전히 위를 향하고 등뜨기의 자세가 되면 양 팔을 머리 끝으로 펴고 양 다리도 가지런히 한다.

B. 등뜨기에서 엎드려 뜨기로

이것에는 등뜨기에서의 서기를 해서 몸이 수직이 되면 양 팔을 수평으로 전방으로 양 다리는 모아서 후방으로 펴고 엎드려 뜨기 하는 것과 다음에 서술하는 방법이 있다.

ⓐ 동작을 시작하기 전의 등뜨기의 자세.

ⓑ 목을 우선 돌려는 쪽으로 기세좋게 비틀면서 회전하고 반대쪽 팔을 구부린다.

ⓒ 구부린 팔을 몸을 따라 손가락 끝부터 먼저 수중에 넣는다.

ⓓ 몸이 완전히 돌면 양 손발을 펴서 엎드려 뜨기를 한다.

이런 동작의 기본을 할 수 있으면 수영하면서 자유형과 배영을 교대로 하는 것도 흥미있는 일이다.

체위의 변환 기술은 초보 단계에서 안전상 필요할 뿐만 아니라 싱크로나이즈드 스위밍이나 수구(水購) 등에서는 빼 놓을 수 없는 것으로 그 기술 습득의 영향은 크다.

⑤ 기타

A. 방향 전환

수영하면서 전후좌우로 방향을 바꾸는 것이다. 일반적으로 수영한다고 하면 목표물을 향해 직진할 뿐이다. 특히 풀에서 코스 로프를 치고 있는 경우는 로프에 닿는 것조차 나쁜 일이라고 생각하고 있다.

직진할 뿐이라면 직진 외곬으로 몸은 만들어져 버린다. 빨리 수영할 수는 있어도 과연 강한 수영이 될 수 있는지 어떤지 의문이 남는다.

수구 선수(水球選手)는 물에 강하다. 말하자면 수중에서 격투기를 하고 있는 것 같이도 보인다. 방향 전환의 연속이다.

풀에서의 회유는 작은 풀에서는 방향 전환의 연속이라고 할 수 있다. 시간을 정하고 하면 다른 기분도 되어 영력(泳力)에도 자신이 붙는다. 25m 풀에서 100m를 수영했다고 해도 그것은 25m를 4번 수영한 것으로 3번 벽에 닿고 있다. 100m를 계속해서 수영한 것과는 다르다.

거리는 잴 수 없지만 10분이라면 10분 동안 계속해서 수영하는 데에 의미를 찾아야 한다.

B. 빠르기를 바꾼다

아무 생각도 하지 않고 수영하는 경우는 자신에게 맞는 속도로 더구나 같은 자세이다. 그렇지만 때로는 빠르게 수영하거나, 느리게 수영하거나, 멈추는 것도 필요하다. 다음과 같은 점에 유의해서 연습하면 좋다.

ⓐ 움직임에 완급을 붙여서 속도를 조절한다.

ⓑ 움직임은 그대로이고 자세의 변화에 의해 속도를 바꾼다.

ⓒ 영형(泳型)의 변화에 의해 속도를 바꾼다. 이런 빠르기를 바꾸는 기술은 대열을 만들어서 진행하는 수영, 특히 장거리 수영의 경우에는 필요한 것이다.

C. 영형(泳型)의 변화

동일 종목으로 수영할 뿐만 아니라 각종 영형을 섞어서 연습한다. 자유형과 배영을 교대로 수중을 회전하듯이, 평영과 접영을 혼용하는 등 흥미있는 일이기도 하다.

D. 경련 등은 우선 스스로

비상의 경우에는 남에게 도움을 청한다. 이것은 상식이지만 만일 사람이 없는 경우는 어떻게 할까?

스스로 할 수 있는 한의 일을 하는 수 밖에 없다.

경련은 근육이 갑작스런 수축을 일으키는 것이다. 이런 때 근육을 펴서 원래대로 되돌리는 정도는 스스로 해야 하지 않을까?

경련을 일으킨 다리의 엄지 발가락을 잡고 자기 앞쪽으로 구부려서 부침하거나 한 손으로 수영하면서 고칠 필요가 있다.

이런 이유에서 손만으로, 다리만으로, 한 손으로, 한 다리로 수영해 보는 것도 의미있게 된다.

대개 자기 보전의 기술을 모르거나 몸에 배어 있지 않기 때문에 물을 마시거나 쓸데없이 체력을 소모해서 필요 이상으로 공포심을 품거나 때로는 병을 일으키게도 된다.

작은 파도가 있는 얕은 바다에서 수영하고 있다가 서는 방법을 모르는 바람에 사고로 이어진 예도 있다.

얕고 흐름이 없는 풀에서는 수영 지도에 전념하기 쉬워져서 자기 보전의 일은 소홀해지기 쉽다. 그러나 새삼 그 필요성을 재평가하고 안전을 확보하기 위해서도 수영 지도 속에서 자기 보전의 기술은 지도받아야 할 것이다.

◢ 상급자를 위한 수영 기술 지도

1) 개인 메들리

이 항목은 검정종목과의 관련상 어시스턴트, C급, B급, A급 모든 강습회 속에서 다룬다.

지도원 자격검정에 있어서의 100m개인 메들리는 3명 이상의 검정위원에 의해 실시되고 그 수영 기술이 지도원으로서 시범할 가치가 있는지 아닌지에 중점을 두고 제한 타임, 영법, 영형(泳型) 등을 자료로 해서 합격 여부를 결정한다.

① 영법(泳法)의 순서

ⓐ 접영→ⓑ 배영→ⓒ 평영→ⓓ 자유형의 순으로 각 25m씩을 수영한다.

② 개인 메들리의 스타트

A. 호루라기 등의 신호로 스타트대 위 뒤쪽에 양 다리를 가지

런히 하고 정지한다.

B. '준비'의 호령에 따라 경기자는 스타트대 전방에서 적어도 한쪽 발을 걸치고 재빨리 스타트 자세를 취한다.

C. 호루라기 등의 신호로 스타트한다. 스타트시의 위반의 유무는 합격 혹은 불합격 판정에 관계하므로 충분히 주의한다.

③ 각 영법의 해설

A. 접영(蝶泳)

ⓐ 몸은 엎드리고 양 어깨는 수면에 대해 평행을 유지하고 있어야 한다.

ⓑ 양 팔은 수면 위를 동시에 전방으로 옮기고 동시에 또 좌우 대칭으로 후방으로 저어야 한다.

ⓒ 양 팔과 양 다리의 동작은 항상 동시에 이루어지고 수직의 상하 운동은 허락된다. 양 다리와 양 발은 같은 높이가 될 필요는 없지만 교대로 움직여서는 안 된다(즉, 돌핀 킥이라고 한다).

ⓓ 스타트 후 수면에 떠오르기 위해 다리는 수면 밑에서 횟수에 제한없이 차도 좋지만 젓는 손은 반드시 수면 밑으로 빼야 한다.

ⓔ 반환점 및 골의 터치는 양 손 동시에 해야 한다. 터치는 수면의 상·하 어느 쪽이라도 좋지만 양 자는 수면에 대해 평행을 유지하고 있어야 한다.

B. 배영(背泳)

ⓐ 항상 똑바로 누운 자세로 수영해야 한다.

ⓑ 골인할 때 머리·어깨·선행하는 손 또는 팔이 풀의 벽에 닿기 전에 똑바로 누운 자세를 무너뜨려서는 안 된다.

ⓒ 반환을 하기 위해 몸의 소정의 부분이 벽에 닿은 후 수직으로 회전하는 것은 허락되지만 벽에서 발이 떨어지기 전에 수직 자

세에서 정상적인 자세를 되돌려야 한다.

ⓓ 반환 후 수중에서 얼굴을 위로 향한 돌핀 킥에 의해 잠수해서는 안 된다.

C. 평영(平泳)

ⓐ 반환 후의 첫 손의 1스트로크 시작부터 몸은 엎드리고 양 어깨는 수면과 평행해야 한다.

ⓑ 양 팔의 동작은 동시에 좌우대칭으로 또 좌우 같은 높이로 해야 한다.

ⓒ 양 손은 가슴의 위치보다 수면·수중 또는 수면 위에서 전방으로 가지런히 모아서 펴고 수면 또는 수면 밑을 저어야 한다.

ⓓ 양 다리의 동작은 동시에 좌우대칭으로 또 좌우 같은 높이에서 해야 한다.

ⓔ 양 발의 차기는 후방의 바깥쪽으로 향해야 한다.

ⓕ 수직 및 옆으로의 발 동작은 동시에 한다. 발목부터 끝은 후방으로의 동작에서 바깥쪽을 향해야 한다.

ⓖ 반환 후의 첫 1스트로크 전에 있어서의 양 발의 상하 움직임은 허락되지 않는다.

ⓗ 부채다리, 발장구 또는 돌핀킥은 허락되지 않는다.

ⓘ 발이 수면에서 나오는 것은 아래로의 돌핀 킥이 아닌 한 위반은 되지 않는다.

ⓙ 반환의 터치는 양 손 동시이어야 하지만 같은 높이가 아니라도 인정된다. 그 때 손은 수면의 상하 어느 쪽에 대도 상관없지만 양 어깨의 위치는 수평이어야 한다.

ⓚ 반환 후의 떠오르기에 대해서는 수면 밑에 있어서 1스트로크와 1킥을 해도 좋지만 팔과 다리의 동작이 불완전해도 그것은

1스트로크 1킥으로 간주된다.

① 경기자가 2스트로크째를 시작했을 때부터 1스트로크 1킥의 일련의 동작 중에 머리의 일부가 수면 위에 나와야 한다.

머리의 일부가 완전히 수면 위에 위치하고 또한 공기에 접촉해 있는 것으로 헤집은 파도가 머리 위를 덮는 것은 허락되지 않는다.

D. 자유형(自由型)

ⓐ 몸은 항상 엎드린 자세를 유지하고 수영해야 한다.

ⓑ 팔은 좌우 교대로 전방에서 후방을 향해 젓고, 저은 팔은 반드시 수면 위로 빼야 한다. 골 터치를 위해서 젓기를 중지하고 그 팔을 펴서 터치하는 것은 허락된다.

ⓒ 다리는 좌우 교대로 움직이는 발장구이어야 한다.

ⓓ 팔과 다리의 관계는 양 팔이 1스트로크하는 동안에 양 다리가 각각 3번씩 모두 6번 쳐야 한다.

ⓔ 골 터치는 선행하는 쪽의 손으로 벽면에 한다.

④ 영법(泳法) 등에 대해서

A. 경영 경기 규칙에 따른다.

B. 경영 경기 규칙 위반에 가까운 아주 비슷한 수영은 영법 위반으로 한다.

C. 접영의 킥은 돌핀 킥만으로 한다.

D. 배영의 킥은 얼굴을 위로 향한 발장구만으로 한다.

E. 자유형은 6비트 자유형으로 한다.

F. 제한시간 이내에 수영할 것.

G. 각 영법의 반환 터치는 관계 기관(수영 연맹)이 정한 경영 경기 규칙에 의한 골 터치의 방법으로 한다.

각 영법에 대한 룰의 적용 범위는 그 영법에 따라 풀벽에서 발이 떠난 후 반환 또는 골을 위해 풀벽에 터치할 때까지로 한다.

H. 검정위원이 특별히 명령한 이외의 재시도는 하지 않는다.

I. 신체 장애자에 대해서는 따로 배려한다.

⑤ 풀에 대해서

A. 50m 풀에서 검정시험을 하는 경우는 코스 로프의 25m 지점에 수영자가 명료하게 확인할 수 있는 표식을 설치한다. 수영자는 그 표식의 지점에서 다음 영법으로 전환하는 것으로 한다.

B. 검정시험에서는 특히 스타트 턴에 대해서만 별도로 실시하는 경우도 있다.

2) 그 밖의 수영 기술(스타트, 퀵 턴, 릴레이의 연속)

① 스타트 대의 위에서의 스타트

이 스타트는 자유형·평영·접영 등을 수영할 때에 이용되는 스타트법이다.

수영자는 스타터의 '준비'하는 소리에 스타트 대 앞가에 발끝을 걸친다. 양 발은 수영자 자신의 주먹 1~2개분 정도의 간격을 벌리고 서서 상체를 앞으로 굽히고 무릎을 약간 구부리고 팔은 앞쪽, 아래쪽, 혹은 뒤쪽의 어느 쪽인가로 펴서 준비한다(이상이 준비 부분이다).

스타터의 출발 신호로 팔을 앞쪽으로 내휘둘러 중심을 앞쪽으로 옮기고 양 발로 스타트 대를 세게 차고 앞쪽으로 튀어나간다.

공중 자세는 몸 전체가 일직선이 되도록 한다.

입수점에서는 손가락끝부터 발까지가 순서대로 들어가는 것이 바람직하다. 또한 입수 후에도 몸을 일직선으로 해 두는 것이 중

360

요하다.

② 수중에서의 스타트

이 스타트는 배영 때에 이용되는 스타트법이다.

수영자는 입수한 후 쥠 막대나 풀 벽의 일부분을 잡고 양 발을 벽에 붙인다.

스위머(수영자)는 스타터의 '준비'하는 소리에 팔꿈치를 구부리고 가슴을 벽에 끌어당겨 신체를 가능한 한 수면 위에 내놓도록 한다.

수영자는 스타터의 출발 신호로 뒤를 보는 것 같은 기분으로 두부를 후굴시켜 손·팔로 쥠 막대 등을 뿌리치듯이 밀고, 그 손·팔을 몸 옆을 지나 머리 위로 옮긴다. 양 발은 벽면을 내차고 다리가 펴진 상태로 벽에서 떠난다.

몸 전체는 저항을 최소한으로 억제하기 위해서 젖힌 기세로 공중을 지나가는 것이 중요하다.

입수점에는 손가락끝부터 발까지가 순서대로 들어가는 것이 바람직하다. 입수 후는 재빨리 턱을 당겨 신체가 필요 이상으로 수중 깊이 들어가는 것을 억제하고 수평 자세를 취하는 것이 중요하다.

③ 퀵 턴

퀵 턴이라는 어구는 그때까지 주류였던 수평 턴에 대해서 보다 스피드가 빠른 회전식의 턴이 이루어졌을 때에 이용한 용어이다. 오늘날에는 초보자·초급자 등이 자유형·배영을 수영할 때에는 수평턴의 연습이 이루어지고 있지만 중급 레벨이 되면 퀵 턴의 연습이 이루어지고 있다.

퀵 턴은 수영의 감속을 최소한도로 그치고 더구나 단시간에 턴을 종료시키는 것이 목적이다.

대표적인 명칭으로서는 '손가락으로 튕긴다, 가볍게 친다'(턴 때 수면을 튕기듯이 치기 때문에)를 의미하는 플립 턴이 있다.

A. 자유형에 있어서의 플립 턴

마지막 1스토르크에서 회전의 타이밍을 측정하게 된다. 벽면과의 거리가 거의 신장의 반 정도가 된 곳에서 앞에 있는 손과 뒤에 남아 있는 손을 이용해서 물을 사이에 끼우듯이 한다.

이 동작을 계기로 해서 공중 제비를 한다. 그 때 공중 제비 방향을 비스듬히 하는 것이 시간 단축의 주요한 요소가 된다(신체에도 비틀기의 요소가 가해진다).

이상의 회전이 종료하면 진행 방향이 180도 변한다. 다음은 양 발로 세게 벽을 차고 스트림 라인을 유지하면서 수중을 나아간다.

더구나 이 턴을 할 때의 키 포인트는 회전에 들어가는 타이밍(벽면과의 거리)이다. 이것이 적정치 않으면 벽을 헛차거나 뒤꿈치를 다치게 된다. 충분한 연습이 필요하다.

B. 배영에 있어서의 플립 턴

손바닥을 벽면에 댈 때에 손가락 끝을 아래로 향하고 수면 밑에 약간 깊이 대서 그 손에 질질 끌리듯이 두부가 수중에 들어가서 신체 정면이 젖혀지는 자세가 된다.

벽면에 댄 손으로 벽을 세게 밀고 동시에 남겨진 다른쪽 손으로 물을 저어 들여 그것을 계기로 양 발과 다리를 모은 상태로(허리·무릎은 구부린다) 수면 위로 들어올려 허리를 수평 방향으로 회전시킨다.

이상의 회전이 종료하면 진행 방향이 180도 변하게 된다. 다음은 양 발로 세게 벽을 차고 스트림 라인을 유지하면서 수중을 나아간다.

④ 릴레이의 연속

연속의 목적은 말할 필요도 없이 어떤 수영자로부터 다음 수영자로의 연속을 룰의 범위 내에서 가능한 한 빨리 하는 데에 있다.

수영자가 터치하기 전에 다음 수영자의 발이 스타트 대에서 떠나 버리면 실격이 된다.

다음 수영자는 수영자가 가까와지면 스타트 대에 올라가서 대 앞가에 발끝을 걸치고 다이빙 준비를 한다.

다음 수영자는 다가오는 수영자의 움직임을 주시하면서 '스타트 대 위에서의 스타트'의 항에서 설명한 자세를 취한다.

릴레이 연속 때의 다이빙은 다음 수영자가 정지할 필요가 없기 때문에 다가온 수영자가 터치하는 것과 동시에 발이 스타트 대에서 떠나도록 타이밍을 맞춘다.

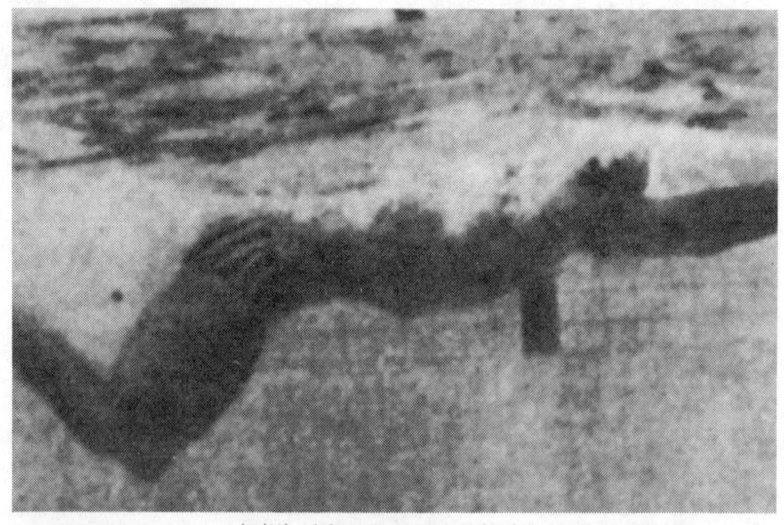

▲다이빙 기술(스타트 연습)의 연습 요령

연령에 따른 수영 기술 지도

과거의 수영은 젊은이의 스포츠같이 생각되어 일부의 연령층에 있어서 이루어지고 있었지만 현재는 생후 수주일된 유아부터 중장년층에 이르기까지 폭넓은 층에서 이루어지게 되고, 또한 신체 장애자를 대상으로 한 수영 지도도 이루어지게 되었다.

이런 배경에는 전국 각지에 실내 풀의 건설이 진행되어 1년 내내 수영할 수 있게 되어서 수영이 가까운 스포츠가 되어 많은 사람에게 애호받게 되었기 때문이라고 생각된다.

◢ 연소자에 대한 수영 기술 지도

우리들 인간은 태어나서 성인에 이르기까지 신체의 각 기관이나 조직이 한결같이 발달하는 것은 아니다. 이것은 스캬몬의 발달 곡선을 보아도 알 수 있는 바와 같다. 즉, 아이의 몸은 어른의 몸을 소형화한 것이 아니라는 말이다.

그런데 그런 관점에서 운동 기술을 보면 운동 기술은 연습 경험의 정도나 신체적 요소에 바탕을 두고 숙달 단계에 차이가 나타나는 것으로 그것을 아이의 기술 혹은 어른의 기술이라는 식으로 명확히 구별할 수 없다.

지도자 중에는 그만 자신도 모르는 사이에 아이들에 대해 수영의 고도 기술을 지도하고 있는 경우를 흔히 볼 수 있다. 그리고 그 발전성을 볼 수 없으면 아이들의 책임으로 돌려 버리는 경우가 흔히 있다.

그러나 이 경우 지도자는 모든 아이는 결국 수영하게 될 예정자로서 받아들이고 불가능한 교재에 대해서는 지도자 자신의 교재 선택이 충분치 않다고 생각하고 아이의 발달 단계에 있어서 신체적·정신적 특징을 파악해서 그것에 맞는 지도 내용을 정해 지도법을 연구하는 것이 중요하다.

1) 수심(水深)에 대해서

양발에 체중이 충분히 실릴 정도의 수심(무릎 혹은 허리의 높이)에 설정하고 물에 익숙해지는 것을 주체로 한 지도를 한다.

아이는 하반신에 비해 상반신이 크고 특히 두장(頭長)의 신장(身長)에 대한 비율은 어른에 비해 현저하게 크다.

그 때문에 중심의 위치는 어른에 비교하면 상당히 상부위(上部位)에 있어 육상에 있어서도 약간 불안정한 상태이다. 더구나 수중에서는 부력도 거들어서 쓸데없이 불안정한 상태가 된다.

2) 수온(水溫)과 입수 시간(入水時間)

수온은 30℃ 정도로 입수 시간은 15~30분 정도로 하는 것이 바람직하다. 단, 기후 상태나 기술 발달에 따르는 운동량의 증가에 따라서는 어느 정도 입수 시간을 연장한 지도도 고려한다.

3) 수영 기술 지도의 내용

유아기에는 호흡 순환기능이나 근력 혹은 근육의 협조 관계가 미숙하기 때문에 그것을 필요로 하는 것 같은 기술 지도를 주안으로는 하지 않고 오히려 항상 즐거움이나 기쁨이 선행하는 것 같은 물놀이를 중심으로 물의 특성이나 수중에서의 여러 가지 움직임을 체험시켜 수중에 있어서의 신체 조정력을 기르는 것이다. 더욱이 아이는 공감성이 높고 상상력이 왕성하며 모방 경향이 현저하기 때문에 지도의 실제에는 '놀이'를 받아들이면 매우 흥미를 보인다.

■여성에 대한 수영 기술 지도

일반적으로 여성은 수영에 적합하다고 생각되고 있지만 그 이유로서 다음 사항을 들 수 있다.

① 남성에 비해 뜨기 쉽다

② 남성에 비해 추위를 타지 않는다.

③ 남성에 비해 몸이 유연하다.

흔히 일컬어지듯이 여성은 남성에 비해 일반적으로 피하 지방이 많아 그것이 상기의 ①, ②로 이어지고 또한 남성에 비해 골격도 가늘고 근육도 비교적 가는 것이 ③의 특징이 되어 나타난다.

관절도 일반적으로 가동 범위가 넓고 특히 이것은 고관절에도 볼 수 있어 평영의 다리는 어느 쪽인가 하면 여성쪽이 배우기 쉽다.

그 반면 몸이 유연하기 때문에 필요 이상으로 크게 손발을 사용하는 결점도 볼 수 있고 또한 힘이 없기 때문에 추진력이 떨어지는 점도 부인할 수 없다. 지도자로서는 어떻게 추진력을 위해 유효하게 몸을 사용하게 하느냐가 여성에 대한 지도의 포인트가 될 것이다.

여성 특유의 생리에 대해서 생각한다면 현재의 의학에서는 생리의 한창중이라도 보통의 스포츠는 별 지장 없다고 생각되고 있다. 오히려 적당히 몸을 움직임으로써 생리 중의 장해도 경감되는 경우가 있다.

다만 일반적으로 여성은 자율신경이 불안정한 경향이 있어 숙련하면 완전히 남성과 다르지 않지만 초보자 동안은 찬 물로의 입수는 조금 신중하게 하지 않으면 자율신경의 영향으로 두통 등의 통증을 호소하는 경우가 있다.

선수 양성의 입장에서 보면 연령에서 본 남녀의 발육차는 분명하지만, 체력의 피크는 남자의 경우 19세경, 여자의 경우는 16세경이라고 해서 일반적으로 여자는 남자보다 빨리 피크에 이르기 때문에 그것에 따르는 트레이닝법을 할 필요가 있다.

또한 최근 남녀차가 접근하고 있지만 일반적으로 여성은 지구력이 우수한 반면 순발력이 떨어지기 때문에 이 점도 고려해야 한다.

건강체인 이상 여성이라고 해서 그 외의 특별한 배려는 필요 없지만 빈혈증(특히 철결핍성 빈혈)을 일으키기 쉬우므로 의심스러울 때는 검사를 받게 하는 것도 필요하다.

■ 고령자에 대한 수영 기술 지도

수영은 자기의 능력에 따라 즐길 수 있는 운동이다. 최근에는 성인을 대상으로 한 마스터즈라는 수영 경기 대회가 개최되고 있다.

미국에서 이루어지고 있는 마스터즈 수영 경기 대회에는 85세 이상의 노인 출장자도 드물지 않고 그 중에는 50m 자유형 릴레이에서 46초대에 수영한 선수도 있다.

그러나 중장년층 모두가 이렇게 할 수 있다고는 할 수 없다. 연령이 젊으면 그만큼 그 연대에 있어서 운동 능력의 개인차는 작고, 나이를 먹으면 먹을수록 운동 능력의 개인차는 커진다. 이것은 매일 운동을 계속해 왔느냐 아니냐에 의한 것이다.

수영 기술 지도의 실제에 있어서도 청소년과 다름 없는 기술 발달을 볼 수 있는 사람이 있는 반면, 매우 장시간을 필요로 하는 사람도 있다. 이것을 충분히 인식해 두어야 한다.

또한 이론에 바탕을 두고 연습하려는 일종의 지적 학습이 되기 쉬워 이론적으로 모르면 연습 의욕이 일어나지 않는 경향을 볼 수 있다.

수영 기술에 관한 지식이 풍부해지는 것은 바람직한 일이지만 연습 때 그것을 다 활용할 수 없어 자기의 능력에 맞지 않는 연습 방법으로 하는 경우도 있어 기술의 기능적인 발전성을 억제하게 되는 경우가 많은 것 같다.

따라서 중장년층의 수영 기술 지도에서는 심신 양면에 걸친 특징을 충분히 고려하여 영법에 관한 올바른 지식을 이해시켜 자기 기술의 습득 단계를 인식시킴으로써 지도를 진행하는 것이 필요하다.

1) 수심(水深)에 대하여

368

수심(水深)은 고령자라도 초보자인 한 허리까지의 깊이가 바람직하다.

수영 능력이 있는 사람이라도 지치기 쉽다든가 갑자기 설 필요가 있는 등 고령자의 특성을 생각해서, 키를 넘지 않는 수심에서 할 필요가 있다.

2) 수온(水溫)과 입수 시간(入水時間)

중장년층의 신체적 특징 중 하나로서 뚱뚱한 사람과 마른 사람이라고 하듯이 체형적인 개인차가 현저하다. 특히 중년층에는 비만체형, 고령자는 수신체형의 사람을 많이 볼 수 있다.

이것들은 피하 지방의 두께에 의한 것이 큰 요인이다. 또한 고령에서는 근육의 위축 등도 요인의 하나이다.

피하 지방의 두께나 운동에 의한 근육 활동의 차를 내한성의 1 지표로서 보면 중년층에서는 비교적 내한성이 풍부하고 고령자에서는 그 반대라고 생각할 수 있다.

그러나 중장년층은 지치기 쉬운 등의 이유 때문에 청소년에 비해 운동량이 적어 운동에 의한 산열량은 그다지 기대할 수 없다. 특히 고령자에게서는 근육의 위축 등을 생각하면 그 경향이 현저하다.

또한 중장년층에서는 운동 중의 심박수의 상승은 별 문제가 아니지만 혈압의 상승이 현저해지는 특성이 있어 연습의 강도, 시간, 혹은 냉감 등에 의한 혈압의 이상항진 등에 대해서 충분히 배려해서 지도하는 것이 필요하다.

이상의 점을 생각하면 수온은 30℃ 전후로 하고 입수 시간은 30분 정도로 하는 것이 바람직하다. 단, 입수 시간에 대해서는 그 때의 상태에 따라 다소의 증감은 생각할 수 있다.

3) 수영 기술 지도의 내용

중장년층의 초보자 지도에서는 '일반 초보자를 위한 수영 기술 지도'와 같은 내용으로 지도해 나가면 좋을 것이다.

중장년층은 유연성이나 탄력성의 저하를 볼 수 있기 때문에 준비 운동을 충분히 하고 연습 후도 피로 회복을 위해 정리 운동을 충분히 시키는 것이다.

더구나 과로가 되면 피로 회복도 늦기 때문에 지도에 있어서는 휴식 시간, 휴식 일을 적당히 생각할 필요가 있다.

어느 정도 수영할 수 있게 되어도 청소년과 같은 수영은 피하고 그 목표는 자기 능력에 따라 오래 계속해서 수영할 수 있도록 이끄는 것이 바람직하다.

영법(泳法) 지도에 있어서는 자기의 신체적 특징에 따른 형태를 몸에 익히게 하는 것이다.

예컨대 배영에서는 손을 입수시킬 때 상완부가 귀에 닿도록 어깨선 위 전방으로 입수시키는 것이 바람직하지만 중장년층은 어깨선 위 전방으로 입수시키려고 하면 팔이 구부러지고 상완부를 귀에 닿게 하려고 하면 머리가 흔들려서 추진을 방해하는 원인이 된다.

귀에서 상완이 떠나도 팔을 펴서 입수시키는 것 같은 지도를 하는 것이 중요하다. 즉, 영법에 몸을 맞추는 것이 아니라 몸에 영법을 맞추는 사고방식이 필요하다. 즉, 수영의 형식적인 면을 중시하는 것이 아니라 기능적인 면을 중시하는 것이다.

한편 육상에서의 트레이닝도 병행해서 시킴으로써 체력을 길러 둘 필요도 있으며 체력 향상과 함께 연습에 의해 수영 기술도 진보한다.

■신체장애자에 대한 수영 기술 지도

옛날 신체적으로 장애가 있는 사람에게 운동을 시키는 것은 그 안전성, 운동 능력, 혹은 심리적인 면에서 피하고 있었다. 그러나 오늘날에는 의사의 진단과 본인의 의욕에 의해 지도 내용을 생각해서 실시되고 있다.

수영은 몸이 물에 뜨기 때문에 신체적 부담이 적고 전신적으로도 거의 균등한 부하가 가해져 적당한 신체 자극이 된다.

신체 장애의 정도에 따라서는 기능 회복을 위한 훈련이 된다. 현재는 리허빌리테이션이나 운동 요법으로서 이용되고 있다.

지도자는 대상자의 장해 상태 등을 충분히 파악하고 또 그것에 관한 지식을 깊게 해서 지도 내용이나 방법에 대해 충분히 검토하고 의사 등의 전문가의 적절한 조언에 바탕을 두고 계획을 세워 지도에 임할 필요가 있다.

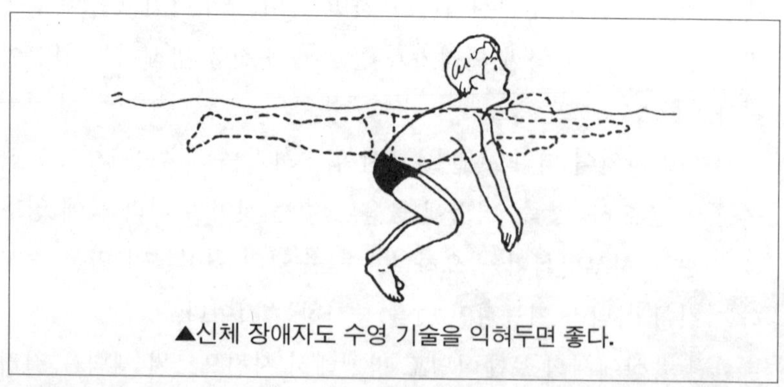

▲신체 장애자도 수영 기술을 익혀두면 좋다.

목적에 따른 수영 기술 지도

수영이 사회체육이나 평생 스포츠에 공헌하기 위해서는 수영의 특성상 풀 뿐만 아니라 자연을 이용한 수영장이 좀더 이용될 필요가 있을 것이다. 그러나 자연 환경이 개발이나 오염으로 좁혀져 자연을 이용한 수영장이 감소하고 있다.

현재는 자연을 되찾으려고 자연 환경의 보호·복원이 주장되어 '그린 스카우트' 운동이 전국적으로 진행되고 있으며 이 운동과 함께 지금 자연의 혜택을 받은 수영장의 설비를 기대했으면 한다.

또한 수영 풀에 대해서 보면 서서히 이기는 하지만 실내 풀도 전국 각지에 증설되고 있어 이런 시설을 통해 수영과 친해질 수 있게 된 점은 기쁜 일이다.

이렇게 사회 체육에 있어서의 수영장으로서는 자연을 이용한 것, 인공적으로 만들어진 풀 등이 있어 수영(유영을 포함한다)을 목적으로 해서 이용하는 것이기 때문에 안전하고 즐겁게 이용할 수 있는 조건을 갖출 필요가 있을 것이다.

◢ 자연을 이용한 수영장의 활용

자연을 이용한 수영장으로서는 바다, 하천, 호수 등이 있다.

앞에 말했듯이 오염이나 개발로 차츰 좁혀지고 있지만 여름에 이 자연의 수영장을 이용하는 사람은 매우 많다고 할 수 있다.

바다, 하천, 호수, 개천 등의 자연 수영장에서의 사고 발생 상황을 보면 풀에서의 발생에 비해 약 30배 가까이 이르고 있다고 한다.

따라서 수영장으로서 활용하는데 있어서는 지형, 물의 상태, 물의 질적 조건, 환경 등을 생각할 필요가 있다.

이용에 있어서는 자연 수영장의 조건을 살펴 수영하도록 유의함과 동시에 이용자 자신이 충분히 주의하는 것이 중요하다.

■ 수영 풀(유영용 풀을 포함)의 활용

수영 풀(유영용 풀을 포함)은 본래 수영을 위해 이용하는 것을 목적으로 인공적으로 만들어진 것으로 자연을 이용한 수영장에 비해 장소는 한정되고 깊이는 명확하며 수질도 문제가 없고 수온의 변화도 적고 부대 설비도 갖추고 있기 때문에 안전 지도의 능률은 물론 관리·운영면에서 매우 효율이 높다고 생각되고 있다.

이 이유에서 수영 풀에서의 수난 사고는 자연을 이용한 수영장과 비교해서 매우 적다고 할 수 있다.

 제 3 장

수영 기술 향상을 위한 체력 단련법

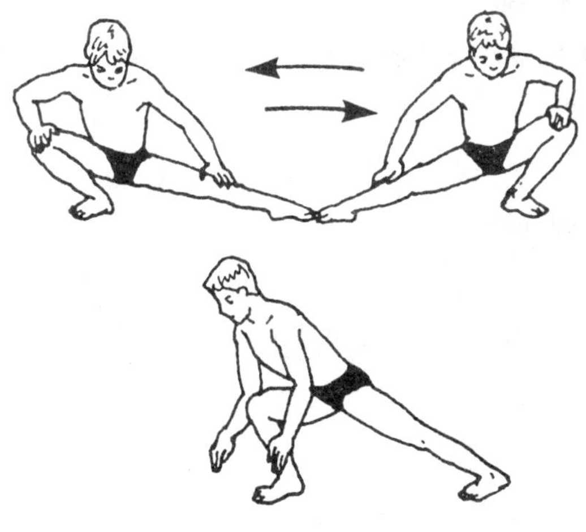

수영(水泳)과 체력 단련

■체력 단련의 원리 원칙

1) 수영 선수의 연령

수영에서는 비교적 젊은 연령층의 사람이 활약하는 사실이 알려져 있다. 예컨대 1980년대에 개최된 모스크바 올림픽에 출장한 각국 선수단의 평균 연령을 보면 남자 21세, 여자 15세 정도이다. 전경기종목의 평균 연령, 남자 25세, 여자 21세보다도 남자는 약 4세, 여자는 약 6세 젊은 연령층임을 알 수 있다.

또한 자료에 따르면 경영 선수(競泳選手)의 적성 연령층은 전 경기 중 남자 모두 가장 낮다. 저연령부터의 체력 단련이 논의되고 있는 여자 종목의 체조 경기, 피겨 스케이트와 비교해도 경영 여자 선수의 연령이 매우 낮은 사실을 알 수 있다.

이와 같이 수영, 특히 경영에서는 소아에서 성인의 신체로 이행하는 발육 발달기에 본격적인 트레이닝이 이루어지고 더구나 그 기간 중에 최고의 경기 능력·수준에 이르는 것이다.

따라서 체력 단련(기술 훈련)을 보다 효과적으로, 또 보다 안전하게 실시하기 위해서는 발육과 발달에 관한 올바른 지식 및 발육기에 발생하기 쉬운 질병이나 뼈·관절 장애에 대한 기초적 지식을 갖고 있을 필요가 있다.

2) 신체의 발육과 발달

아이의 몸은 성인의 몸을 축소화한 것이 아니라는 말은 아이를 다루는 과학 분야에서는 가장 기본이 되는 개념이다. 아이 특유의 몸에서 각 기관군마다의 발육과 발달을 거쳐 골격이나 근육 등이 풍부한 성인의 신체로 성장하는 것이다.

따라서 수영 선수와 같이 젊은 연령층의 사람을 대상으로 하는 체력 단련을 하는데 있어서 잊어서는 안 되는 것은 선수의 몸은 발육과 발달 도상에 있다는 점이다.

자신이 지도하는 선수의 발육 상황을 알기 위해서는 신장이 가장 간편하게 잴 수 있고 더구나 올바른 지표가 된다. 신장의 발육 패턴은 4기로 나눠진다. 1기는 제1의 발육급진기이고 2기는 비교적 안정한 발육 속도를 나타내는 시기, 3기는 사춘기에 해당하고 제2의 발육급진기이며 4기는 그 후 완만하게 발육 정지에 이르는 점감기(漸減期)이다.

여자의 발육은 남자의 발육보다도 약 2년 빨리 경과하기 때문에 3기에서는 발육 곡선의 교차 현상을 볼 수 있다. 정기적으로 각 선수의 신장을 재서 연간 신장의 자람을 기록함으로써 이런 발육 곡선을 개개 수영 선수에 대해서 작성하는 것이 바람직하다.

이것에 의해 그 선수가 현재 발육과 발달의 어느 단계에 위치하고 있는지를 알고 실제의 수영 기술 향상을 위한 체력 단련 트레이닝에 유용하게 쓸 수 있다.

일반적으로는 앞에서 이야기한 바와 같이 신장 혹은 체중의 변화로 발육과 발달의 상황을 본다. 그러나 신체의 모든 장기나 기관이 같은 경과를 거치는 것은 아니다.

스캬몬은 이상과 같은 이유로 각종 장기와 기관의 발육 경과를 일반형, 신경형, 생식형, 림프형의 4가지 형으로 크게 나누고 있다. 일반형에는 신장·체중 등의 형태 계측치, 호흡기·순환기·근 전체, 혈액량 등이 속하고 신경형에는 뇌·골수, 시각기, 두부 계측치 등이 포함된다.

생식형에는 정소, 난소, 자궁, 외생식기 등이 속하고 림프형에는 흉선, 림프절, 림프조직 등이 포함된다.

이런 각 기관군마다의 발육과 발달을 거쳐 신생아 특유의 신체에서 성인의 신체로 성장하는 것이다.

한편 반응 시간, 폐활량, 악력을 계측함으로써 각각의 신경계, 호흡·순환계, 근·골격계의 발달 상황을 대강 알 수 있다.

더구나 반응 시간이라는 것은 어떤 감각 자극을 받아 그것을 의식하고 임의적으로 가능한 한 빠르게 반응 동작을 일으킬 때의 자극부터 반응까지의 시간을 말한다.

스캬몬의 발달곡선에서 나타냈듯이 신경계의 발달은 10세 이하의 빠른 시기에 일어나는 것을 알 수 있지만 호흡·순환계의 급속한 발달은 11~14세경, 이어서 근·골격계의 급속한 발달은 14~15세 이상의 시기에 볼 수 있다. 이런 각 체력 요소의 발달 패턴의 특징에 잘 유의해서 실제 체력 단련을 위한 트레이닝 처방에 임해야 한다.

3) 발육기(發育期)의 운동 기관의 특징

운동에 직접 관여하는 신체의 기관을 운동 기관이라고 해서 뼈, 관절, 근육, 힘줄, 인대 등이 포함된다.

그 중심이 되는 뼈도 다른 조직이나 장기와 마찬가지로 성장의 경과를 거친다. 즉, 연골이 매우 많아 뼈 자체도 성인의 것보다 약한(단, 골막은 두껍다) 아이의 뼈에서 서서히 전신의 뼈가 연골 부분이 적은 강한 성인의 뼈로 성숙해간다.

예컨대 장관골(손·발의 긴 뼈)의 발육 상황을 살펴보자.

신생아에서는 장관골의 상하단은 골단연골이라고 불리는 연골만으로 되어 있다. 그 부분에 유아기가 되면 골화골단핵(骨化骨端核)이라고 불리는 골핵(骨核)이 출현한다.

이 골화골단핵이 신체 성장에 따라서 증대하고 그 폭이 뼈의 폭과 같아져서 골간부(본래의 뼈 줄기 부분)와 골단핵 사이에 성장연골대를 남길 뿐이 된다. 이 부분에서 장관골의 장경성장(길어지는 것)이 이루어진다.

그리고 성장연골대는 여자의 경우 14~15세, 남자의 경우 15~16세에 닫히고 골단핵과 골간부가 연속해서 뼈의 성장은 종료하고 성인의 뼈가 된다.

이렇게 발육·발달 단계에 있는 뼈는 연골 부분에 많아 미완성의 뼈라고 해도 좋다. 또한 성장도상의 연골 부분은 역학적 스트레스에 대해 약하다.

가령 골절을 일으키는 것 같은 강한 외력이 아니라도 충격이 반복해서 그 부분에 가해지면 정상적인 성장 과정이 장해를 받아 동통을 낳거나 장차 변형을 초래하는 경우가 있다.

소년 야구에 있어서의 야구 엘보, 소년 축구 선수의 다리 관절 장애 등이 그 예이다.

수영에서도 연소자에 대한 과도한 접영 연습에 의한 척추분리증의 발생 등을 볼 수 있다.

뼈에 비해서 근육, 힘줄의 성장은 완만하기 때문에 상대적으로 봐서 근육, 힘줄은 단축하고 항상 긴장을 받기 쉬운 상태에 있다. 유아기에 볼 수 있는, 소위 하지의 성장통이나 오스굿 슈라텔병(슬개인대가 부착하는 경골결정의 돌출·압통, 운동통을 낳는 발육기 특유의 무릎 장해) 등은 뼈와 근육·힘줄의 성장 속도의 언밸런스가 하나의 큰 발생 요인이 되고 있다.

이상 서술했듯이 발육기에 있어서는 신체는 성장을 이루고 있고 운동 기관, 특히 뼈 그 자체도 발육·발달의 도상에 있음을 항상 명기해 둘 필요가 있다.

4) 발육과 밸런스에 따른 체력 단련 방법
① 체력 단련을 목적으로 한 트레이닝의 원칙

일반적으로 트레이닝을 진행해 나가는 데 있어서 지켜야 할 5대 원칙으로서 전면성·자각성·점진성·반복성·개별성의 원칙을 들고 있다. 발육기의 트레이닝에 있어서는 전면성의 원칙, 점진성의 원칙, 개별성의 원칙이 특히 중요하다.

전면성의 원칙이란 체력을 전체적으로 향상시켜 각 스포츠 종목에 특유한 트레이닝을 해야 하고 치우친 트레이닝을 하지 않는 것을 의미한다.

전신 운동인 수영일지라도 이 원칙은 마찬가지로 너무 낮은 연령층부터 수영에만 혹은 하나의 수영 종목에 한정해서 트레이닝을 시켜서는 안 된다. 여러 가지 스포츠의 기술이나 동작을 받아들여감으로써 결과적으로 목적하는 종목의 경기력을 향상시키는 길로 이어지는 예가 많다.

점진성의 원칙이란 트레이닝양은 단계적으로 증가해야 하고 단기간에 급격히 그 양을 증가시키지 않음을 의미한다.

수영 시즌이 시작되고 얼마 안 되어 첫경기대회를 앞에 두고 갑자기 킥 연습을 배증했기 때문에 무릎 관절통을 초래한 평영 선수 등을 볼 수 있다.

개별성의 원칙이란 트레이닝은 대상이 되는 각 개인의 신체적·정신적 상황에 따라 처방해야 하며 일률적으로 같은 트레이닝을 부과해서는 안 됨을 의미한다. 종목마다의 배려는 물론이지만 성, 연령에 대한 배려가 특히 중요하다.

발육과 발달 도상에 있는 소아에 대해 성인과 같은 질, 양, 기간의 트레이닝을 부과하면 장기적으로 보아 효과가 없을 뿐만 아니라 여러 가지 스포츠 상해를 초래하게 된다.

수영은 체조나 피겨 스케이트와 함께 낮은 연령층부터 본격적인 체력 단련 트레이닝이 개시되는 경우가 많아 특히 이 점에 주의를 요한다.

또한 같은 연령이라도 각 개인의 발육 상황이나 체력 레벨은 다르다. 따라서 앞에 서술했듯이 신장 등에 따라 각 선수의 발육과 발달 상황을 정확히 파악하는 것이 중요하다.

② 연령에 따른 체력 단련과 영법(泳法) 훈련

신경계의 발달이 현저한 10~12세경까지는 기본적인 4종목의 영법과 스타트, 턴 등의 동작을 완전히 몸에 익히게 해 두어야 한다.

수중에서의 운동 감각을 몸에 익히게 해서 쓸데없는 움직임이 적고 기본에 따른 영법을 확실히 터득하도록 지도한다.

이 기간 중에는 기록의 사소한 차이보다도 개개 선수의 기술이 의논의 중심이 되게 한다. 쓸데없이 기록에 구애되어 기본 기술의 습득·개선을 게을리하는 일이 없도록 한다.

따라서 엄밀히 말하자면 이 시기는 기술의 향상을 꾀하는 '프랙티스(연습)'가 주체가 되어 체력의 향상을 꾀하는 트레이닝(단련)은 그다지 힘을 들이지 않아도 되는 것이다.

또한 유아부터 국민학교 초기까지는 말에 의한 지시보다도 보다 신체적인 지시나 목표가 주어졌을 때 쪽이 훨씬 운동 성적이 좋은 사실이 알려져 있다.

영법의 기술을 지도하는 경우도 연령이 낮은 선수에게는 말에 의한 지시 뿐만 아니라 실제로 하나하나 자상하게 가르쳐서 올바른 기본 영법을 몸에 익히도록 한다.

예컨대 자유형의 하이엘보에 대해서도 항상 '팔꿈치를 높이'라고 말하고 있을 뿐만 아니라 스스로 그 동작을 보이거나 수중에서 선수 팔꿈치에 손을 얹어 실제로 높은 위치로 해서 수영하는 동작을 시키는 등의 지도 쪽이 효과적이라고 할 수 있다.

간단한 목표를 주어 두고 그것을 달성했으면 칭찬해 주는 것도 필요하다. 예컨대 스타트부터 수영으로 옮기는 일련의 동작을 연습시켜서 그것을 제대로 할 수 있게 되면 타이밍을 놓치지 말고 칭찬해 줄 것. 이런 지도의 한 장면 한 장면의 축적이 보다 효과적으로 기술의 향상을 초래하는 것이라고 생각한다.

12~14세경은 호흡·순환계의 발달이 현저한 시기이기 때문에 주로 지구력(전신 지구력·근 지구력)을 붙이면서 수영 스피드의 증대를 꾀한다. 수영의 1스트로크, 1킥으로 보다 길게 나아가도록 의식하고 연습하도록 지도한다.

또한 중·장거리 수영의 연습도 적극적으로 받아 들인다. 단, 이 경우도 지금까지 몸에 익혀 온 수영의 기본 기술이 무너지지 않는 것이 중요하므로 만일 수영이 흐트러지는 것 같으면 연습량을 배려해야 한다.

육상 트레이닝에서는 오래 달리기나 장거리 사이클링 등도 한다. 또한 비교적 가벼운 부하의 웨이트 트레이닝을 반복해서 근지구력의 향상을 꾀할 필요도 있다.

14, 15세 이후가 되면 신장의 연간 발육량도 저하해서 골격의 성숙이 완료시기에 가까워진다.

이 무렵부터 서서히 근력 증강 트레이닝을 개시해서 수영 스피드의 더 한층의 향상을 꾀한다. 이것은 시즌 오프의 시기에만 하는 것이 아니라 하계 시즌 중에도 수영 트레이닝과 병용하는 것이 바람직하다.

이상을 정리하면 신경계의 발달이 현저한 10~12세 이하에서는 수영의 기본 기술을 몸에 익히게 하고 12~14세 경에서는 그런 기술을 유지하면서 지구력을 붙이게 하여 14~15세 이후에 근력 트레이닝을 병용해서 더욱 수영 스피드의 증대를 꾀하는 것이 연령에 따른 수영 트레이닝의 주안이다.

■ 체력 단련의 방법과 실제

1) 발육과 발달에 따른 체력 단련 트레이닝의 이행

여러 가지 연령층에 체력 단련을 위한 트레이닝을 실시하는데 있어서 연습 시간, 양, 내용, 질을 발육과 발달에 따른 연습으로서 고려하고 실시하는 것이 중요하다.

어떻게 단계적으로 체력 단련을 해 나가야 하느냐에 대해서 생각하고 발육과 발달에 따른 트레이닝 방법을 실시할 필요가 있다. 일반적으로는 연령의 증가와 함께 트레이닝 내용, 트레이닝 시간을 모두 증가해 가는 것이 바람직하다.

2) 스트로크 기술의 연습(pratice)

① 구성(Build)

스트로크 기술을 향상시키는 연습에서는 한 번에 많은 점에 주의해서 수영하는 것은 매우 어려운 일이다. 그래서 하나씩의 포인트에 주의해서 수영하고 단계적으로 한 것을 종합하여 올바른 수영을 완성해 가는 목적으로 하는 연습법이 좋다.

내용은 비교적 쉽게 수영하고 분발하는 것보다도 스트로크에 주의해서 수영하는 것이 중요하며 수영의 기본적인 이론을 이해시켜 둠으로써 연습 효과도 배가하도록 한다.

[예] 50m×6회×5세트(1분 마다)

1세트　＝　1회째……호흡 동작에 주의해서 한다.
　　　　　　　2회째……입수부터 캐치 동작에 주의해서 한다.
　　　　　　　3회째……캐치부터 풀 동작에 주의해서 한다.
　　　　　　　4회째……풀부터 푸시 동작에 주의해서 한다.
　　　　　　　5회째……리커버리 동작에 주의해서 한다.
　　　　　　　6회째……전체에 주의해서 한다.

---

② 스트로크 임프루브먼트(stroke improvement＝SI)

스트로크 기술을 잘 해 나가기 위한 조합 연습법으로 자유형, 배영, 평영, 접영의 각 종목 각각의 연습 방법이 있다.

A. 자유형의 SI 방법

ⓐ 왼팔을 편 채의 상태로 오른팔만으로 1회, 1회 호흡을 하면서 2~4 스트로크 수영한다.

ⓑ 오른팔을 편 채의 상태로 왼팔만으로 1회 1회 호흡을 하면서 2~4 스트로크 수영한다.

ⓒ 보통 자신의 스트로크로 4~6 스트로크 수영한다. 즉, 오른팔 2~4 스트로크, 왼팔 2~4 스트로크, 양팔로 4~6 스트로크 수영한다는 조합 연습법이다.

B. 배영의 SI 방법

ⓐ 오른팔만, ⓑ 왼팔만, ⓒ 양 팔 동시에, ⓓ 보통 스트로크의 순으로 수영한다.

우선 한 팔에 올바른 스트로크의 의식을 집중해서 하고 다음에 양 팔 동시에 스크로크를 한다.

이 목적은 좌 우 대상인 스트로크를 몸에 익혀 보통의 스트로크로 연결시킨다는 조합 연습법이다.

C. 평영의 SI 방법

ⓐ 오른팔만의 풀 2~4회, ⓑ 왼팔만의 풀 2~4회, ⓒ 양 팔의 풀 2~4회, ⓓ 킥 2~4회, ⓔ 보통의 수영으로 2~4 스트로크의 순으로 조합해서 수영하는 연습법이다.

D. 접영의 SI 방법

접영의 SI는 한 팔을 전방으로 편 채 자유형과 같이 한 팔을 돌리면서 나아가되, 옆으로 호흡하면서 킥은 돌핀 킥으로 한다.

ⓐ 왼팔을 펴고 오른팔만으로 2~4 스트로크

ⓑ 오른팔을 펴고 왼팔만으로 2~4 스트로크

ⓒ 보통 접영의 스트로크로인 2~4 스트로크의 순으로 조합해서 수영하는 연습법이다.

3) 체력 강화를 목적으로 한 연습(training)

현재 폭넓게 이루어지고 있는 트레이닝을 분류해 보면

A. 롱 디스턴스 트레이닝(지구력계)

B. 인터벌 트레이닝(지구력계, 스피드 지구력계, 스피드계)

C. 레페티션 트레이닝(스피드 지구력게, 스피드계)

D. 스프린트 트레이닝(스피드계)의 4가지 트레이닝법으로 크게 분류해서 생각할 수 있다.

또한 그 트레이닝 효과는 ⓐ 거리, ⓑ 반복 횟수, ⓒ 내용, ⓓ 휴식 시간의 설정에 따라 그 트레이닝 효과는 달라진다.

① 롱 디스턴스 트레이닝

이 트레이닝은 장거리(800~3000m)를 계속해서 수영함으로써 지구력의 향상을 목적으로 한 것이다. 보통 최대 심박수의 60~80% 정도의 부하로 실시한다.

[예] 1500m×3회(20분마다)

② 인터벌 트레이닝

현재 이루어지고 있는 수영 트레이닝의 대부분이 인터벌 트레이닝 법이라고 해도 과언은 아니다. 인터벌 트레이닝은 거리, 반복 횟수, 연습 강도, 휴식 시간을 변화시킴으로써 그 효과에 큰 차이가 생긴다. 또한 연습에 대한 매너리즘화를 막아 심리적 효과도 크다.

A. 스트레이트 인터벌(straight interval)

스트레이트 인터벌은 수영하는 거리와 휴식을 일정하게 해서 평균적인 타임으로 수영하도록 하는 연습법이다.

B. 믹스 인터벌(mixed interval)

어느 정도의 장거리(200~400m)에서의 연습으로 편한 수영과 고된 수영을 교대로 수영하는 연습이다. 파트랙(완급 트레이닝)과 매우 비슷하지만, 파트랙의 경우보다도 짧은 거리에서 실시해 보다 스피드적이다.

편하게 수영하는 경우에는 폼에 충분히 주의해서 수영하고 그 폼을 다음의 고된 수영에 연결시킨다. 폼의 교정과 함께 지구력과 스피드의 양성을 겸한 연습법이라고 할 수 있다.

[**연습 례**] 400m×3회(6분~8분마다)

    1회째……100m이지(easy), 100m 하드(hard)를 2회 반복한다.

    2회째……50m이지, 50m 하드를 4회 반복한다.

    3회째……75m이지, 25m 하드를 4회 반복한다.

C. 세트 프로그레시브(set progressive)

세트 단위로 후반 세트의 스피드를 올려 가는 연습법이다. 지구력 양성에 효과적이지만 거리를 짧게 하고 휴식 시간을 길게 해서 하면 스피드 양성에도 효과적이다.

수영 방법은 전반 세트는 비교적 쉽게 수영할 수 있으므로 전반 세트에서 충분히 폼에 주의하여 큰 스트로크로 수영하여 그 스트로크의 감각을 후반의 격렬한 세트로 연결시키는 것이 중요하다.

D. 디센딩(descending)

폼부터 스타트해서 횟수를 거듭할 때마다 스피드를 올려 가는 연습법이다.

거리와 휴식 시간의 설정에 의해 지구력의 양성, 스피드 양성도 되지만 후반의 수회를 강렬하게 분발한다는 연습 형태부터가 스피드 지구력의 양성을 목적으로 실시하는 경우가 많다.

[**연습례**] 100m×8회(2분 15초마다)

<table>
<tr><td>1회째……1분 06초 0</td><td>5회째……1분 02초 0</td></tr>
<tr><td>2회째……1분 05초 0</td><td>6회째……1분 01초 0</td></tr>
<tr><td>3회째……1분 04초 0</td><td>7회째……1분 01초 0</td></tr>
<tr><td>4회째……1분 03초 0</td><td>8회째……1분 01초 0</td></tr>
</table>

E. 디크리싱(decreasing)

단계적으로 거리를 짧게 해 나감과 동시에 단계적으로 스피드를 올려 가는 연습법이다. 주로 지구력 양성을 목적으로 하지만 거리가 짧아짐에 따라서 스피드를 올려 가기 때문에 스피드 양성에도 도움이 된다.

[연습 례] 400m×5회

1회째……400m×1(6분 사이클)

2회째……200m×2(3분 사이클)

3회째……100m×4(2분 사이클)

4회째……50m×8(1분 15초 사이클)

5회째……25m×16(45초 사이클)

③ 레페티션 트레이닝

레페티션 트레이닝은 그 실시 방법이 인터벌 트레이닝과 비슷하지만 인터벌 트레이닝과 레페티션 트레이닝의 분류는 아래와 같은 방법으로 실시한다.

인터벌 트레이닝과 레페티션 트레이닝은 그 사용하는 거리는 매우 비슷하지만, 반복 횟수, 휴식 방법, 연습 강도(질)의 3점이 크게 달라진다.

레페티션 트레이닝은 인터벌 트레이닝보다도 트레이닝 부하가 크기 때문에 매일 하지 않고 일반적으로는 2~4일에 1회 정도의 비율로 실시하는 경우가 많다. 또한 그 트레이닝 부하가 크기 때문에 저연령층의 선수에 대해서는 거의 실시하지 않는다.

④ 스프린트 트레이닝(sprint training)

스프린트 트레이닝은 그 설정 거리가 100% 무산소 운동의 범위 내에서 이루어지는 것 같은 거리, 즉 수영의 경우에는 40초 전후 이내에서 수영을 마칠 수 있는 것 같은 거리를 설정해서 실시한다.

그 목적은 심폐 기능에 대한 부하가 아니라 근력에 대한 부하를 목적으로 실시하기 때문에 짧은 거리에서 어느 정도 긴 휴식 시간으로 실시한다.

[연습 례]

12.5m×10회(1분 사이클) 전력 스피드

25m×10회(1분 사이클) 전력 스피드

50m×6회(3분 사이클) 전력 스피드

연습은 스트로크 기술을 향상시키는 목적으로 실시한다. 신체 강화, 능력의 향상을 목적으로 하는 트레이닝의 조합으로 구성되지만 그 트레이닝에 대해서도 지구력의 양성, 스피드는 지구력의 양성, 스피드의 양성을 목적으로 한 것으로 분류되고, 더욱이 풀, 킥, 스윙의 3가지 형태로 나누어 실시한다.

◪ 체력 단련 계획을 세우는 방법

1) 연간 계획

연습을 효과적으로 해서 해마다 기록을 단축시켜 가기 위해서는 계획적으로 연습을 진행해 가는 것이 필요하다.

이 연간 계획은 몇월 몇일에는 무엇을 한다는 것 같은 구체적인 것이 아니라, 시합이 가까워짐에 따라서 연습량, 질, 형태는 차츰 변화하고 이행해 가는 것이기 때문에 시합을 향해 기술, 지구력, 스피드, 정신면을 높여 가기 위한 대충의 기간을 구별한 것으로서 계획하면 좋다.

선수의 피크(베스트 컨디션)를 어느 시합에 맞추느냐에 따라서 계획을 세우는 방법은 당연히 달라진다. 시합 일정은 이미 정해져 있어 그 시합을 향해 피크를 완성하는 트레이닝의 흐름이 연간 계획이라고 할 수 있다.

일반적으로 목표로 하는 시합부터 일수를 역산해서 계획하지만 이 계획의 중요성은 정해진 날에 이루어지는 시합에 모든 선수를 피크 상태로 참가시켜야 한다는 것이다. 춘계보다도 하계에 대시합이 집중해 있는 현상에서 생각하면 연간 계획은 당연히 하계에 비중을 두고 만들 필요가 있다.

2) 휴양 기간

이 기간의 주요 목적은 심신, 특히 심리면의 휴양, 1년 간의 반성과 다음해 목표 타임의 설정이다.

휴양 기간을 잡는 방법에는 여러 가지 있지만 예컨대 청소년은 1일~1주일, 연장자는 1주일~2주일 정도를 표준으로 하면 좋다. 선수의 연령이 늘어나면 트레이닝 내용도 보다 격렬해지고 시합에 대한 집중력도 늘어나기 때문에 시즌 중의 피로를 풀고 심신 모두 오버홀시키기 위해서는 고연령자일수록 많은 휴일 일수를 필요로 한다.

3) 준비 기간

이 기간의 주요 목적은 ① 물에 길들이기부터 서서히 연습량을 많이 해 나가 수영 감각을 회복한다. ② 수영의 결점을 중점적으로 교정한다. ③ 4영법의 연습에 의한 기초 체력을 양성한다. ④ 차기 연습에 견뎌야 하는 지구력의 양성과 마음의 준비를 한다, 등이 있다.

휴양 후 다시 연습에 몰두할 때는 수영에 대한 컨디션도 저하해 있다. 따라서 갑자기 하드한 트레이닝에 몰두하면 고장의 원인이 될지도 모른다. 그 때문에 약 1개월 간을 준비 기간으로서 할애하여 1주일 단위로 서서히 연습 거리를 늘려가고 시간을 들여 몸을 순응시켜 나갈 필요가 있다.

이 기간의 연습량을 증가시키는 방법

1주째……2,000m~3,000m

2주째……3,000m~4,000m

3주째……4,000m~5,000m

4주째……5,000m~7,000m

1주째의 연습 내용(예)

① 워밍업	200m
② 스트로크 교정의 연습	50m×16회(−1′) SI
③ 킥	300m
④ 풀	300m
⑤ 스윙	50m×4영법×3세트(−1′)
⑥ 다운	200m

합계 2,400m

4) 양적인 체력 단련 기간

이 기간의 주요 연습 목적은 ① 양적인 수영에 의한 지구력의 양성 ② 4영법의 연습에 의한 폭넓은 기초 체력의 양성 ③ 스트로크 기술의 교정과 향상 ④ 스피드의 유지 등이 있다.

양적인 하드 기간은 문자 그대로 연습량(거리)을 많이 수영함으로써 지구력(심폐 기능)의 향상과 전문 종목에 구애받지 않고 4영법의 연습에 의한 폭넓은 기초 체력의 단련을 목적으로 한다.

준비 기간에 있어서 상당한 양을 수영하는 데까지 레벨업 되어 있기 때문에 이 기간에서는 더욱 양을 늘려서 기초 체력, 지구력의 향상을 제1목적으로 한 트레이닝을 실시한다.

그러나 기초 체력, 지구력 향상만을 목적으로 한 체력 단련만을 실시하면 스피드의 저하가 나타나기 때문에 선수가 갖고 있는 스피드를 유지하는 목적으로 극히 소량이지만 스피드 연습도 실시해 두는 것이 중요하다.

[이 기간의 주요 연습 내용]

이 기간의 연습은 지구력(持久力)의 양성을 중심으로 한 것으로 종목별·거리별 연습이 아니라 전종목 합동으로 같은 내용의 연습을 소화한다.

① 워밍업	800m	
② 스윙	50m×6회×4세트(−1′)	빌드
③ 킥	400m×2회(×8′)	지구력
④ 킥	50m×8회(−1′15″)	스피드
⑤ 풀	400m×6회(−5′30″)	자유형, 지구력

		100m×10회(−2′00″) 전문종목, 스피드, 지구력

⑥ 스윙　　　　　200m

⑦ 스윙　　　　　100m×10회×3세트

　　　　　　　　1세트(−1′20″)　　　　자유형, 인터벌, 지구력

　　　　　　　　2세트(−1′30″)　　　　자유형, 인터벌, 지구력

　　　　　　　　3세트(−1′45″) 전문종목, 인터벌, 스피드, 지구력

⑧ 스윙　　　　　50m×6회(−2′)　　　　　　　　스피드

⑨ 다운　　　　　200m

합계 10,300m

5) 질적·양적인 체력 단련 기간

이 기간의 주요 체력 단련의 목적은 ① 지구력의 양성 ② 스트로크 기술의 향상 ③ 스피드 지구력의 양성 ④ 스피드의 양성 등이다.

양적인 체력 단련 기간에 있어서 양성한 지구력을 향상시키면서 연습 전체를 양적으로 높임으로써 스피드 지구력의 향상으로 서서히 이행해 간다.

연습량은 양적인 체력 단련 기간보다도 적어지지만, 질을 높임으로써 연습 전체의 부하는 커진다.

[이 기간의 주요 연습 내용]

중거리를 대상으로 한 연습(예)

※ 단거리 및 자유형 이외의 종목의 선수에 대해서는 주안이 되는 스윙 시리즈의 양이 약간 적어진다.

① 워밍업	800m
② 스윙	50m×12회(−1′)(스트로크 임프루브먼트)
③ 킥	100m×4회×3세트
	1세트(−1′45″)　↓ 서서히 스피드를 올린다
	2세트(−2′00″)　↓ 지구력에서 스피드의
	3세트(−2′30″)　↓ 연습으로 이행한다.
④ 풀	200m×4회(−4′)　　　　　　　지구력
	50m×16회(−1′15″)　　　　스피드
⑤ 스윙	200m
⑥ 스윙	100m×10회×3세트
	1세트(−1′45″)　↓ 서서히 스피드를 올린다
	2세트(−2′00″)　↓ 지구력에서 스피드의
	3세트(−2′15″)　↓ 연습으로 이행한다.
⑦ 스윙	25m×12회(−1′)　　　　　　스피드
⑧ 다운	200m

합계 7,700m

6) 질적인 체력 단련 기간

이 기간의 주요 체력 단련의 목적은 ① 지구력의 유지 ② 스피
드 지구력의 향상 ③ 스피드의 향상 ④ 스트로크 기술의 향상 ⑤
레이스 감각의 양성 ⑥ 페이스 워크의 연습 ⑦ 스타드 1턴 등의
연습 ⑧ 시합에 대한 작전 등의 종합 연습 등이 있다.

질적·양적인 체력 단련 기간에서 양성한 지구력을 유지하면서

스피드 지구력, 스피드를 더욱 향상시켜, 시합에 대한 레이스 감각, 페이스 워크를 양성하는 것을 목적으로 한 체력 단련을 실시한다.

따라서 연습량은 질적·양적 체력 단련 기간보다도 적어지지만 그 질은 질적·양적 체력 단련 기간보다도 더욱 높은 레벨로 끌어올리는 내용이 되어 레이스 스피드에 가까운 스피드, 혹은 짧은 거리에 의한 레이스 스피드 이상의 스피드를 요구하는 것 같은 내용의 체력 단련이다.

[이 기간의 주요 연습 내용]

자유형 이외의 종목을 대상으로 한 연습(예)으로 중·장거리일 경우에는 연습량이 전체적으로 많아진다.

---

① 워밍업　　　800m

② 스윙　　　　50m×12회(−1′)(스트로크 드릴)

③ 킥　　　　　50m×4회×4세트

　　　　　　　1세트(−1′)　　　↓

　　　　　　　2세트(−1′10″)　↓ 세트마다 스피드를

　　　　　　　3세트(−1′20″)　↓ 올린다.

　　　　　　　4세트(−1′30″)

④ 킥　　　　　300m×1회　　　　　　　전력(오버디스턴스)

⑤ 풀　　　　　200m×3회(−5′)　　　　지구력의 유지

　　　　　　　50m×12회(−1′30″)　　 스피드의 양성

⑥ 스윙　　　　200m　　　　　　　　　 폼에 주의해서

⑦ 스윙　　　　200m×5회

　　　　　　　1회 200m(−5′)　　　　 스피드 지구력

	2회 200m(−5′)	스피드 지구력
	3회 50m×4회(+15″)	스피드 지구력＋페이스 워크
	4회 50m×4회(+10″)	스피드 지구력＋페이스 워크
	5회 50m×4회(+5″)	스피드 지구력＋페이스 워크
⑧ 스윙	25m×2회(−2′)	×3세트
	50m×1회(−4′)	
⑨ 다운	200m	

합계 5,250m

7) 조정 기간

이 기간의 주요 연습 목적은 ① 지구력의 유지 ② 스피드 지구력의 유지 ③ 스트로크 기술의 향상 ④ 스피드의 양성과 페이스 워크 ⑤ 스타트, 턴 등의 기술 향상 ⑥ 시합에 대한 마음의 준비 ⑦ 충분한 휴양 등이다.

일반적으로는 목표로 하는 시합의 7~14일 정도 전부터 들어가지만 이 일수의 결정에 대해서는 연령, 개인차, 본인이 출장하는 거리(100m, 200m, 400m, 800m, 1500m)에 따라 달라진다. 그러나 일반적으로는 연소자보다도 연장자, 장거리 종목보다도 단거리 종목쪽이 길게 잡을 필요가 있다.

조정 기간의 결정, 기간 내의 연습량과 질의 밸런스에 대해서는 그 선수의 연령, 출장 종목, 조정 기간에 이르기까지의 연습의 진전도, 흐름에 따라 천차만별이기 때문에 반드시 이렇게 해야 한다는 방정식 같은 것은 없다.

제 4 장

나의 수영 실력은 얼마나 되나

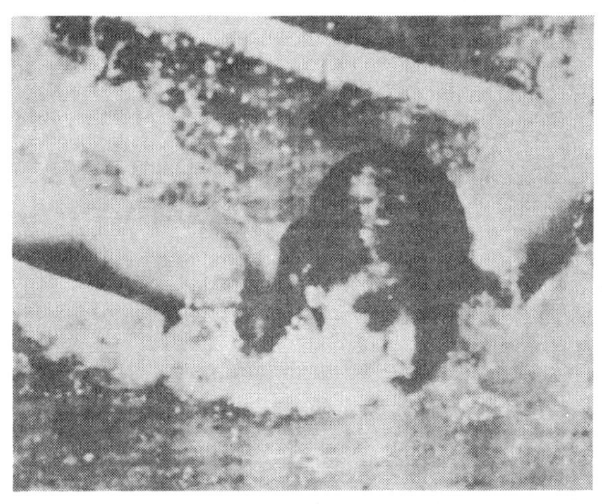

스스로 확인해 보는
자기 수영 실력 테스트

나의 수영 실력은 어느 정도일까?

자신의 실력을 스스로 진단하기란 사실 어렵다.

특히 객관적인 실력의 정도를 체크하는 일은 더욱 힘들어진다.

'이 정도의 실력'이면 객관적으로 '어느 정도의 실력'이 될까?

초보자일수록 자기 자신의 실력 정도는 궁금할 수 밖에 없다.

그리고 초보자의 경우 자기 자신의 실력을 '체크해 보는' 사람과 '체크해 보지 않는' 사람의 '훈련 향상도'는 현저히 차이가 난다고 한다.

날마다 자기 자신의 실력은 체크하는 사람의 경우, 그 수영 실력을 날마다 눈에 띄게 향상하는 반면, 자신의 실력 정도를 체크하지 않고 무조건 훈련에 참가하는 사람의 경우에는 '훈련 향상도' 체크에 있어서 그 실력 향상 정도가 둔하다고 한다.

그렇다면 자신의 수영 실력 체크는 어떻게 해야 할까?

스스로 자신의 실력을 쉽게 체크해 볼 수 있는 객관적인 데이타에 의한 방법은 없을까?

수영에 관심을 가진 많은 독자들의 궁금증을 해소해 주면서 누구나 손쉽게 자신의 수영 실력(훈련 향상도)을 스스로 체크해 볼 수 있는 방법을 강구해 보았다.

객관적인 데이타의 정확성과 편의성을 기하기 위해 1급부터 10급까지의 영력도(泳力度 ; 실력 정도)로 나눈 향상도를 바탕으로 다시 어린 아이(7,8세)에서부터 청소년기(13세 전후)에 이르기까지의 수영 초보자들을 대상으로 한 연령별 체크 라인을 구분하여 스스로 쉽게 이용할 수 있도록 정리해 보았다.

일반 성인들의 경우에는, 완전 초보자가 아닌 경우 ‘13세 전후의 자기 영력(泳力) 체크 라인’을 참조하면 될 것이다. 그 이상의 실력 소유자들은 각 수영 클럽의 코치들로부터 개인 평가를 받거나 기타 객관적인 데이타들을 참조하기 바란다.

▲수영 중의 자기 실력 테스트는 중요하다.

8세 미만의 자기 영력 체크 방법

■10급(수중 걷기, 수중 달리기 가능)

[실시(가능) 종목]
종목 '수중 걷기'와 '수중 달리기'의 정도로 체크한다.

[체크(실시) 방법]
혼자서도 관계 없지만 가능한 한 여럿이서 함께 해보는 것이 좋다. 보조자나 보호자가 곁에서 지켜보고 체크해 주는 것이 정확성이 있어서 좋다.

수면이 무릎 위로 올라오는 경우와 배꼽 위로 올라오는 경우의 두 장소에서 체크하도록 한다.

물 속에서 넘어지지 않고 잘 걸어다닐 수 있으면 달리기를 해본다. 달리기가 가능하면 10급 판정으로 무난하다.

■9급(물 뿌리기 놀이 가능)

[실시(가능) 종목]

두 사람 이상으로 물 뿌리기 놀이를 하여 '자유자재 정도'로 체크한다.

[체크(실시) 방법]

두 사람 이상이 물 속(수심 1m 정도)에 들어가 서로의 얼굴에 물 뿌리기 놀이를 한다. 이때 상대방의 얼굴에 누가 더 많은 물을 효과적으로 뿌리는가 하는 점과 얼굴에 물이 뿌려졌을 때 물을 닦지 않고 누가 오래 견디느냐 하는 점을 체크한다.

물을 가지고 노는 요령과 물에 익숙해지는 정도를 체크하는 것이 포인트이다. 얼굴에 물벼락을 맞고도 잘 견디어 내면서 상대방을 공격할 수 있는 정도이면 9급 판정에 합격이다.

◪ 8급(물 속에서 눈뜨기 가능)

[실시(가능) 종목]

물 속에서 상대방과 '얼굴 맞대기 놀이'로 물과의 친함 정도를 체크한다.

[체크(실시) 방법]

두 사람 또는 세 사람(그 이상이라도 좋다)이 물 속에 들어가 상대방의 얼굴에 자신의 얼굴을 맞대는 놀이를 한다.

이때 보조자나 코치는 스위머가 물 속에서 '눈을 뜨는가', '숨을 내쉬는가'를 잘 체크하도록 한다.

물 속에서 눈을 뜰 수 있고, 숨을 내어쉬는 요령을 익히고 있으면 일단 8급 판정에 합격이다.

■ 7급(물 속에서 목표물에 접근 가능)

[실시(가능) 종목]

물 속에서 '막대기 빠져 나가기'나 '원 빠져 나가기' 등의 놀이를 통해 물 속에서 목표물에 접근하는 능력을 체크한다.

[체크(실시) 방법]

이 종목의 테스트에는 두 사람 이상의 보조자가 필요하다. 보조자는 수면 바로 아래에 굴렁쇠 모양의 원형물을 들고 있거나 막대기를 들고 있도록 하고, 스위머가 물 속에서 막대기 밑으로 지나가게 하거나 원 속으로 빠져 나가게 한다.

이때 막대기는 보조자 두 사람이 양쪽 끝을 잡고 서 있으면 스위머가 그 사이로 지나가게 한다. 원일 경우에는 보조자 한 사람이 들고 있어도 상관없다. 스위머가 물 속에서 눈을 뜨고 자유자재로 움직여 목표물에 어렵지 않게 접근하면 7급 판정에 합격이다.

◪ 6급 (수중 가위바위보 놀이 가능)

[실시(가능) 종목]

물 속에서 '가위바위보 놀이'를 한다. 육상에서와 마찬가지로 자유자재로 할 수 있는지를 체크한다.

[체크(실시) 방법]

두 사람씩 물 속에 들어가 '수중 가위바위보 놀이'를 한다. 가위바위보를 해서 이긴 사람은 수면 위로 고개를 내밀어 숨을 한 번 쉬고 다시 물 속에 들어가 가위바위보를 한다.

진 사람은 숨을 참을 수 있는대로 참다가 더 이상 참기 힘들면 수면 위로 올라오도록 한다.

상당한 시간 동안 물 속에서 숨을 참고 있을 정도가 되면 6급 판정에 합격이다.

◪ 5급 (오뚝이 뜨기 놀이 가능)

[실시(가능) 종목]

오똑이 뜨기 놀이를 하여 떠오를 때까지 물 속에서 버틸 수 있는지의 여부를 체크한다.

[체크(실시) 방법]

두 사람 이상(한 사람도 가능하다)이 오똑이 뜨기 놀이를 한다.

스위머가 무릎을 껴안고 웅크린 자세로 물 속에 가라앉는다.

보조자가 오똑이 모양이 된 스위머의 등을 눌러서 물 속 깊이(수심 1m~1.2m 정도) 가라앉혀 준다.

보조자는 스위머의 몸에서 손을 뗀 후 스위머가 자연스럽게 떠오르는 모양을 지켜본다.

물 밑 바닥에 가라앉았다가 저절로 떠오를 때까지 견딜 수 있으면 5급 판정에 합격이다.

■4급(보조자의 도움으로 엎드려 뜨기 가능)

[실시(가능) 종목]

보조자의 도움으로 엎드려 뜨기를 제대로 할 수 있는지를 체크한다.

[체크(실시) 방법]
보조자가 스위머의 팔(손)을 부축해 주어 엎드려 뜨기를 할 수 있도록 도와준다.

스위머는 엎드려 뜨기에서 다시 똑바로 서 본다.

'엎드려 뜨기'의 동작에서 '서기(선다)'의 동작으로 자연스럽게 옮겨갈 수 있는 정도이면 4급 판정에 합격이다.

◢ 3급(혼자의 힘으로 엎드려 뜨기 가능)

[실시(가능) 종목]
혼자서 '엎뜨려 뜨기→서기'를 실시하여 가능한지의 여부를 체크한다.

[체크(실시) 방법]
보조자의 도움없이 혼자서 엎드려 뜨기를 실시한다. 엎드려 뜨기의 동작에서 일직선으로 '서기'의 자세로 전환한다.

엎드려 뜨기의 자세나 똑바로 서기의 자세가 어색하지 않고 자연스러우며 제대로 된 경우이면 3급 판정에 합격이다.

◢ 2급(등뜨기 5초 동안 가능)

[실시(가능) 종목]

등뜨기를 하여 그 자연스러움과 지속 시간 등을 체크한다.

[체크(실시) 방법]

혼자서 등뜨기를 한다. 자연스럽게 등뜨기가 가능한 경우에는 2급 판정에 합격이다. 이 경우의 등뜨기 자세 지속 시간은 약 5초 정도이면 된다.

◪ 1급 (등뜨기 10초 이상 가능)

[실시(가능) 종목]

2급의 경우와 마찬가지로 등뜨기를 하여 그 지속 시간을 체크한다.

[체크(실시) 방법]

등뜨기의 자세로 얼마나 오랫동안 버틸 수 있느냐에 따라 1급이냐 2급이냐가 결정된다. 등뜨기의 자세로 10초 이상 버틸 수 있으면 1급 판정에 합격이다.

9세 전후의 자기 영력 체크 방법

◤10급(수중 달리기 가능)

[실시(가능) 종목]

물 속을 달리는 자세와 속도 등을 체크한다

[체크(실시) 방법]

수심 1m 정도의 풀장에서 달리기를 해본다. 이 라인은 물과의 적응도를 체크하는 기준 정도라고 생각하면 된다.

물 속에서 무릎이 생각대로 잘 구부려지는가?

몸이 물살을 헤치고 앞으로 잘 나아가는가?

달리기의 동작이 제대로 이루어지면 10급 판정에 합격이다.

◤9급(물 뿌리기 놀이 가능)

[실시(가능) 종목]

수심 1m~1.2m 정도의 풀장에서 두 사람 이상이 물 뿌리기 놀이를 하여 얼굴에 뿌려진 물을 닦지 않고 얼마나 잘 견디느냐를 체크한다.

[체크(실시) 방법]

두 사람 이상이 물 속에 뛰어들어 물 뿌리기 놀이를 한다.

이때 상대방이 뿌린 물을 얼굴에 맞고도(얼굴을 닦지 않고) 끄덕없이 견디어내면 9급 판정에 합격이다.

■8급(수중 가위바위보 놀이 가능)

[실시(가능) 종목]

'수중 가위바위보 놀이'와 '수중 노려보기 놀이'를 하여 물에 대한 적응 능력을 체크한다.

[체크(실시) 방법]

두 사람이 물 속에 들어가 수중 가위바위보 놀이를 하거나 또는 수중 노려보기 놀이를 한다.

이때 스위머는 물 속에서 눈을 뜨고 놀이에 임하도록 한다. 물에 대한 적응 능력을 체크하고, 무리없이 게임을 진행할 수 있으면 8급 판정에 합격이다.

◤7급(수중 보글보글 놀이 가능)

[실시(가능) 종목]

'수중 보글보글 놀이'를 하여 수중에서 자유자재로 숨을 내쉴 수 있는지 없는지를 체크한다.

[체크(실시) 방법]

이 종목의 실시 요령은 한 사람 또는 여러 명의 스위머가 얼굴을 물 속에 담근 상태에서 숨을 내쉬어 보글보글 거품이 나도록 한다. 자유자재로 거품을 만들 수 있으면 7급 판정에 합격이다.

◤6급(오뚝이 뜨기 놀이 가능)

[실시(가능) 종목]

오뚝이 뜨기 놀이를 하여 물 밑 바닥에서 수면까지 저절로 떠오를 때까지 견딜 수 있는지를 체크한다.

[체크(실시) 방법]

무릎을 구부리고 양 팔로 다리를 감싸 안은 자세로 물 밑 바닥에 가라앉도록 한다.

보조자나 코치가 스위머(수영자)의 등을 눌러 바닥에 가라앉힌 다음 손을 뗀다.

스위머는 양팔과 다리를 고정한 채로 저절로 수면에 떠오를 때까지 견디도록 한다.

이 동작을 무리없이 해내면 6급 판정에 합격이다.

■5급(엎뜨려 뜨기 5초 동안 가능)

[실시(가능) 종목]

스위머가 엎드려 뜨기를 실시하여 5초 동안 가능한지의 여부를 체크한다.

[체크(실시) 방법]

스위머와 보조자가 각각 2인 1조가 되어 실시한다. 보조자는 스위머의 손을 잡아주어 엎드려 뜨기가 가능하도록 도와준다.

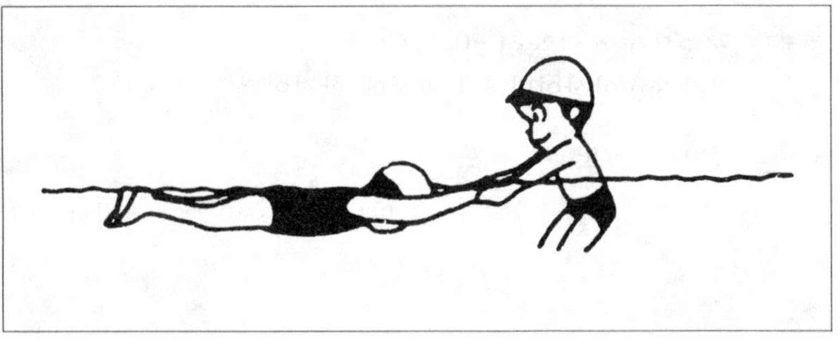

엎드려 뜨기를 할 수 있는 가능 시간을 체크하여 5초 동안 가능하면 5급 판정에 합격이다.

◪ 4급(일직선 자세로 3m 수영 가능)

[실시(가능) 종목]

엎드려 뜨기의 자세로 풀장 벽을 차고 일직선으로 3m 이상 수영이 가능한지를 체크한다

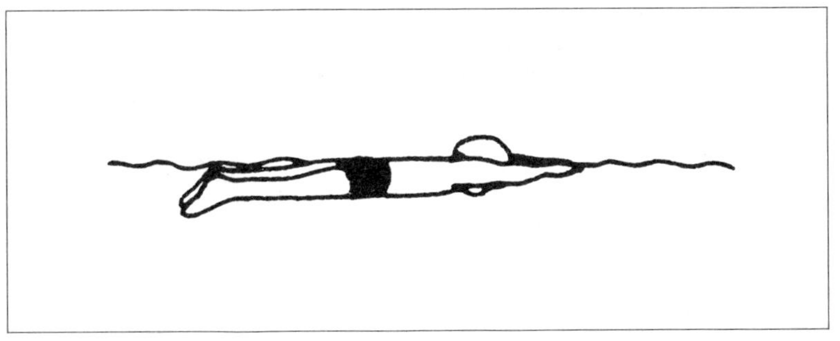

[체크(실시) 방법]

스위머는 풀장 벽을 차면서 엎드려 뜨기의 자세로 전방을 향해 나아간다.

수영 거리 3m 이상이면 4급 판정에 합격이다.

◪ 3급(일직선 자세로 5m 수영 가능)

[실시(가능) 종목]

풀장 벽을 차면서 엎드려 뜨기의 일직선 자세로 5m 이상 수영이 가능한지를 체크한다.

[체크(실시) 방법]

스위머는 풀장 벽을 세게 차면서 앞으로 나아간다. 이때 스위머는 엎드려 뜨기의 자세로 일직선이 된다.

수영 거리 5m 이상이면 3급 판정에 합격이다.

◪2급(등뜨기 30초 동안 가능)

[실시(가능) 종목]

등뜨기를 실시하여 30초 이상 자세를 흐트리지 않고 유지할 수 있는지를 체크한다.

[체크(실시) 방법]

스위머는 혼자서 등뜨기를 한다. 30초 동안 등뜨기의 자세를 유지할 수 있으면 2급 판정에 합격이다.

◪1급(등뜨기 60초 동안 가능)

[실시(가능) 종목]

2급 실시 종목에서와 마찬가지로 등뜨기를 실시하여 60초 이상 가능한지를 체크한다.

[체크(실시) 방법]

스위머 혼자서 등뜨기를 한다. 등뜨기를 잘하지 못할 경우에는 헬퍼를 착용해도 무방하다.

스위머(수영자)가 혼자서 60초 이상 등뜨기를 할 수 있으면 1급 판정에 합격이다.

10세 전후의 자기 영력 체크 방법

◢ 10급(등뜨기 1분 동안 가능)

[실시(가능) 종목]

등뜨기를 실시하여 1분 이상 자세를 흐트리지 않고 지속할
수 있는가를 체크한다.

[체크(실시) 방법]

스위머 혼자서 등뜨기를 하도록 한다. 이때 스위머는 헬퍼를
1개 착용한 상태로 등뜨기를 하여 1분 동안 지속할 수 있으면 10
급 판정에 합격이다.

◢ 9급(등뜨기 2분 동안 가능)

[실시(가능) 종목]

헬퍼 1개 착용으로 등뜨기를 하여 2분 동안 지속하지는지의 여
부를 체크한다.

[체크(실시) 방법]

앞의 10급 체크 종목에서와 마찬가지로 스위머는 헬퍼를 1개 착용한 상태로 등뜨기를 한다.

자세의 숙련도와 함께 등뜨기의 지속 시간을 체크하여 2분 동안 등뜨기가 가능한 스위머는 9급 판정에 합격이다.

◪ 8급(등뜨기 3분 동안 가능)

[실시(가능) 종목]

스위머 혼자 등뜨기를 하여 3분 동안 가능한 지의 여부를 체크한다.

[체크(실시) 방법]

헬퍼를 1개 착용한 상태로 등뜨기를 실시하여 그 지속 시간이 3분 이상이 되면 8급 판정에 합격이다.

이때 스위머는 헬퍼를 1개 착용한 상태로 등뜨기를 실시하며, 이를 체크하는 보조자나 코치는 스위머의 동작이나 자세 등의 숙련도와 유연성 등도 함께 체크하도록 한다.

■7급(나비 배영 10m 가능)

[실시(가능) 종목]
스위머가 나비 배영을 실시하여 몇 m 정도 수영할 수 있는지의
영력(泳力)을 체크한다.

[체크(실시) 방법]
스위머는 헬퍼를 1개 착용한 상태로 나비 배영을 실시한다.
수영 거리가 몇 m 정도냐에 따라 스위머의 영력(泳力) 급수가
판정된다.
배영 거리가 10m 정도이면 7급 판정에 합격이다.

■6급(나비 배영 25m 가능)

[실시(가능) 종목]
스위머가 헬퍼를 1개 착용한 상태로 나비 배영을 실시하여 몇
m 정도 전진할 수 있느냐를 체크한다.

[체크(실시) 방법]
7급의 체크 종목에서와 마찬가지로 스위머는 헬퍼를 1개 착용
한 상태로 나비 배영을 실시하여 그 수영 거리를 측정한다.
스위머의 나비 배영 거리가 25m 이상이면 6급 판정에 합격이
다.
자세나 동작의 숙련도와 유연성 등도 함께 체크하여 급수 판정
에 반영하도록 한다.

■5급(뗏목 떠내려 보내기 놀이 10m 가능)

[실시(가능) 종목]

뗏목 떠내려 보내기 놀이를 하여 뗏목이 된 스위머가 엎드려 뜨기의 자세로 몇 m 정도나 전진할 수 있는가를 체크한다.

[체크(실시) 방법]

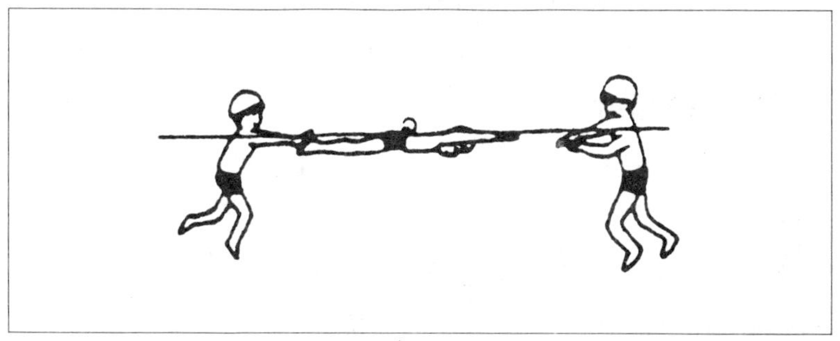

스위머는 헬퍼를 착용하고 뗏목이 된다. 이때 보조자는 적어도 2명 이상이 필요하다.

스위머가 엎드려 뜨기의 자세로 뗏목이 되면 보조자가 스위머의 발끝을 밀어 뗏목을 전진시킨다.

이때 뗏목(스위머)이 10m 이상 무리없이 전진하면 5급 판정에 합격이다.

■4급(연속 오뚝이 뜨기 10회 가능)

[실시(가능) 종목]

연속 오똑이 뜨기 놀이를 하여 연속으로 몇 회 정도나 가능한지를 체크한다.

[체크(실시) 방법]

스위머는 무릎을 굽히고 양 팔로 다리를 감싸안아서 오똑이 모양을 만든다.

보조자가 스위머의 등을 눌러서 바닥에 가라앉게 한 다음 손을 놓으면 오똑이(스위머)는 다시 수면에 떠오른다.

그때 스위머는 오똑이의 자세를 그대로 유지한 채로 고개를 들어 재빨리 숨을 쉰다.

그때 보조자는 다시 스위머의 등을 눌러 물밑 바닥으로 가라앉힌다.

이와 같은 연속 동작을 반복하여 실시한다.

스위머가 무리없이 10회 이상 계속하면 4급 판정에 합격이다.

■3급(자유형 4m 가능)

[실시(가능) 종목]

스위머는 자유형으로 헤엄을 친다. 수영 거리 4m 이상 가능한지의 여부를 체크한다.

[체크(실시) 방법]

스위머는 헬퍼를 1개 착용한 상태로 자유형을 실시한다. 이때 스위머는 양 손을 앞으로 모은 상태로 전진한다.

이렇게 하여 4m 정도를 앞으로 나아갈 수 있으면 3급 판정에 합격이다.

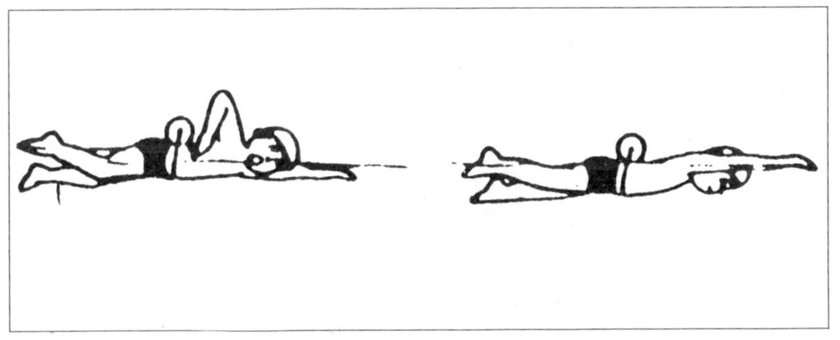

■2급(자유형 7m 가능)

[실시(가능) 종목]

스위머가 자유형으로 헤엄을 쳐서 몇 m 정도 전진할 수 있는지를 체크한다.

[체크(실시) 방법]

스위머가 헬퍼를 1개 착용한 상태에서 자유형을 실시하여 몇 m 정도 전진할 수 있는지를 체크하여 급수를 판정한다.

실시 요령은 앞의 3급 실시 종목과 같이 한다. 스위머의 영력 (泳力)이 7m 이상이면 2급 판정에 합격이다.

■1급(자유형 10m 가능)

[실시(가능) 종목]

스위머가 자유형으로 헤엄을 쳐서 10m 이상 전진할 수 있는지 의 여부를 체크한다.

[체크(실시) 방법]

앞의 3급이나 2급에서와 마찬가지로 스위머는 헬퍼를 1개 착용 한 상태에서 자유형을 실시한다.

자세와 동작의 유연성과 정확성 등을 참작하고, 스스로 10m 이 상 수영이 가능할 경우 1급 판정에 합격이다.

11세 전후의 자기 영력 체크 방법

■ 10급(나비 배영 50m 가능)

[실시(가능) 종목]
스위머가 스스로 나비 배영을 실시하여 몇 m 정도 가능한지를 체크한다.

[체크(실시) 방법]
스위머가 헬퍼 1개를 착용한 후 등뜨기의 자세로 나비 배영을 실시한다.
동작과 자세가 다소 서툴더라도 보조자의 도움 없이 50m 정도를 진행할 수 있으면 10급 판정에 합격이다.

■ 9급(나비 배영 75m 가능)

[실시(가능) 종목]
스위머는 헬퍼 1개를 착용하고 나비 배영을 실시하여 몇 m 정

도 수영할 수 있는지를 체크한다.

[체크(실시) 방법]

스위머는 등뜨기의 자세로 하늘을 보고 물 위에 누워 잠을 자듯 나비 배영을 실시한다.

한 번의 실시로 스위머의 나비 배영 거리가 75m 이상이면 9급 판정에 합격이다.

■8급(나비 배영 100m 이상 가능)

[실시(가능) 종목]

스위머는 헬퍼 1개를 착용한 상태로 나비 배영을 실시하여 100m 이상 전진이 가능한지의 여부를 체크한다.

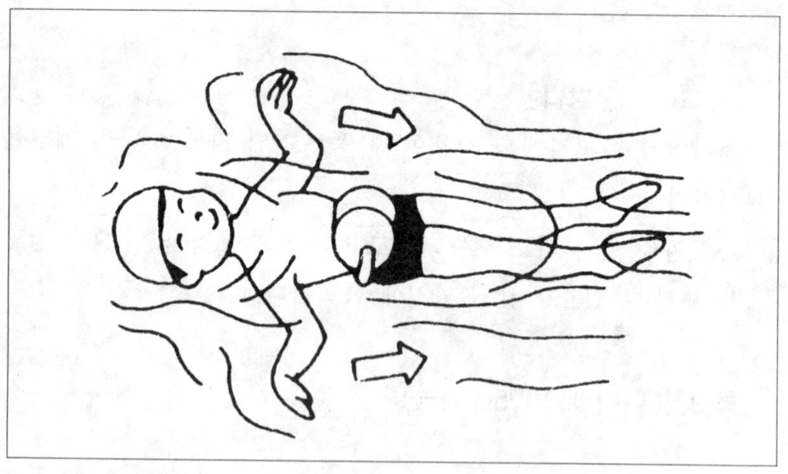

[체크(실시) 방법]

10급이나 9급의 실시 종목에서와 마찬가지로 스위머는 헬퍼를 1개 착용한 상태로 나비 배영을 실시한다.

동작과 자세의 정확성과 유연성 등을 참작하여 수영 거리를 체크한다.

한 번의 실시로 100m 이상 나비 배영이 가능하면 8급 판정에 합격이다.

◤ 7급 (배영 15m 가능)

[실시 (가능) 종목]
스위머는 스스로 등뜨기의 자세로 배영을 실시하여 그 수영 거리를 체크한다.

[체크 (실시) 방법]
스위머는 헬퍼를 1개 착용한 상태로 배영을 시작한다.

나비 배영을 자유자재로 할 수 있는 사람이라야만 배영을 할 수가 있다.

배영이 15m 이상 가능한 스위머는 7급 판정에 합격이다.

◤ 6급 (뗏목 떠내려 보내기 놀이 15m 가능)

[실시 (가능) 종목]
스위머는 뗏목 떠내려 보내기 놀이에서 '뗏목'이 된다. 그리고 뗏목 떠내려 보내기의 거리를 체크하여 급수를 판정한다.

[체크(실시) 방법]

스위머는 엎드려 뜨기의 자세로 뗏목이 된다. 이때 스위머는 헬퍼를 1개 착용한 상태로 게임에 임한다.

적어도 2명 이상의 보조자가 스위머의 발끝을 밀어 뗏목 떠내려 보내기 놀이를 실시한다.

스위머가 자세의 흐트러짐이 없이 15m 이상 전진해 가면 6급 판정에 합격이다.

■5급(연속 오뚝이 뜨기 20회 가능)

[실시(가능) 종목]

스위머가 연속 오뚝이 뜨기 놀이를 하여 몇 회 정도 연속할 수 있는지를 체크한다.

[체크(실시) 방법]

스위머는 무릎을 오므리고 양 팔로 다리를 감싸안아 오뚝이의 모양이 된다.

보조자가 오뚝이의 등을 눌러 물 밑바닥에 가라앉힌 후 손을 떼면 오뚝이는 저절로 수면으로 떠오른다.

수면으로 떠오른 스위머는 오뚝이 모양 그대로 고개를 들어 잽싸게 숨을 쉰다. 그 순간 보조자는 다시 스위머(오뚝이)의 등을 눌러 가라앉힌다.

이와 같은 연속 동작을 되풀이한다. 연속 동작으로 20회 이상 가능하면 5급 판정에 합격이다.

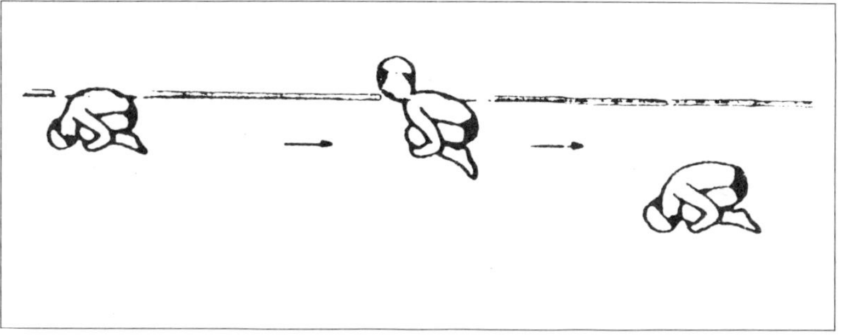

■ 4급(연속 오똑이 뜨기 30회 가능)

[실시(가능) 종목]

스위머가 연속 오똑이 뜨기 놀이를 하여 몇회 정도나 계속할 수 있는지를 체크한다.

[체크(실시) 방법]

5급 실시 종목에서와 마찬가지로 연속 오똑이 뜨기 놀이를 하여 스위머가 연속 오똑이 뜨기 30회 이상을 할 수 있으면 4급 판정에 합격이다.

■ 3급(평영 10m 가능)

[실시(가능) 종목]

스위머가 평영법(平泳法)으로 수영을 실시하여 몇 m 정도나 수영이 가능한지의 영력(泳力 ; 수영 거리)을 체크한다.

[체크(실시) 방법]

　스위머는 헬퍼를 1개 착용한 상태로 평영(平泳)을 실시한다. 스스로 10m 정도 나아갈 수 있으면 일단 3급 판정에 합격이다.

◪ 2급(평영 25m 가능)

[실시(가능) 종목]
　평영법(平泳法)으로 수영을 하여 얼마만큼 수영할 수 있는지를 체크한다.

[체크(실시) 방법]
　스위머가 평영법(平泳法)으로 수영을 한다. 이때 스위머는 헬

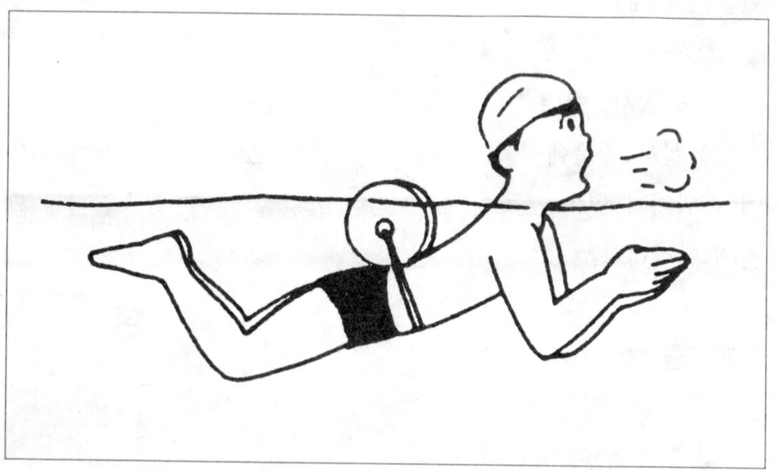

퍼를 1개 착용한 상태로 실시에 임한다.
　스위머가 평영(平泳)으로 25m 정도 수영 가능하면 2급 판정에 합격이다.

◤1급(평영 50m 가능)

[실시(가능) 종목]

평영(平泳)에 얼마만큼 익숙해져 있는가를 체크한다. 물론 자세와 동작의 정확성과 함께 수영 거리를 체크해야 한다.

[체크(실시) 방법]

3급이나 2급의 실시 종목에서와 마찬가지로 스위머는 헬퍼를 1개 착용한 상태로 평영(平泳)을 실시한다.

자세가 자연스럽고 동작이 정확하면서 1회 평영으로 50m 이상 수영이 가능하면 1급 판정에 합격이다.

12세 전후의 자기 영력 체크 방법

◤10급(배영 25m 가능)

[실시(가능) 종목]
스위머가 배영을 실시하여 몇 m 정도나 수영이 가능한지를 체크한다.

[체크(실시) 방법]
스위머는 등뜨기의 자세로 배영을 실시한다. 나비 배영의 단계를 벗어나 정확한 동작과 유연한 자세로 얼마만큼 배영 능력이 있는가를 체크한다.
이때 스위머는 헬퍼를 1개 착용한 상태로 배영에 임한다.
배영 거리가 25m 정도 되면 10급 판정에 합격이다.

◤9급(배영 50m 가능)

[실시(가능) 종목]

스위머가 헬퍼를 1개 착용한 상태로 배영을 1회 실시하여 몇 m 정도 나아갈 수 있는지를 체크한다.

[체크(실시) 방법]

스위머는 헬퍼를 1개 착용하고 등뜨기의 자세로 배영(背泳)에 임한다.

1회 실시하여 그 수영 거리를 체크한다.

스위머(수영자)의 배영(背泳) 거리가 50m 이상이 되면 9급 판정에 합격이다.

◢ 8급(배영 100m 이상 가능)

[실시(가능) 종목]

스위머가 헬퍼를 1개 착용하고 배영을 실시하여 그 수영 거리를 체크한다.

[체크(실시) 방법]

10급이나 9급의 실시 종목에서와 마찬가지로 스위머는 헬퍼를 1개 착용한 상태로 배영을 실시한다.

배영 거리 100m 이상이 가능한 스위머는 8급 판정에 합격이다.

◢ 7급(뗏목 떠내려 보내기 놀이 20m 가능)

[실시(가능) 종목]

스위머는 뗏목 떠내려 보내기 놀이를 실시하여 그 가능 거리를 체크한다.

[체크(실시) 방법]

스위머는 헬퍼를 1개 착용한 상태로 뗏목 떠내려 보내기 놀이
에 임한다.

스위머는 엎뜨려 뜨기의 자세로 뗏목이 되고 보조자가 스위머
의 발끝을 밀어 뗏목 떠내려 보내기를 한다.

이때 20m 이상의 전진이 가능하면 7급 판정에 합격이다.

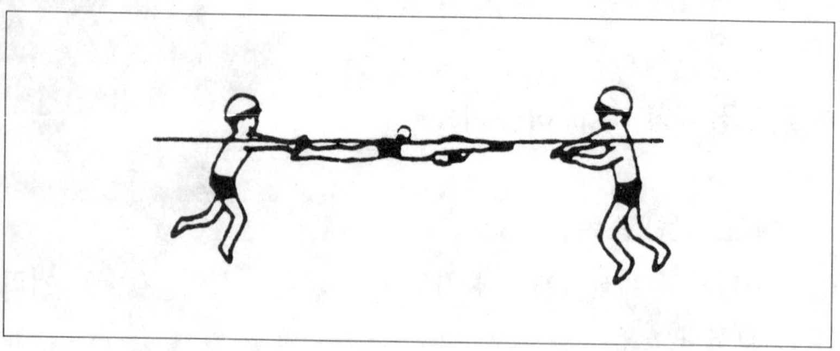

■6급(연속 오똑이 뜨기 40회 가능)

[실시(가능) 종목]

스위머는 연속 오똑이 뜨기 놀이를 실시하여 몇 회 정도나 연속
할 수 있는가를 체크한다.

[체크(실시) 방법]

스위머는 무릎을 구부리고 양 팔로 다리를 감싸안아 오똑이 모
양이 된다.

보조자가 오뚝이(스위머)의 등을 눌러 물 밑바닥에 가라앉힌다. 오뚝이 스위머가 저절로 수면에 떠오르면 오뚝이 모양 그대로 고개를 들어 숨을 쉰다.

이때 보조자는 다시 오뚝이를 물 밑바닥에 가라앉힌 다음 손을 뗀다. 오뚝이 스위머는 또 다시 저절로 수면에 떠오른다.

스위머가 숨을 한 번 쉬면 보조자는 또 다시 오뚝이의 등을 눌러 가라앉힌다.

이와 같은 연속 동작이 이루어질 때 스위머는 오뚝이 뜨기를 몇 회나 할 수 있는지를 체크한다.

연속 오뚝이 뜨기 40회 이상 가능하면 6급 판정에 합격이다.

◢ 5급(평영 50m 가능)

[실시(가능) 종목]

스위머는 평영법(平泳法)으로 수영에 도전하여 그 가능 거리를 체크한다.

[체크(실시) 방법]

스위머는 헬퍼를 1개 착용한 상태로 평영(平泳)에 임한다. 이때 50m 이상 수영이 가능하면 5급 판정에 합격이다.

◢ 4급(평영 100m 가능)

[실시(가능) 종목]

평영 기법(平泳技法)을 이용한 영법(泳法)으로 수영을 실시하여 그 수영 거리를 체크한다.

［체크(실시) 방법］
스위머는 헬퍼를 1개 착용하고 평영 기법(平泳技法)을 이용하여 수영을 실시한다. 평영 거리가 100m 정도 가능하면 4급 판정에 합격이다.

■3급(평영 200m 가능)

［실시(가능) 종목］
스위머가 평영법(平泳法)으로 수영을 하여 그 가능 거리를 체크한다.

［체크(실시) 방법］
5급이나 4급의 실시 종목에서와 마찬가지로 스위머는 헬퍼를 1개 착용한 상태로 평영(平泳)을 실시하여 몇 m 정도 나아갈 수 있는지를 체크한다.
스위머(수영자)의 평영 거리 200m 이상이 가능하면 3급 판정에 합격이다.

■2급(자유형 25m 이상 가능)

［실시(가능) 종목］
스위머는 자유형(crawl)으로 수영을 실시하여 그 영력(泳力 ; 수영 거리)을 체크한다.

[체크(실시) 방법]

스위머는 헬퍼를 1개 착용한 상태로 자유형(自由型 ; crawl) 기

법(技法)으로 수영을 실시한다.

25m 정도 가능하면 2급 판정에 합격이다.

■ 1급(자유형 50m 이상 가능)

[실시(가능) 종목]

자유형(自由型 ; crawl) 기법(技法)으로 수영을 실시하여 단번
에 몇 m까지 전진할 수 있는가를 체크한다.

[체크(실시) 방법]

2급의 실시 종목에서와 마찬가지로 스위머는 헬퍼를 1개 착용
한 상태로 자유형 영법(自由型 泳法)으로 수영에 도전한다.

자유형으로 50m 이상 수영이 가능하면 1급 판정에 합격이다.

13세 전후의 자기 영력 체크 방법

◢ 10급(배영 50m 가능)

[실시(가능) 종목]

스위머는 스스로 등뜨기의 자세로 배영을 실시하여 그 수영 거리를 체크한다.

[체크(실시) 방법]

스위머는 헬퍼를 1개 착용한 상태로 배영을 실시하여 그 수영 거리를 체크한다.

스위머가 50m 정도 무리없이 배영을 할 수 있으면 10급 판정에 합격이다.

◢ 9급(배영 100m 가능)

[실시(가능) 종목]

스위머가 등뜨기의 자세로 배영을 실시하여 그 영력(泳力 ; 수영 거리)을 체크한다.

[체크(실시) 방법]

스위머는 헬퍼를 1개 착용한 상태에서 등뜨기의 자세로 배영을
실시한다.

그 가능한 거리를 체크하여 급수를 판정하는데, 배영(背泳)
100m 가능한 스위머는 9급 판정에 합격이다.

◤8급(배영 200m 이상 가능)

[실시(가능) 종목]

스위머는 헬퍼를 1개 착용한 상태로 배영을 시도하여 그 영력
(수영 거리)을 체크한다.

[체크(실시) 방법]

10급이나 9급의 실시 종목에서와 마찬가지로 스위머는 헬퍼를
1개 착용하고 수영에 임한다.

등뜨기의 자세로 배영을 실시하여 200m 이상 수영할 수 있으

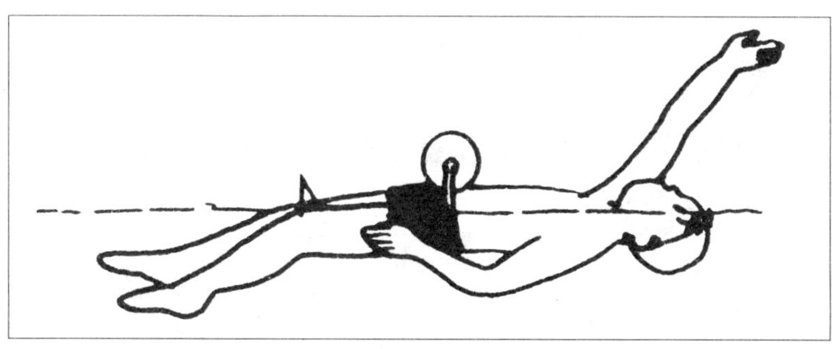

면 8급 판정에 합격이다.

◤7급(뗏목 떠내려 보내기 놀이 25m 가능)

[실시(가능) 종목]

스위머는 뗏목 떠내려 보내기 놀이에 참가하여 뗏목이 된다. 그리고 떠내려 가는 거리가 몇 m 정도인지를 체크한다.

[체크(실시) 방법]

스위머는 헬퍼를 1개 착용한 상태에서 엎드려 뜨기의 자세로 뗏목이 된다.

2명 이상의 보조자가 스위머의 발끝을 밀어서 뗏목 떠내려 보내기 놀이를 시작한다.

스위머는 뗏목으로서 견딜 수 있을 때까지 계속 진행하여 떠내려가는 거리가 몇 m인지를 체크한다.

25m 정도 가능하면 7급 판정에 합격이다.

◤6급(연속 오뚝이 뜨기 50회 가능)

[실시(가능) 종목]

스위머는 연속 오뚝이 뜨기 놀이에 참가하여 연속 오뚝이 뜨기 가능 횟수를 체크한다.

[체크(실시) 방법]

스위머는 무릎을 구부리고 양 팔로 다리를 감싸안아서 둥근 체형의 오뚝이 모양이 된다.

보조자는 스위머(오뚝이)의 등을 눌러 물 밑바닥에 가라앉힌 다음 손을 떼면 오뚝이(스위머)는 저절로 떠오른다.

스위머는 수면까지 떠오른 다음 오뚝이의 자세 그대로 고개를 들어 숨을 잽싸게 쉰다.

보조자는 오뚝이(스위머)가 떠오르는 즉시 다시 등을 눌러서 바닥에 가라앉힌다.

이와 같은 동작을 연속적으로 되풀이하여 스위머가 가능한 정도(오뚝이 뜨기의 횟수)를 체크한다.

스위머가 연속 오뚝이 뜨기 50회 이상 가능하면 6급 판정에 합격이다.

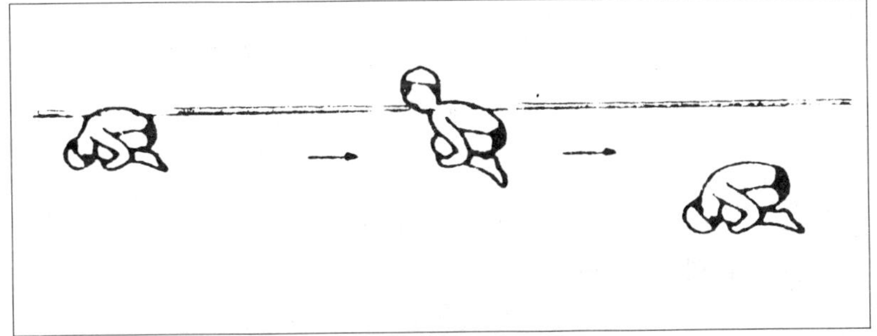

◣5급(평영 100m 가능)

[실시(가능) 종목]

스위머는 평영 기법(平泳技法)으로 수영에 도전하여 어느 정도의 거리까지 수영할 수 있는지를 체크한다.

[체크(실시) 방법]
스위머는 헬퍼를 1개 착용한 상태에서 엎드려 뜨기의 자세로 평영(平泳)에 도전한다.

평영 기법(平泳技法)으로 수영 거리 100 정도가 되면 5급 판정에 합격이다.

■4급(평영 200m 가능)

[실시(가능) 종목]
스위머는 평영법(平泳法)에 의한 수영으로 그 영력(泳力 ; 수영 거리)을 체크한다.

[체크(실시) 방법]
스위머는 헬퍼를 1개 착용한 상태로 평영(平泳)에 임한다.

수영 거리(泳力)가 몇 m 정도인가를 체크하여 급수 판정을 한다.

평영 기법(平泳技法)에 의한 영력(수영 거리)이 200m에 달하면 4급 판정에 합격이다.

■3급(평영 400m 이상 가능)

[실시(가능) 종목]
스위머는 평영 기법(平泳技法)에 의해 수영에 임한다. 그리고 그 영력(泳力 ; 수영 거리)을 체크한다.

[체크(실시) 방법]

5급이나 4급의 실시 종목에서와 마찬가지로 스위머는 헬퍼를 1개 착용한 상태로 평영에 도전한다.

1회 도전으로 그 수영 거리를 체크하여 급수를 판정하는데 평영 능력이 400m 이상 가능한 스위머는 3급 판정에 합격이다.

◣ 2급(자유형 50m 가능)

[실시(가능) 종목]

스위머는 자유형 기법에 의한 수영을 실시하여 그 영력(泳力 ; 수영 거리)을 체크한다.

[체크(실시) 방법]

스위머는 헬퍼를 1개 착용한 상태에서 자유형 기법(自由型技法)으로 수영에 도전한다.

그리하여 자유형에 의한 수영 거리가 50m 정도 되는 스위머는 2급 판정에 합격이다.

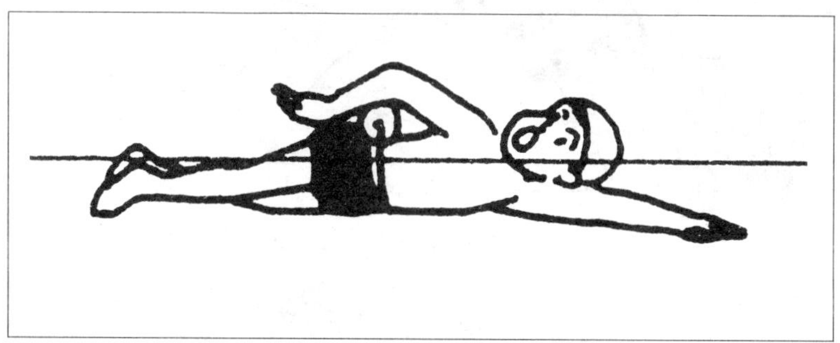

◤ 1급(자유형 100m 이상 가능)

[실시(가능) 종목]

2급의 실시 종목에서와 마찬가지로 스위머는 자유형 기법에 의해 수영을 실시하여 그 영력(泳力 ; 수영 거리)을 체크한다.

[체크(실시) 방법]

스위머는 헬퍼를 1개 착용한 상태로 자유형에 도전한다. 수영 거리 100m 이상의 스위머는 1급 판정에 합격이다.

제 5 장

수영 중의 사고를 막으려면

사회적인 환경과 시설 문제

■사회 체육으로서의 수영 시설의 관리와 운영 문제

1) 수영 시설의 관리 운영에 대하여

행정관청·학교 등의 기관, 혹은 스포츠 관계의 단체에는 반드시 규칙 내지 규약이 있어 그 목적·사업·조직과 운영의 대강이 정해져 있다. 목적을 확립하는 것이 그 집단 내지 조직에 있어서 관리 사무의 첫걸음이다.

다음에 그 목적을 성취하기 위한 목표, 즉 구체적인 사업 내용을 열거하고 있다. 사업 내용이 열거되면 다음은 이런 사업들을 실시하는 임원·임원회의 권한과 업무가 규정된다.

이런 사무를 관할하여 처리하는 것이 일반적인 의미에서의 관리(管理)이다.

관리라는 용어(用語)는 이 일반적인 의미 외에 교육 및 법률에 관해 이용된다.

교육에서는 훨씬 옛날에 관리를 정의해서 '외부로부터 아동의 행위를 규제해서 악에 기우는 것을 막고 신체의 위험에 직면하지 않도록 경계하는 것'이라고 했다.

'외부로부터 규제해서'란 교사의 힘이나 규칙에 의해 제한하다.

또한 관리라는 말은 법률상으로 '사물 혹은 권리의 성질을 변경하지 않는 범위에서 보존 개량을 꾀하는 것'이다. '풀(pool)의 관리'라는 경우의 관리가 그것에 해당한다.

이번 장(章)에 소개할 '관리와 운영'의 각 절은 시설 관리, 용구 관리가 그 주요 부분이다. 즉, 이 책에서 다루는 관리는 주로 시설 및 용구 관리로 관리의 업무에서 보면 매우 한정된 범위이다.

따라서 시설·용구의 관리만을 다룬다면 관리라는 업무의 의의, 중요성이 충분히 나타난 것 같이 생각되지 않는다.

'관리는 계획, 직원 및 시설을 다룬다'라고 J.F. 윌리엄스가 말했듯이 관리에서 다루는 범위는 넓다. 일반 기업에서는 관리 내용은 사무 관리, 인사 관리 및 시설 관리로 크게 나누어지고 있다.

스위밍 클럽(수영 교실)의 예를 들면 회원에게 수영을 지도하는 것이 클럽 본래의 업무이다. 그 본래의 업무를 효율적으로 실시하기 위해서 좋은 계획이 필요하고 그것을 구체화하기 위해서는 훌륭한 코치가 있어 좋은 지도를 해야 한다. 그리고 클럽에는 지도에 알맞은 풀(pool)을 갖고 있는 것이 필요하다.

이것들은 모두 관리에 속하는 업무로 관리의 업무가 중요함을 잘 알 수 있다.

다음 항에는 관리의 업무를 집행할 때에 지켜야 할 원칙 몇 가지를 나타내고 있다.

2) 수영 시설 관리 운영의 원칙

수영에 있어서 관리의 역할은 그것에 의해 수영 지도의 효과가 오르도록 각종의 조건을 정비하는 것이다.

풀을 만들면 풀이 없었을 때보다도 수영자(스위머)의 수영 능력이 향상한다.

따라서 풀을 만드는 일은 수영 지도 그 자체가 아니라 수영 지도의 조건을 좋게 하는 의미에서의 관리 사무인 것이다.

더욱이 국민학교 풀의 경우는 저학년아 용으로 작아도 좋으니까 훨씬 얕은 풀을 부설해 두면 매우 유효하다.

이런 배려는 수영 대상자를 염두에 두고 ‘누가 수영하느냐’를 생각하면 곧 생각나는 것이다.

수영에 있어서의 관리의 목적은 수영 지도를 효율적으로 하기 위해서이지만 좀 더 구체적으로 서술하면 다음과 같다.

① 목표의 결정

목표가 결정되어야 비로소 그 목표를 달성하기 위한 구체적인 계획(프로그램)이 작성된다.

목표를 달성하기 위해서는 몇 가지의 프로그램이 가능할 것이다. 그런 프로그램 중에서 여러 가지 조건을 생각하여 그 단체에 가장 적당한 내용과 방법을 가진 프로그램을 결정한다.

② 일의 분담과 통제

일정 목표가 정해지고 그것을 달성하기 위한 프로그램이 작성되어 그것이 복수의 인원에 의해 운영되는 데에는 일의 분담, 즉 조직이 필요하다.

조직은 하나의 목표를 달성하기 위해서 다수의 사람들이 일을 분담하는 구조이다.

조직에서는 전체와 부분의 사이 및 각 부분 사이에 연락과 조정이 이루어져 전체로서의 통제가 이루어지고 있을 필요가 있다.

그 때문에 조직에는 규칙이 있고 그 규칙에 대해서 움직이게 된다. 공개 풀에 가면 코스를 사용해서 수영하는 사람은 '우측 통행, 25m 계속해서 수영할 것' 등의 규칙이 있어서 위반하면 감시원으로부터 주의를 받는다.

일반적으로 학습(연습)은 개성적이고 수영자의 능력에 따라 가지각색이다. 그것에 반해 관리는 전체적·통일적이다.

위에 든 공개 풀의 예에서도 코스를 수영하고 있는 수영자의 수영은 자유형도 있고 평영도 있다. 빠른 사람도 느린 사람도 있다.

그러나 전체적으로는 전원 코스의 우측을 수영하며 멈추는 사람이 없는 점에서 통제되고 있다.

③ 안전 관리

운동을 할 때는 안전에 주의해야 한다. 특히 수영은 생명에 관계되는 위험을 수반하기 때문에 옛날부터 '첫째 감독, 둘째 지도'라는 철칙이 있어 무엇보다도 안전에 주의해야 한다.

예컨대 외국에 주둔하고 있는 미국군 시설에서 수영 풀에 근무하는 사람은 임시 아르바이트 요원이라도 반드시 구조원의 자격을 갖고 있어야 한다. 이렇게 안전에 대한 배려가 엄격한 것이다.

④ 수영 지도 프로그램의 평가

수영의 지도 계획에는 목표가 있다. 따라서 지도 중에는 가끔 목표를 향해 올바르게 나아가고 있는지 프로그램의 내용이 수영자에게 있어서 적절한지, 지도의 내용·방법이 수영자의 발달상의 필요를 충족시키고 있는지, 수영자가 기꺼이 연습에 참가하고 있는지, 진도는 예정대로인지 어떤지 등을 반성하고 만일 부적합한 점이 있으면 고쳐야 한다. 이런 이유로 프로그램은 개선된다.

또한 수영 클럽 등에서는 정기적으로 테스트해서 수영자가 얼마만큼 진보 향상했는지를 평가한다.

평가는 수영 지도를 유효하게 하기 위한 관리 사무의 중요한 일면이다.

수영자의 기능을 테스트하고 평가하는 일은 어디에서나 이루어지고 있다. 그러나 더욱 중요한 평가는 지도자 자신의 지도 계획 및 지도 방법에 대한 반성 내지 자기 평가이다. 이것은 지도의 진행 중에도 시시 각각 이루어진다.

예컨대 지도 중, 얼마간의 설명 내지 지시를 하고 나서 수영자를 수영시켰을 때 수영자의 수영을 보면 자신의 설명이나 지시가 적절했는지 어떤지 곧 알 수 있다.

수영에 전연 변화가 보이지 않으면 쓸모없는 얘기를 한 것일지도 모른다. 표현을 조금 바꾸면 갑자기 몇 사람인가의 수영이 좋아지거나 한다.

따라서 1회 설명한 후 반드시 그 결과를 보는 것이 필요하다.

그러나 이런 반성이나 자기 평가는 별로 이루어지고 있지 않는 것이 아닐까?

그럼 몇 번 지도해도 향상 진보하는 일은 없다. 반성과 자기 평가에 의해서만 지도 능력이 향상한다.

■ 수영 환경과 시설의 관리

1) 풀의 관리
① 목적에 맞게 설계한다
풀을 건설할 때에는 우선 어떤 목적으로 만드는 풀인지를 잘 생각해야 한다.

경기대회를 주로 하는 풀이라면 첫째로 크기나 깊이 등이 규칙에 합치하도록 설계되어야 한다.

그리고 관람석과 풀의 구역을 분명히 하여 관람석에서 풀에 자유롭게 출입할 수 없도록 해 두는 배려가 필요하다.

규칙에 합치하도록이라고 해도 경기대회에만 사용하는 풀은 실제상 그 수가 적고 대부분은 평소 일반 수영자의 사용에 할애되기 때문에 그 점도 고려해 두어야 한다.

예컨대 경영 규칙에 합치하는 깊이에서는 일반 수영자용에는 너무 깊어서 위험한 경우가 있다.

풀 사이드를 충분히 넓게 해 두는 것도 중요하다. 풀에 입장해 있는 인원수의 대부분은 풀 사이드에 있는 시간 쪽이 많다.

학교의 풀 등에서도 풀 사이드를 넓게 해 두면 풀을 유효하게 사용할 수 있다.

앞에도 말했지만 국민학생용 풀에는 저학년 용의 작고 훨씬 얕은 풀을 부설해 두면 지도·효율이 매우 높아진다.

② 안전을 최우선으로 설계한다

풀(pool)은 그 설계초부터 안전에 대한 배려가 중요하다. 너무 깊은 풀은 어린 아이나 초보자에게 있어서는 위험한 풀이라고 해도 좋다.

풀의 주위는 가능한 한 넓게 잡고, 요철이 없는 설계로 해 두면 부상을 방지할 수 있다. 풀 안도 가장자리도 모두 각이 지는 곳은 (직경 2cm 정도) 둥그스름하게 해 둔다.

또한 풀사이드의 평평한 면은 조금 경사를 주면 물이 고이지 않고 잘 마른다.

최근은 좋은 재료가 여러 가지 있기 때문에 부드럽고 미끄럽지 않은 것을 깔거나 해서 풀 사이드를 쾌적하면서도 기분좋게 하고 있는 곳이 많다.

샤워장의 샤워는 온수가 나오도록 해두면 아이들이 정성껏 몸을 닦을 수가 있다.

③ 결점을 보완해서 사용한다

지도자 일반에서 말하자면 풀을 건설하는 일에 관계하는 경우는 드물고 한결같이 풀을 사용하는 쪽이다. 그저 사용할 뿐만 아니라 어떻게 건설하면 좋은지를 이해하고 있으면 완성되어 있는 풀을 사용할 때에 안전 그 밖의 다른 면에서 깨닫는 점이 많다.

예컨대 풀 사이드가 미끄러지기 쉬울 때에는 깔개를 깔아 그 결점을 보완하는 방법을 곧 깨닫는다.

또한 요철이 있으면 각진 부분에 작은 매트를 대거나 해서 부상의 발생을 방지하는 방법을 깨닫는다.

아이나 초보자의 사용이 많은 풀에서는 코스 로프를 세로가 아니라 가로로 치는 방법이 있다.

코스 로프의 간격은 1.2m 정도면 충분하다. 가령 25m의 풀을 1.2m 폭으로 가로로 나누면 20 코스는 얻을 수 있다.

그렇게 하면 한번에 많은 아이를 수영시킬 수 있다.

또한 중학생 등에서 1번에 장거리를 수영시키고 싶을 때는 1코스를 '우측 통행'으로 정해 그 코스를 몇 번이나 왕복시키면 된다.

얼마간의 방법을 연구하면 일정 시간에 각 사람을 오래 수영시킬 수 있다.

옛날 고교 수영부에 대해서 조사했을 때 연습 시간 1시간에 1사람이 수영하는 거리는 1.0km였다. 한편 미국에서는 1시간에

3.0km 수영하고 있었다.

④ 풀장에서의 안전 관리

풀은 수난 사고라는 견지에서는 바다나 강에 비해 보다 안전하다. 그러나 사고가 없는 것은 아니다.

감시가 만전이라면 풀에서의 사고는 상당히 방지할 수 있다. 감시의 눈이 충분치 않을 때 사고가 일어난다. 공개하고 있는 풀에서는 감시대에 감시원이 있어 항상 감시하고 있다.

그러나 학교나 클럽의 풀, 혹은 온천장 등의 풀에서는 감시가 소홀하다.

학교나 클럽에서는 수영을 지도하는 교원이나 코치가 관리를 겸하고 있기 때문에 감시가 불충분해지기 쉽다.

유아반이 많은 수영 클럽에서 전체를 감시하는 코치를 풀 사이드에 두고 있는 곳이 있다. 화장실에 갈 때에 아이는 이 코치의 도움을 빌린다.

국민학교와 같이 한 번에 많은 수가 수영할 때에도 감시가 곤란해진다.

안전을 위해서는 규칙을 만들고 그것을 잘 지키도록 가르치는 것이 중요하다.

가능하면 준비 운동을 하는 장소를 만들어 그곳에서 준비 운동이 끝나면 지도자의 인솔로 풀에 가도록 하면 좋다.

지도자의 지시를 기다리지 않고 일찍부터 풀 사이드에 나가 있거나 하는 것은 사고로 이어지는 원인이다.

또한 손이나 발에 작은 부상을 입는 예가 적지 않기 때문에 구급상자를 상비해 두어야 한다. 조금 더 큰 부상을 입는 아이가 나오는 경우가 있다.

이것은 지도자보다는 풀 경영자쪽의 문제이지만 가까운 병원과 연락을 유지해 응급 처치를 받을 수 있도록 해 둘 필요가 있다.

⑤ 풀(pool)의 수질(水質) 관리

A. 수질(水質)

풀의 수질에 관해서는 각 지역의 조령이 있어 그것에 의해 적·부적의 판정이 이루어지지만 수질에 대해서는 현지 보건소에서 수질 검사를 받는 것이 좋다.

일반적으로 풀 물의 투영도나 세균 등에 대해서는 다음과 같이 규정되어 있다.

B. 수질의 투명도

풀 바닥의 흰 선이 명확히 보일 정도.

C. 살균·소독

대장균군은 유당(乳糖)부용발효관에서 10ml씩 5개 배양하고 그 양성관 수는 2개로 하고 일반 세균은 보통 한천배지(寒天培地)를 이용하여 배양했을 때 그 집락수는 1ml 중 200을 넘어서는 안 된다.

⑥ 풀(pool)의 수질(水質) 기준

풀의 수질 기준 수치에는 약간의 차이가 인정되지만 거의 공통하고 있다.

이 중에서 중요한 항목에 대해서 조금 자세히 설명한다.

A. 수소 이온 농도

일반의 기준은 충분치 않아 미국처럼 PH7.2~7.8로 컨트롤할 필요가 있다.

그 이유는 산성이 되면 장치를 다치게 하고 알칼리성이 되면 멸균력이 매우 작아지기 때문이다.

따라서 염소 농도의 컨트롤과 맞춰서 관리가 매우 어려워진다.

미국에서는 이런 관리를 전문 서비스업자가 첨부하는 곳이 많고 또 관리가 쉬운 염소 이외의 멸균 방법을 인정하고 있는 주가 다수 있다.

실제로는 염소 가스를 사용하면 발생하는 염산 때문에 산성이 되므로 일반적으로는 소다회(灰)로 중화하고 고형(固型)의 차아연소산염(次亞鉛素酸鹽)의 것은 알칼리성이 되기 때문에 일반적으로는 염산으로 중화한다.

[주] 염소의 멸균 작용은 $H_2O + Cl_2 = HCl + HOCl$의 $HOCl$에 있지만 $HOCl$은 다시 $HOCL \rightarrow H^+ + OCL^-$가 되어 이 가역반응은 PH에 따라 크게 변해 알칼리성이 강해지면 대부분이 멸균작용이 없는 OCL^-가 되어 버린다.

B. 탁도(濁度 ; 투명도)

탁도는 백도토(白陶土)를 이용해서 조정한 탁도 표준액과 자료로서 측정기를 이용해서 판정하지만 육안에 의한 비교로도 거의 정확히 판정할 수 있다.

풀 바닥은 백색계가 보이기 어렵고 흑색계가 보기 쉬우므로 국제수련의 풀 규칙에서는 코스의 색은 dark로 규정되어 있다.

따라서 간편한 방법으로서 흑계통의 코스 라인을 판정 기준으로 삼거나 더 좋은 방법으로서는 풀 바닥에 타일제의 흰 바탕에 흑판자를 놓고 이것을 위에서 들여다보고 측정한 탁도와 대조시켜서 어느 정도로 보이면 문제가 없는지를 기준으로 하는 방법이 좋을 것이다.

[주] 풀의 경우에는 대부분이 순환 여과를 하고 있지만 시설 설계시에 능력이 충분한 것이 적어 장기간 사용하면 불순물이 증가

한다. 또한 멸균에 사용하는 염소에는 표백 작용이 있기 때문에 외관은 깨끗이 보이게 된다. 정화장치의 능력은 적정한 여압으로 1일 4회 정도는 순환하는 능력이 있는 것을 설치하기 바란다.

C. 과망간산칼륨 소독량

수질의 오염도 검사를 위한 것으로 이 검사에 의해 탄소계 오염의 정도가 측정된다.

메탄가스를 다량으로 포함하는 원소는 멸균제인 염소와 화합해서 클로로포름을 형성하므로 요주의이다.

D. 유리 염소 농도

염소는 속효성이 있는 강한 멸균제이다. 그러나 지나친 고농도에서는 여러 가지 상해가 눈에 띄므로 바람직하지 않다.

최근 바이러스 연구가 진행됨에 따라서 바람직한 $0.5\text{mg}/\ell$ 정도에서는 멸균(또는 불활성화)에 상당한 장시간을 요하는 사실을 알고 풀 물을 항상 $0.5\text{mg}/\ell$ 로 유지할 필요가 있다고 생각되고 있다.

그런데 염소의 소독량은 자외선·수온·이용자수에 따라 크게 변화한다. 그래서 청천으로 수온이 높을 때라든가 이용자가 많을 때에는 대개 1시간 반부터 2시간마다 농도를 측정해서 조정할 필요가 생긴다.

이것은 첫째로는 염소의 증기압이 낮기 때문에 가스화가 쉬운 것과 활성이 심하기 때문에 인체에서 나오는 암모니아 등과 반응해 버리기 때문이다.

염소는 암모니아와 반응해서 멸균력이 작지만 지속성이 높은 클로라민을 형성한다. 일반적으로 풀의 경우에는 모노클로라민(NH_2Cl)이나 지클로라민($NHCl_2$)이 된다.

이것은 음료수 처리에도 사용되어 유리 염소만으로라면 말단에서 농도 저하를 일으킬 우려가 있기 때문에 염소 멸균 후 암모니아를 통과시켜 염소와 클로라민이 혼합된 것이 송수되고 있다.

흔히 총 잔류염소를 1.0mg / ℓ 이상으로 한 것은 그 멸균력이 유리 염소와 비교해 수분의 1이기 때문이라고 생각되고 있지만 아래 주에 있듯이 그 근거에는 의문이 있어 이 항목을 참고 정도로 생각하는 편이 좋을 것이다.

[주] 현재 클로라민의 멸균력은 염소의 1 /25∼1 /30이라고 되어 있고, 최근 사용되기 시작하고 있는 염소화 이소시아눌산은 총 염소량의 1 /2이 불활성 염소로 클로라민의 증가와 함께 풀물을 순환 사용해서 그 여과 능력에 문제가 있으면 각종 염화물이 바람직하지 않을 정도의 농도가 된다.

E. 대장균류

지금까지의 자료를 보면 유당 부용발효관에서 10ml씩 5개 배양하고, 그 양성도 수는 2개를 넘어서는 안 된다고 되어 있다.

대장균류가 판정에 이용되는 것은 종래 판정이 쉽고 대장균이 적으면 다른 세균이 적다는 상관에 의하고 있다. 그러나 대장균 그 자체는 병원균이 아니다.

현재도 이 판정 방법은 세균에 의한 오염 체크를 위해서는 매우 중요한 항목이지만 바이러스 연구가 진행됨에 따라서 유효한 멸균제를 적당한 농도로 장시간 유지할 필요가 생겼음은 전술한 바와 같다.

따라서 대장균이 적다고 해서 안심하지 말고 또 하나의 멸균제 농도 컨트롤에도 충분한 배려를 해 주었으면 하고 생각한다.

2) 자연의 수영장

풀은 보급했지만 역시 여름철에는 자연의 수영장(그 대부분은 해수욕장)에 가는 학교나 단체가 많다. 학교나 단체의 경우에는 지도자가 있어 계획을 세울 것이다.

더구나 폭우 등 자연재해의 발생시에 있어서는 즉시 수영 지도나 수영을 그만 두고 다음에 일어날 수 있는 2차 재해(폭풍이나 해일 등)를 예상하고 재빨리 피난하는 등, 사고 대책에 만전을 기해야 한다.

① 풀과 다른 목표

해수욕의 경우에는 풀에 있어서의 수영의 경우와 약간 다른 목표를 생각할 수 있다.

그 첫째는 '자연의 물을 아는' 것이다. 바닷물은 풀 물과 달라서 파도나 흐름이 있다. 이것은 풀보다도 위험도가 늘어나는 것이기도 하다. 파도나 흐름이 있는 물 속에서는 수영도 당연히 조금 달라진다.

그 둘째는 놀이이다. 풀에서는 놀이 시간을 마련해도 놀이가 한정된다. 바다에서는 해안가에서 논다, 작은 배나 보트를 탄다, 조개나 작은 돌을 줍는다, 모래 놀이를 한다 등, 다종 다양하다.

그 셋째는 원영을 할 수 있다. 풀에서는 실시하기 어려운 장거리 수영(원영)을 할 수 있다. 이런 목표를 따라서 구체적인 놀이나 수영을 계획할 수 있다.

② 장소 선정

우선 안전한 장소를 선택하는 것이 필요하다. 바다는 풀에 비해 위험의 정도가 크기 때문에 안전한 바다를 선택하는 것이 무엇보다도 중요하다.

갯펄이 얕은 바다, 넓은 해변이 있는 곳 등은 옛날부터 일컬어지고 있는 안전한 바다의 기준이다.

최근은 어느 쪽인가 하면 해수욕장이 한정되어 있다. 바다를 청결하게 유지하기 위해 해수욕장 쪽에서도 거액의 경비를 투자해야 하기 때문에 다수의 해수욕객을 맞아들일 수 있는 곳이 해수욕장으로서 북적대고 있다.

이런 사정도 있어서 해수욕장의 장소가 상당히 한정되어 있다고 해도 좋다.

갯펄이 얕은 바다라도 해변 양끝은 갯바위로 되어 있어 바위가 많다. 물고기나 조개를 줍기에는 좋은 장소이지만, 아이가 놀 장소로서는 다치는 경우가 많아 바람직하지 않다.

해저에 해초가 많은 곳, 돌이나 바위가 많은 곳도 좋지 않다. 얕은 바다에서는 이런 해저는 좀체로 없다.

상당히 넓은 해안을 가진 해수욕장에서는 해안 어딘가에 강이 있어 바다로 흘러들고 있다.

강 어귀 근처는 해저가 울퉁불퉁하고 진흙이 많다. 게다가 이상한 흐름이 일거나 해서 수영에는 적합치 않다.

또한 해안 뿐만 아니라 주거 지구의 보건 위생적 환경도 잘 되어 있어야 한다. 더구나 해수욕장의 바다 및 숙박소 등은 해마다 조금씩 변화하는 경우도 있으므로 사전에 조사하러 가서 상황을 알아 둘 필요가 있다.

3) 수영 지도자의 수와 업무의 분담
① 수영 지도자의 수
바다의 경우 수영자 10명에 대해 1명의 지도자를 배치하는 것이 좋다. 바다에서는 한시도 수영자로부터 눈을 뗄 수 없지만 수영자가 10명 이하라면 한눈에 그 수를 알 수 있다.

풀에서는 감시하기 쉽다. 조금 높은 대 위에서 보고 있으면 50m 풀이라도 물 속까지 한눈에 보인다.

그러나 바다에서는 그것을 할 수 없다. 지도자나 수영자나 같은 높이이기 때문에 '한눈에 볼 수' 없다. 그 때문에 지도자가 담당하는 수영자의 수를 줄여야 한다.

해수욕의 경우 풀의 수영과 달리 대부분은 교통, 숙박을 수반해서 지도자의 일이 많아진다. 그 때문에 담당을 정해서 일을 분담할 필요가 있다.

② 업무의 분담

우선 지도계, 감시계, 생활계, 보건계 및 용구계 등을 생각할 수 있다.

지도 담당자의 수가 평상의 풀에 있어서의 지도의 경우보다도 훨씬 많기 때문에 충분한 준비와 연락이 취해지고 있는 것이 중요하다.

해수욕장은 7월 하순부터 8월 상순에 걸쳐 혼잡이 심하다. 그 때문에 육지쪽과 바다(배) 쪽, 양쪽에서 감시할 필요가 있다.

바다에 나가 있는 시간 이외의 생활 시간도 모두 관리되어야 한다. 안전에 주의하는 것은 물 속 뿐만은 아니다. 육상의 생활 중에도 부상자가 나오지 않도록 주의해야 한다.

더운 계절로 피로하기 때문에 보건계는 방심하지 말고 활동해야 한다.

풀의 경우 용구는 풀에 두고 있기 때문에 관리에 힘들지 않다. 그러나 해수욕장에서는 숙소에 수납해 두고 그 때마다 바다까지 운반해야 한다. 또한 작은 배를 갖고 있는 단체에서는 그 관리도 필요하다.

더구나 평상의 사무분담 조직 외에 만일 사고가 발생했을 경우에는 즉시 일반 수영자의 연습을 중지하고 구조 활동으로 이동할 수 있는 일 분담(조직)을 정해 사전에 모든 참가자에게 알려 둘 필요가 있다.

◢ 수영 용구의 관리

1) 풀에서 사용하는 용구
① 비트판

비트판은 아마도 어느 풀에 가도 반드시 상당수 비치되어 있다. 그만큼 많이 사용되고 있는 것이다.

그런데 어린이용 비트판은 매우 적고 대부분의 풀에서는 성인용 비트판을 어린이에게도 사용시키고 있다.

성인용 비트판은 대개의 크기가 세로 40cm, 가로 30cm, 두께 3.0cm 정도이다. 재질 관계로 매우 부력이 강해 3.4kg이나 된다.

이런 비트판에 양 손을 얹고 얼굴을 수면 위에 내놓고 엎드려 뜨기를 했을 때 발에 가해지는 무게는 국민학교 3년(체중 30kg 정도)의 아동의 경우라도 1.0kg 이상이다.

비트판 위에 양 손을 얹고 발장구나 평영의 발 연습을 시킬 때 이만한 무게를 견디고 발을 뜨게 하는 것은 힘들다.

초보 아동은 요추 부분에서 등을 젖혀 등의 근육을 긴장시켜 괴로워한다. 때로는 그런 자세나 배근(背筋)의 긴장이 습관이 되어 몸에도 기능에도 악영향이 남는다.

이런 폐해를 방지하기 위해서 비트판의 부력을 알아 아이에게 적당한 비트판을 연구한다. 이런 일도 관리의 중요한 부분이다.

적당한 크기의 비트판이라는 것은 부력이 너무 강하지 않은 비트판이다. 아이의 연령, 체격, 기능에 따라 다르므로 일률적으로 정할 수 없지만 비트판의 가로 세로의 길이를 작게 하거나 성인용 크기의 판자에 구멍을 뚫어 부력을 약하게 한다.

상술한 것은 수영 연습을 위한 비트판이지만 좀더 크고 두께도 두꺼운 것이라면 유아들이 그 위에 앉아서 노는 용구가 된다.

그 중간 크기로 길이가 상당히 길고 게다가 배를 깔고 타서 팔로 노저어 나아갈 수 있는 판자를 만들어 보면 재미있다.

이것은 놀이 반, 수영(팔 연습)반의 구실을 한다. 또한 손을 수면에 대해 직각에 가깝게 준비하고 물을 뒤로 미는 연습에 도움이 된다.

옛날 하와이가 강한 선수를 많이 냈을 무렵 '하와이에서는 아이 때부터 파도 타기판에 배를 깔고 나아가기 때문에 팔이 강해진다'고 전해지고 있었다.

② 기타

감시용의 감시대, 비상의 경우에 사용하는 튜브, 그 밖의 구명구 등 안전을 위한 용구 1세트를 비치해 둘 필요가 있다.

또한 체중계, 그 밖의 체력 측정용구를 두고 간단한 것은 아이에게도 다루게 해서 자신의 체력을 스스로 체크하는 수단으로 삼게 한다. 사무실에는 수영자의 테스트 용지, 그 결과를 기록하는 대장 등도 필요할 것이다.

최근은 어느 수영 교실(클럽)이나 회원명부의 정리, 그 밖의 컴퓨터를 이용하고 있다.

2) 해수욕장에서 사용하는 수영 용구

① 구획을 나타내는 깃발(혹은 부표)

해수욕장에서는 다른 단체나 일반객도 많기 때문에 그물이나 단추 등을 이용해서 자신들의 수영 구역을 확실히 정할 수 없다. 그러나 감시의 편리함을 생각하면 뭔가 구획을 만들어 아이를 그 구획 내에서 수영시켰으면 한다.

그 때문에 깃발이 달린 장대를 세워 구역을 나타내는 방법을 취한다. 장대가 아니라 부표를 두어도 좋다. 또한 구역 바깥쪽에는 작은 배를 띄워 감시원을 태우고 앞바다쪽에서 감시하도록 하기 바란다.

다이빙대(다리가 달린)를 몇 대쯤 구역 밖에 늘어두는 것도 좋다. 다이빙대만으로는 감시일은 해 주지 않지만 지도자 중의 누군가가 교대로 감시역을 맡아서 다이빙대 위에 있어도 좋다.

요즘은 거의 보이지 않지만 옛날은 뗏목이라고 해서 길이 약 2m, 폭 약 1.2m, 두께 0.25m 정도의 밀폐된 나무 상자가 떠 있었다. 구석쪽에 구멍이 있어 나무 마개로 구멍을 막으면 안이 공기로만 차서 잘 뜬다. 그 위에 올라가서 휴식하며 지도자가 수영을 지도하고 혹은 감시하는데 이용했다.

뗏목 씨름이라는 것은 이 위에서 하는 '서로 떨어뜨리기'이다. 또한 부력이 크기 때문에 많은 수영자가 올라가서 쉴 수 있었다.

부력이 큰 점에서는 요즘 많은 비닐제 부낭(튜브)이라도 좋지만 안정성에서는 뗏목만 못하다. 그러나 제작비가 커지는 점, 무겁고 운반에 불편한 점 등 때문에 일부러 제작해서 비치하는 단체는 없다.

② 기타

운반은 쉽지 않지만 오래된 나무 전주(電柱)를 띄워 두면 이용의 길은 상당히 넓다. 그 위에 양 손을 얹고 발장구 연습을 할 수 있고, 위에 서서 밸런스를 잡거나 올라타서 마주보고 서로 떨어뜨리기를 하는 놀이 등도 할 수 있다.

또한 볼 등이 있으면 육상에서 하는 구기(球技)를 모래사장에서나 수중에서나 할 수 있다.

해안에는 텐트 용구가 필요하다. 우선 필요한 것은 급환자용의 텐트이다. 구호계가 있어서 응급처치를 한다.

다음에 작은 용구, 비트판, 튜브 등도 텐트 내에 두고 관리한다.

더구나 바다에서는 가끔 소나기가 있기 때문에 신발, 타월 등을 두는 텐트도 필요하다.

3) 원영(遠泳)에 필요한 수영 용구

바다에 가서 원영을 할 계획이 있는 단체에서는 원영에 필요한 용구를 준비해야 한다.

원영에는 배가 필요하다. 단체에 따라서는 모터가 달린 배, 노를 젓는 배 등을 소유하고 있는 곳이 있다. 그러나 대부분은 해수욕장에서 뱃사공이 달린 배를 빌린다.

배의 수는 만일의 경우 전원을 수용할 수 있는 정도의 수를 생각해 두어야 한다. 단, 전원을 배에 태울 수 있는 수용력이 아니라 일부의 수영자를 뱃전에 매달리게 하고 운반할 수 있을 정도의 수용력이다.

배를 타는 요원 —— 뱃사공 외에 원영에 참가하는 반의 지도자 및 기록계.

배에 싣는 물품 —— 수영자 명부, 기록 용지, 메가폰, 그 외에 육상과 교신하는 트랜시버, 수온계, 구급약품, 구명용 튜브, 모포, 타월, 음료수, 얼음 설탕, 배의 번호를 나타내는 작은 기.

수영자에게 씌우는 원영용 모자 —— 원영일 때에는 가끔 호명 점호를 하는데 그 동안에도 지도자는 배 위에서 끊임없이 점검하면서 관찰하고 있다.

그 때 수영자가 어디에서도 보이는 숫자가 들어간 모자를 쓰고 있으면 관리가 매우 쉽다. 그 때문에 가능하면 헝겊제로 턱끈이 달린 모자를 단체의 비품으로 갖고 있으면 좋다.

숫자는 전후와 옆에 단다. 필요에 따라서 식별 모자를 병용하면 좋다. 턱끈은 모자가 벗겨지지 않도록 조여 두기 위해서이다. 고무제 모자는 벗겨지는 경우가 많고 벗겨지면 수영하면서 쓰는 것은 번거롭다.

▲원영시에는 수영 용구를 빠짐없이 준비하자.

안전 수영(安全水泳)과 건강 관리

■ 안전 수영(安全水泳)이란

안전 수영이란 안전하게 수영을 즐기는 것으로 조금 더 넓게 해석하자면 수영 뿐만 아니라 물 위에 있어서의 모든 안전을 포함하고 있다.

이것을 실현하기 위해서는 수영자의 건강 관리, 사고 방지에 그치지 않고 수영장을 포함한 모든 수영의 안전 관리, 수영 지도자를 포함한 안전 관리 조직의 충실, 구급 시설의 확충과 활용 등도 필요해져서 원래 수영 지도자만으로 할 수 있는 일은 아니다.

중앙 조직으로서는 감독 관청의 활동도 요망해야 하고 수영에 관해서는 수영 연맹의 책임도 크다.

한편 지역 사회에 있어서는 지방 자치 단체의 지도하에 각 가정에까지 파급되지만, 특히 지방 수영 단체, 교육위원회 등의 역할은 크다.

또한 많은 아동·학생을 가진 학교는 안전 수영 실현을 위한 큰 거점으로 앞으로 점점 더 연수와 협력이 요구된다.

안전 수영에 대해서 견해를 달리하면 다음 항목을 생각할 수 있다.

1) 수영 중 사고의 예방
① 수영장을 포함한 수역의 안전 관리.
② 지도 관리자의 양성과 지도 관리, 시스템의 완비.
③ 수영자를 포함한 국민의 지도와 PR.

2) 수영 중 사고의 조기 발견
① 관리 시스템의 활동과 패트롤의 활용.
② 지도 관리자의 교육.

3) 수영 중의 사고에 대한 신속 적정한 대처
① 지도 관리자에 의한 구조법, 구급법의 적정한 실시.
② 일반 시민의 협력.
③ 구급차의 협력.
④ 구급 시설의 확충과 협력.

◤ 수영과 건강 관리

수영에 있어서의 보건은 안전 수영에 있어서의 최종 목적이라고도 할 수 있다. 수영에 있어서의 보건을 완수하기 위해서는 안전 수영의 항에 서술한 각 항의 실시가 중요한 포석으로 각 항과의 관련에 의해 비로소 사람의 관리가 이루어진다.

사람의 관리에 따르는 안전 대책에 대해서는 의학과의 관련이 중요한 내용이 되지만 지도자로서 새삼 특수한 의학적 지식을 요구하는 것이 아니라 오히려 사회인으로서 가정에 있어서 혹은 일반 사회에 있어서 경험하는 의학 지식으로 충분히 이해할 수 있는 것이라고 생각한다.

그러나 경험 내용은 개인 차이가 있어 가능하면 지도자로서 풍부한 경험을 쌓는 것보다 더 좋은 것은 없다.

그런 의미에서도 지도자가 되는데 있어서는 어느 정도의 연령 제한이 가해지는 것도 하는 수 없는 부분이었을 것이다. 단, 수영 지도자의 경우는 지식으로서 몸에 배어 있었을 뿐으로는 의미가 없는 것으로 실지 지도에 있어서 어떻게 그 지식을 활용해서 실행에 옮기느냐에 그 진가가 거론되는 바이다.

때로는 순간적으로 판단을 요구당하는 경우도 있어 그 지식 자체는 그다지 어려운 것이 아니더라도 실행에 옮긴다는 단계에서 역시 그 나름대로의 훈련이 필요해진다.

사람 관리에 대해서는 어디까지나 수영 지도를 중심으로 하는 것이지만 장의 변화에 따라 관리 방법에도 차이가 나타나므로 장의 변화에 따르는 구체적인 안전 대책을 해설해 본다.

또한 사람 관리도 연령, 성별, 체력 등에 따라, 혹은 연습 목적에 따라서 각각 여러 가지 차이가 나타나지만 모든 경우를 망라할 수 없기 때문에 여기에서는 주로 소년을 대상으로 한 임해 학교의 경우를 기본으로 해서 해설했으며 다른 경우는 이것에 준해서 생각했으면 한다.

1) 수영 생활에 들어가기 전의 준비

수영은 격렬한 전신 운동임과 동시에 물이라는 특수한 장에서의 스포츠로 최악의 경우는 수중 사고라는 사태로 이어질 가능성이 있다.

특수한 케이스를 제외하고는 상기의 특징을 가진 수영이라는 스포츠에 적합한 건강체를 대상으로 해야 한다.

또한 수영을 하고 있는 기간 중의 건강 유지도 중요한 일로 그 책임도 가끔 수영 지도자에게 부과되는 경우가 많은 점을 충분히 알아 둘 필요가 있다.

① 수영과 건강 진단

건강 상태를 확인하기 위해서는 직전의 건강 진단보다 더 좋은 것은 없어 반드시 실시해야 한다. 건강 진단은 의학적 전문가에 의해 이루어지지만 특히 수영에 적합한지 어떤지를 명확히 해서 그 판정을 받을 필요가 있다.

격렬한 전신 운동, 경우에 따라서는 호흡 제한 외에 특히 차다는 자극에 대한 심폐 기능의 적응 판정이 가장 중요하며 일반 진찰 외, 흉부 뢴트겐, 혈침, 심전도, 혈압 측정, 폐활량, 검뇨는 필순의 것으로 생각해도 좋고 그 외 필요에 따라서 내장 기능 검사, 빈혈의 판정이 이루어진 후에야 수영에 대한 의학적 적정이 증명된다.

가장 능률적으로 건강 진단을 하기 위해서는 집단 검진으로서 하면 좋지만 그것이 불가능한 경우는 개별로 진단을 받아 진단서를 제출하도록 하면 된다.

다만 진단서의 내용이 가지각색이면 판단에 곤란해질 가능성도 생기므로 이내 전문가와 상담한 후, 일정 내용과 형식을 가진 진단서를 만들어 그것에 의해 진단을 받게 하는 것이 바람직하다. 그 경우도 물론 수영을 하기 위한 건강 진단임을 명확히 해 둘 필요가 있다.

　건강 진단 결과 수영의 적·부적 결정을 하는데 전혀 건강에 이상이 없는 사람과 완전히 부적당한 사람은 문제없다고 하고, 꼭 그 중간적인 약간 결함이 있는 사람도 나온다.

　수영 지도라는 생명을 맡는 지도의 경우 지도자에게 필요 이상의 부담이 가해지는 것은 지도 효과에도 지장을 초래하고 때로는 안전성에도 영향을 미치기 때문에 특수반을 만들 수 있는 경우는 제외하고 수영 시간을 구분해서 허가받은 사람이나 연습량에 제한을 가할 수 있는 사람은 집단 지도에서 제외시키는 편이 좋다.

　덧붙이자면 원칙적으로 수영을 금지하는 사람은 현재 병을 앓고 있는 사람, 옛날에 큰 병을 앓아 아직 경과가 짧은 사람, 선천적으로 내장(특히 심장)에 결함이 있는 사람, 허약체질 또는 현저한 알레르기체질, 가벼운 병이라도 체표면에 이상이 있는 사람(어떤 종류의 피부질환, 외상이 치료되지 않는 사람, 결막염, 중이염, 외이염, 옛날 중이염으로 고막에 결손이 있는 사람) 등이다.

　특히 초보자는 수영 중의 약간의 건강 상태의 변화가 수영 능력에 극단적으로 영향을 미칠 위험이 있으므로 초보자일수록 건강 상태의 체크가 엄밀해야 하지만 반대로 수영에 익숙한 사람이라도 방심하면 가끔 되돌이킬 수 없게 될 우려가 있어 지도자 자신도 자신의 건강 상태를 점검해서 호쾌한 상태를 유지하도록 유의해야 한다.

　② 그 밖의 준비

　일정, 일과, 식사(영양) 등에 대해서는 미리 필요에 따라 전문가의 의견을 듣고 계획을 세워 둘 필요가 있다. 특히 대상자의 연령 등 체력을 고려해서 무리없는 계획을 세워야 하고 또한 계절,

기후의 예측, 환경 등을 충분히 배려해 두는 것이 중요하다.

특히 수영 시간에 대해서는 식사와의 관계, 일조 등의 관계를 생각해서 결정해야 한다.

그 외 건강 진단 결과 아무리 건강해도 병이나 상해의 가능성이 있어 만일의 경우의 의료를 충분히 검토해 두어야 하고 전문가(의사, 간호사)의 동행이 이상적이지만 불가능한 경우라도 필요한 구급용품의 준비와 현지에서의 의료기관과의 연락을 미리 충분히 취해 두는 것이 바람직하다.

2) 수영 지도와 안전 대책

수영 지도 중의 안전 대책을 이해하기 위해서는 수영 전(직전), 수영 중(한창), 수영 후(직후)의 3단계로 나누면 좋다.

그 외에 가정을 떠나 합숙 등을 하는 경우의 생활상의 건강 관리도 필요한 것은 앞에서 설명한 바와 같다.

① 수영 전(직전)의 안전 대책

A. 식사 시간과의 관계

전항에서 서술했듯이 식사와 수영과의 시간의 관계는 충분히 계획해 두어야 한다. 공복시, 만복시에 격렬한 운동을 경험한 사람이 많다고 생각되지만 뇌빈혈, 위경련 등의 이상을 일으키기 쉬우므로 극력 피해야 한다.

식사 뿐만 아니라 음료를 많이 마신 후에도 같은 이상을 일으키기 쉬우므로 격렬한 스포츠의 한창 중에 마시는 다량의 음료는 금지해야 한다.

B. 운동 직후의 수영

동계(動悸)가 가라앉지 않을 때, 발한(發汗)이 심할 때는 몸이 가장 불안정한 상태로 찬 물 등으로 쇼크를 일으키기 쉽다. 수영은 시키지 말고 충분한 휴식을 취하게 하는 것이 필요하다.

C. 용변, 귀지, 손(발)톱

스포츠 전에 용변을 끝내두는 것이 원칙이지만 특히 풀의 경우는 방뇨는 엄금이다. 어린 아이라도 충분히 지키게 하도록 해야 한다.

귀지는 물에 의해 팽창하면 여러 가지 불편이 일어나므로 미리 제거해 두어야 하지만 너무 직전이라면 외이도를 다쳐 외이염을 일으킬 위험이 있으므로 적어도 수일 전까지는 제거해 두게 하면 좋다. 손(발)톱은 자기 자신 뿐 아니라 타인도 다칠 경우가 있으므로 반드시 짧게 깎아 두어야 한다.

D. 수영복

전반적으로 다소 옹색한 정도가 물에 젖어도 벗겨질 우려가 있다. 특히 부인의 어깨끈은 벗겨지기 쉬워 수영 연습 중에도 쓸데 없는 일에 신경을 쓰게 된다. 어깨끈 사이에 가로로 1개 끈 등으로 묶어 두면 좋다.

지나친 금구(장식물)는 역시 부상의 원인이 되므로 금구가 없는 단순한 수영복이 바람직하다. 같은 의미에서 돌출이 있는 반지는 벗어 둔다.

긴 머리의 경우는 흘러내려오기 쉬워 연습의 방해가 되므로 적당한 방법으로 정리해 두면 좋다. 수영 모자를 쓰는 것도 한 방법으로 수영 모자는 머리의 정리 외에도 식별에 매우 유효하다.

지도자 및 수영자의 영력별로 모자색을 연구하면 좋다.

특히 영력이 가장 약한 초보자는 명료하게 구별할 필요가 있다. 모자를 쓰는 경우 고무제의 것은 반드시 귀를 내놓고 쓰도록 항상 지도자의 주의를 빠뜨리지 않고 듣도록 지도해 두어야 한다.

E. 샤워

풀의 경우는 확실히 실천해야 한다. 온수의 경우는 충분히 씻을 수 있는 이점이 있지만 냉수의 경우라도 물에 길들이기로서 충분한 효과가 있기 때문에 조금 차더라도 잘 씻도록 한다. 또한 풀의 경우는 물을 더럽히기 때문에 화장, 정발료 등은 지우고 들어가도록 한다.

F. 점호

수영 전에 인원을 확인하는 일은 당연히 이루어져야 하지만 점호는 단순히 인원 확인에만 그치지 말고 지도자로서 알 수 있는 범위에서 수영자의 안색, 동작으로 건강 상태를 체크하고 이상을 깨달으면 수영을 금지하거나 적당한 처치를 취해야 한다.

또한 연습 중의 이탈은 반드시 지도자의 허가를 얻어 하도록 시킨다. 인원 확인은 버디 시스템 등을 활용해서 수시로 연습 중에도 실시해야 한다.

특히 수중에서 육상으로 올라갈 때는 한눈에 인원 확인을 할 수 있는 방법을 연구하면 좋다. 이를 위해서도 한 사람의 지도자가 많은 수를 담당하는 것은 피한다.

G. 준비 운동

수영 전에는 반드시 전신의 근육을 풀어 관절을 부드럽게 해 둘 필요가 있다. 다만 너무 격렬한 운동을 장시간 하는 것은 오히려 발한이나 피로의 원인도 되어 역효과이다.

준비 운동은 보조 또는 보강 운동과 목적이 다르므로 잘못 이해해서는 안 된다. 여러 가지 조건, 예를 들면 온도가 낮은 경우, 혹은 찌는 듯한 뜨거운 날씨 경우 등으로 적당히 배려해야 하지만 대개 5분 전후로 요령있게 할 필요가 있다.

전신 운동이기 때문에 목, 손, 팔꿈치, 어깨, 구간(驅幹), 허리, 무릎 각 부분이 굴신을 해야 하지만 예컨대 일반적인 건강 체조 정도의 운동량의 것에 수족 각 관절의 유연 체조를 더한 것 정도를 표준으로 생각하고 정확히 실시하도록 만들어야 한다.

H. 기타

지도자는 수영자의 건강 상태에 이상이 있다고 판단했을 때는 용기를 갖고 수영을 금지시킬 필요가 있다.

음주 후, 숙취, 과로, 수면 부족 등의 경우도 거기에 해당하며 수영시켜서는 안 된다.

여자의 생리 중 수영이 가끔 문제가 되는데 현재의 의학적 견해로는 특히 금지할 필요는 없다고 생각되고 있다. 더구나 수영시킬 때는 적당한 준비를 시켜 둘 필요가 있다.

특히 미성년자의 경우는 미리 부모의 양해를 얻어 두는 편이 무난할 것이고 그렇지 않으면 적당한 기간 금지하는 편이 좋다.

② 수영 중(한창)의 안전 관리

A. 입수시의 주의

최초는 조용히 발부터 천천히 입수시킨다. 허리 부근까지 오면 충분히 얼굴과 머리를 적시고 가능하면 한 번 머리까지 전신을 물에 담그면 좋다.

풀의 경우는 흔히 풀사이드에 걸터앉게 하고 발끝을 물에 넣어 첨벙첨벙하면서 수온에 길들게 하는 경우도 있다.

이것은 전신에 물보라도 튀고 또 가령 발끝이라도 전신에 찬 물에 대해 준비 태세가 완성되기 때문에 물에 길들기에도 유효한 방법이다.

B. 연습의 정도

처음부터 격렬한 연습을 하지 않도록 하고 적당히 휴식을 취하면서 점점 연습의 밀도를 높이도록 해야 한다.

대상, 목적에 따라 연습량, 연습 시간에 차이가 생기지만 일반 지도의 경우는 연습이 1일 1회의 경우는 2시간, 오전, 오후 2회의 경우는 1시간 반 정도로 그치는 편이 좋다. 수온에 대한 느낌은 같은 조건이라도 초보자일수록 추워한다.

이것은 공포심을 수반한 긴장에 의한 것으로 연습을 거듭함에 따라서 점점 추위도 덜해진다. 추워하는 동안은 휴식 시간을 많이 취하는 것이 필요하다.

일반적으로는 여자쪽이 남자보다 추워하지 않는 경우가 많기 때문에 남자를 기준으로 휴식을 취하면 좋을 것이다. 또한 추워하는 동안은 가만히 수중에 세워 두지 말고 가능한 한 몸을 움직이게 하도록 하면 좋다.

C. 일조(日照)에 대한 주의, 휴식 중의 주의

수영 중이라도 초보자는 머리를 적실 기회가 적은 경우가 있고 또한 원영의 경우도 영법에 따라서는 머리가 말라 버리는 경우가 있다. 그 때문에 가끔 일제히 머리를 적시도록 해야 한다.

한여름의 문밖에서의 휴식은 가장 햇빛에 타기 쉬운 때로 어느 정도 피부가 검어질 때까지는 그늘에서 쉬게 하거나 반드시 타월로 전신을 덮고 쉬게 하는 것이 필요하다.

수영자 중에 심하게 햇빛에 탄 사람이 나왔을 경우는 본인의 부주의도 있을지도 모르지만 역시 지도자의 책임이라고 생각해야 한다. 또한 원칙적으로 휴식 중의 음식을 금지하고 부득이한 때는 입을 적시는 정도로 그친다.

470

D. 수영 중의 건강 상태 체크

수영 지도자는 무턱대고 기술 지도에만 치우치지 말고 필요에 따라서 인원 확인과 알 수 있는 범위에서 수영자의 건강 상태를 체크해야 한다.

아이의 경우는 물론 어른이라도 의외로 스스로는 자신의 건강 상태의 이상을 깨닫지 못하는 경우도 있기 때문에 다음의 점에 주의하도록 유의했으면 한다.

ⓐ 심하게 추워한다. 물에 들어가는 것을 극단적으로 싫어한다.

ⓑ 안색이 나쁘다, 입술이 보라색이 된다, 피부 전체가 바래서 희뿌옇게 보인다.

ⓒ 어쩐지 생기가 없어지고 동작, 반응이 둔해진다.

ⓓ 지도자의 주의를 듣지 않고 멍한 경우가 많다.

ⓔ 평소의 수영보다 갑자기 서툴러지거나 곧 물을 마시거나 숨 막힌다.

③ 수영 후(직후)의 안전 관리

A. 점호

수영 전의 점호와 마찬가지로 인원 확인과 동시에 건강 상태의 체크를 해야 한다. 인원에게 이상한 점이 있으면 수영자를 현지에서 휴식시키고 재빨리 조사하거나 해서 그 해명을 해야 한다.

B. 정리 운동

피로 회복을 앞당기는 목적의 운동으로 응어리진 근육을 푸는 것이 정리 운동이다. 대개 준비 운동과 같은 요령으로 하면 되지만 수영 초보자의 경우는 발의 피로가 많이 나타나기 쉬우므로 발의 근육을 풀어 적당히 스스로 마사지를 시키는 것도 좋은 방법이다.

C. 샤워

특히 해안에서의 수영 연습 때는 깨끗한 단물로 전신을 씻게 하고 충분한 세발이 필요하다.

또한 수영복에 모래가 섞이는 경우도 많기 때문에 잘 제거하게 해야 한다. 긴장이 풀린 후 감기에 걸리는 경우가 많기 때문에 전신의 물을 잘 닦는 것은 물론 특히 두발을 잘 닦아 둘 필요가 있다.

D. 세안(洗眼)

수영의 경우는 눈에 이물이 들어가기 쉽고 특히 바닷물의 경우는 모래가 들어가는 경우가 많다. 또한 바닷물은 염류(鹽類)의 자극, 풀의 경우는 염소(鹽素)의 자극도 있어 수영 후는 깨끗한 단물에 의한 세안을 하도록 지도한다.

특히 세안 설비가 없는 경우라도 청결한 세면기에 깨끗한 단물을 담아 눈을 뜨고 얼굴을 씻게 하거나 얼굴을 물에 담그고 눈을 떴다 감았다 하게 하도록 한다. 눈을 뜨고 얼굴을 씻는 습관을 평소부터 들여 두면 좋다.

E. 귀 속의 물

수영 중 귀에 물이 들어가는 경우는 많지만 함부로 손가락 등으로 찔러서는 안 된다. 평소 물에 젖은 적이 적은 외이도가 불어 다치기 쉽게 되어 있어 외이염의 원인이 되기 때문이다.

물이 들어간 귀를 밑으로 하고 밑에 준비한 손에 머리를 부딪치거나 들어간 귀를 밑으로 하고 같은 쪽의 발로 도약해서 관성의 법칙으로 제거하도록 하면 된다.

가끔 귀 속에서 버석버석 소리가 나는 경우가 있는데 도저히 제거할 수 없는 물이 있을 경우는 면봉을 1cm 정도 넣어 외이도내의 수분을 빨아 들이게 한다.

F. 수영복 처리

특히 해안에서의 수영에서는 모래가 섞이는 경우가 많기 때문에 물에 잘 빨아서 다음에 착용할 때에 피부를 다치지 않도록 해야 한다.

3) 육상 생활에 있어서의 안전 관리

① 건강상의 유의점

가정을 떠나서 해양학교와 같은 합숙 생활을 하는 경우 육상에 있어서의 일상 생활의 보건 책임도 수영 지도자에게 부과되는 경우가 많다.

특히 일상 생활에서는 별로 경험한 적이 없는 초보자에게 있어서 수영 중심의 생활은 그것만으로도 자극이 되어 건강 상태에 변동을 초래할 가능성이 있다.

수영 중에는 확실히 몰두해서 수영하거나 자극이 강한 일광을 전신에 받고 있었는데 육상에 올라와서 여유가 생기면 오히려 건강 상태에 이상이 나타나기 쉬워진다.

자신이 호소해 오는 것은 처치하기 쉽지만 본인이 깨닫지 못하거나 숨기고 있거나 혹은 상대가 아이이거나 할 때는 주위에서 주의하여 빨리 이상을 발견해 적절한 처치를 하도록 해 주어야 한다. 특히 다음 점을 체크 포인트로서 지켜 줄 필요가 있다.

A. 입맛을 잃거나 식사가 진척되지 않는다.

B. 동작에 효과가 없고 어쩐지 생기가 없다.

C. 안색이 좋지 않다.

D. 화를 잘 내고 싫증도 잘 낸다.

E. 주의력이 산만해진다.

F. 심하게 졸려한다.

G. 수면 중에 가위눌리거나 기상이 나빠진다.

② 피로와 계획의 변경

전항의 징후는 피로에 의해서도 일어난다. 의학적으로도 질병과 피로를 완전히 구별하기는 곤란한 경우도 있다. 일단 건강 진단을 한 후에 건강하고 수영에 적합한 사람들이 참가한 수영 연습이지만 체력에 대해서는 개인차가 있다.

또한 의학적으로도 아직 해명되고 있지 않는 체질이라는 요소도 있다. 그런 이유로 개개에 피로도도 다르고 피로에서 질병으로 이행할 가능성도 있다.

한 가지 구분 방법으로서 개인적으로 나타날 때는 질병의 가능성이 많고 전반적인 경향으로서는 피로의 경우가 많다.

그러나 반드시 항상 그렇다고는 할 수 없다. 피로라고 생각되는 경우라도 그 정도에 따라서는 전문가의 판단에 완전히 맡기는 편이 안전하고 더구나 계속해서 일어날 수 있는 질병 예방에도 유효하다.

어쨌든 피로의 경향에 따라서는 계획(일정, 일과 등)의 변경이 필요해진다. 특히 하계의 옥외 수영은 기후 등의 환경 변화에 의해 영향을 받기 쉬워 상황 판단과 계획의 변경은 적절히 하는 것이 필요하다.

피로를 막기 위해서는 어른이나 아이나 낮잠 자두는 것이 하나의 방법이다.

■ 수영 중의 질병 및 상해(傷害)와 구급처치

가끔 서술해 왔듯이 수영 뿐 아니라 일반적으로 스포츠를 할 경우에는 그 개인이 그 스포츠에 적합한 건강체인지 어떤지 반드시 의학적인 전문적 검사를 받고 그 판정에 의해 결정하는 것이 필요한 일이다.

건강을 과신한 탓으로 수영 뿐 아니라 마라톤 등에서도 사고를 일으킨 예가 끊이지 않는 사실은 실로 유감스럽다. 가정에 있어서의 스포츠라도 그 정도에 따라서는 절대 과소 평가하지 말고 꼭 기회를 봐서 건강 체크를 해 두기 바란다.

확실히 스포츠는 육체적인 건강의 증진 뿐 아니라 정신적으로나 교육적으로나 사회적으로나 매우 유효해서 인간이 생각해낸 지혜의 하나이겠지만 때로 양 날의 칼이 되는 사실도 인식해 둘 필요가 있다.

그럼 의학적으로 건강하다고 판정되었을 경우는 문제가 없냐 하면 그것도 절대 그렇게 단언할 수 없다.

인간의 몸의 난해함, 복잡함은 여러 가지 들 수 있지만 한편으로는 체력이라는 것이 있고 또 한편으로는 체질이라는 것이 있다.

또 견해를 달리 하면 체조의 변화라는 것도 있다. 체력 측정은 가능하지만 내장 기능과 관련해서 판정하는 일은 좀체로 쉽지 않고 또한 체질이라는 것에 대해서는 아직 의학적으로 미해결 부분이 많다.

더구나 현재의 의학에서는 현시점의 올바른 판단은 가능해도 장래의 예상이 되면 매우 곤란한 것이 많이 나온다.

한 마디로 말하자면 적어도 현재의 건강 상태를 확인하는 것은 불가결한 일이지만 수영이라는 스포츠를 통해 인간의 체황(體況)은 자꾸자꾸 변화할 가능성이 있다는 사실은 알아 둘 필요가 있다.

우리들 지도자는 건강체를 대상으로 한 수영 지도라도 거기에는 질병과 상해의 가능성은 항상 초래하고 그것에 대해 올바르게 대처할 수 있는 능력도 길러 두어야 한다.

다음에 수영이라는 스포츠의 질병·상해면에 있어서의 특징을 생각해 보자.

첫째로 물이라는 특수한 장에서의 스포츠라는 점에서 수중 사고(물에 빠짐)를 들 수 있다. 인간에게 있어서 빠진다는 것은 호흡을 할 수 없는 것으로 치명적이 되고 또한 그 불안이 정신적인 면을 포함해서 여러 가지 장해를 조장한다. 그 때문에 수영 중에 발생하는 질병·상해 등의 수중 사고(물에 빠짐)는 최악 사태를 고려해서 대처해야 한다.

또한 수중 사고는 절대 수심이 키를 넘는 깊이에서만 일어나는 것이 아니고 수심 30cm에서도 일어날 수 있는 가능성이 있다.

둘째로 수영은 알몸에 가까운 형태로 외계에 노출되는 스포츠이기 때문에 체표면(體表面 ; 귓구멍, 콧구멍, 안구를 포함해서)에 일어나는 장해가 많다. 그 대표적인 것이 햇빛에 탐으로 외이염, 결막염도 많다.

셋째로 외상의 면에서 보면 수영 중에서도 한참 수영하고 있는 중의 외상은 매우 적지만 다이빙은 매우 위험을 수반하는 사실을 충분히 알아 두어야 한다. 다이빙은 전문 다이빙 경기 뿐만 아니라 스타트를 포함한 풀 사이드에서나 자연 수로의 다이빙이나 충분히 안전을 확인하고 할 필요가 있다.

특히 대인 사고, 수중 장해물에 의한 사고, 수저에 의한 사고를 막는 것이 중요하며 지도자로서는 안전의 배려가 바람직하다.

1) 수중 사고(물에 빠짐)

수중 사고에 대해서는 구조법과의 관련이 깊어 그 구급처치는 주로 구조법의 항에서 서술하지만 그 정도에는 현저하게 차이가 있어 그 정도를 알기 위해 다음 항목의 체크가 필요해진다. 구급처치는 각 항목의 장해 정도에 따라서 할 필요가 있다.

A. 심장 기능(맥박) ── 필요에 따라 심장 마사지

B. 폐기능(호흡) ── 필요에 따라 인공 호흡

C. 의식

D. 그 외로서는 전신의 반사 기능

2) 그 밖의 전신적 트러블

① 뇌빈혈(腦貧血)

뇌 내의 혈류가 감소해서 일으키는 상태로 쇼크에 즈음해서도 볼 수 있지만 지나친 스포츠의 만복시, 공복시의 스포츠에 즈음해서도 가끔 볼 수 있는 상태이다.

안면이 창백해지고 식은땀을 흘리며 때로는 구역질이나 구토도 볼 수 있고 혹은 실신이나 경련을 보는 경우도 있다. 급격하게 일어났을 때는 돌연 의식을 잃고 졸도해서 큰 부상의 원인도 된다.

처치로서는 머리를 낮게 눕히고 수족을 따뜻하게 하며 혹은 머리를 따뜻하게 하는 것도 유효하다. 앞가슴을 늦추고 포도주를 마시게 하는 것도 좋다.

의식을 잃은 중증의 경우에는 기도를 확보하고 재빨리 의사의 처치를 받는 것이 필요하다.

② 일사병(日射病)

장시간 일광을 쪼여서 일으킨다. 오랫동안 고온, 다습한 방에 있으면 비슷한 현상으로서 열사병을 일으키는 경우가 있다. 얼굴은 홍조를 띠고 두통, 때로는 고민을 호소하고 맥은 빈수, 때로 미약해진다.

빨리 서늘한 그늘에 쉬게 하고, 두부를 차게 하고, 냉수로 몸을 닦으며, 때로는 심장부를 차게 하고 냉수를 주면 좋다. 중증시에도 실신하거나 경련을 보는 경우가 있지만 이런 때는 재빨리 의사의 치료를 받도록 한다.

③ 감기

소위 '감기'에는 몇 종류의 병이 있다고 한다. 확실히 감염이라고 알고 있는 것은 바이러스에 의한 것이지만 그 종류도 많아 대표적인 것이 인플루엔자이다.

한편 감염이 확실치 않은 '감기'도 있다는 사람도 있다. 일반적으로 '감기'라고 일컬어지는 것은 호흡기, 특히 기도의 증상이 저명하지만 아이의 경우는 소화기 증상도 많이 나타나서 호흡기병이라고 하기보다 전신병(全身病)이라고 생각하는 편이 좋다.

수영의 경우는 확실히 '감기'라고 하기보다 예를 들면 햇빛에 탐, 과로, 혹은 다소 일사병에 의한 영향을 수반해서 '감기'와 비슷한 증상을 보이는 경우가 많다. 경도의 발열, 두통, 권태감, 탈력감 외, 인두통, 때로는 복통, 설사를 호소한다.

경증의 것은 1~2일 간 안정하고 있으면 좋아진다. 증상이 강할 때는 물론 의사의 치료를 받아야 한다. 때로는 '감기'와 같은 증상에서 다른 중대한 병이 시작되는 경우도 있다.

3) 수영과 눈의 질환

① 안내 이물(眼內異物)

간단한 경우는 방치하고 눈물로 자연히 씻어 내든가, 세안의 요령으로 제거할 수 있다. 그래도 제거할 수 없는 때로 이물이 보이는 경우는 깨끗한 손수건이나 가제(Gaze)를 적셔서 눈동자에서 밖을 향해 조용히 닦는다.

도저히 제거할 수 없을 때 혹은 각막, 결막에 찔리고 있을 때는 양 눈에 안대를 해서 가능한 한 눈을 움직이지 않도록 하고 전문의에게 수진한다.

함부로 손가락으로 문지르는 것은 상처를 내거나 상처 부위를 확대시킬 위험도 있으므로 해서는 안 된다.

② 자외선(紫外線)에 의한 안염(眼炎)

태양으로부터의 자외선의 자극으로 결막, 각막, 심할 때에는 각막 등의 염증을 일으킨다. 더욱 심할 때에는 실명하거나 약시를 남길 위험도 있다.

눈(雪)에 의해 일으키는 경우가 많지만 수영의 경우도 때로 보이는 경우가 있다. 경증의 것은 냉암법과 안정으로 치료되지만 증상이 강할 때는 즉시 전문의에게 보여야 한다.

③ 급성 결막염(急性結膜炎)

바닷물의 염류 자극, 풀의 염소 자극에 의한 것은 수영 후의 세안으로 보통 예방되고 일으켜도 매우 가벼운 것으로 방치해도 1~2일에 치료되지만 가끔 병원체가 부착해 있으면 증상이 악화된다.

증상이 강하거나 오래 가는 것은 전문의의 치료가 필요하다. 옛날 풀 소독이 불충분했던 시대에 풀장의 바이러스에 의한 유행성 각결막염(角結膜炎)이 집단 발생한 적이 있었다.

4) 수영과 귀의 질환

① 외이염(外耳炎)

수영에 즈음해서 가장 많이 볼 수 있는 질환의 하나이다. 전술과 같이 물에 의해 외이도가 불어 있기 때문에 사소한 자극으로 상처를 내, 거기로 병원균이 침입해서 일어난다.

귀에 들어간 물을 제거하는데 함부로 손가락 등을 찔러 넣는 것은 질환을 일으키는 원인이 된다.

외이도부의 통증을 호소하고 때로는 발열하거나 고름이 나는 경우도 있다. 가벼운 것은 살균소독제 도포로 치료되지만 증상이 강할 때는 전문의에 의한 치료가 필요하다.

② 중이염(中耳炎)

다이빙, 잠수에 의한 수압으로 고막이 찢어져서 일으키는 경우는 드물고 대부분은 이관(耳管 ; 중이와 비강을 연결하는 관으로 평소는 닫혀 있지만, 숨을 몰아쉬어 배에 힘을 주고 무엇을 삼킬 때 열려 중이와 외계의 기압을 평형으로 유지하고 고막을 항상 올바른 긴장으로 유지하는데 도움이 된다)의 염증이 중이에 파급하거나 숨을 몰아쉬어 배에 힘을 주었을 때에 이관에서 물이나 분비물과 함께 병원균을 중이로 밀어내 일으키는 경우가 많아 유아에게 많다.

수영에서는 숨을 몰아 쉬어 배에 힘을 줄 기회가 많은 초보자에게 많이 볼 수 있다. 이통에서 발열, 난청, 이루, 때로는 두통을 일으킨다. 찬 물에서 수영한 후 신경적으로 한때 이통을 호소하는 경우도 있지만 이 경우는 수영을 그만두면 자연히 경쾌한다.

통증이 점점 심해지거나 오래 계속될 때 혹은 상기의 증상을 수반하는 때는 재빨리 전문의에게 진료를 받아야 한다.

중이염의 병력이 있어 고막에 구멍이 뚫려 있는 사람은 상당히

딱 맞는 귀 마개를 사용해서 물의 침입을 완전히 방지할 수 없는
한 수영은 금지한다.

5) 수영과 코 및 상기도(上氣道)의 질환
① 비염(鼻炎)

바닷물의 자극으로 카타르성의 비염을 일으키는 경우가 있다.
또한 냉수의 자극으로 알레르기성의 비염을 일으키는 경우도 있
다.

보통은 수영을 그만두면 수일에 좋아지지만 2차 감염에 의해
오래 가는 경우나 이것이 원인으로 중이염이 되는 경우도 있다.
가벼운 것은 특별히 수영을 금지할 필요는 없다.

② 인두염(咽頭炎)

바닷물의 자극으로도 일어나지만 대부분은 소위 '감기' 증상으
로서 나타난다. 편도염을 일으키는 경우도 있어 증상에 따라서 의
사의 치료가 필요하다.

6) 수영과 피부의 질환
① 햇빛탐

일광성 피부염으로 일조에 의한 일종의 화상이다. 햇빛탐의 특
징은 일광을 쬐고 있을 때는 거의 증상이 없고 수시간 후부터 피
부의 발적, 조홍, 더욱이는 물집을 만들고 작열감에 맞추어 찌릿
찌릿한 통증을 호소하게 된다.

이 때문에 저녁 무렵부터 밤에 걸쳐서 증상이 강해져 목욕, 취
침에 매우 고생한다. 증상이 강하면 아이 등에서는 발열, 경련 등
을 본다.

보통 아연화유(팅크유) 등의 소염제를 도포하고 통증이 심할 때에는 그 위에 냉습포를 하지만 증상이 더욱 강할 때는 탈수증상을 일으키는 경우도 있어 의사의 치료가 필요해진다.

햇빛탐의 예방은 직사일광을 쬐지 않도록 주의하는 것이지만 미리 조금씩 쪼임으로서 피부가 검어지면 이제 아무리 일광(햇볕)을 쬐어도 증상을 수반하지 않는다.

햇빛탐 방지 크림도 일단 유효하지만 수영 연습과 같이 피부를 문지를 기회가 많은 경우는 그 효과는 별로 기대할 수 없다.

② 독어(毒魚), 해파리에 의한 자상(刺傷)

세계 각지에는 위험한 독어도 존재하므로 경험이 없는 장소에서 수영을 할 때는 주의를 기울여 두는 편이 안전하다.

찔린 직후라면 대부분은 유기산에 의한 것이므로 암모니아수가 유효한 경우도 있다.

염증이 계속될 때는 아연화유 등의 소염제를 이용한다. 증상이 심할 때는 전신 증상으로서 경련, 발열, 실신을 초래하는 경우도 있고 국소의 격통을 수반하는 경우도 있다. 물론 의사의 치료가 필요하다.

7) 수영과 외상(外傷)

① 절상(切傷)

수영 그 자체보다 부주의로 찰과상, 절상(切傷)을 일으키기 쉽다. 일반적으로 물에 젖어 있으면 상처는 치료되기 어려우므로 수영 후 살균 소염제를 발라 두면 좋다.

또한 멸균 가제를 대어 두면 감염의 예방이 된다. 상처 부위가 클 때는 물론 수영은 금지한다.

만일 출혈이 강할 때는 상처 부위를 멸균 가제로 세게 압박하거나 상처 부위를 향하는 동맥을 심장에 가까운 장소에서 압박하여 지혈한다.

이 방법은 장시간 해서는 안 되고 2시간 이내로 그치고 빨리 전문의의 응급 처치를 받아야 한다.

② 두부 외상(頭部外傷)

외상 중에서도 가장 생명에 영향을 미치는 것 중의 하나가 두부 외상일 것이다. 다른 스포츠와 달라서 일반 수영에서는 일어나기 어려운 것이지만 부주의한 다이빙, 격렬한 수영 중의 충돌 등으로 일어나는 경우가 있다.

다이빙은 전술과 같이 안전이 보장되지 않을 경우는 금지해야 하지만 수영자의 충돌을 막기는 상당히 어려운 경우가 많다.

안전한 방향을 확인하고 수영시키든가 영력에 따라 수영 범위를 구별한다든가 수중에서도 반드시 눈을 뜨고 자유형의 경우라도 조금 눈을 치켜뜨고 전방의 주의를 게을리 하지 않도록 주의시킨다.

두부 외상이라고 해도 종류, 정도 등이 가지각색이라서 일시적인 것이라 해도 의식장해를 일으킨 것은 중대한 손상이 숨겨져 있을 위험성도 있어 즉시 전문의에게 검진시키는 편이 안심이다.

일반적으로는 그 동안 머리를 차게 하고 안정시켜 두는 것이 필요하다. 두부의 절창은 작은 상처라도 의외로 출혈이 많은 경우가 있으므로 서두르지 말고 깨끗한 헝겊이나 가제로 압박해서 전문의의 치료를 받으면 된다.

③ 운동기(運動器)의 상해(傷害)

운동기란 일반적으로 손발과 그 지점이 되는 어깨·허리 부분으로 지구상으로는 근육(筋肉), 근막(筋膜), 힘줄(腱), 건초(腱鞘), 관절(關節), 골액포(滑液包), 뼈(骨), 골막(骨膜), 연골(軟骨) 등으로 나눌 수 있지만 그 외에도 모든 장소의 근육, 관절, 뼈가 관여하는 경우가 있고 그것에 관련된 신경도 장해를 받는 경우가 있다.

일반적으로 스포츠라고 이름이 붙은 것은 모두 빈도와 정도의 차이이지만 이 운동기의 상해와는 떨래야 뗄 수 없는 인연이 있다.

수영도 예외는 아니어서 운동기의 상해를 두려워해서는 수영은 할 수 없지만 그저 지도의 입장에서는 어떻게 하여 그 발생을 줄이느냐 어떻게 가볍게 끝내느냐, 어떻게 빨리 치료하느냐, 중대한 관심의 대상이다.

일단 수영이라고 해도 다이빙, 수구, 싱크로나이즈드 스위밍 등이 있으며 여기에는 각종 영법이 있고 또한 연령, 성별, 체력, 습숙(習熟)의 정도도 달라 그 상해(傷害)도 여러 갈래에 걸쳐 있다.

그 하나 하나를 여기에서 해설할 수 없기 때문에 운동기의 상해에 대해 그 요점을 서술하는데 그치고 필요에 따라서 전문 도서에서 조사하거나 전문가의 의견을 듣는 것이 바람직하다.

운동기 상해의 의학적 진단의 종류로서는 상기 각부의 손괴(골절, 파열 등), 주로 과신전(過伸展)에 따르는 기능 장해(염좌 등), 과도한 운동·부담에 의한 염증(근염, 건초염 등) 등이 주요한 것으로 증상도 여러 가지 있다.

공통적으로 말할 수 있는 것은 대부분은 반드시 동통을 수반해서 크건 작건 운동 기능 장해를 나타내는 점이다. 그 처치로서 무엇보다도 필요한 것은 가능한 한 빠른 시기에 전문의에 의한 정확한 진단과 올바른 진료를 받는 것이다.

다행히 최근 스포츠 의학의 진보가 현저하고 전문의도 자꾸 양성되어 의료 기술도 진보하고 있다.

평소부터 스포츠 의학의 주치의를 정하고 그 협력을 얻는 것이 가장 바람직한 형태라고 생각한다. 스포츠를 하고 있는 사람에게 있어서 자신이 입은 상해가 언제쯤 전치하는 것인지, 그 동안 스포츠를 계속할 수 있는 것인지, 나중에 장해가 남지 않는지 하는 점이 매우 중요한 것으로 그것을 해결하는 것은 숙련된 전문의의 진단이 가장 확실하다.

과거의 경험으로 비전문가적으로 판단하고 처치하고 있는 경우도 많다고 생각되지만 같은 증상이라도 같은 상해가 일어나고 있다고는 할 수 없으며 때로는 되돌이킬 수 없는 실패로 이어져 버리는 예도 있다.

경우에 따라서는 스포츠 선수로서의 일생을 헛되게 만들어 버리게도 되어 절대 방심해서는 안 된다.

치료의 원칙은 국소의 안정이지만 스포츠 선수에게 있어서 컨디션의 조정은 빼 놓을 수 없는 것으로 치료를 보아 가면서 적당한 운동의 처방을 하는 것도 전문의의 일이다.

의학이 진보하면 일정 운동에 따라 생기기 쉬운 상해도 점점 분명해진다. 그리고 다음에 그 상해의 발생을 막는 방법도 서서히 연구되어 오고 있다. 전문 지도로서는 충분히 이런 새로운 올바른 지견을 받아들여 지도법에 반영시킬 책무가 있다고 생각한다.

한편 잊어서는 안 될 것은 이런 상해는 단지 국소의 문제라든가 국소의 운동량에 의한 것 뿐만 아니라 예컨대 전신적인 영양의 균형, 전체적인 휴양과 또 하나 정신적인 긴장과도 관련이 있음을 알게 된다. 역시 전반적인 상황에 주의를 게을리하지 않는 것이 스포츠 상해를 예방하는 큰 요점의 하나일 것이다.

8) 그 밖의 동통(疼痛)

① 수영과 근육의 경련

찬 물, 저온, 과도한 연습, 준비 운동의 부족 등으로 근육이 갑작스런 수축을 일으키는 경우를 근육의 경련이라고 한다. 특히 초보자의 경우는 공포심과 긴장으로 몸이 굳어 있어 급격히 힘을 줄 때에 일어나기 쉽다.

보통 많이 볼 수 있는 것이 장딴지의 비복근으로 흔히 이것을 '장딴지 쥐'라고 한다. 경련을 일으키면 그 부분에 상당한 동통과 운동 장해를 일으킨다.

일반적으로 근육의 경련을 치료하기 위해서는 인위적으로 경련을 일으킨 근육을 잡아 늘리는 방법이 취해지고 있다. 비복근의 경우는 같은 쪽의 무릎을 펴서 무릎이 구부러지지 않도록 위에서 누르고 한 손으로 발끝을 쥐고 아킬레스건이 펴지도록 정강이 쪽으로 꾹 누르면 된다.

잠시 누른 후 잠깐 늦추고 다시 눌러 준다. 이것을 할 때에는 통증이 따르지만 대부분은 수차례의 반복으로 경련은 치료된다.

가라앉은 후에도 당장은 수영하지 말고 비복근부를 따뜻하게 하거나 가볍게 마사지해 주면 좋다. 익숙해지면 스스로 혹은 물에 부침하면서도 물위에서 할 수 있지만 타인에게 해 달라는 편이 치료되기 쉽다.

발가락의 근육이 당길 때도 이 방법으로 치료되지만 대퇴부 등의 경련은 적당한 방법이 없기 때문에 국소를 따뜻하게 하거나 가

별게 마사지를 하는 수 밖에 없다.

근육이 있는 장소에서는 어디에나 일어날 가능성이 있지만 전신 근육에 일어나면 위험한 경우가 있다.

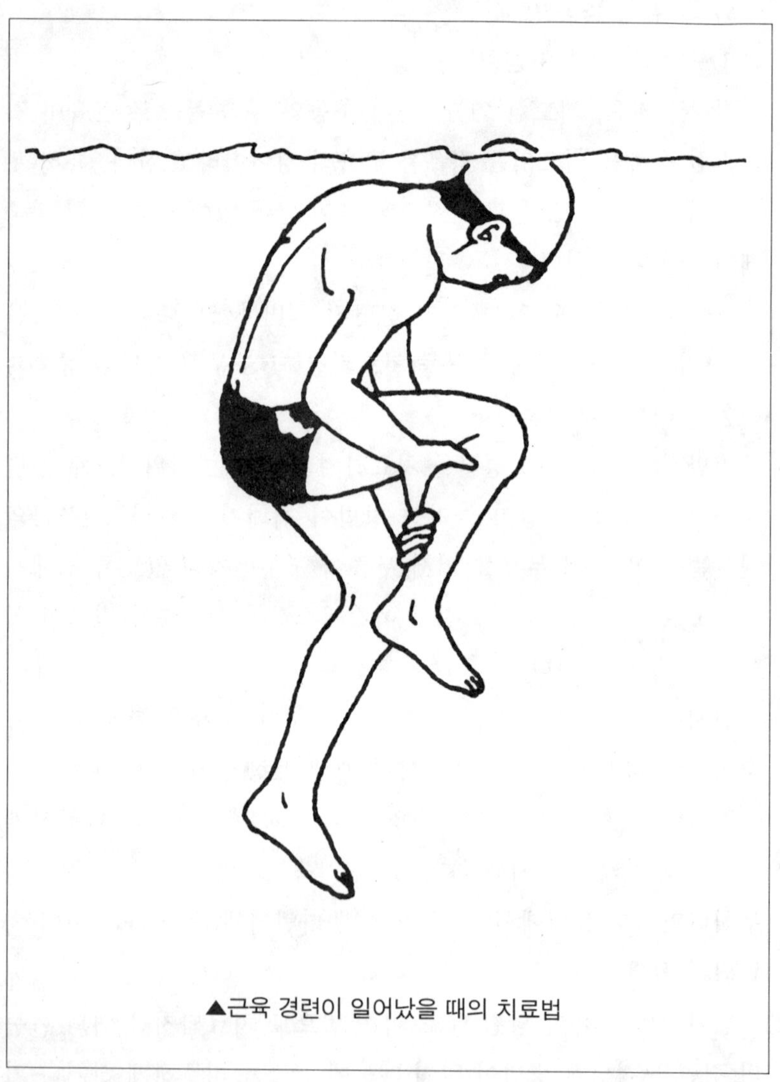

▲근육 경련이 일어났을 때의 치료법

물위에서 치료하는 경우는 첫째, 크게 숨을 들이마시고 턱을 당겨 머리와 얼굴을 수중에 담그고 양손을 축 늘어뜨리고 해파리 뜨기의 모습이 된다.

둘째, 장딴지 쥐가 난 쪽의 무릎을 구부리고 양손으로 단단히 환부를 잡고 그 부분의 근육을 잘 비벼 푼다.

셋째, 그리고 나서 발가락을 양손으로 쥐고 위로 끌어올리면서 뒤꿈치를 밑으로 꽉 누르도록 해서 장딴지의 근육을 확실히 편다.

② 수영과 두통(頭痛)

초보자에게 많지만 물에 들어가면 두통(때로 편두통)이 일어나고 때로는 하룻밤 자지 않으면 가라앉지 않는 경우가 있다. 정도도 여러 가지로 참고 수영 연습을 계속할 수 있는 것부터 휴양을 취하지 않으면 안 되는 것까지 있다.

원인은 아마도 찬 물에 들어감으로써 자율신경이 자극되어 뇌 내의 일부의 혈류에 이상이 일어난 반사적인 것으로 주류를 마신 후에 일어나는 두통과 비슷하다.

어느 쪽인가 하면 자율 신경이 불안정한 사람 중에서 부인에게 많이 볼 수 있으며 특히 초보자는 공포심이 이런 상태를 일으키기 쉬워진다.

습관이 되면 일종의 조건 반사적으로 물에 들어갈 때마다 호소하게 된다. 정도가 심할 때는 수영을 그만두게 하고 진통제를 주어 가능한 한 빨리 눕히도록 한다.

가능한 한 신경쓰지 않도록 지도하거나 물에 있는 시간을 수분 정도에서부터 점점 연장시키는 방법이 취해진다. 심할 때는 좀더 확실히 해 두기 위해 원인적인 질환의 유무를 조사해 두는 편이 무난하다.

③ 수영과 이통(耳痛)

역시 반사적으로 자율신경 작용으로 일어나는 것이라고 생각된다. 일단 중이염과 구별해야 하지만 동통을 호소하는 장소가 하악 관절 부근인 경우도 있어 이 경우는 잘못되는 일은 없다.

④ 수영과 비통(鼻痛)

비점막이 찬물에 자극받아서 일어나는 것으로 수영을 그만두면 소실한다.

⑤ 수영과 복통(腹痛)

복통에는 크게 나누어 내장의 경련에 의한 것, 내장의 염증에 의한 것, 그 외 복막의 자극과 복벽의 것으로서 복부 근육에 유래하는 것이 있다.

내장의 경련에서 가장 많은 것은 위경련이다. 식후 곧 수영하거나 공복시에 수영하거나 더구나 찬물에서 오래 수영하면 일어나는 경우가 있다.

명치 부분을 따뜻하게 하고 전신을 보온해서 안정시키지만 증상이 강할 때는 의사의 치료가 필요해진다. 극히 드물게는 충수염의 발증이거나 담석, 요로결석의 발작이거나 때로는 위궤양의 천공인 경우도 있다.

근육의 동통은 역시 찬물에서 급격한 연습을 했을 때 일어나기 쉽다. 수영을 그만두고 따뜻히 하면 된다.

9) 수영 중의 사고에 대한 전반적인 문제점

이상 수영에 관련해서 생기기 쉬운 질병 및 상해 대책에 대해서 서술해 왔지만 마지막으로 문제점을 2가지 들어 두었으면 한다.

① 민간 요법의 한계

민간 요법이라는 것은 이론으로는 이해할 수 있어도 실제 문제로서는 제법 고통을 당하는 경우가 있다. 민간 요법으로 재빠르게 치료한 예도 있지만 민간 요법에서 실패하여 병을 악화시키거나 최악의 경우 생명을 잃은 예도 적지 않다.

다행히 오늘은 의료 설비의 충실과 그것에 따르는 연락, 운반 방법도 갖춰졌기 때문에 전문적인 치료를 받는 경우가 늘어나고 있다. 이것이 가장 안전한 방법으로 어디까지나 원칙적으로 의료는 전문가에게 맡겨야 하는 것으로 생각한다.

민간 요법으로서 허락된다면 일반적으로는 증상이 별로 강하지 않은 것으로 자신이 있는 경우에만 대증요법(예컨대 진통 등의 증상에 대한 치료)의 범위 내에서 해야 하고 그것도 원칙적으로 1∼2일이라는 단기간에 그쳐야 할 것이다.

② 질병 또는 상해와 스포츠

질병·상해 치료의 원칙은 안정에 있으며 이 점은 스포츠와는 상반된다. 전문화하지 않은 스포츠의 경우는 역시 이 원칙을 지켜 스포츠를 금지해야 한다.

문제는 전문화한 경우에 항상 논의되는 부분으로, 전문가의 의견으로도 좀체로 결론이 나기 어려운 것이다.

가능한 한 숙지한 전문의의 의견에 따라서 스포츠를 계속하는 경우는 지도자로서는 귀찮을 정도로 체황의 변화를 관찰하도록 한다. 그러기 위해서는 특히 전문 지도의 경우는 평소부터 기술적인 데이타에만 그치지 않고 체황적인 데이타도 치밀하게 얻어 두고 이상이 있었을 때의 데이타와의 비교로 더욱 정확한 판단을 전문의에게 의존하는 것이 가능해진다.

수영 중의 사고와 구조 방법

■ 수영 중의 사고와 구조(救助)

물에 빠진 사람을 발견했을 경우 이것을 구조하려는 것은 인간의 본능이다. 그러나 올바른 지식과 행동이 없으면 그것은 나쁜 결과가 되어 버리는 경우가 많다.

수영만 할 수 있다고 해서 물에 빠진 사람을 모두 구조할 수 있다고 생각하는 것은 큰 잘못이고 또 반대로 수영을 할 수 없어도 구조할 수 있는 경우는 매우 많다.

연간 2,500명에 이르는 물의 희생자 중 반수는 물가 가까이에서 익사(溺死)한다고 하는데 이런 경우는 올바른 지식과 적극적인 행동이 있으면 안전하게 구조할 수 있고 또 소생법(蘇生法)을 쓸 수 있으면 더욱 많은 사람을 구조할 수 있을 것이다.

구조법을 필요로 하는 사태의 발생은 수영 지도자에게 있어서 큰 실책이다. 무슨 일이 있어도 그 예방에 만전을 기해야 한다.

만일의 경우는 구조법·소생법을 활용해서 사고를 최소한에 그치도록 한다.

◪ 물에 빠진 사람에 대한 구조(救助)의 실제

물에 빠진 사람에 대한 구조란 물에 빠진 사람을 발견해서 적절한 방법으로 구조하고 필요에 따라 구급 처치를 해서 의사의 손에 넘길 때까지를 말한다.

수영 지도자는 우선 물에 빠진 사람에 대한 지식을 갖고 있어야 한다.

1) 물에 빠진 사람에 대해서

수영은 물 속을 손발을 움직여 호흡을 하면서 나아간다. 물 속(수중)에서 생각대로의 동작을 할 수 없어 자신 스스로 호흡을 할 수 없으면 빠질 수 있게 된다.

① 물에 빠지는 주요 원인

A. 수영할 수 없는 사람

· 풀, 강, 연못, 방화용수 등의 가에서 떨어진다.

· 보트나 배에서 떨어진다(잘못이나 전복에 의한다).

· 수중에서 미끄러져 올라올 수 없다.

· 갑자기 깊은 곳으로 떨어진다.

· 튜브에서 손을 놓는다.

· 파도에 삼켜진다.

B. 조금 수영할 수 있는 사람

· 자신의 영력(泳力)을 과신한다.

· 패닉을 일으킨다(불안감이나 공포심 등으로 동작이 위축하기 때문에).

· 파도에 삼켜진다.

· 조류에 휩쓸린다.

C. 수영을 잘 하는 사람

· 경련을 일으킨다.

· 무모한 다이빙이나 잠수를 한다.

· 다른 사람이 엉겨 붙는다.

· 수초 등에 휘감긴다.

· 조류에 휩쓸린다.

· 피로를 이기지 못한다.

D. 공통점

· 수중에서의 급병.

· 수중 동물에 의한 위해.

· 자살.

② 물에 빠진 사람의 상태

A. 심장마비, 뇌졸중, 뇌빈혈, 급격한 위경련, 혹은 강한 패닉으로 수족이 마비된 듯한 경우에는 달리 구조를 요청할 틈이 없어 곧 수중에 가라앉아 버리는 경우가 많다.

B. 피로 등으로 물에 빠지기 시작하는 사람은 수면에 잠시 떠서 허위적거리고 있기 때문에 물에 빠지기 시작하고 있음을 곧 알 수 있다.

C. 물에 빠진 사람은 자기 자신을 수면에 띄울 만한 공기가 폐에 없어져서 몸을 띄우기 위해 유효하게 수족을 사용할 수 없으면 수중에 가라앉기 시작한다. 만일 흐름이 있는 곳이라면 비스듬히 가라앉고 흐름이 없으면 수직으로 가라앉아간다.

D. 가라앉음에 따라서 흉부, 복부에 수압이 가해져 폐 속의 공기가 작은 거품이 되어 코나 입에서 나온다. 처음 목은 경련해서

닫혀 있지만 마지막으로 호기가 일어나서 큰 거품을 토해낸다.

　E. 잠수 중에 호흡의 실패로 그대로 수면에 뜨지 않고 물에 빠지는 경우가 있다.

2) 물에 빠진 사람의 발견

　익자 구조에서 가장 중요한 점은 물에 빠질 위험한 상태에 있는 사람이나 물에 빠져 있는 사람을 가능한 한 빨리 발견하는 것이다.

　수영 지도자는 감시도 잘 해야 한다.

　① 물에 빠진 사람을 발견하는 포인트

　· 수영하고 있는 사람의 안색.

　· 부자연스런 동작이나 수면에 엎드려 뜨기로 떠 있는 사람.

　· 수면에 떠다니는 빈 튜브나 보트.

　② 물에 빠진 사람을 발견했을 때

　감시자보다도 근처에서 수영하고 있는 것이 오히려 물에 빠진 사람을 발견할 기회가 많다. 물에 빠진 사람을 발견했으면 물에 빠진 사람에게서 눈을 떼지 말고 감시자나 주의 사람에게 이상을 알린다. 또한 발견한 사람이 안전하면 물에 빠진 사람을 확보해서 수면에 얼굴을 내놓게 한다. 위험하면 다른 구조자를 기다린다.

3) 물에 빠진 사람을 구조할 때 주의해야 할 점

　A. 구조자는 절대로 2중 사고를 일으키지 않도록 한다

　ⓐ 사고는 언제, 어디에서, 어떤 상황하에서 일어날지 모른다.

　ⓑ 자신의 능력을 생각하지 않고 부주의하게 뛰어들어가 함께 빠져서 어쩌구니 없이 희생만을 크게 하는 경우가 많다.

ⓒ 특히 수영해서 구조하는 경우에는 구조자에게 강한 영력과 물에 빠진 사람이 엉겨 붙었을 때의 이탈 방법이나 필요한 기술을 완전히 습득하고 있어야 한다.

B. 많은 사람의 협력을 얻을 것

ⓐ 구조자는 혼자서 구조의 모든 것을 완전히 실시하기는 어렵다. 따라서 다른 협력자를 찾도록 한다.

ⓑ 구조 기구나 보트를 사용할 때, 손을 맞잡고 물에 들어갈 때 구급처치나 의료기관으로의 연락 등 협력자는 꼭 필요하다.

ⓒ 또한 구조자 자신이 위험에 빠졌을 때는 다른 사람이 구조해 주도록 한다.

C. 주위 상황을 냉정하게 판단하고 기민하게 행동할 것.

물에 빠진 사람의 위치, 물의 상태, 이용할 수 있는 것, 협력자의 유무 등을 정확히 판단하고 즉시 행동하는 것이 중요하다.

D. 복장을 갖출 것.

ⓐ 수영할 필요가 있을 때는 적어도 상의와 신발을 벗는 편이 좋다.

ⓑ Y셔츠나 바지는 구조 용구로서 이용할 수 있다.

E. 물에 빠진 사람에게서 눈을 떼지 말 것

ⓐ 물에 빠진 사람을 눈에서 놓치게 되면 구조에 시간이 걸려 구조는 실패하게 된다.

ⓑ 물에 빠진 사람이 수몰되었을 때는 그 장소를 확인해 두어야 한다.

F. 구조자는 자기 자신의 행동에 자신과 책임을 가질 것.

ⓐ 구조 현장에 있어서의 언동은 사고자를 비롯하여 주위 사람들에게 큰 영향을 미치기 때문에 세심한 배려를 해야 한다.

ⓑ 구조자는 현장에서 협력자에게 지시를 주고 지도적 입장에 서는 경우가 많다. 태도나 말투에 주의하여 물에 빠진 사람을 반드시 구조한다는 신념을 갖고 주위 사람들의 신뢰를 얻도록 주의해야 한다.

또한 구조상에서 알 수 있었던 물에 빠진 사람의 이름, 연령, 병상 등을 필요 이외의 사람에게 누설해서는 안 된다.

4) 물에 빠진 사람에 대한 올바른 구조 방법

구조법은 수영할 수 있는 사람만의 특별한 기술은 아니다. 수영할 수 없는 사람이라도 올바른 방법을 습득함으로써 구조자가 될 수 있다. 오히려 수영하지 않고 구조할 수 있으면 그것이 최선의 방법이다.

수영해서 구조하는 것은 최후의 수단이다.

① 수영을 하지 않고 구조하는 방법

A. 주변에 있는 것을 사용해서

ⓐ 목욕 타월, 의복 등을 던져서 붙잡게 한다.

ⓑ 막대, 대장대 등을 내밀어서 붙잡게 한다.

ⓒ 전용 구조 용구를 사용해서

링 부이 등을 던져서 붙잡게 한다. 부이를 던질 때는 로프의 끝을 발로 단단히 누르고 부이가 물에 빠진 사람에게 닿지 않도록 물에 빠진 사람의 머리 위를 넘어 뒤쪽에 떨어지도록 던진다.

[주] 구명구의 사용법에 대해서는 충분히 그 장점·단점을 이해해 두어야 한다. 뜨는 것, 길이가 있는 것, 던지는 것 등이 있다. 잘못 사용하면 오히려 나쁜 결과가 되므로 항상 훈련해 두는 것이 필요하다.

ⓓ 보트를 사용해서

구조자의 안전을 확보할 수 있다.

바다나 강에서는 물에 빠진 사람에게로의 접근이나 해안으로의 운반이 쉽고 필요하면 보트 위에서 인공 호흡도 할 수 있다.

보트 위로 물에 빠진 사람을 끌어올릴 때는 보트 뒤쪽으로 끌어 올린다.

풀 이외의 수영장에는 상치해 두는 것이 필요하며 수영 지도자는 그 조법(操法)을 익혀 두어야 한다.

B. 손이나 발을 사용해서

ⓐ 물에 빠진 사람이 풀 사이드나 해안에 가까이 손이나 발이 닿을 것 같은 때는 물가에 배를 깔고 손을 내민다. 또는 풀 사이드나 물가의 나무나 말뚝을 붙잡고 발을 내민다.

[주] 어느 경우나 협력자가 있으면 만일의 사태에 대비해서 구조자의 몸을 바쳐 두는 것이 좋다.

ⓑ 구조자의 키가 서는 곳이라면 수중에 들어가서 손을 내밀어도 좋지만 협력자를 구해 가로 일렬로 손을 잡고 선두자가 물에 빠진 사람을 붙잡아서 구조한다.

② 수영을 해서 구조하는 방법

그 밖에 안전·확실한 방법을 얻을 수 없으면 부득이하게 최후의 수단으로서 실시하는 방법으로 강한 영력(泳力)과 올바른 구조 기술이 필요하다.

이 경우에도 맨손으로 구조하러 가는 것보다도 구조 기구를 사용해야 한다.

A. 구조에 필요한 방법

ⓐ 물에 빠진 사람을 발견했을 때의 다이빙(물에 빠진 사람을 잘

보고 놓치지 않도록).

ⓑ 물에 빠진 사람을 눈에서 놓치지 않도록 머리를 든 자유형, 평영

ⓒ 물에 빠진 사람을 수면에 확보하기 위해서는 물에 빠진 사람이 엉겨 붙었을 때에 이탈하기 위한 입영(立泳).

ⓓ 익자를 운반할 때의 부채다리.

ⓔ 수몰자를 구조하기 위한 잠수, 잠행.

이상과 같은 기본적인 구조 영법 외에 이탈법이나 때로는 예행하면서 인공 호흡을 하는 등의 기술이 필요하다.

수영 지도자는 이들 영법이나 구조 기술을 익혀 두어야 한다.

B. 물에 빠진 사람에게로의 접근

가능한 한 빠르게, 안전, 확실하게 접근한다.

ⓐ 물에 빠진 사람에게서 눈을 떼지 말고 수영한다.

ⓑ 여력을 남기고 수영한다.

ⓒ 반드시 물에 빠진 사람의 뒤쪽에서부터 접근한다.

뒤쪽에서부터 접근할 수 없을 때는 앞쪽에서부터 또는 잠수해서 접근하는 방법도 있지만 충분히 주의한다.

구조법은 물에 빠진 사람에게 손이 미치는 곳까지 접근한 후 물에 빠진 사람의 상태를 확인하고 물에 빠진 사람이 엉겨붙지 않도록 주의해서 구조한다.

C. 물에 빠진 사람의 구조

물에 빠진 사람을 수면에 확보하고 물에 빠진 사람을 움직임을 억제함과 동시에 호흡을 확보한다.

[뒤쪽에서의 구조]

ⓐ 구조자는 한 손을 물에 빠진 사람의 어깨 너머로 내밀어 턱

에 손을 대고 끌어당긴다.

ⓑ 물에 빠진 사람을 수면에 확보한다.

[앞쪽에서의 구조]

ⓐ 구조자는 오른(왼)손으로 물에 빠진 사람을 오른쪽(왼쪽) 손목을 잡아 수면 위로 끌어당긴다.

ⓑ 다른쪽 손을 물에 빠진 사람을 턱에 대고 물에 빠진 사람을 수면에 확보한다.

[잠수, 잠행에서의 구조]

수몰할 것 같은 물에 빠진 사람이나 수저에 가라앉은 물에 빠진 사람에게는 익자의 앞쪽에서 잠수하여 접근한다.

ⓐ 물에 빠진 사람의 양쪽 무릎에 양 손을 대고 뒤방향으로 해서 수면으로 밀어올리도록 한다.

ⓑ 한쪽 손을 물에 빠진 사람의 턱에 대고 물에 빠진 사람을 수면에 확보한다.

[앞에서 엉겨붙을 것 같이 되었을 때의 구조]

ⓐ 구조자는 한 손으로 물에 빠진 사람의 가슴을 눌러 엉겨붙지 못하도록 하고 달아난다.

ⓑ 물에 빠진 사람의 뒤쪽에서부터 다시 접근한 후 구조한다.

또는 달아날 때에 한 손으로 물에 빠진 사람의 손목을 잡아 끌어당기고 다른 손을 턱에 대고 물에 빠진 사람을 수면에 확보한다.

D. 물에 빠진 사람으로부터의 이탈

올바른 방법으로 물에 빠진 사람에게 접근하면 물에 빠진 사람이 엉겨붙지는 않는다. 그러나 만일 엉겨붙었을 경우 재빨리 이탈할 수 없으면 함께 빠지게 된다.

물에 빠진 사람은 엉겨 붙으면 상대를 물 속으로 밀어 넣어도 수면으로 나와 호흡하려고 한다. 구조자가 당황해서 수면으로 나오려고 해도 물에 빠진 사람도 수면으로 나오려고 하기 때문에 언제까지나 떨어지지 않는다.

물에 빠진 사람이 엉겨 붙으면 그대로 물 속으로 가라앉으면 물에 빠진 사람이 수면으로 나오려고 발버둥치기 시작한다. 물에 빠진 사람의 손이 풀리면 그 때를 이용해서 물에 빠진 사람의 몸을 떼어 구조한다. 그러나 수중에 가라앉아도 떨어지지 않는 경우가 있으므로 이탈 방법을 충분히 연습하여 익혀 두어야 한다.

[앞에서 목에 엉겨 붙었을 경우](그림6)

ⓐ 절대로 당황해서는 안 된다.

ⓑ 호흡을 가다듬고 물에 빠진 사람과 함께 가라앉는다.

ⓒ 구조자는 한 손으로 윗팔을 밑에서 잡고 다른 손을 자신과 익자의 얼굴 사이에 끼워 넣는다.

ⓓ 구조자는 물에 빠진 사람의 몸을 밀어 제치면서 잡는 윗팔의 겨드랑이 밑을 빠져나와 물에 빠진 사람의 뒤로 나간다.

ⓔ 구조자는 물에 빠진 사람의 얼굴에 대고 있던 손을 떼어 턱에 대고 수면에 확보한다.

[뒤에서 목에 엉겨 붙었을 경우]

ⓐ 턱을 당기거나 얼굴을 옆으로 돌려서 고개를 조르지 못하도록 한다.

ⓑ 물에 빠진 사람과 함께 가라앉는다.

ⓒ 구조자는 한 손으로 물에 빠진 사람의 손목을 잡고 다른 손으로는 윗팔을 잡는다.

ⓓ 잡은 팔쪽의 겨드랑이 밑을 빠져 나와 물에 빠진 사람의 뒤

500

로 나간다.

ⓔ 구조자는 물에 빠진 사람의 윗팔을 잡고 있던 손을 떼어 턱
에 대고 물에 빠진 사람을 수면에 확보한다.

[팔을 잡혔을 경우]

ⓐ 구조자는 잡혀 있지 않은 쪽의 손으로 물에 빠진 사람의 손
목을 잡는다.

ⓑ 물에 빠진 사람을 수중에 밀어넣어 구조자의 발을 물에 빠진
사람의 어깨에 대고 펴서 잡혀 있는 손을 뗀다.

ⓒ 구조자는 물에 빠진 사람을 잡고 있는 손을 당겨 물에 빠진
사람을 뒤로 향하게 하고 턱에 손을 대서 물에 빠진 사람을 수면
에 확보한다.

E. 물에 빠진 사람의 운반

물에 빠진 사람을 수면에 확보한 후 즉시 운반해야 한다. 운반
에는 수중과 키가 서는 곳에서 육상으로 옮기는 방법이 있다.

[팔을 안아서 옮긴다]

ⓐ 물에 빠진 사람의 어깨에서 맞은쪽 겨드랑이 밑에 팔을 둘러
껴안는다.

ⓑ 한쪽 손과 발을 사용하여 수영해서 운반한다.

[머리카락을 잡고 옮긴다]

ⓐ 구조자는 물에 빠진 사람의 머리카락을 단단히 잡는다.

ⓑ 팔을 펴고 손목을 위로 구부려서 물에 빠진 사람의 턱을 들
도록 한다.

ⓒ 한쪽 손과 발을 사용하여 수영해서 운반한다.

[머리를 받쳐 옮긴다]

ⓐ 구조자는 물에 빠진 사람의 머리를 양손으로 받치고 손목을

위로 구부려서 물에 빠진 사람의 턱을 올리도록 한다.

ⓑ 손을 사용할 수 없기 때문에 발만을 사용하여 수영해서 운반한다.

[뒤에서 안아 옮긴다]

물에 빠진 사람의 뒤에서 양 겨드랑이 밑으로 팔을 통과시켜 안는다. 손을 사용할 수 없기 때문에 발만을 사용하여 수영해서 운반한다.

F. 수중에서 육상으로의 운반

물에 빠진 사람을 키가 서는 곳까지 운반해 오면 업거나 협력자의 손을 빌어 옮긴다.

수중에서 업는 것은 비교적 쉽지만 육상에서 내릴 때는 협력자의 손을 빌어 다치지 않도록 주의한다.

[업어서 옮긴다]

ⓐ 구조자는 물에 빠진 사람의 양 손목을 잡는다.

ⓑ 뒤로 물러나면서 한쪽 손의 밑을 빠져나가 방향을 바꾸어 물에 빠진 사람을 등에 업는다.

ⓒ 물에 빠진 사람의 발을 감싸고 손목을 잡는다.

ⓓ 내릴 때는 협력자의 손을 빌면 좋다.

[셋이서 옮긴다]

ⓐ 구조자는 물에 빠진 사람을 엎어놓고 협력자 2명에게 넘긴다.

ⓑ 두 사람은 물에 빠진 사람의 양쪽에서 한쪽 손으로 팔을 감싸쥐고 다른쪽 손을 몸 밑으로 넣어 받친다.

ⓒ 다른 한 사람은 물에 빠진 사람의 발을 밑에서 들고 그대로 육상으로 옮긴다.

ⓓ 내릴 때는 발쪽부터 조용히 내린다.

[풀 사이드로 끌어 올리는 방법]

그 외에 협력자가 없을 때는 물에 빠진 사람을 수면에 확보해 두고 구조자가 먼저 올라오고 나서 이어서 물에 빠진 사람을 끌어 올린다.

ⓐ 물에 빠진 사람을 풀 사이드를 향해 손을 포개 둔다.

ⓑ 구조자는 물에 빠진 사람의 포갠 손 위에 자신의 손을 넣어 물에 빠진 사람이 수중에 떨어지지 않도록 누르면서 먼저 물에서 올라온다.

ⓒ 구조자는 물에 빠진 사람의 양 손목을 잡고 주의해서 끌어올 린다.

[보트로 끌어올리는 방법]

반드시 보트의 후미부로 올린다(풀사이드로 끌어올리는 요령으 로 한다).

■ 수영 중의 구급법(救急法)에 대해서

물에 빠진 사람을 발견하여 구조하고나서 의료기관에 옮기는데 는 상당한 시간이 걸릴 수 있으므로 물에 빠진 사람의 상태에 따 라서는 즉시 적절한 응급 처치를 해야 한다.

1) 구급법을 실시할 때 주의해야 할 점
① 즉시 응급처치가 필요한 경우(구조한 사람이나 그 자리에 있 는 사람이 협력해서 한다)
A. 대출혈, 심정지, 호흡정지, 의식상해, 복독(服毒) 등.

B. 한 번에 다수의 사고자가 발생했을 때는 긴급성이 높은 사람부터 응급처치를 한다.

② 사고자의 관찰

A. 출혈, 의식, 호흡, 맥박, 안색, 손발의 움직임 등을 조사한다.

B. 사고자를 잘 보고 말을 걸며 직접 만져 본다. 의식이 있으면 직접 물어본다.

C. 어떤 경우라도 전신을 잘 살펴 가는 것이 중요하다.

③ 협력자를 찾는다

응급처치를 혼자서 전부, 완전히 하는 것은 어렵다. 좋은 협력자를 얻어 응급처치나 연락, 운반, 군중 정리 등을 협력하게 한다.

④ 사고자의 취급

사고자의 용태를 악화시키지 않기 위해서는 안정이 중요하다. 물론 신체적인 안정 뿐 아니라 정신적으로도 안정을 꾀하는 것이 필요하다.

A. 체위(體位)

ⓐ 사고자의 상태에 따라서 가장 좋은 체위를 유지하는 것이 필요하다.

ⓑ 체위는 사고자의 익사 유무나 상태에 따라 결정된다. 원칙적으로 수평으로 눕히지만 특히 의식이 없을 때는 기도 확보에 주의한다.

B. 보온(保溫)

추운 날이나 물에 빠진 사람 등 그대로는 체온이 내려가 버릴 때는 모포 등으로 전신을 감싼다.

사고자를 눕히는 경우 밑에서 올라오는 냉기를 생각해서 밑에 충분히 모포 등의 깔개를 깔 것.

또한 필요에 따라서 탕파르 등을 사용하는 경우도 있지만 땀을 흘리거나 열상을 입히지 않도록 온도나 넣는 위치에 주의한다.

C. 사고자에 대한 격려

구조자의 확실한 언동이 사고자를 격려할 뿐만 아니라 응급처치를 할 때의 협력자나 군중에 대해서도 큰 힘이 된다는 사실을 알아 두어야 한다.

⑤ 구급차의 요청, 의사·가족에게의 연락

'언제', '어디서', '누가', '어떻게 했다'를 간단히 요령있게 정리해서 연락함과 동시에 '지금 이 정도의 일을 했는데', 의사나 구급차가 도착할 때까지 '무엇을 하면 좋으냐'를 물어 두는 것이 중요하다.

⑥ 현장 관찰과 증거물 보존

의사의 진단이나 사건 해결의 참고가 되므로 사고 발생시의 상황을 잘 봐 둘 것, 물품의 보존을 해 두는 것이 필요하다.

⑦ 사고자의 운반

사고자가 발생했을 때는 의사를 현장에 맞이하는 것이 가장 좋지만, 실제로는 사고자를 운반해야 하는 경우가 많다.

운반은 응급처치와 마찬가지로 중요하다. 운반을 잘못했기 때문에 나쁜 결과가 되는 경우가 많으므로 충분히 주의한다.

운반할 때는 다음 사항을 생각하고 준비한다.

A. 응급처치는 완료했는가?

B. 어떤 체위에서 운반하는가, 보온은 적절한가?

C. 담보 준비는 좋은가, 일손은 있는가?

D. 행선지는 어디인가, 경로는 어떤가?

2) 구조자의 자각

구조자는 현장에서 협력자에게 지시를 내리는 지도적 입장에 서는 경우가 많다. 특히 언동에 주의하고 사고자를 반드시 구한다는 신념을 갖고 주위 사람들의 신뢰를 얻도록 유의해야 한다. 또한 만일 유체를 다룰 때는 예의를 잃어서는 안 된다.

■ 수영 중의 소생법(蘇生法)에 대해서

1) 소생법(蘇生法)이란

의식 장해로 혹은 호흡·순환기능이 현저하게 저하 또는 정지해서 생명이 위태로운 사람에 대해 즉시 기도를 확보하고 필요에 따라서 인공호흡과 심장 마사지를 해서 응급적으로 환자의 생명 유지를 꾀하는 처치이다.

2) 소생법의 중요성

생체에는 생명을 유지하기 위한 생리적인 기능을 하는 조직·기관이 있다. 특히 중추신경계, 호흡기계, 순환기계는 가장 중요해서 이들에 결함이 생겼을 경우, 인간은 죽음에 이른다.

인간은 공기를 폐에 들이마시고(흡기) 그리고 내뱉는(호기) 운동을 끊임없이 반복해서 호흡하고 있다.

들이마신 공기는 코, 입, 기관, 기관지를 통해 좌우 폐로 들어가서 폐포를 지나 혈액 속에 산소가 받아들여지고 반대로 이산화탄소가 혈액 속에서부터 폐포를 지나 폐로 내보내져 호기에 섞여 밖으로 나간다.

이렇게 혈액과의 사이에 이루어지는 산소와 이산화탄소의 교체를 가스 교환이라고 하며 폐에서 이루어지는 것을 '외호흡'이라고 한다.

또한 순환에 의해 혈액이 몸 말초에 운반되어 거기에서 혈액과 조직 세포와의 사이에서 다시 가스 교환이 이루어진다. 이것을 '내 호흡'이라고 한다.

일반적으로 말하는 호흡이란 '외호흡'을 가리키고 있다.

인간은 호흡이 멈추면 40~60초에 의식불명이 되고 더욱이 2~3분이 경과함에 따라서 뇌세포에 손상이 일어나서 사망률이 높아진다. 그리고 호흡정지후 조금도 소생 방법을 강구하지 않으면 대부분의 경우 7~8분에 절망이 된다.

따라서 소생법 성공의 가능성은 어떻게 빠르고 정확한 소생법을 개시하느냐에 달려 있다.

3) 소생법은 어떤 때 필요한가

소생법이 필요하게 되는 것은 의식장해, 호흡정지, 심장정지가 생겼을 때이다. 그것들이 일어나기 쉬운 원인으로서 물에 빠짐, 기도 내의 이물, 뇌졸중, 심장 발작, 두부·흉부의 외상, 중독, 쇼크 등이 있다.

이런 경우에는 즉시 소생법을 실시해야 한다.

4) 소생법의 실제

소생법은 기도확보→인공호흡→심장 마사지의 순으로 이루어지지만 각각의 손기술을 실시하기 전에는 사고자의 상태를 조사해야 한다. 잘 보고, 말을 걸고, 직접 만져 보고, 전신을 잘 관찰하는 것이 중요하다.

① 소생법의 순서와 손 기술

A. 의식의 유무를 조사한다

의식이 확실치 않은 것은 뇌에 이변이 일어나고 있음을 나타내고 있다. 그 정도가 진행할수록 위험하다.

ⓐ 말을 걸고 어깨를 두드린다(유아의 경우는 발바닥을 두드린다).

ⓑ 의식이 있을 경우는 안정시키고 의료기관에 넘긴다.

ⓒ 의식이 없을 경우는 즉시 기도 확보를 한다.

B. 기도 확보

의식이 없어지면 턱, 목, 혀 등의 힘이 빠지고, 혀뿌리가 목 속으로 들어가거나 토한 이물 등으로 기도가 막혀 호흡을 할 수 없게 된다.

의식이 없는 사람에게는 즉시 기도 확보를 한다.

의식이 없어도 기도 확보로 살아나는 경우도 있고, 기도가 개통해 있지 않으면 어떤 인공 호흡도 효과는 없다.

[두부 후굴법]

한쪽 손을 사고자의 이마에 대고 다른 손을 목 뒤 후두부 가까이에 대고 조용히 들어올리면서 두부를 후굴한다. 막혀 있는 목은 개통하고 입은 자연히 벌어진다.

[두부 후굴과 악선거상법]

한쪽 손을 사고자의 턱에 대고 다른쪽 손을 턱끝에 대고 아래턱을 밀어 올리듯이 해서 두부를 후굴시키면 기도는 잘 개통한다.

턱끝에 댄 손가락으로 아래턱 아래면의 부드러운 부분을 압박하지 않도록 주의한다.

[두부 후굴과 하악 거상법]

508

가장 확실한 기도 확보의 방법이다.

양 손을 각쪽의 아래턱 모서리에 대고 두부를 후굴시키면서 아래턱이 위턱보다도 앞으로 나오게 될 정도까지 아래턱을 전방으로 밀어낸다. 특히 경추손상이 의심되는 경우는 두부 후굴은 하지 않고 하악거상만을 실시한다.

※ 기도내 이물의 제거

목에 이물이 막혀 있는 것 같은 경우는 견갑골 사이를 두드리거나 하부흉곽에 양 손을 대고 안쪽 아래로 세게 죄도록 하면 좋다.

또한 토한 이물이 사고자의 입 안에 고여 있는 것 같은 경우는 손가락에 손수건이나 가제를 감아 긁어내듯이 해서 제거한다.

C. 호흡의 유무를 조사한다

의식이 없어도 호흡을 하고 있으면 인공 호흡의 필요는 없다.

ⓐ 가슴의 움직임을 본다.

ⓑ 호흡 소리를 듣는다.

ⓒ 내쉬는 숨이 느껴지는가를 확인한다.

이들이 리드미컬하면 호흡을 하고 있는 것이고 불규칙하면 호흡곤란이며 움직이고 있지 않거나, 들리지 않거나, 느껴지지 않았을 경우는 호흡이 멈춰 있는 것이다.

ⓓ 호흡이 있는 경우는 안정시키고 의료기관에 넘긴다.

ⓔ 호흡이 없는 경우는 즉시 인공호흡을 한다.

D. 인공 호흡

몸 속의 산소가 부족하고 이산화탄소(탄산가스)가 쌓여 있기 때문에 첫2회의 불어넣기는 조용하고 크게 연속해서 실시한다. 이것은 이하의 각 방법에 대해서도 마찬가지이다.

[호기 불어 넣기법] —— 구강 대 구강 인공호흡법

ⓐ 기도확보를 한 채, 이마에 댄 손을 비켜서 코를 쥔다.

ⓑ 구조자는 깊이 숨을 들이마신 후 자신의 입을 크게 벌려서 사고자의 입 주위에 덮고 800~1,200mℓ의 숨을 1~1.5초에 걸쳐 사고자의 가슴이 가볍게 부풀 때까지 불어넣는다.

ⓒ 입을 떼면 자연히 호식이 이루어진다. 가슴이 내려가고 호출되는 공기의 소리와 흐름을 듣거나 느끼거나 해서 인공호흡이 효과적으로 이루어지고 있음을 알 수 있다.

동시에 구조자는 새로운 공기를 들이마시고 사고자의 가슴이 원위치로 돌아가면 ⓑ의 요령으로 숨을 불어 넣는다.

※이후 성인의 경우는 5초에 1번, 소아에게는 4초에 1번 정도의 비율로 반복한다.

[호기 불어넣는 법 ─ 구강 대 코 인공 호흡]

구강 대 구강 인공 호흡은 할 수 없어도 구강 대 코 인공 호흡이라면 할 수 있는 경우가 있다.

ⓐ 한쪽의 손을 이마에 대고 다른쪽 손을 아래턱에 대고 두부를 후굴시킴과 동시에 아래턱을 전방으로 밀어 입술을 단단히 닫히게 한다.

ⓑ 구조자는 깊이 숨을 들이마신 후, 자신의 입술이 사고자의 코를 에워싸듯이 덮어 숨을 불어넣는다.

불어넣을 때 입을 뗀 후의 요령은 구강 대 구강 인공 호흡의 경우와 같다.

※유아(약 1세까지)에게는 입과 코 양쪽에 구조자의 입을 덮고 구강 대 구강, 코 인공 호흡법을 한다.

가슴이 가볍게 부풀어 위팽만이 발생하지 않을 정도 양의 숨을 1~1.5초에 걸쳐서 불어 넣는다.

3초에 1번 정도의 비율로 반복한다.

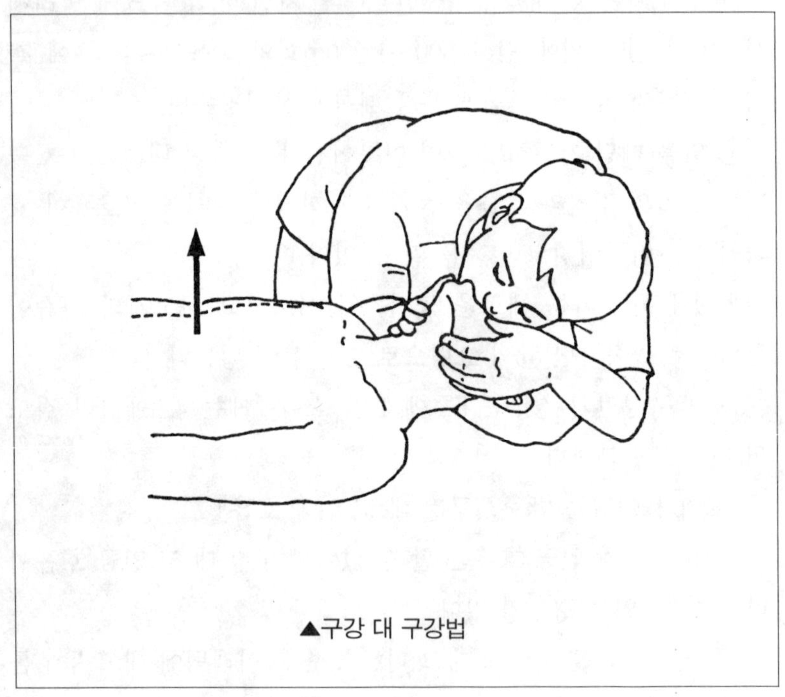

▲구강 대 구강법

[참고] 용수 인공 호흡법

안면의 외상, 종류를 모르는 독물에 의한 중독 후 토한 이물로 입이 더러워져 있을 때 등, 호기 불어넣기 인공 호흡을 할 수 없는 경우에만 실시해야 하고 효율이 나쁘기 때문에 일반적으로는 권장할 수 없지만 질베스타법이나 아이비법 등이 있다.

E. 맥박의 유무를 조사한다

호흡이 멈춰도 심장이 움직이고 있으면 혈액 순환이 이루어지고 있기 때문에 인공 호흡을 해서 산소를 보급하면 된다.

ⓐ 이마에 댄 손으로 두부를 단단히 눌러서 댄 손으로 기도 확

보를 해 둔다.

ⓑ 후두부 또는 아래턱에 댄 손을 결후에 대고 자기 앞쪽으로 비켜 경동맥에 대고 조사한다(유아는 목이 굵고 짧기 때문에 상완 동맥이나 대퇴동맥에서 조사한다).

맥박이 리드미컬하면 심장이 움직이고 있는 것이고 불규칙하거나 느낄 수 없었을 경우는 심장의 기능이 저하 또는 정지해 있는 것이다.

ⓒ 맥박이 있는 경우는 인공호흡을 계속한다.

ⓓ 맥박이 없는 경우는 인공호흡에 심장 마사지를 덧붙여서 한다.

F. 심장 마사지

심장이 멈춰 있으면 인공호흡을 해도 혈액 순환이 이루어지지 않기 때문에 가스 교환을 할 수 없다.

심장이 멈춰 있는 사고자를 소생시키기 위해서는 인공호흡에 즉시 심장 마사지를 덧붙여 해야 한다.

ⓐ 구조자는 사고자의 한쪽, 가슴 부근에 위치한다.

ⓑ 구조자는 압박 부위(흉골의 하반부)에 한쪽 손의 손바닥 기부를 놓고, 다른쪽 손을 겹친다.

[주] 압박 부위 찾는 법

· 사고자의 하반신쪽에 있는 구조자의 손의 검지와 중지를 늑골가를 따라서 중앙으로 이동시켜 양쪽 늑골가의 합류점을 찾는다.

· 중지를 합류점에 대고 검지를 흉골 위에 놓는다. 검지의 바로 위 부분이 압박 부위이다.

· 검지에 면해서 상반신쪽 손의 손바닥 기부를 흉골 위에 놓고

다른쪽 손을 겹친다.

※ 유아에서는 좌우의 젖꼭지를 연결하는 선과 흉골이 교차하는 부위보다 약간 아래가 압박 부위이다.

ⓒ 구조자는 양 팔꿈치를 펴고 척추를 향해 수직으로 체중을 실어 압박한다.

[주 : 압박법]

· 성인이나 10세 이상의 소아에서는 구조자가 1명 혹은 2명이 매분 80~100회의 빠르기로 흉골을 척추를 향해 3.5~5cm 밀어올린다.

이어서 손은 흉골 위에 놓은 채 위치를 바꾸지 않고 손의 힘만을 완전히 뺀다.

흉골 압박의 시간은 힘을 빼고 있는 시간과 거의 같은 것이 바람직하다.

· 10세 이하의 소아에서는 한 손으로 구조자가 한 명 혹은 두 명이 매분 80~100회의 빠르기로 흉골을 척추를 향해 2.5~3.5cm 밀어올린다.

· 유아에서는 체형에 맞추어 손가락 1~2개를 이용해서 구조자가 1명 혹은 2명이 매분 100~200회의 빠르기로 흉골을 척추를 향해 1.5~2.5cm 밀어올린다.

G. 심장 마사지와 인공 호흡의 조합

[구조자가 1명일 경우]

구조자가 혼자서 소생법을 해야 하는 경우가 있기 때문에 혼자서 심장 마사지와 인공 호흡의 양쪽을 조합해서 한다.

ⓐ 구조자는 인공 호흡을 2번 하고 맥박의 유무를 조사한다.

ⓑ 맥박이 없으면 심장 마사지 15번, 인공 호흡 2번의 비율로

반복 실시한다.

ⓒ 심장 마사지는 매분 80~100회의 빠르기로 실시한다.

[구조자가 2명일 경우]

훈련을 받은 구조자가 2명 이상일 경우는 인공 호흡과 심장 마사지를 분담함으로써 효율좋게 실시할 수 있다.

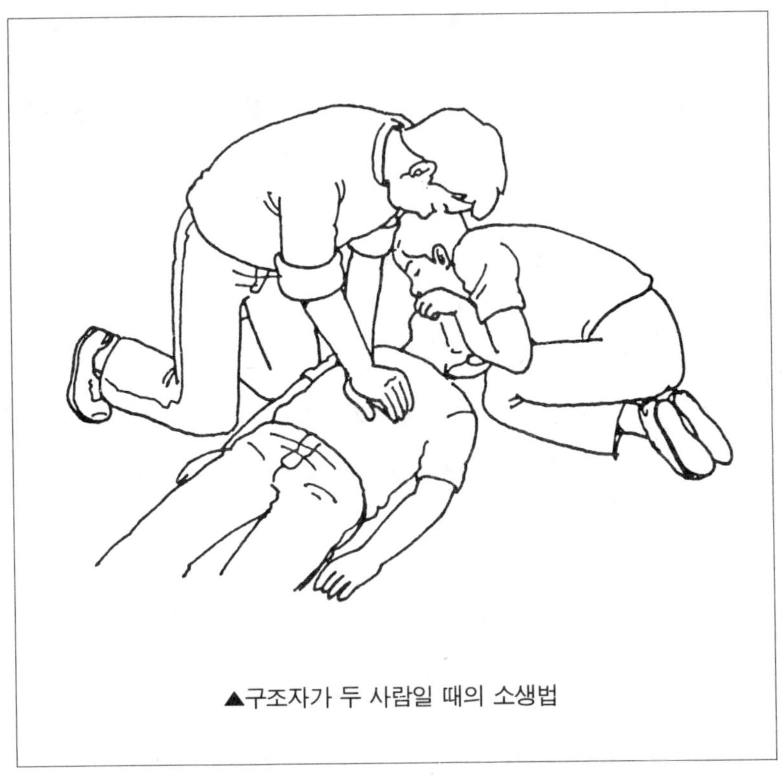

▲구조자가 두 사람일 때의 소생법

ⓐ 구조자 A는 의식의 확인, 기도 확보, 호흡 확인, 인공호흡, 맥박 확인을 한다. 맥박이 없으면 구조자 B에게 '맥박 없음, 압박 개시'라고 지시한다.

ⓑ 구조자 B는 즉시 심장 마사지를 개시한다.

ⓒ 둘이서 심장 마사지를 5번, 인공호흡을 1번의 비율로 반복한다.

ⓓ 심장 마사지는 매분 80~100번의 빠르기로 실시한다.

※ 둘이서 하는 경우는 도중에서 역할을 교대할 수 있으므로 마주보고 위치하면 좋다.

[소아, 유아의 경우]

구조자가 1명이나 2명 있을 때 우선 호기 불어넣기 인공 호흡을 2번 하고 맥박이 없으면 심장 마사지를 5번, 인공호흡을 2번의 비율로 반복해서 실시한다.

심장 마사지는 소아의 경우 매분 80~100번, 유아의 경우는 100~120번의 빠르기로 실시한다.

H. 소생법의 중단 시간

인공 호흡과 심장 마사지를 개시했다면 그 효과를 보기 위해 맥박을 확인하거나 구조자가 교대할 때 등, 부득이한 경우를 제외하고는 중단해서는 안 된다. 중단해야 하는 경우도 원칙적으로 5초 정도에 그친다.

단, 계단에서의 반송시나 침대 위의 사고자를 다른 딱딱한 곳으로 다시 눕힐 경우는 특수한 상황이기 때문에 5초 이상의 중단이 허락되지만 30초 이상 시간을 들여서는 안 된다.

I. 소생법의 효과를 조사한다

소생법을 개시하면 그 효과를 맥박을 만져 조사한다. 이 효과의 확인은 소생법 개시 1분 후에 반드시 실시한다.

그 후는 수분에 1번의 비율로 해 나간다.

구조자가 둘이서 소생법을 하고 있는 경우는 역할을 교대할 때마다 확인한다. 확인은 심장 마사지에서 인공 호흡으로 역할이 바뀌는 사람이 한다.

효과의 확인은 5초 정도에 종료한다.

J. 소생법의 중지와 계속

5초 간의 효과 확인으로 경동맥 등에서 맥박이 만져지면 즉시 요골 동맥(손목 부위) 등의 말초 동맥으로 맥박을 확인한다.

맥박이 확인되고 1분 간에 50회 이상 확인되면 심장 마사지를 중지해도 좋다.

1분 간의 확인중에 말초동맥에 있어서나 경동맥에 있어서나 맥박을 확인할 수 없게 되면 즉시 심장 마사지를 재개한다.

맥박이 만져지게 되어도 인공 호흡의 계속을 필요로 하는 경우가 많다. 만일 충분한 호흡이 회복했으면 인공 호흡도 중지해도 좋다.

[주] 충분한 호흡이란 티아노제, 식은땀도 없이 보기에 깊고, 편안 듯한 호흡을 가리킨다.

심장 마사지, 인공 호흡을 중지한 후 다시 맥박이나 호흡이 정지하면 심장 마사지, 인공 호흡을 재개한다.

의사 이외의 사람에게는 죽음의 판정이 허락되지 않는 이상 개시한 소생법은 아래의 각 항에 해당할 때까지 계속해야 한다.

ⓐ 유효한 자발 호흡, 순환이 회복될 때.

ⓑ 의사에게 넘기거나 제3자에게 교대할 때.

ⓒ 피로나 위험이 다가와서 계속하기가 곤란해졌을 때.

K. 물에 빠진 경우에 대해서

물에 빠진 경우에서는 수온과의 관계로 체온이 저하하는 경우도 있어서인지 소생법이 개시까지 상당히 시간이 걸리고 있어도 소생에 성공하는 경우가 있다.

수중에서의 구조에서는 구조자는 사고자의 안면이 수중에 가라 앉지 않도록 경부가 비틀리지 않도록 해서 기도를 확보한다.

풀에서의 다이빙 같이 얕은 곳에서 물에 빠졌을 경우에는 경추 손상을 수반하고 있는 경우가 있어 주의가 필요하다.

구조자의 발이 물 밑 바닥에 닿아 설 수 있는 깊이에 이르면 호기 불어넣기 인공 호흡법을 개시할 수 있다.

물에 빠진 사람이라도 기도 내의 수분은 예상밖으로 적다. 이것은 물에 빠졌을 때에 성문경련을 일으키기 때문일 것이라고 하지만 폐에 받아들여진 물이 림프계를 거쳐 흡수되기 때문일 것이라고도 한다.

한 번 기도에 들어온 물은 기관 내 삽관 후의 흡인조차 제거하기 어렵다.

소아에서는 허리를 안듯이 해서 몸을 구부리고 머리를 낮게 하면 상당히 수분을 제거할 수 있지만 인공 호흡이나 심장 마사지를 빨리 하는 것이 중요하기 때문에 수분 제거에 뜸들여서는 안 된다. 위 내에 삼킨 물은 인공 호흡을 할 수 있는 한 현장에서 무리하게 토하게 하는 것보다 의료기관에서 처치하는 편이 안전하다.

물에 빠진 사람은 구명되어도 반나절이나 하루 후가 되어서 중증의 호흡부전을 일으켜 돌연 사망하는 경우가 있어 2차 물 사고(물 빠짐)라고 해서 경고되고 있다. 또한 그 후도 폐감염증을 합병할 위험이 있다.

L. 그 밖의 사항

[의식불명자의 체위]

의식이 없고 호흡이 있는 사고자에 대해서 혀뿌리(舌根)로 침이나 토한 이물에 의한 기도폐색을 막고 안정을 유지하기 위해서는 똑바로 누운 수평 위에서 옆으로의 혼수 체위로 바꿀 필요가 있다.

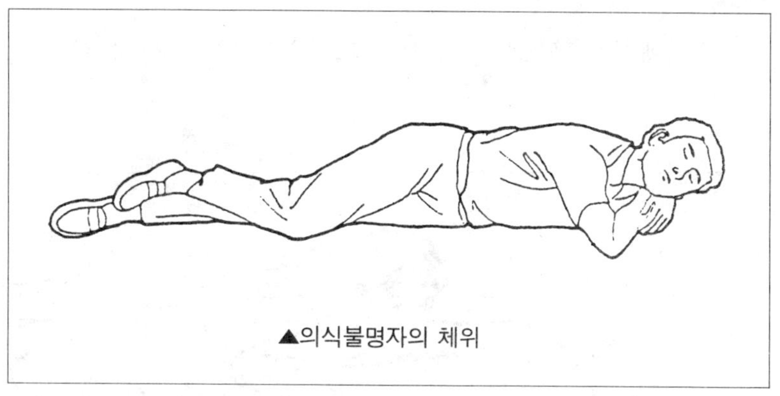

▲의식불명자의 체위

아래턱을 앞으로 내밀고 위쪽의 팔꿈치와 무릎을 가볍게 구부려서 몸이 뒤로 쓰러지지 않도록 한다. 이것을 혀뿌리(舌根)나 토한 이물에 의해 질식을 막을 수 있다.

[보온(保溫)]

사고자를 지면이나 바닥 위에 눕힌 채 놔 두면 체온이 떨어져서 상태가 악화되는 경우가 있다.

사고자의 체온을 유지하기 위해 가능한 한 빠른 시기에 모포 등을 이용해서 전신을 감싸도록 한다.

밑에서 올라오는 냉기를 생각하고 신문지를 깔기만 해도 효과가 있다. 젖은 의복을 대신할 것이 없으면 그대로 보온한다.

[협력자]

구조자가 구급 처치를 혼자서 하기는 어렵다. 사고자에게 보다 좋은 처치를 함과 동시에 주위 상황에 대처하기 위해 좋은 협력자가 필요하다.

사고자의 구출, 구급처치, 자재의 확보, 의료기관에의 연락, 구급처치의 기록, 군중의 정리, 운반 등 협력을 필요로 하는 경우가 많다.

협력자에게는 구조자의 지시에 따라 이들 행동을 할 수 있는 것이 필요하다.

▲수영에 있어서 무엇보다 중요한 것은 안전의식과 실천이다.

부록 1

수영 선수가 알아두어야 할
수영 경기 규칙

아무리 빨리 수영할 수 있었다고 해도 룰(경기 규칙)을 무시해서는 수영법 위반이 되어 버린다. 평소부터 경기 규칙에 충분히 주의를 기울일 필요가 있는 것은 말할 필요도 없다. 특히 스타트 및 턴과 골 터치의 룰에는 주의해 두기 바란다.

스타트

□크롤의 스타트

① 심판장의 호각에 의해 스타트대에 올라가서 대의 후방에 위치한다.

② 출발 신호원의 '준비' 호령에 의해 재빨리 스타트대 앞쪽에서 준비하고 출발 신호가 있을 때까지 정지하고 있어야 한다.

③ 전경기자가 출발 준비를 완료하고 정지 상태가 되었을 때 출발 신호원에 의해 출발 신호(피스톨)가 발사된다.

□배영의 스타트

① 심판장의 호각에 의해 풀장에 들어가서 스타트대를 향해 양손을 스타팅 그립에 걸치고 양발(발가락을 포함한 발목부터 아래)은 수면 아래에 둔다. 그 경우 물바닥에 서거나, 배수구에 발가락을 걸쳐서는 안 된다.

② 출발 신호원의 '준비' 호령으로 재빨리 출발 준비를 하고, 출발 신호가 있을 때까지 정지하고 있어야 한다.

③ 출발 신호에 대해서는 크롤과 같다.

④ 출발 신호가 있을 때까지 스타팅 그립을 놓아서는 안 된다.

⑤ 출발 신호가 있으면 몸을 후방(상향)으로 밀어내고 수영하기 시작한다.

□평영의 스타트

① 물에 들어가기까지는 크롤과 동일.

② 물에 들어가고부터 첫 손의 한 번 긁기의 시작까지 몸은 엎드리고 양어깨는 수면과 평행이어야 한다.

③ 물에 들어갈 때부터 첫 손의 한 번 긁기까지 양발의 상하 움직임은 허락하지 않는다.

④ 물에 들어갈 때부터 부상 때까지는 한 번 긁기 한 번 차기밖에 허락되지 않는다.

〈주 1〉 팔과 다리의 동작이 불완전해도 그것은 한 번 긁기, 한 번 차기로 간주된다.

〈주 2〉 2긁기째는 시작했을 때부터 항상 머리의 일부가 수면 위에 나와 있어야 한다.

□버터플라이의 스타트

① 물에 들어가기까지는 크롤과 동일.

② 물에 들어가서 수면에 떠오를 때까지, 양다리의 킥은 동시에 좌우 대칭이라면 횟수에 제한없이 차도 좋지만 양팔을 동시에 좌우 대칭으로 긁고, 긁은 후 우선 수면 위로 빼야 한다.

턴 & 골 터치

□자유형(크롤)의 턴과 골 터치

턴 및 골 터치는 몸의 일부가 벽에 닿으면 된다.

□배영의 턴과 골 터치

① 턴 및 골 터치는 선행하는 손 또는 팔, 머리, 어깨가 풀장 벽에 닿기 전에 똑바로 누운 자세를 무너뜨려서는 안 된다.

② 턴을 할 목적으로 몸의 소정의 부분이 벽에 닿은 후, 몸을 수직으로 회전시키는 것은 허락되고 있지만 벽에서 양발이 떨어지기 이전에 수직 자세에서 정상 자세로 되돌려야 한다.

□평영의 턴과 골 터치

① 골 터치는 양손을 전방에 같은 높이에서 동시가 아니면 안 된다. 단, 터치하는 위치는 수면의 상·하 어느 쪽이라도 좋다.

② 턴의 터치는 양손 동시이어야 하지만 같은 높이가 아니더라도 좋다.

③ 턴 및 골 터치 때의 양어깨의 위치는 수평으로 또 벽에 평행이어야 한다.

④ 턴 후의 수중에서의 동작은 스타트의 경우와 마찬가지로 한 번 긁기, 한 번 차기밖에 허락되지 않는다.

□버터플라이의 턴과 골 터치

① 턴 및 골 터치를 하는 위치는 수면의 상, 하 어느 쪽이라도 좋지만 양손은 같은 높이에서 동시이어야 한다.

② 턴 후의 수중에서의 동작은 스타트와 같은 요령이어야 한다.

개인 메들리

정해진 거리를 다음 순서로 각각의 수영법 규칙에 따라서 수영해야 한다.

(1) 버터플라이, (2) 배영, (3) 평영, (4) 자유형, 단 자유형은 (1), (2), (3) 이외의 수영법이어야 한다. 더구나 평영 마지막의 터치는 턴으로 간주한다.

릴레이 메들리 릴레이

① 릴레이 팀은 4명의 경기자로 한다.

② 릴레이는 정해진 거리를 계영(繼泳)하는 것. 수영법은 어떤 것이라도 별 지장 없다.

③ 메들리 릴레이는 정해진 거리를 다음의 규칙에 따라서 계영해야 한다.

(1) 배영, (2) 평영, (3) 버터플라이, (4) 자유형. 단, 자유형은 (1), (2), (3) 이외의 수영법이어야 한다.

④ 릴레이 힘의 멤버 및 오더는 경기에 앞서서 등록된다. 릴레이 팀의 멤버는 모두 해당 경기에 1회만 출전할 수 있다.

릴레이 경기의 멤버로서 신청서에 있으면 릴레이 팀의 구성은 예선과 결승에서 변경해도 별 지장 없다.

경영 경기 규칙

① 경기자가 자신의 코스를 일탈하거나 다른 경기자를 방해했을 경우는 실격이 되고 그 위반이 고의로 인정되었을 때, 심판장은 그 사실을 대회의 주최단체 및 위반한 경기자가 소속한 단체에 보고한다.

② 경기자가 다른 경기자의 위반에 의해 입선 또는 입상의 기회를 잃었을 경우, 심판장은 그 경기자를 예선 또는 준결승 때는 다음번에 출전시키고 결승 때는 재레이스로 명할 수 있다.

③ 경기자는 경기 종료 후, 다른 경기자의 방해가 되지 않도록 재빨리 풀에서 나와야 한다.

④ 반환 때, 경기자는 각 수영법의 규칙에 따라서 풀 단벽에 몸 부분을 접촉시켜야 한다. 그 경우 풀 바닥에 발을 짚거나, 걷거나 해서는 안 된다.

⑤ 경기 중에 바닥을 걷거나, 차거나, 코스 로프를 쥐고 경기를 계속해서는 안 된다.

⑥ 자유형 경기 또는 메들리경기의 자유형에 한해서 풀 바닥에 서는 것은 실격이 되지 않는다.

⑦ 입선 또는 입상하기 위해서는 혼자 수영하더라도 정해져 있는 전거리를 수영해야 한다.

⑧ 릴레이 경기는 정해진 인원수에 의해 엔트리(entry)한 순서로 정해진 거리를 계영한다. 인계 때에 앞 경기자가 판벽에 터치하기 전에 다음 경기자의 발이 스타트대를 떨어졌을 경우는 그 팀은 실격이 된다.

단, 위반을 한 경기자가 원래의 스타트 지점(단벽)까지 되돌아와서 다시 하면 실격이 되지 않는다. 그때는 스타트대 위로 되돌아가지 않아도 된다.

⑨ 어떤 경기자가 약물을 사용하거나 경기 중에 그 속력, 부력 또는 내구력을 돕는 듯한 기구(예를 들면 물갈퀴가 있는 장갑, 발갈퀴 등)나 장치를 착용해서는 안 된다. 단, 물안경은 착용해도 좋다.

⑩ 레이스 중의 수영자에게 풀 사이드에서 코치를 해서는 안 된다. 또한, 경기자는 페이스 메이커 및 유사한 장치를 사용해서는 안 된다. 또한 경기자는 페이스 메이커 및 유사한 장치를 사용해서는 안 된다.

⑪ 경기 중은 적당한 스타트에 의해 물에 들어가는 경기자 이외의 사람은 물에 들어가서는 안 된다.

(1) 개인 종목의 경우, 경기 중의 모든 경기자가 경기를 종료하기 이전에 물에 들어가서는 안 된다. 경기 중에 앞으로 경기를 할 경기자가 물에 들어갔을 경우, 그 경기자는 그 경기회에 있어서 이후의 출전 자격을 상실한다.

(2) 릴레이 종목의 경우, 정당한 순서에 따라서 스타트하는 경기자 이외의 사람은 모든 팀의 모든 경기자가 경기를 종료하기 이전에 물에 들어가서는 안 된다. 물에 들어갔을 경우는 그 릴레이 팀 및 그 경기자는 실격이 된다.

⑫ 전자동장치가 사용되고 있는 경우의 반환 및 골은 터치판(유효면)에 터치했을 경우 재시도는 인정된다.

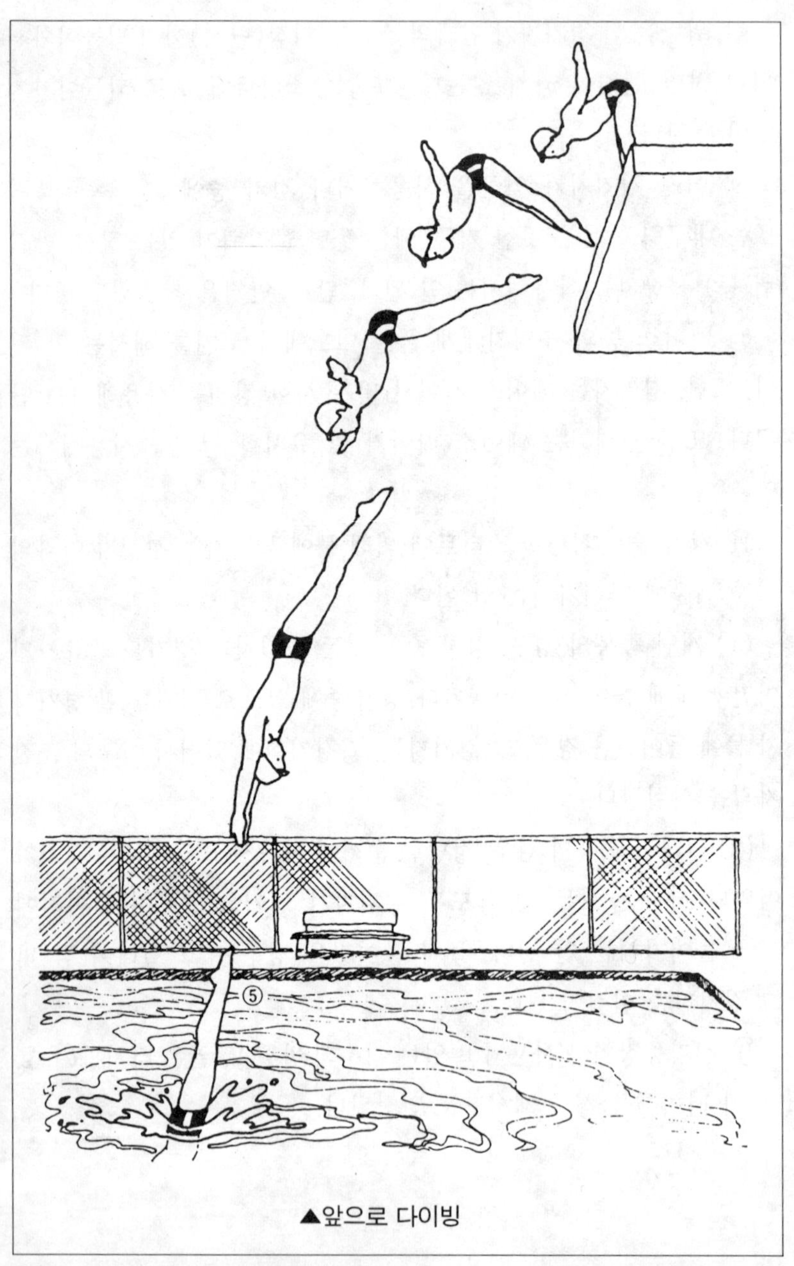

▲앞으로 다이빙

부록 2

수영을 익히는데 도움이 되는
수영 용어 해설

수영에서 사용되고 있는 용어 중에는 외래어가 상당히 많이 보인다.

수영 관계자 사이에서는 잘 소화해서 사용하고 있지만 일반 독자들로서는 선뜻 이해하기 어려운 용어가 있을지도 모른다. 당연히, 모두 알고 있는 것으로 사용되고 있는 말, 그리고 새로운 수영 이론 속에 사용되고 있는 용어 ── 여기에서는 그런 말의 해설을 간단히 해 보았다.

□아웃워드 스컬

손바닥을 약간 바깥쪽으로 향하면서 팔을 좌우 바깥쪽으로 향해 긁는 것. 평영에서는 이 긁기가 중요하다.

□부채 다리

횡영 등에서 사용되는 킥. 몸을 옆으로 하고 위쪽이 된 다리를 몸 앞쪽으로 아래쪽이 된 다리를 등쪽으로 물을 마주 끼우듯이 해서 찬다.

□업 킥

평영의 차기가 끝난 후 다리를 위로 차 올리는 것을 말한다. 돌고래 차기의 차 올림과 비슷한 킥이다.

□인워드 스컬

평영 때 아웃워드 스컬 후에 안쪽을 향해서 그러모으는 것을 말한다. 풀 동작의 하나.

□S자 스트로크

크롤이나 버터플라이 등의 스트로크를 물에 들어갈 때부터 마지막 밀어냄까지를 쫓은 궤적이 'S자형'이 되기 때문에 이렇게 불린다. 팔꿈치를 확실히 구부린 끌어당김이 이상적인 'S자형'을 만들 수 있다.

□엘보 업(elbow up)

리커버리 때나 수중에서의 끌어당김 때 팔꿈치를 항상 높은 포지션으로 하고 있는 것. 크롤에서는 팔꿈치부터 물에서 나옴으로 보다 아름다운 수영을 할 수 있다.

□캐치

물을 긁기 위해서 물에 들어감과 동시에 손으로 물을 잡는 것. 손바닥의 모양을 가다듬어 확실히 물을 캐치하자.

□퀵 턴(quick turn)

빠른 턴으로 일반적으로는 회전식 턴을 총칭해서 말한다.

□차고 뻗기

풀장의 물바닥이나 벽을 차고 몸을 일직선으로 뻗어서 나아가는 것. 모든 수영법의 대기본이라고도 말할 수 있는 것이 차고 뻗기이다.

□차 올림

발로 물을 차 올리는 것. 크롤, 배영, 버터플라이에서는 무릎의 구부림을 충분히 살려서 차 올린다.

□차 내림

발로 물을 차 내리는 것. 충분히 구부린 무릎의 펴는 힘을 사용해서 다리가 일직선이 되도록 킥한다.

□사이드 킥(side kick)

스트로크나 호흡 등으로 몸이 롤링했을 때도 밸런스, 추진력을 잃지 않기 위해서 킥하는 것. 몸이 옆이 되기 때문에 상하로 킥하고 있던 것을 좌우로 킥하게 된다.

□6비트 킥

크롤, 배영에서 가장 표준이 되는 스트로크와 킥의 콤비네이션. 1회 스트로크하는 동안에 오른발 3회, 왼발 3회, 모두 6회의 킥을 한다.

□출수(出水)

팔의 긁기가 끝난 후 수중에서 팔을 빼내는 것. 크롤, 버터플라이에서는 새끼손가락부터 출수하고 배영에서는 엄지부터 출수한다.

□스커링

진행 방향에 대해서 물을 바깥쪽, 안쪽으로 긁는 것. 배영에서 충분히 부력을 얻을 수 없을 때는 스커링을 해 보자.

□스쿠터식 스트로크(scooter stroke)

손과 발의 콤비네이션을 익히는 연습법의 하나. 한팔을 몸쪽, 또는 전방으로 펴고 또 한쪽 팔로 연속적으로 스트로크를 한다. 킥은 각 수영의 것을 해서 타이밍을 잡는다.

□스트림 라인(stream line)

차고 뻗기 자세. 팔다리를 똑바로 펴서 몸을 일직선으로 편 유선형의 상태. 물의 저항이 가장 적어 빠르게 헤엄치기 위해서는 불가결한 수중 자세.

□잠수영법

평영에서 머리가 완전히 수몰한 상태에서 헤엄치는 것.

□2비트 킥

크롤이나 배영에서의 킥법의 하나. 1스트로크하는 동안에 오른발 1회, 왼발 1회, 모두 2회 킥한다. 주로 장거리 경기에 이용되는 킥

□돌고래 차기

버터플라이의 킥법으로 양발을 모아서 돌고래의 꼬리지느러미와 같이 상하로 킥한다.

□입수(入水)

수상에서 리커버리한 팔을 다시 물 속에 넣는 것. 크롤, 버터플라이에서는 엄지부터 입수하고 배영은 새끼손가락부터 입수한다.

□버블링

수영의 호흡법. 숨을 충분히 들이마시고 수중에 가라앉아 코와 입으로 서서히 숨을 내뱉고 물 위로 나왔을 때 입으로 단숨에 들이마시는 호흡법을 말한다. 모든 수영법의 기본이 되는 호흡법.

□피칭(pitching)

수영자의 긁기나 킥에 의해 일어나는 몸의 상하 움직임을 가리킨다. 피칭이 적다고 하는 것은 그만큼 스트림 라인을 무너뜨리고 있지 않는 수영이라고 하게 된다.

□아이 오 씨(IOC)

국제 올림픽 위원회. International Oyimpic Committee의 약자.

□아이소키네틱 엑서사이즈(isokinetic exercise)

그다지 강한 부하를 가하지 않고 속도를 일정하게 해서 강한 저항과 빠른 스피드를 근육과 관절에 주는 육상 트레이닝 방법. 미니짐, 스윔벤치 등을 사용해서 수영 동작과 마찬가지로 한다.

□아이소토닉 엑서사이즈(isotonic exercise)

바벨, 덤벨 등을 사용해서 하는 육상 트레이닝 방법. 무게는 최대 근력의 3분의 2 이하부터 시작해서 서서히 늘려 간다.

□아이소메트릭 엑서사이즈(isometric exercise)

정적 부하운동이라고 번역되고 있다. 근육에 일정 부하를 가하고 힘을 주어 정지하고, 밖에 움직임이 되어 나타나지 않는 근육 강화 방법. 정지 시간은 6초~10초. 강화부분, 세트수는 선수 각자의 근력에 따라서 변화시킨다.

□아웃도어 시즌

옥외 경기의 계절. 대강 4월~9월의 반년간으로 주요 대회로 끝마친다.

□아웃 도어 풀

옥외 풀장. 실내는 인도어 풀.

□인터페어(interfere)

코스 소를 구부려서 타인을 방해하는 것. 반칙이 되어 실격한다.

□인터컬리지(intercollege)

학생(대학) 선수권. 줄여서 인컬리라고 불리고 있다.

□인터내셔널 오피셜 레코드(international official record)

공인 세계 기록.

□인터 하이(inter-high)

고교 선수권.

□인터벌 트레이닝(interval training)

부하(負荷) 타임과 휴식을 교대로 해서 피로의 축적을 최소한으로 하면서 운동 기능을 높여 가는 연습 방법.

□인도어 시즌

실내 풀장을 이용해서 경기 또는 연습하는 기간. 대강 10월~3월의 반년간을 말한다.

□윕 킥(whip kick)

차기 다리 · 평영의 킥에는 윕 킥(차기 다리)과 웨지 킥(집게 다리) 2가지의 타입이 있지만, 현재 대부분의 선수는 윕 킥을 이용하고 있다. 윕 킥의 실시상의 주의점은 ① 발목을 구부려서 양다리를 가지런히 모으고 똑바로 편다. ② 발목을 구부린 채, 무릎과 고관절을 구부려서 다리를 끌어당긴다. ③ 차 내기는 발뒤꿈치부터 시작되어 타원형을 그리는 듯한 느낌으로, 발목을 구부린 채 무릎을 편다. ④ 킥의 피니시는 양다리가 달라붙을 때까지 편다. 이때, 양발의 엄지가 가지런히 모아지는 정도가 좋다.

□웨이트 트레이닝(weight training)

강한 근육을 만들기 위해서 하는 육상 트레이닝 바벨, 덤벨과 같은 중요 기구를 사용하거나 스트레치 고무와 같은 고무의 수축력을 이용하거나 또는 자신의 체중을 이용한 굴신 운동을 한다. 연령층, 시기, 부하량 등 세심한 주의를 기울여서 연습 계획을 세울 필요가 있다.

□웨지 킥(wedge kick)

가위다리 · 평영에서 다리를 끌어당겼을 때, 발뒤꿈치 사이를 좁히고 무릎을 옆으로 벌려서 무릎의 간격이 넓어지는 끌어당김 법. 웨지 킥은 다리를 구부렸을 때, 물의 저항이 큰 점과 물을 후방으로 차는 것보다도 비스듬히 밖으로 차서 양다리로 물을 끼우는 동작에 힘이 사용되기 때문에 추진력을 얻기 위해서는 효과적이 아니다.

□에스 더블유(SW)

스윔(swim)의 약자. P=풀, K=킥으로 구별하는데 보통의 수영을 SW로 표시한다.

□S풀(S pull)

타원 풀. 손을 S자형으로 긁는 것.

□엔트리(entry)

① 경기에 대한 출전 신청, ② 수영법에서는 손의 입수·손을 물에 넣는 것.

□오피셜 레코드(official record)

국내 기록, 세계 기록은 각각, 한국 또는 세계 수영연맹에서 공인한 풀에서 이루어진 공인대회에서 만들어진 기록이다.

□오미트(omit)

경기 규칙을 범했을 때의 징벌·실격.

□킥(kick)

발로 물을 차는 것. 종래는 비트(beat : 치다)라고 했다. P 풀과 구별해서 K라고 약기한다.

□캐치(catch)

물을 잡는 것.

□캐치 포인트(catch point)

손의 긁기에서 앞으로 충분히 편 손이 물을 긁기 시작하는 점(포인트)·손가락 끝부터 팔꿈치까지 전체로 물을 잡는 감각이 중요.

□퀵 턴(quick turn)

수중에서 하는 공중제비 반환.

□글러브 스타트

스타트의 한 방법. 발을 약간 벌리고 손을 발밑에 두고 스타트대를 손으로 밀어 스타트하는 방법. 순간이라도 빠르고 멀리 튀어 나가기 위해서 연구된 스타트 방법.

□크롤(crawl)

크롤은 현재 가장 빠른 수영법으로 여겨지고 있다. 경기 종목으로서는 크롤 수영법에 한정하지 않고 자유형(프리 스타일 free style)으로서 어떤 수영이라도 좋고, 좀더 빠른 수영이 개발될 여지가 남아 있다.

□고글(goggle)

물의 소독을 위한 약품으로부터 눈을 보호하기 위해서 쓰는 수중 안경.

□코스(course)

경기자가 수영하는 수로. 연맹 규정에서는 폭 2, 3m 이상으로 규정되어 있다.

□코스 라인(course line)

코스 중앙 바닥에 그어져 있는 선(라인).

□코스 로프(course rope)

철사 또는 와이어 로프에 나무나 플라스틱제의 원통물을 관통한 것으로 코스를 구분하는 것.

□컨디션(condition)

수영에서는 '몸의 상태나 수영 기술을 종합적으로 높이는 것'이란 의미에서 사용된다.

□콤비네이션(콤비 : combination)

수영에서 사용되는 경우는 ① K킥, P풀과 구별하기 위해 C콤비라고 줄여서 사용된다. 손과 발을 사용해서 수영하는 보통의 수영. SW 스윔도 같은 의미. ② 손과 발의 조화. ③ 연습 항목의 조합.

□서킷 트레이닝(circuit training)

육상 트레이닝에서 각종의 웨이트 트레이닝이나 스트레칭 등을 조합해서 순차적으로 반복 연습하는 방법. 여러 명이 한 번에 할 수 있고, 근력, 근지구력, 파워, 스피드, 산소부하 능력이라고 하는 체력 구성요소를 동시에 높여갈 수 있는 이점이 있다. 복잡한 운동은 정확성이 점점 상실되기 때문에 제외한다. 하나의 운동에 사용된 근육은 국소 피로가 일어나지만 휴식은 취하지 않고 같은 근육을 사용하지 않는 다음 운동으로 곧 옮겨서 각부분의 운동을 포함하는 1세트를 끝마칠 때까지 쉬지 않는다. 심박수가 높아진 채로 계속할 수 있도록 각 운동의 부하를 바꾸거나, 또는 1순째보다 2순째를 빠른 시간으로 돌게 하고 2순 후 쉬는 방법도 있다. 운동의 부하, 횟수 등은 능력에 따라서 트레이닝 코스를 편성한다.

□시즌 오프(season off)

경기 또는 연습을 쉬고 있는 기간. 실내 풀의 발달로 인해 겨울~봄은 인도어 시즌이 되었다.

□시 호스(sea horse)

평영에서 종래의 몸의 상하 움직임을 적게 호흡하는 것과 달리 머리, 어깨까지가 수면 위로 튀어나오는 상하 움직임이 있는 평영 자세(호흡법). 해마가 수영하는 자세와 비슷하기 때문에 이렇게 불리고 있다. 요즘 많이 볼 수 있는 평영의 호흡법.

□시뮬레이션(simulation)

레이스에서의 생리적인 체감을 레이스에 가장 가까운 형태로 경험하는 것을 목적으로 하는 연습. 레이스에서 수영하는 거리를 제1구분은 반분, 다음은 그 또 반분을 2회로 모두 3~5구분으로 하고, 그 레이스 종목의 자기의 최단 시간보다 훨씬 빠른 타임을 세트해서 목표 타임을 달성한다. 주로 시즌 후반에 이용한다. 너무하면 피로의 원인이 되므로 주의한다.

□쇼트 코스(Short course)

단수로(短水路) 풀.

□스위밍 커렉션(swimming correction)

넓은 의미에서는 수영의 교정, 좁은 의미에서는 개개 폼의 수정. 이것은 초보자의 얼굴 덮기 킥의 단계부터 선수의 손의 물에 들어가는 위치, 손바닥의 피치 등까지 각 단계에 있어서 끊임없이 정확한 수영으로 수정하는 것이 필요하다.

□스윔 벤치

수영 동작에 가까운 형태로 부하를 가해서 근육을 강화하기 위해 개발된 기구. 몸을 눕히는 대와 끝에 추가 달려 손으로 당기도록 되어 있는 로프로 된다.

□스쿠터 드릴

수영에서는 비트판 위에 한 손을 얹고 킥을 하면서 한 손으로 긁기 연습을 하는 방법.

□스타팅 그립

배영의 스타트를 위해서 마련된 쥠 막대.

□스타팅 블록

스타트대. 근년은 풀에 붙박이가 아니라 뗄 수 있는 것도 많다. 상면은 풀을 향해서 경사져 있다.

□스트림 라인

유선형. 몸을 수중에서 유선형으로 한다. 벽에서의 차 내기에서는 손바닥을 겹치고 발도 교차시켜서 물의 저항을 줄이도록 하거나 한다.

□스트레칭(stretching)

유연체조. 근육, 건의 신축성, 관절의 유연성을 높이기 위해 하는 육상 운동. 준비 체조와 마찬가지로 항상 해야 한다.

□스트레이트 세트

인터벌 트레이닝의 일종으로 수영하는 시간과 쉬는 시간을 항상 일정하게 수영하고 반복하는 연습. 예를 들면, 50초마다 출발, 35초 수영, 15초 휴식, 10회~15회 반복한다.

□스트로크(stroke)

팔로 물을 긁는 동작.

□스트로크 임푸르브먼트(stroke improvement)

스트로크의 교정, 개선. 스위밍 커렉션의 방법으로서 한 손만으로 호흡을 하고 자신의 이상적인 손의 움직임을 보면서 2~3스트로크, 손을 바꿔서 2~3스트로크, 양손으로 4~6스트로크 수영하고 25m, 다음의 25m를 보통으로 수영하고 이것을 반복하는 스트로크 교정 연습.

□스프린터(sprinter)

단거리 수영자.

□타이밍

동작에 가장 적절한 간격. 템포, 박자.

□타임(time)

기록. 레코드와 마찬가지로 사용된다.

□타임 트라이얼

진보의 정도를 알기 위한 기록 발췌. 또는 경기에 출전하는 선수를 선발하기 위한 팀 내의 기록회.

□타임세트

일정 시간마다 동일 거리를 반복해서 수영하는 방법. 예를 들어 1분마다(사이클) 50m라면, 0초마다 출발해서 도착하고나서 다음의 0초까지 휴식, 이것을 반복한다. 점점 수영하는 속도를 재촉하는(휴식은 길어진다) 방법을 디센딩이라고 한다.

□타임 레이스(time race)

각조의 착순에 관계없이 타임이 빠른 순으로 결승 진출자를 정하는 예선.

□터치(touch)

골 또는 반환면에 닿는 것.

□터칭 보드

골면에 설치해서 수영자가 닿으면 시계가 멈추어 자동적으로 계시할 수 있는 판.

□턴(turn)

반환.

□테이크 유어 마크(take your marks)

스타트 때의 '준비' 호령. 이 전의 '스위머즈 법' 호령으로 스타트대에 올라간다.

□디크리 스윙

디크리 스윙 레스트 인터벌 세트. 인터벌 연습의 일종. 1회마다의 수영하는 시간을 빨리하지 않고 항상 일정 속도로 수영, 중간의 휴식 시간(인터벌)을 점점 줄여가는 방법. 50×10의 인터벌을 1분마다, 다음을 45초마다, 다음을 40초마다 하는 등.

□디센딩

디센딩 타임 세트 인터벌 연습의 일종. 다음의 수영을 앞에 수영한 타임보다 빨리 수영하는 것을 반복하는 연습 방법.

□테이퍼링

강화 연습을 끝마치고 시합을 향해서 연습량을 줄이고 질을 높이는 것. 테이퍼기란, 그 기간. 어느 정도 전부터 어느 정도씩 양을 줄이면 좋은지 코치가 가장 고민하는 문제이지만 또 코치의 솜씨를 발휘할 장면이기도 하다. 페이스를 익히게 하고 휴양에 의한 체력 회복을 꾀하지만 양을 줄임으로서 선수에게 불안감을 일으키게 해서는 안 된다. 50m~100m의 페이스 연습, 25m의 스타트 대시, 풀 중간부터의 턴 대시, 라스트 스타트, 스타트 연습, 턴 연습 등이 주체가 된다.

□돌핀 킥

버터플라이에서 양발을 가지런히 모아서 치는 방법. 돌고래 꼬리 지느러미 동작과 비슷하기 때문에 이렇게 부른다.

□내셔널 팀

국제시합에 대비해서 편성한 나라를 대표하는 팀.

□내셔널 레코드

그 나라의 최고 기록.

□네거티브 스프리트(negative sprit)

스피드와 페이스 배분을 몸으로 익히게 하기 위해 일정 거리를 수영하는데 전반보다도 후반을 빨리 수영하게 해서 정신력과 지구력을 강화하는 방법.

□노브레

노브리징. 단거리에서 호흡을 하지 않고 수영하는 것.

□하이 엘보(high elbow)

긁기(풀) 동안은 특히 전반에 있어서는 팔꿈치를 높이 유의하고 긁는 것이 가장 효율이 좋다. 이것을 하기 위해서는 팔꿈치를 구부리고 상완(上腕)을 안쪽으로 비틀어 넣으면 된다. 리커버리 때는 손목을 팔꿈치보다 낮게 되돌린다.

□바이오키네틱스

육상 트레이닝에서 아이소키네틱스를 하기 위해 생체 역학에 근거해 개발된 스윔 벤치의 일종.

□파이크 앤드 스쿠프 스타트

스타트 때 높이 튀어 나가서 체중에 의한 낙하 속도를 이용하여 손가락 끝이 착수한 곳에 몸이 쏙 들어가도록 물의 저항을 적게 하고 물에 넣은 후 곧 몸을 뒤로 젖히고 보다 멀리 나아가는 스타트 방법.

□하이폭식 트레이닝(hypoyic training)

수영 사이의 호흡수를 1 / 2, 1 / 3, 2 이하로 제한하는 연습법. 혈액이 보다 효율 좋게 근육에 산소를 옮겨 이산화탄소를 옮겨 낼 수 있도록 심폐기능을 높이기 위해서 한다. 또한, 선수가 레이스에서 전력으로 분발하기 때문에 자연히 하는 소위 노브레 때의 능력도 높아진다. 보통, 3스트로크~7스트로크에 1회, 호흡을 좌우로 시킴으로서 롤링의 좌우 균일화 등, 폼의 교정도 아울러서 한다. 선수가 두통을 호소하면 호흡 횟수를 늘리도록 한다. 풀, 브로큰 등 모든 연습에 받아들인다. 배영의 경우는 노즈그립(코마개)을 시키고 코치는 입의 벌어짐을 보면 된다. 원리적으로는 호흡수를 줄이면 체내의 산소부채가 증가한다.

그리고 이 연습을 함으로서 그것을 되찾으려고 해서 생리적 변화가 일어나 심폐기능, 근육의 피로 회복 능력이 높아진다.

□버터플라이(butterfly)

접영. 영어권에서는 이 수영을 플라이(fly), 수영자를 플라이어(flyer)라고 줄여서 말한다.

□백 크롤(back crawl)

배영. 크롤을 프론트 크롤이라고 하는데 대해서 말한다. 양손을 교대로 사용하는 현재의 배영에 한정된다.

□백 스트로크(back stroke)

배영·자유형(프리 스타일)을 프론트 크롤이라고 부르는데 대비했을 경우는 백 크롤이라고 불린다. 프리 스타일이 크롤 이외의 어떤 수영이라도 좋은 것과 마찬가지로 백스트로크는 상향의 수영이라면 상향 버터플라이라도 좋은 것이 된다.

□베리잉 디스턴스 세트

여러 가지 거리를 바꿔서 수영하는 세트로 선수는 각 거리의 타임을 목표로 한다. 예를 들면 400m를 수영하고 300m의 랩 타임을 재고, 다음에 그 타임보다 빠르게 300m를 수영, 그 200m의 랩 타입을 재고, 다음에 그 타임보다 빠르게 200m를 수영, 그 100m의 랩 타입을 재고 다음에 그 타임보다 빠르게 100m를 수영한다. 적은 거리부터 점점 거리를 늘릴 수도 있다.

□팜(palm)

손바닥.

손바닥이지만 긁기 연습에서 손에 부하를 가하기 위해서 끼우는 판, 핸드 패들(또는 풀 플레이)을 이렇게 부르고 있다.

□히트(heat)

예선, 준결승조. 히트 원(제1조) 등. 트라이얼 히트, 파이널 히트 때는 레이스를 의미한다.

□롤링(rolling)

수영하고 있을 때, 몸이 좌우로 기울어지는 것. 크롤에서는 좌우 같은 각도이어야 하고, 잘 이용하면 물을 긁는 동작을 효과적으로 하고 물의 저항도 줄인다.

□비트(beat)

발로 물을 때리는 동작. 물장구 킥.

□피치(pitch)

① 팔이나 다리를 움직이는 횟수나 상태. 일정 거리에 있어서 스트로크의 수. ② 핸드 오브 더 피치의 경우의 피치는 물에 손을 넣을 때, 수면에 대한 손의 기울어지는 각도, 또는 손의 궤적에 대한 손의 경사각을 말한다.

□피라미드

1회에 수영하는 거리를 점점 늘리고 후반은 점점 줄여가는 연습법. 예를 들면 50m×1, 100m×1, 150m×1, 200m×1, 150m×1, 100m×1, 50m×1, 이것으로 800m가 된다. 또한, 이것을 2회씩으로 해서 1회째의 수영에 주의하여 천천히 2회째는 스피드를 올려서 수영하면서 천천히, 빠르게를 반복한다. 혹은 장거리 연습에서 도중 스피드를 바꾸는 팔트레크(스피드 플레이)로 천천히 및 빠르게 수영하는 구간을 잇달아 늘려가고 잇달아 줄여가는 연습법.

□파울(foul)

실격.

□파이널(finals)

결승.

□팔트레크

　장거리 연습 때 도중에서 스피드를 변화시켜서 내구력, 추월, 페이스 변화를 익히는 연습 방법. 어원은 인명. 스피드 플레이라고도 한다.

□피지올러지(physiology)

생리학. 코치는 기초적인 생체 생리학의 지식도 필요로 한다.

□피나(FINA)

국제 수영연맹. 본부는 프랑스. Federation International de Amateur 의 머리 문자.

□피니시(finish)

수영하는(긁는) 동작의 끝, 또는 경영(競泳)의 끝.

□포어 암(fore arm)

전완(前腕). 팔꿈치부터 손목까지.

□폼(form)

모양, 형태.

□폴스 스타트

　실패한 출발. 플라잉과 마찬가지로 사용되고 있지만 호각을 불기 전에 튀어 나가는(플라잉), 그리고 실패한 스타트(폴스 스타트)가 된다. 1회째의 폴스 스타트가 있었을 때는 다시 하지만 2회째가 있었을 경우는 그것이 1회째와 같은 경기자이냐 아니냐에 관계없이 위반을 한 경기자(끌려간 사람도 포함한다)는 실격이 된다. 그 경우, 출발의 재시도는 하지 않고 경기는 속행된다. 단, 이 규칙은 국내 룰로서의 잠정 조치로서 국제 룰에서는 3회째의 위반자가 실격이 된다.

□4비트 킥

크롤 배영의 킥법. 1스트로크하는 사이에 오른발 2회, 왼발 2회 모두 4회 킥한다. 경기 등에서는 그다지 사용되지 않지만 킥과 스트로크의 콤비네이션을 익히는 연습법으로서는 유효하다.

□푸시(push)

그러모은 팔은 출수 직전에 뒤로 밀어내는 것. 크롤, 배영, 버터플라이에서는 넓적다리에 물을 부딪치도록 푸시하는 것이 가장 좋다.

□풀(pull)

팔로 물을 긁는 것.각 수영법 모두 팔꿈치를 구부리고 손바닥과 팔을 사용해서 물을 뒤로 밀어내듯이 긁는다.

□리커버리(recovery)

긁기가 끝난 팔을 다시 긁기를 위해서 전방으로 되돌리는 것. 크롤, 배영, 버터플라이는 리커버리가 물 위에서 이루어지지만 평영만은 수중에서 이루어진다. 저항이 가능한 한 적은 편이 바람직하다.

□롤링(rolling)

크롤, 배영 수영자의 풀이나 리커버리에 의해 밀어나는 몸의 중심선이나 축 주변의 회전

□폴스 스타트 라인

실패한 스타트로 헤엄쳐 나간 사람을 멈추기 위해서 스타트대에서
15m지점에 풀을 가로질러 건넨 로프.

□브리징(breathing)

호흡하는 것. 브레징이라고 하는 표현은 잘못.

□프리 스타일(free style)

자유형. 보통 크롤에서 이루어지지만 장래 좀더 빠른 수영이 개발
되어도 상관없도록 경기는 어떤 수영법으로 수영해도 좋다. 턴도
몸의 어느 부분이 닿아도 좋다.

□프링 튜브

풀(긁기) 연습을 위해서 발에 끼우는 튜브.

□풀부이(pull buoy)

풀(긁기) 연습 때 넓적다리에 끼우는 부낭.

□풀 플레이트

손의 긁기를 연습하기 위해 손에 부하를 가하는 판. 핸드패들과
동일. 팜이라고 한다.

□풀 컨디션

풀의 수온, 기온 등의 상태.

□풀 사이드

풀 주위의 바닥면. 영어권에서는 풀덱이라고 한다.

□프렉시빌리티

유연성. 특히 배영에 있어서의 발목 젖힘의 유연성. 버터플라이의 경우 어깨 등의 유연성은 중요하며 유연성을 높이기 위한 운동을 끊임없이 해야 한다.

□프리시즌(pre-season)

시즌에 들어간 바로 초기, 또는 시즌 직전의 시기.

□브레스트 스트로크(breast stroke)

평영. 가장 오래되고 가장 새로운 수영이라고 말할 수 있다. 잠수영법이 금지되고 버터플라이 수영법이 평영에서 생기고 현재도 수영이 변화하고 있다.

□브로큰

브로큰 스윔. 일정 거리를 몇 구역으로 나눠서 짧은 휴식(5초~10초 정도)으로 반복하여 목표 타임을 달성하는 연습법. 예를 들어 200m=2분이 목표라면 50m를 30초에 수영하고 10초 쉬고, 4회 반복한다. 같은 페이스로 목표 타임에 완전히 수영해야 한다.

□페이스(pace)

수영하는 상태, 일정 거리마다의 수영하는 속도.

□페이스 클락

연습 때, 풀 옆에 놓는 큰 1시간 시계. 초침과 분침이 달려 있다. 수영자는 이것을 보고 자신이 헤엄친 시간을 알 수 있다.

□페이스 메이커

페이스를 익히게 하기 위해서 따라 헤엄치게 하는 다른 수영자. 최근 코스 바닥에 꼬마 전구를 많이 단 전선을 가라앉히고 육상의 기계로 타임을 설정해서 전구의 점멸을 쫓아서 수영하게 하는 연습용의 기계가 개발되었다.

□페이스 워크

페이스 배분의 연습. 평소의 트레이닝으로 익힌 힘을 레이스에서 효율 좋게 배분해서 수영하기 위해 하는 연습. 그 사고법으로서는 이 연습에 의해 수영 능력을 향상시키는 것이 아니라, 지금까지 단련한 스피드 지구력의 저하를 막고, 유지하는 것을 전제로 레이스를 효율좋게 수영하기 위해서 페이스 배분의 연습을 한다고 하는 것이다.

□보디 포지션(body position)

몸의 위치. 수영할 때의 자세. 4수영법의 기본은 보디 포지션을 수영 또는 유선형으로 유지하는 것이다.

□마크(mark)

① 상대를 주의해서 수영하는 것.
② 기록을 만드는 것. 달성하는 것.

□마스터즈(masters)

마스터즈 스위밍. 연령 25세 이상의 남녀를 5세마다 구분해서 각 종목의 경기를 한다.

□머슬(musles)

근육. 힘줄.

□미드 시즌(midseason)

시즌 최성기. 인스즌도 동일.

□미들 디스턴스(middle distance)

중거리.

□미니짐

육상 트레이닝에서 특히 수영 동작에 가까운 움직임으로 근육을 단련하는 아이소키네틱을 하기 위해 개발된 기구.

□메커닉(mechanics)

기술. 테크닉. 수영을 분석해서 동작 과정에서 몸의 각 부분이 어떻게 기능해서 추진력을 얻고 있느냐라고 하는 해명.

□리커버리(recovery)

물을 다 긁은 손을 긁기 시작한 위치로 되돌리는 것. 평영에서는 발의 끌어당김도.

□미디얼 로테이션

상완(上腕)의 안쪽으로의 비틀어 넣기. 손이 물을 긁고 있을 때라도 공중의 리커버리라도 팔꿈치를 높이 유지해야 한다. 그 때문에 상완을 안쪽으로 비틀어 넣도록 한다.

□메들리(medley)

4종류의 수영을 계속하는 수영하는 방법. 혼자서 하는 개인 메들리와 메들리 릴레이가 있다.

□메들리 릴레이(medley relay)

정해진 거리(400m가 보통)를 배영, 평영, 버터플라이, 자유형(앞의 3종 이외의 수영)의 순으로 4명이 계영(繼泳)한다.

□모티베이션(motivation)

동기 부여. 선수에게 싫증을 일으키지 않도록 어째서 이 연습을 해야하는지 등 목적과 이유를 인식시켜서 괴로운 연습에 견디게 해야 한다.

□레페티션 트레이닝(repetition training)

레이스에 가능한 한 가까운 부하를 가하는 것을 목적으로서 하고 스피드 지구력의 양성을 꾀하는 트레이닝 방법. 인터벌(특히 디센딩)과 달리 전반부터 빠른 스피드로 헤엄쳐 간다.

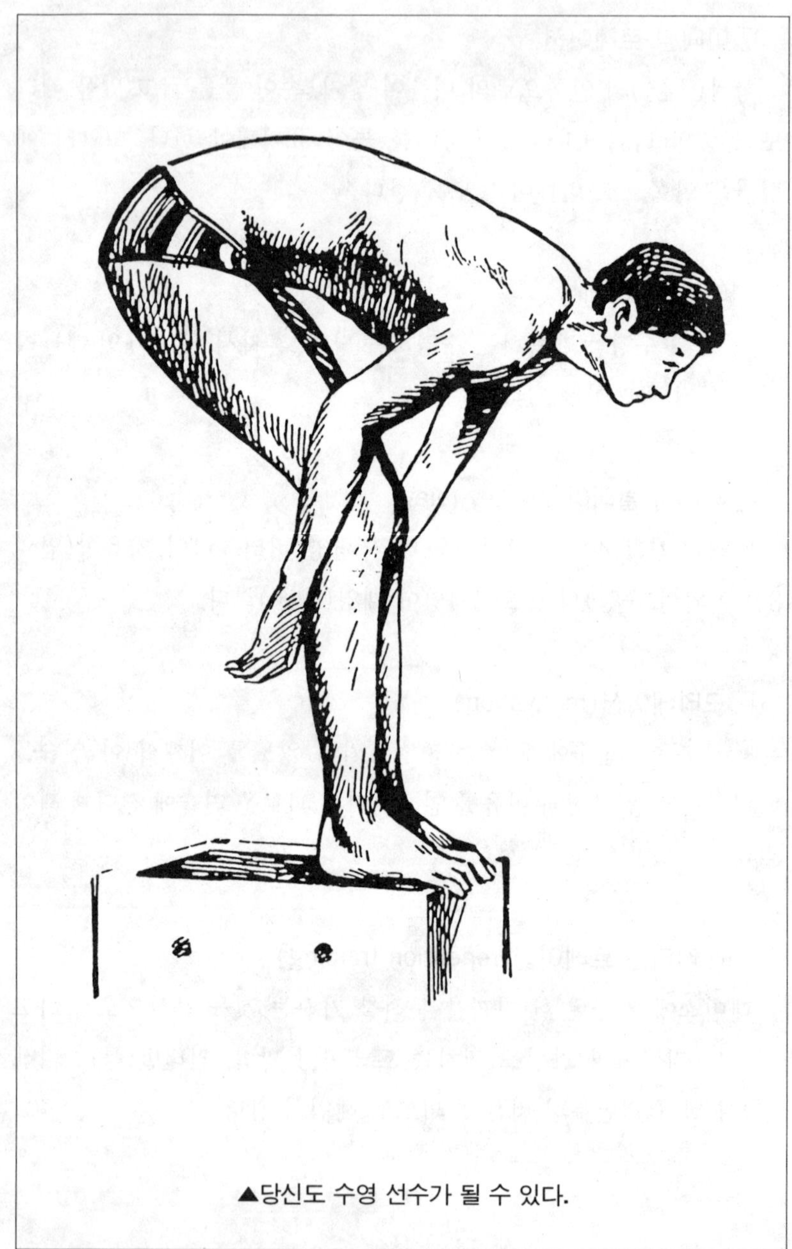

▲당신도 수영 선수가 될 수 있다.

판 권
본 사
소 유

정통 수영

2009년 8월 25일 재판
2009년 8월 30일 발행

지은이 ㅣ 현대레저연구회
펴낸이 ㅣ 최 상 일

펴낸곳 ㅣ 태 을 출 판 사
서울특별시 중구 신당6동 52-107(동아빌딩내)
등 록 ㅣ 1973 1.10(제4-10호)

■ 주문 및 연락처
우편번호 100-456
서울 특별시 중구 신당 6동 제52-107호(동아빌딩내)
전화: 2237-5577 팩스: 2233-6166

ISBN 89-493-0272-1   13690